KB125456

대 학 생 이   바 라 본

파워리더
국회의원 33인

대학생이 바라본
파워리더 국회의원 33인

초판 1쇄 발행 2015년 11월 11일

엮 은 이 권선복
발 행 인 권선복
편집주간 김정웅
디 자 인 최새롬
마 케 팅 정희철
전 자 책 신미경
발 행 처 도서출판 행복에너지
출판등록 제315-2011-000035호
주   소 (157-010) 서울특별시 강서구 화곡로 232
전   화 0505-613-6133
팩   스 0303-0799-1560
홈페이지 www.happybook.or.kr
이 메 일 ksbdata@daum.net

값 20,000원
ISBN 979-11-5602-288-6 03340

도서출판 행복에너지는 독자 여러분의 아이디어와 원고 투고를 기다립니다. 책으로 만들기를 원하는 콘텐츠가 있으신 분은 이메일이나 홈페이지를 통해 간단한 기획서와 기획의도, 연락처 등을 보내주십시오. 행복에너지의 문은 언제나 활짝 열려 있습니다.

대 학 생 이   바 라 본

파워리더
국회의원 33인

· 권선복 엮음 ·

도서
출판 행복에너지

국민에게 더 가까이 다가가는 국회

정의화 (국회의장)

『대학생이 바라본 파워리더 국회의원 33인』이라는 주제로 책이 발간되는 것을 뜻깊게 생각합니다. 행복 나눔과 재능 기부를 몸소 실천하고 계신 도서출판 행복에너지 권선복 대표님께도 감사드립니다.

밤늦은 시각에도 불이 켜져 있는 의원회관을 바라보면서 우리나라에 열정적으로 일하는 국회의원들이 참 많다는 생각을 합니다. 그럼에도 불구하고 국회가 국민 불신의 벽을 넘지 못하는 것이 안타깝기도 합니다.

오늘날 대한민국은 큰 구조적 전환기를 맞고 있습니다. 이제 우리는 남들이 가지 않은 새로운 길을 개척해야만 합니다. 하지만 정치에 대한 신뢰도가 최악인 상황에서 희망찬 미래를 개척할 수는 없습니다. 우리 정치의 가장 큰 과제는 국민의 신뢰를 회복하는 일입니다. 지금과 같은 국민의 신뢰 수준으로는 정치가 국민통합과 국가발전의 중심에 서기 어렵습니다.

정치에 대한 불신이 정치 무관심으로까지 이어지면 대의민주주의는 그 힘을 잃습니다. 특히 젊은 층의 정치 무관심과 낮은 선거 참여는 우려스러울 정도입니다. 대의민주주의에서 국가권력에 민주적 정당성을 부여하고 대표성을 고양시켜 대의제도가 정상적으로 작동하도록 하기 위해서는 주권자인 국민의 적극적인 정치 참여가 반드시 필요합니다.

우리 국회도 혁신과 변화를 통해 국민 속으로 다가가려는 발걸음을 시작했습니다. 국회 경내를 국민에게 개방하고 국민과 소통하는 다양한 통로를 열어 국회와 국민 사이에 존재하는 마음의 거리를 좁히기 위해 노력해 왔습니다. 아직은 부족하지만 국민의 신뢰 회복을 위한 변화는 계속될 것입니다.

이 책은 20대의 대학생들이 직접 만나 본 국회의원들의 생생한 이야기를 담고 있습니다. 이 책을 통해 보다 많은 젊은이들이 우리 국회와 정치에 관심과 애정을 가질 수 있다면 참으로 의미 있는 일이 되리라 생각합니다. 아무쪼록 이 책이 우리 국회와 정치가 국민에게 한발 더 다가서는 계기가 되길 바랍니다.

추천사

대한민국 정치에 희망을 거는 대학생들

김무성 (새누리당 대표최고위원)

도서출판 행복에너지의 『대학생이 바라본 파워리더 국회의원 33인』 출간을 축하드립니다. 생생하게 국회의 현장을 그려낸 내용도 참 좋았지만 무엇보다도 기성 정치라면 손사래를 칠 7명의 대학생들이 우리나라 정치의 발전을 위해 국회의원들과 직접 맞닥뜨리는 패기 넘치는 모습이 너무나도 기분 좋았습니다.

하지만 그들의 출간 후기에서 정치를 부정적인 시선으로만 바라보고 있었다는 이야기를 접하면서, 예상은 했지만 안타깝고 미안한 마음이 들지 않을 수 없었습니다. 그러나 이번 기회를 통해 대한민국 국회의원의 편에 설 수 있게 되었다고 하니 7명의 대학생들에게 고마울 뿐입니다. 저희 정치인들에게 여전히 큰 희망을 걸고 있다는 것이니까요.

비록 대중들에게 비춰지는 정치인의 이미지는 여전히 좋지 못하게 그려지고는 있지만, 대한민국의 국회의원 한 분 한 분의 삶을 자세히 들여다보면 누구 하나 열심히 살지 않는 분이 없습니다. 자신이 속한 지역구를 위해 잠도 못 잘 정도로 빡빡한 스케줄을 소화해내야만 하는 그들을 보면 대단하다는 생각이 들면서도 한편으로는 몸이 상할까 걱정이 되기까지 할 정도입니다. 나라와 지역을 위해 힘쓰는 대한민국 국회의원의 노고가 이 책을 통해 더 많은 사람들에게 알려질 수 있으면 좋겠습니다.

국회로부터 먼발치에 있던 청년들이 정치에 손을 내밀 수 있게 된 것은 33명의 국회의원이 모였기에 가능한 일이었다고 생각합니다. 자타가 공히 인정하는 훌륭한 국회의원들이지만 개개인의 역량으로는 대학생들의 생각을 쉽게 바꾸지 못했을 것입니다. 33명의 역량이 모였기 때문에 그들의 생각을 바꿀 수 있었을 것입니다.

이는 앞으로 대한민국의 정치가 나아가야 할 길을 제시해주는 것이라고 생각합니다. 모든 정치인이 여야를 떠나 오직 국민만을 생각하며 힘을 모은다면, 국민들도 대한민국 정치에 손을 들어주어 살기좋은 대한민국을 만드는 데 힘을 보태줄 것입니다.

추천사

대학생들이 바라본 희망찬 국회 이야기

문재인 (새정치민주연합 당대표)

　사연 없는 인생이 없듯이 어려운 시기를 거쳐 오지 않은 국회의원
도 없습니다. 국민의 대표가 되기까지 의원 한 분 한 분의 노력과 땀
방울은 정치권 밖에서 생각하는 것처럼 그리 간단치가 않습니다. 제
가 국회에 들어와 뵙게 된 의원님 대부분은 존경스러운 삶을 살아왔
고 살고 계시며 앞으로도 그렇게 살아갈 분들입니다.

　이 책은 대학생들이 33명의 의원들과 만나 인터뷰를 하고 그분들
의 이야기를 생동감 있게 표현했습니다. 그 과정에서 정치와 정치인
에 가졌던 편견을 바꾸고 새롭고 긍정적으로 바라보게 만들었습니
다. 참으로 의미 있는 책이 출판되었다고 생각합니다.

대한민국의 모든 이해관계가 모여 있고 서로 부딪치는 곳이 여의
도입니다. 정치인들은 자신이 대변하는 국민들을 위해 최선을 다합
니다. 최선을 다할수록 갈등의 폭이 커질 수밖에 없습니다. 그래서
국민들 눈에는 좋지 않게 보이기도 하지만, 또한 그런 이유로 여의
도 정치는 대화와 타협이 끊임없이 진행되어야 합니다. 대학생들이
그려낸 정치인들의 이야기는 이런 정치인들을 속마음을 들여다보게
하고 대화와 타협의 고리를 만들어 냈습니다.

　　서로의 아픔을 공유하고 서로가 살아온 삶을 이해하게 되면 대화
와 타협은 아주 쉽게 시작됩니다. 이 책을 통해 이야기를 건넨 33명
의 의원들은 이제 누구보다 서로를 잘 이해할 것입니다. 그만큼 자
신의 이야기를 세상에 흔쾌히 내놓은 의원들의 용기도 칭찬드리고
싶습니다. 저도 이 책을 통해 더 많은 분들을 이해하고 많이 믿게 되
었습니다. 글만 읽었는데 대화하고 싶은 생각이 들었습니다.

　　무엇보다 대학생들의 시선으로 그려낸 국회 이야기라는 점에서
기대가 큽니다. 이들은 앞으로 우리나라를 이끌어갈 분들입니다. 이
들이 본 국회의 긍정적 측면이 국민들에게 많이 전해지고 부정적인
면은 극복해나갈 수 있길 바랍니다. 그것이 정치 발전으로 나아가는
길이 될 것입니다. 이렇게 참신한 기획을 가지고 선한 영향력을 끼
치고자 하는 좋은 의도로 이 책을 만들어주신 도서출판 행복에너지
임직원들에게 거듭 감사드립니다.

추 천 사

비정상의 정상화를 이끈 국회의원 33인

권기헌 (성균관대학교 전임교수, 한국정책학회 회장)

『대학생이 바라본 파워리더 국회의원 33인』의 출간을 진심으로 축하드립니다.

이 서적은 헌신적인 국정운영을 통해 우리나라의 '비정상의 정상화'를 이끌고 있는 33인의 국회의원의 이야기를 중심으로, 우리나라가 나아가야 할 방향성에 대해 진지하게 고민한 훌륭한 작품입니다. 최근 정치권에 대한 낮은 신뢰도라는 국가적 난제에 대해 철학, 이론, 실천과제들을 국회의원의 역할을 중심으로 명쾌하게 제시하고 있습니다. 특히 가장 큰 강점이라면 단연 우리사회 정상화 가능성에 대한 발전적, 미래지향적 정책제언이라 할 수 있습니다.

정책학 전공자로서 국정운영 구조와 국정문화 개혁, 혁신 생태계 등에 있어 보다 심도 있는 아이디어를 얻을 수 있어 매우 유익했습니다. 또한 대학생의 관점에서 일반 대중도 이해하기 쉬운 바람직한 국정운영의 방향을 설명해주었다는 점에서 아주 매력적인 책입니다.

특히 우리나라의 미래인 젊고 유망한 대학생들의 시각에서, 우리가 꿈꾸는 대한민국의 미래, 국회의원의 모습을 심도 있게 제시함으로써, 모든 세대들이 공감할 수 있는 국정운영의 지향점을 찾는 노력을 한 것에 힘찬 박수를 보내는 바입니다.

마지막으로『대학생이 바라본 파워리더 국회의원 33인』이 국정운영에 있어 장기적이고 미래지향적인 혁신을 실현하기 위한 훌륭한 등대가 될 것이라 의심치 않습니다.

우리 사회에서 오랫동안 풀지 못하고 숙제로 남아 있는 정치권의 '비정상의 정상화'를 타개할 중요한 지침서가 될 것으로 확신하는 바이며, 대학생들에게 세상을 바라볼 수 있는 혜안을 제공해 주신 행복에너지 권선복 대표에게 감사드립니다. 비정상이 정상화되어 살기 좋은 대한민국의 건설이 될 수 있기를 기대해보며, 미래의 정치인과 대한민국의 주역이 될 청년들에게도 읽힐 수 있는 기분 좋은 책 출간을 축하드립니다.

추천사

국회의원의 진면목을 찾고자 하는 여정

황윤원 (중앙대학교 공공인재학부 교수, 前 한국행정학회 회장)

'안 해본 사람은 모르는 쏠쏠한 재미가 있다'는 국회의원. 그래서 14번 출마했다가 단 한 번 당선됐던 한 의원은 지난 총선에도 82세의 고령으로 출마했습니다. 한 번 발을 들이면 빠져나올 수 없는 늪과 같은 마력의 직업. 자신의 분야에서 잘나가던 사람들도 마지막으로 찾아가는 모든 직업의 블랙홀. 모 인사는 대학교수, 대통령비서실장, 외교부 장관, 국무총리, UN특사, 3선 국회의원 등 화려한 직책을 다 거친 뒤에도 역시 가장 좋은 직업은 국회의원이었다고 회고한 바 있습니다. 그러니 내년 4월 총선 겨냥 현 공직자들의 집단 사퇴현상을 누가 감히 나무랄 수 있을까요?

그런데 안타깝게도 국민들은 모이기만 하면 국회의원 욕입니다. 자신이 뽑은 의원조차 힐난합니다. 마치 국회의사당은 비리의 온상이고, 의원들은 모두 비리 덩어리로 질타됩니다. 공중부양도 불사하는 싸움꾼에다 각종 비리와 스캔들의 주인공이며 잔인한 권력 투쟁자들……. 이런 게 오늘날 우리 사회 국회의원상입니다. 적어도 개인적으로 알고 있는 의원들은 그렇지 않은데, 집합적으로는 이렇게 싸잡아 욕먹곤 합니다. 그러나 국회는 정치의 현장이고, 정치의 본질은 협상과 타협이며, 협상과 타협은 다양한 사회적 가치를 합리적으로 배분하는 수단이자 과정입니다. 국회의원은 이 까다로운 정치과정의 주역들이므로 배타적 이해관계 조정에서 불가피하게 일부에게는 욕을 먹을 수밖에 없다는 진실은 제대로 알려질 필요가 있습니다.

　그래서 여기 국회의원의 진면목을 찾고자 하는 상큼한 열정이 책으로 발간됩니다. 아직 때묻지 않은 대학생들의 눈으로 직접 의원들을 만나 객관적 이미지를 그려보고자 하는 애틋한 이들의 열정을 존경합니다. 일곱 명 학생들의 서른셋 국회의원에 대한 탐방글 모음집인 이 책은 우리의 선량들에 대한 솔직하고 진정한 모습을 그려내고 있습니다. 학생들과 의원님들, 그리고 권선복 행복에너지 대표이사의 진정성이 독자들과 공유되기를 빌면서 무한경쟁시대의 21세기 대한민국에 선한 영향력을 발휘할 수 있는 『대학생이 바라본 파워리더 국회의원 33인』의 의미 있는 출간을 진심으로 축하드리고 적극 추천합니다.

추천사

의사는 사람을 고치지만
국회의원은 국민의 의사가 되어야 합니다

백남선 (이화여대 여성암병원 원장)

　의사는 사람의 생명을 살리는 일을 천명으로 생각하고 살아갑니다. 환자의 아픔을 알고 고쳐주며, 건강하게 살아갈 수 있도록 돕습니다. 그러나 우리 의사 외에도 누군가의 아픔, 고통을 알아주어야 하는 이가 있습니다. 바로 국회의원입니다. 국회의원은 국민의 아프고 힘겨운 삶을 이해하며 상처를 어루만져주는 '국민의 의사'가 되어야 합니다.

　『대학생이 바라본 파워리더 국회의원 33인』에는 진정한 국민의 의사로서 열정적인 삶을 살아가는 국회의원의 이야기가 고스란히 담겨 있습니다. 이 책의 출간을 계기로 잘못된 정치의 환부를 도려내고, 대한민국 정치의 선진화를 이루어 내리라는 기대를 해봅니다. 또한 모든 국민의 아픔을 보듬어줄 수 있는 '국민의 의사, 국민의 국회의원'이 더욱 많이 탄생하기를 기원드립니다.

국민의 행복한 삶을 위한
국회의원들의 노력에 박수를 보냅니다

조태임 (사단법인 한국부인회 총본부 회장)

여성의 사회적 지위와 삶의 질이 예전에 비해 많이 개선되었으나, 여성은 여전히 사회적 약자로 분류되어 있는 것이 대한민국의 현실입니다. 급변하는 사회 속에서 여성의 삶의 질을 높이고 양성평등을 실현하고자 다방면으로 노력을 기울여 왔습니다. 『대학생이 바라본 파워리더 국회의원 33인』에는 열정과 꿈이 가득한 국회의원들의 노고와 땀이 가득한 이야기가 담겨 있습니다.

이 책의 출간이 비단 여성뿐만 아니라, 대한민국 국민의 행복한 삶을 이끌어 줄 하나의 교두보가 되리라고 믿습니다. 또한 앞으로 더 많은 여성들이 정치에 활발히 참여하여 모든 것을 포용하는 모성의 카리스마와 부드러운 리더십을 보여줄 수 있는 대한민국의 정치발전에 기여할 수 있기를 기원드립니다.

추 천 사

열정과 꿈, 그리고 20대의 소중한 권리를
지켜주는 것이 지금, 우리가 해야 할 일입니다

권선복
도서출판 행복에너지 대표이사,
한국정책학회 운영이사

유난히 뜨거웠던 올여름, 도서출판 행복에너지는 7명의 대학생을 선발하여 매우 색다르고 뜻깊은 프로젝트를 기획하여 실행에 옮기게 되었습니다.

'대학생이 바라본 파워리더 국회의원 33인'이라는 제목으로 대한민국을 위해 열심히 의정활동을 펼치고 있는 국회의원 33명을 대학생들이 직접 만나 이야기를 나누고, 그들의 인생역정이 고스란히 담겨 있는 책을 출간하게 된 것입니다.

300명의 국회의원 중 특별히 33명을 선택한 이유는 광복 70주년을 맞아 민족 긍지와 자부심을 고취하고자 하는 의미에서 3·1 운동의 불꽃을 일으킨 33인의 민족대표들을 떠올리고자 함입니다. 또한 불철주야 열심히 뛰어다니고 있는 국회의원들의 열정이 33이라는 숫자에 담긴 의미와 잘 어울린다는 생각이 들었습니다.

사실 책을 기획하는 단계에서 과연 대학생들이 국회의원들을 만나면서 어떻게 그분들에게서 생동감 있는 이야기를 뽑아낼 수 있을지 반신반의하기도 했습니다.

그러나 첫 회의를 하던 8월 첫날, 오직 청년들이기에 뽑어낼 수 있는 열정이 담긴 진한 향기에 저는 시중에 출간된 그 어떤 책보다 의미 있는 책이 될 수 있음을 확신할 수 있었습니다.

제일 먼저 대한민국의 미래를 짊어질 청년들이 평소 존경하거나 눈여겨봐온 국회의원을 선정하고, 직접 질문지를 만들어 인터뷰에 나섰습니다. 평범한 대학생들에 비해 너무 높고 멀게만 느껴지던 국회의원들과 마주 앉아 정겹게 이야기를 나누는 모습을 지켜보니 국민의 삶과 현실 정치 사이의 간극이 좁혀짐을 느낄 수 있었습니다.

어린 시절의 꿈부터 정치 입문 계기, 진솔한 삶의 풍경, 미래에 대한 국정 비전까지 하나하나 세세히 답변해주신 국회의원들의 열정은 우리 미래에 대한 희망과 기대를 품게 하기에 충분했습니다.

출간사

7명의 청년 작가들이 인터뷰를 마치고 나면 으레 나누던 말이 있습니다. "오늘 정말 배울 점이 너무 많았어.", "이번 출간 프로그램에 참가하지 않았으면 무척 아쉬웠을 거야." 한 달이 넘는 시간 그들과 호흡하며 지낸 시간은 무척이나 행복했습니다. 인터뷰를 진행하며 나날이 성장하는 그들의 모습을 책에 모두 담아내지 못한 것이 아쉬울 정도입니다.

　　특히 인터뷰 말미에 여야를 떠나 열정적인 국회의원 5명을 추천해야 할 때에는 의원님들 사이에서 많은 이름이 오갔습니다. 5명으로 제한된 숫자는 의원님들을 고민에 빠지게 만들었습니다. 꼭 5명만 추천해야 하는 것이냐며, 너무 적은 것 아니냐는 불만 아닌 불만은 300명의 국회의원 중 훌륭한 국회의원이 그만큼 많다는 것에 대한 방증임을 다시금 확인할 수 있었습니다.

　　저로서는 젊은 에너지를 내뿜는 청년 작가들도 잊지 못하겠지만, 국민을 대표하여 대한민국의 발전에 힘쓰고 있는 국회의원들의 모습이 무엇보다 인상 깊었습니다. 33명의 국회의원들은 개개인마다 가진 능력은 달랐지만, 모두가 자신의 역할에 대해 책임감을 가지고 혼신을 다한 의정활동에 임하고 계셨습니다.

　　비록 짧은 시간의 인터뷰였지만 이 과정을 통해 꿈 많고 열정 넘치기로는 대학생이나 국회의원이나 모두가 매한가지라는 생각을 하게 되었습니다.

대학생이 바라본 파워리더 국회의원

『대학생이 바라본 파워리더 국회의원 33인』 출간 기획은 '대한민국의 밝은 미래를 위해 가장 필요한 것은 무엇인가?'라는 작은 질문에서 출발했습니다.

현재 우리나라는 대내외적 경제 불안 속에서 큰 변화의 시기를 맞고 있고 더불어 지역 간, 세대 간, 노사 간의 갈등은 골이 깊어져 가는 상황입니다. 이 위기를 어떻게 극복하느냐에 따라 대한민국이 일류 선진국 반열에 오를 수도, 그저 그런 평범한 국가에 머무를 수도 있습니다.

하지만 우려되는 것은 정치권을 향한 국민의 시선이 곱지만은 않다는 점입니다. 12개 직업군 중 국회의원 신뢰도가 꼴찌란 점만 봐도 알 수 있습니다. 무엇보다 국민과 정치인 사이에 신뢰 회복이 전제되어야만 힘차게 도약할 대한민국을 기약할 수 있다고 믿어 의심치 않습니다.

『대학생이 바라본 파워리더 국회의원 33인』의 메시지는 다음의 두 가지로 정리해볼 수 있습니다.

첫째, '국회의원'이란 단어가 '부정부패'가 아닌 '열정'을 뜻하는 단어라는 점을 알리고 싶습니다. A라는 국회의원의 실수는 A의 실수가 아닌 ALL의 실수로 비춰져, 묵묵히 자신의 자리에서 책임을 다해온 국회의원들까지 비난의 뭇매를 맞기 십상입니다. 이러한 안

출간사

타까운 현실을 조금이나마 바로잡고 싶습니다.

둘째, 20대의 저조한 투표율 문제를 수면 위로 끌어올려 보고 싶습니다. 높은 투표율이야말로 진정한 민주주의 실현의 증표라고 생각을 합니다. 기존의 서적과는 달리 대학생들의 시선이 담겨 있기 때문에, 정치에 관심이 없는 20대의 공감을 이끌어내기에 충분하다고 생각합니다. 20대의 소중한 권리가 사라지지 않도록 하는 것이 우리들의 또 다른 목표입니다.

'도서출판 행복에너지'는 「행복이 샘솟는 도서, 에너지가 넘치는 출판」이라는 모토 아래, 창립 4년 만에 종이책과 전자책을 각각 220여 종씩 출간한 중견 출판사로 발돋움했습니다.

『하루 5분 나를 바꾸는 긍정훈련』(인터파크 도서 종합 1위), 『청춘이 스펙이다』(교보문고 자기계발 분야 1위), 『머니 힐링』(교보문고 일간종합 1위) 등의 주요 베스트셀러는 물론 『외규장각 의궤의 귀환』(우수콘텐츠 제작지원사업 선정작), 『마음이 아름다우니 세상이 아름다워라』, 『70대 인생을 재밌고 신나게 사는 이야기』 등의 문화체육관광부 선정 우수도서를 통해 실력을 인정받아 왔습니다.

도서출판 행복에너지는 국민 개개인의 자아실현과 정서함양에 있어 가장 기본이 되는 '책'의 가치를 널리 알리고자, 소외받는 곳에 기증한 도서만 5만여 권에 이르렀습니다. 앞으로도 꾸준히 매년 1만권 이상의 책을 기증할 예정이며, 누구에게나 열린 출판을 통한 대한민국 문화 창달에 힘을 보탤 것이며 선한 영향력을 대한민국 방방곡곡에 전파하는 칭찬하기 운동을 도서출판 행복에너지에서 시작하겠습니다.

'인장지덕 목장지폐人長之德 木長之弊'라는 고사성어가 있습니다. 큰 인물은 주변에 덕을 베풀고, 큰 나무는 주변을 피폐하게 만든다는 뜻입니다. 좋은 인연은 큰 힘이 되고 삶을 윤택하게 해줍니다. 미래의 희망 대학생들과 현재의 희망 국회의원들의 만남은 그 자체만으로도 지켜보는 이에게 새로운 활력을 불어넣어 주었습니다.

우리 청년들과 국회의원들의 작은 만남으로 엮은 이 한 권의 책이 대한민국 국민의 행복한 삶을 이룩할 작은 씨앗이 될 것을 믿어 의심치 않습니다. 한 분이라도 더 많은 독자들이 책『대학생이 바라본 파워리더 국회의원 33인』을 읽고 삶의 목표를 성취하시기를 바라며, 그 성취감과 즐거움이 대한민국 방방곡곡에 행복과 긍정의 에너지로 전파되었으면 하는 바람입니다.

행복과 긍정의 에너지가 선한 영향력으로 발휘된다면 무한경쟁시대의 21세기를 이끌어나갈 청년들이 잠시 잃어버렸던 꿈과 열정을 다시 찾을 수 있을 것이라고 생각합니다. 청년들의 행복한 에너지가 모두에게도 행복에너지가 되길 바라며, 위풍당당한 대한민국 건설에 초석이 될 것임을 굳게 믿습니다!

출간사

강　　　석　　　호

- 학력
  서울 중동중학교
  서울 중동고등학교
  한국외국어대학교 스페인어학과

- 경력
  제18·19대 국회의원(경북 영양·영덕·봉화·울진)
  국회 국토교통위원회 위원
  (사)대한산악구조협회 회장
  (사)대한산악연맹 경상북도연맹 회장
  국회 국토교통위원회 간사
  국회 농림수산식품위원회 간사
  국회 국민안전혁신특별위원회 위원
  새누리당 제1사무부총장
  새누리당 제4정책조정위원장
  새누리당 경북도당 위원장

- 수상
  여성유권자연맹 선정 여성정치발전인상
  법률소비자연맹 선정 국회의원 헌정대상
  유권자시민행동 선정 2015 대한민국 유권자대상

 대한민국국회
NATIONAL ASSEMBLY

| 찬란했던 젊은 날의 기록

1955년 12월 포항에서 태어났습니다. 원적은 영덕이지만 부모님께서 사업을 위해 포항에 정착하셔서 이곳에서 출생했습니다. 포항초등학교 5학년 재학 중에 서울 종로초등학교로 전학했습니다. 서울 중동중학교와 중동고등학교를 거쳐 한국 외국어대 스페인어과를 졸업했습니다. 초등학교 때부터 부모님과 떨어져서 생활하다 보니 자립심과 독립심을 기를 수 있었습니다.

당시 부잣집 자식들의 병역기피 사례가 적지 않았지만, 저는 대학을 휴학하고 해병대에 자원입대했습니다. 포항에 있는 제1해병사단에서 사병으로 복무한 뒤 병장으로 만기 전역했습니다. 평소 기업의 사회적 책임에 대해 확고한 신념을 갖고 계셨던 선친께서는 일찍부터 자식들에게 공공에 대한 책임과 의무를 엄하게 가르치셨습니다. 그런 훈육 덕분에 해병대 복무도 주저 없이 자처할 수 있었고, 훗날 정치인이 돼서도 정도正道에서 일탈하지 않는 힘이 됐습니다.

대학 졸업 후 서울의 한 종합상사에 입사해 여느 회사원과 다름

대학생이 바라본 파워리더 국회의원

없이 사회생활을 시작했습니다. 몇 년 뒤 포항으로 돌아와 선친께서 경영하시던 회사에 입사해 철저한 CEO 수업을 받았습니다. 경영 일선에서 뛰면서 물류와 제조, 건설, 금융 분야의 기업군으로 사세를 확장해 경영 능력을 인정받았습니다. 까다로운 독일 자본과 합작으로 제조공장을 설립하고 중국 청도와 안산, 인도네시아 질레곤 등지에 현지공장 건립을 성사시켰습니다. 회사가 안정기에 접어들자 '기업이윤의 사회 환원'이라는 가훈에 따라 1992년 학교법인 '벽산학원'과 '벽산장학회'를 설립했습니다. 이후 학교에 대한 지원을 아끼지 않아 지금은 대표적 명문 사학으로 자리 잡게 됐습니다. 1996년 포항MBC와 함께 '삼일문화대상'을 만들어 경북 동해안 지역의 문화예술, 사회봉사 부문 유공자들을 선정해 시상하고 있습니다.

| 강석호의 정치이야기

1991년 민선 초대 포항시의원에 당선돼 정계에 첫발을 내디뎠습니다. 36세의 젊은 나이에 시의회 부의장을 맡아 포항시의회를 이끌었습니다. 1995년 지방선거에선 경북도의원에 당선돼 도의회로 진출했습니다. 초선임에도 예결특위 위원장을 맡아 CEO 출신 지방의원의 면모를 주위에 각인시켰습니다. 젊은 나이에 포항시의회 부의장을 역임하고 경북도의회에서 예결위원장을 맡았을 때는 정치인으로서 승승장구할 것이란 자신감이 강했습니다.

그러나 2000년 16대 총선에서 국회의원직에 도전했다가 낙선했습니다. 4년 뒤인 17대 총선에선 선거구 조정으로 출마 기회조차 잡지 못하자 일찍이 경험하지 못한 깊은 좌절을 맛봐야 했습니다. 그렇지만 비관과 한탄만으로 시간을 허비할 수는 없었습니다. '다시 시작하면 된다'는 각오로 제 자신을 채찍질했습니다. 지나온 길을 되돌아보면서 부족하고 미흡했던 점을 반성하고 내면적 성숙에 힘썼습니다. '신뢰받지 못하는 정치인은 성공할 수 없다'는 평범한 진리를 되새기며 자세를 더 낮추고 더 열심히 뛰었습니다. 주민들과 눈을 맞추고 마음을 주고받는 만남을 계속해 나갔습니다. 그러는 사이에 믿음을 얻게 되고 더 가까이 다가갈 수 있는 길도 열렸습니다. 차곡차곡 쌓아올린 신뢰는 어느새 저를 다시 일으켜 세울 수 있는 정치적 자산이 됐습니다.

2007년 제17대 대선에서 경북도당 선대위 총괄부본부장을 맡아 한나라당 이명박 후보가 경북도에서 전국 최고 투표율과 최고 득표율을 기록하는 데 중심 역할을 했습니다. 2008년 18대 총선을 앞두고 한나라당 공천심사위원들 앞에 섰을 때 그런 정치적 자산과 역량을 충분히 인정받아 당 공천을 받는 데 성공했습니다. 뒤이은 18대 총선에서 경북 영양·영덕·봉화·울진 선거구에 출마해 당당히 국회의원에 당선됐습니다. 8년간의 슬럼프를 이겨내고 비로소 여의도에 입성하는 문이 열리는 순간이었습니다.

당선 이후 지역구가 국내에서 손꼽히는 낙후지역인 점을 감안해 국회 농림수산식품위원회를 택해 활동했습니다. 광우병 파동, 구제역 사태, 매몰지 침출수, FTA 비준 등 현안들이 쏟아졌지만, 특유의 근면함과 친화력으로 야당과의 협상을 이끌었습니다.

2012년 4월, 19대 총선에서 재선에 성공한 뒤 상임위를 국토교통위원회로 옮겼습니다. 그해 6월 새누리당 경북도당위원장에 추대되자 곧바로 12월로 예정된 18대 대선 필승체제로 돌입했습니다. 박근혜 새누리당 대선 후보와 경북도 의원들이 한 자리에서 만났을 때 저는 도당위원장으로서 "경북도가 득표율에서 전국 1등을 하겠다"고 약속했습니다. 이후 선거전에 임해 경북도당 선관위를 진두지휘하며 밤낮을 가리지 않고 온몸으로 뛰었습니다. 12월 19일 투표함을 열었을 때 경북도에서 박 후보 지지표가 전체 투표수의 80.8%로 나와 전국 시·도 중 최고 득표율을 기록했습니다. 이 수치는 박 후보의 정치적 고향인 대구시 득표율 80.1%보다 높았으며, 4년 전 이명박 후보가 경북도에서 얻었던 72.6%보다도 많았습니다. 박 후보와 했던 약속을 지킨 것입니다. 득표수로 보더라도 박 후보는 경북도에서 민주통합당 문재인 후보보다 무려 105만 표를 더 얻었습니다. 박 후보가 전국에서 문 후보를 이긴 108만 표와 거의 맞먹는 숫자입니다.

국토교통위원회 전반기 2년 동안은 여당 간사를 맡아 쟁점법안에 대해 여야 절충안을 도출하는 데 힘썼습니다. 이명박 대통령의 임기막바지인 2013년 1월에 택시를 대중교통으로 인정하는 내용을 골자로 국회 본회의를 통과한 '대중교통 육성 및 이용촉진법 개정안'(일명 '택시법안')에 대해 이 대통령이 거부권을 행사한 적이 있었습니다.

강석호

그때 대체입법으로 '택시운송사업 발전을 위한 지원 법안'이 정부 안으로 제출됐습니다. 가뜩이나 대통령의 거부권 행사에 반발하고 있던 야당이었지만 어렵게 설득해서 법안 통과를 성사시켰습니다. 박근혜 정부 출범 이후에는 양도세 한시면제, 분양가상한제 탄력적용 등 부동산 경기 활성화를 위한 각종 정책들이 발표돼 이를 뒷받침할 입법작업이 시급했습니다. 야당은 전월세 상한제 도입 등을 내밀며 '끼워넣기'를 시도했습니다. 그러나 "인위적인 가격통제는 바람직하지 않다"는 논리로 야당과 협상해 여당 원안을 관철시켰습니다.

불필요한 규제 혁파를 위한 법안 제·개정에도 힘썼습니다. 개발행위 허가, 건축허가, 공장설립 승인 등에 대한 인·허가 절차를 간소화하기 위한 '토지이용 인·허가절차 간소화를 위한 특별법 제정안', 도로 사선제한 규제 폐지를 담은 '건축법 개정안' 등을 대표발의해 국회 본회의를 통과토록 한 것이 대표적인 사례입니다.

| 가장 기억에 남는 정치이야기

2013년 12월 전국철도노조가 수서발 KTX 운영회사 설립 추진 중단을 요구하며 총파업에 돌입한 적이 있습니다. 장기간 파업으로 많은 국민들이 큰 불편을 겪어야만 했지만, 정부는 강성 노조에 부딪혀 돌파구를 찾지 못하고 있었습니다.

국회가 사태 해결의 실마리를 찾기 위해 나섰습니다. 당시 여당

지역구 민원해결을 위해 국회 의원회관 의원실에서 울진군 공무원, 한국철도시설공단 관계자 등과 함께 민원 내용을 살펴보고 있는 강석호 의원(오른쪽에서 세 번째)

에선 국회 국토교통위 소속인 김무성 의원과 간사인 제가, 야당에선 박기춘 당 사무총장과 간사인 이윤석 의원이 각각 나서서 국토부와 철도노조를 설득했습니다. 의원들은 초당적인 신뢰를 바탕으로 양측을 오가면서 물밑 교섭을 계속했습니다. 특히 최다선(5선)인 김무성 의원은 특유의 친화력과 조정능력으로 협상에서 주도적인 역할을 했습니다. 결국 여야는 '철도산업발전소위 구성과 파업철회 및 업무복귀'에 극적 합의를 이끌어내 파업은 막을 내릴 수 있었습니다.

철도노조가 요구한 '철도산업발전소위원회'가 국토교통위원회 산하에 구성되자 저는 위원장을 맡아 4개월간 활동했습니다. 철도 선진국인 영국 · 프랑스 · 독일 · 오스트리아를 돌아보며 유럽의 철도개혁 성공사례를 조사했습니다. 만성적자와 막대한 누적부채라는 같은 문제를 극복한 유럽의 전례에서 정책적 시사점을 얻어 우리 실정에 맞는 대안을 만들어냈습니다. 소위원회에서 철도 민영화 방지대책, 철도공사 혁신방안 등을 담은 보고서를 여야 합의로 통과시킨 뒤 정부에 권고함으로써 철도산업 발전에 한몫 이바지했습니다.

| 무신불립無信不立 그리고 깨끗한 정치인

저는 무엇보다 국민과의 약속을 지켜 신뢰받는 정치인이 되기 위해 노력해 왔습니다. 국민과 정치인 사이에는 신뢰가 기본이라고 믿기 때문입니다. 유권자들은 정치인의 말과 공약을 믿고 지지표를 던집니다. 그런데 정치인이 약속을 지키지 않는다면, 그것은 유권자들에 대한 배신행위와 같습니다. 정치인으로서 기본적인 자질이 부족하다고 봐야 할 것입니다. 그래서 정치권에는 '무신불립無信不立'이란 말이 오래전부터 금언으로 통하고 있습니다.

추석 명절을 앞두고 봉화군 춘양시장을 방문해 제수용품을 사러 온 주민들과 인사를 나누는 강석호 의원

정치인은 자신이 약속한 말을 실천하기 위해 최선의 노력을 다해야 한다는 데는 이설이 있을 수 없습니다. 다만 예기치 않은 변수로 도저히 약속 이행이 어려울 때는 국민들이 납득할 수 있을 정도로 충분한 해명이 뒤따라야 할 것입니다. 그래야 국민들로부터 신뢰를 지킬 수 있는 여지가 남아 있을 것입니다.

저는 '깨끗한 정치인'으로 남는 것을 '신뢰받는 정치인' 못지않게 중요한 신조로 삼고 있습니다. 국회의원 본연의 책무가 행정부를 견제하고 감시하는 일이다 보니 본의 아니게 약간의 '권력'이라는 게 뒤따릅니다. 그런 권력을 엉뚱한 용도로 악용하기 위해 주위에 호시탐탐 유혹의 손길을 내미려는 사람들이 간혹 있습니다. 그 유혹에 넘어간다면 정치인으로서 생명은 오래갈 수 없습니다. 한 번 유혹에 넘어가면 점차 더 깊은 수렁에 빠져들게 되고 결국에는 파멸로 치달을 수밖에 없습니다. 주위에 그런 불미스런 일들이 심심찮게 불거지곤 합니다. '검은 유혹'을 이겨낼 수 있는 힘이 없다면 일찌감치 정치인의 길을 포기하는 게 낫다고 생각합니다.

| 이 시대의 청년들에게

"국회의원은 늙을 시간도 없어요." 제가 가끔 우스갯소리로 하는 말입니다. 국회의원이 늙을 시간이 있을 정도면 정말로 여유로운 겁니다. 저는 늙을 시간도 없을 정도로 의정활동에 최선을 다하고 있습니다. 여러분들도 모든 일에 항상 최선을 다하길 바랍니다. 최선을 다한다고 해서 결과까지 원하는 대로 귀결된다는 보장은 없습니다. 하지만 최선을 다하면 적어도 후회나 아쉬움은 없을 것입니다. 과정으로서 최선을 다한다는 것은 결과로서 성공하는 것 이상으로 중요하다고 생각합니다.

'진인사대천명盡人事待天命'이란 말이 있듯이, 매사에 최선을 다한 뒤 결과는 하늘의 뜻에 맡기는 것도 좋습니다. 사람 일이라는 게 다 성공할 수는 없으니 설령 실패의 결과가 나오더라도, 다시 추스르고 일어나 재도전할 수 있는 복원력을 갖고 있어야 합니다.

화목한 가정을 가꾸는 것도 대단히 중요합니다. 굳이 수신 제가 치국 평천하修身 齊家 治國 平天下를 언급하지 않더라도 화목한 가정에서 모든 활동의 원동력이 생성된다고 봅니다. 학생이 공부를 하든, 사회인이 직장생활을 하든 자신의 역량을 십분 발휘할 수 있는 힘의 원천은 화목한 가정에 있기 때문입니다. 반대로 가정이 불화에 휩싸이면 누구도 집 밖에서는 기가 죽을 수밖에 없습니다. 부부간이든 부모·자녀 간이든 서로의 일상에 늘 관심을 갖고 자주 공감하고 소통하는 시간을 많이 갖는 것이 화목한 가정의 첩경일 것입니다.

| 내 인생에 영향을 미친 철강왕 박태준

저는 청암青岩 박태준 전 국무총리를 가장 존경합니다. 그는 정치인 이전에 1968년 포항종합제철을 설립해 한국의 철강 산업을 세계적 수준으로 키워낸 포항종합제철 회장이자 철강왕입니다.

무엇보다 박 전 총리는 투철한 애국심의 소유자였습니다. 그의 좌우명인 '짧은 인생을 영원한 조국에'에서도 그것을 읽을 수 있습니다. 그는 일제의 식민통치 배상금으로 받은 대일청구권자금 중 1억 달러를 박정희 전 대통령으로부터 받아 제철소를 만들 때 그 돈의 성격을 '조상의 혈세'라고 규정했습니다. 조상이 흘린 피의 대가로 제철소를 세우는데 어떻게 실패할 수 있겠습니까? 제철소 설립에 기적적으로 성공한 뒤에는 제철보국製鐵保國을 기치로 내걸었습니다. '철을 만들어서 나라에 보답하겠다'는 일념으로 '산업의 쌀'인 철을 대량 생산함으로써 우리나라가 제조업 대국으로 성장할 수 있는 발판을 제공했던 것입니다.

박 전 총리는 불굴의 의지를 가진 강인한 지도자였습니다. 우리나라에 제철소를 짓는다고 할 때 세계은행에서는 '시기상조'라며 투자를 꺼렸습니다. 우방인 미국조차 우리나라에 제철소를 세우면 망한다고 판단해 한 푼도 지원하지 않았습니다. 그러나 박 전 총리는 궁리 끝에 대일청구권자금에서 사업 자금을 확보한 뒤 일본 등 철강 강국으로부터 문전박대를 당해가면서 제철 기술을 얻어와 포항제철을 출범시켰습니다. 세계 주요 경제학자와 철강관계자들의 예측을 완전히 뒤엎어버린 포항제철의 신화 뒤에는 박태준이란 강철 같은 영혼을 가진 리더가 있었기 때문에 가능한 것이었습니다.

박 전 총리는 청렴한 지도자였습니다. 그는 포스코의 창업주인 셈이지만 '월급사장'으로서 포스코의 주식을 단 한 주도 갖지 않았습니다.

강석호

박정희 전 대통령의 하사금으로 산 아현동 자택마저도 생전에 사회에 기부했습니다. 평생 사리사욕을 멀리하고 오로지 나라의 부를 쌓는 데 헌신하신 분입니다.

| 내 인생에 영향을 미친 넥스트 코리아

오랫동안 독일을 연구해온 김택환 씨가 2012년 발간한 '넥스트 코리아'를 많은 이들에게 추천하고 싶습니다. 저자는 이 책에서 아파도 겁낼 필요가 없는 나라, 실업으로 거리에 나앉을 염려가 없는 나라, 대입 전쟁·대학 등록금·사교육·학교 폭력이 없는 나라 '독일'을 한국의 다음 국가모델로 제시하고 있습니다. 미국과 일본을 넘어 이제는 독일을 제대로 배울 때라는 것입니다.

강한 독일의 비결로 저자는 정파와 이념을 떠나 국민에 대한 책임과 국익을 우선하는 일류 정치, 입시지옥·대학등록금·사교육 없는 3무無를 넘어 학교폭력까지 없는 4무無의 공평한 교육, 단단한 중소기업과 평등한 노사 관계에서 나오는 투명한 경영과 산업의 경쟁력 등을 들고 있습니다. 반反인플레와 물가 안정, 서민을 최우선하는 민생 정책, 탄탄한 사회안전망의 기초에서 진행되는 구조개혁과 패자부활전이 가능한 복지 시스템 등도 꼽고 있습니다. 과거 역사에 대한 철저한 반성을 통한 호혜 외교와 중장기적인 관점의 국제관계, 한탕주의를 꿈꾸지 않는 성실한 국민성과 직업을 천직으로 여기는 소명의식과 창조성, 그리고 통일을 신성장 동력으로 삼아 문화의 신

서울시청 광장에서 열린 '영양 고추 H.O.T. 페스티벌'에 부인 추선희 여사(왼쪽에서 5번째)와 함께 방문해 권영택 영양군수(오른쪽에서 4번째), 남천희 도의원(오른쪽에서 3번째) 등 행사 관계자들을 격려한 뒤 포즈를 취한 강석호 의원

르네상스를 꽃피우고 있는 국가경영 모델도 독일의 비결로 지목했습니다.

저자는 책임 있는 일류지도자와 패자부활전이 가능한 합리적인 사회경제시스템만 갖추면 대한민국도 강국으로 도약할 것이라고 확신했습니다. 독일의 경험과 교훈을 통해 대한민국의 밝은 미래를 열어 갈 것을 제안하고 있습니다.

| 국민들이 볼 때에는 왜 여야가 싸움만 하는 것처럼 보일까요?

'시장'과 '정부'의 역할을 놓고 여야 간에 생각 차이가 크다고 할 수 있습니다. 보수 진영을 대변하는 여당에서는 정부의 시장 개입을 최

강석호

소화하고 시장의 자율성을 보장하려고 합니다. 반면에 진보 진영을 대변하는 야당에선 정부가 시장에 적극 개입해 '시장의 실패'를 방지하는 데 중점을 두고 있습니다.

새누리당 당헌 총칙에는 "새누리당은 자유민주주의와 시장경제를 기본이념으로… (중략) …21세기 선진 일류국가를 창조할 것을 목적으로 한다"라고 명시돼 있습니다. '시장경제를 기본이념으로 한다'는 문구는 있어도 '정부의 역할'에 대해선 특별한 언급이 없습니다. 시장의 자율성을 중시하는 한 단면을 엿볼 수 있습니다.

그에 비해 야당인 새천년민주연합은 강령 전문에서 "우리는 자본과 노동이 상생하는 인간 중심의 민주적 시장경제를 지향한다"면서 "건전한 시장경제와 민주질서 확립을 위해 국가의 정의롭고 공정한 질서 확립의 역할을 강화한다"라고 천명하고 있습니다. 민주적 시장경제 구현을 위한 '국가의 역할'에 방점을 두고 있음을 알 수 있습니다.

야당이 국가의 역할을 강조하는 것은 시장의 자율성을 믿지 않기 때문입니다. 시장에는 강자와 약자가 뒤섞여 있습니다. 강자로는 대기업을 꼽을 수 있고 중소기업과 일반 소비자 등은 약자로 볼 수 있습니다. 그대로 놔두면 약자는 불이익을 당할 가능성이 높아 정부의 개입이 필요하다고 보는 게 진보 진영의 입장입니다. 정부의 시장 개입은 대부분 법적 '규제'로 나타납니다. 규제 조항을 통해 강자를 통제하고 약자를 보호하겠다는 의도를 갖고 있습니다.

대학생이 바라본 파워리더 국회의원

여당도 정부의 시장 개입을 원천적으로 반대하는 것은 아닙니다. 그러나 필요 이상의 과도한 시장 개입이나 '과잉 규제'는 기업가 정신을 억누르고 시장 기능을 마비시킬 수 있습니다. 따라서 시장이 주체들 간의 공정하고 자유로운 경쟁을 보장하면서 자원의 효율적 배분과 지속적인 성장을 계속해 나가도록 적절한 선에서 정부개입이 멈춰야 한다는 게 여당의 입장입니다.

양측 모두 취지는 좋습니다. 역사적으로 여당의 주장이 맞을 때도 있었고 야당의 주장이 옳을 때도 있었습니다. 여야 간에 열려 있는 대화와 협상을 통해 우리의 현실에 맞는 최선의 절충점을 찾아내는 게 중요하다고 봅니다.

| 당을 초월해서 열정적으로 의정활동을 펼치는 국회의원 5명

안효대 의원님 – 울산 동구가 지역구이신 여당 재선 의원으로 현재 국회 농림축산식품해양수산위원회 여당 간사를 맡고 있습니다. FTA(자유무역협정) 비준 과정에서 쌀시장 개방에 강력 반대하는 농민단체와 그에 동조하는 야당을 설득해 가며 국익 차원에서 절충점을 찾도록 애쓰시는 분입니다.

김우남 의원님 – 제주시가 지역구이신 3선 야당 의원으로서 현재 농림축산식품해양수산위원장을 맡고 있습니다. 야당 입장에선 농민단체와 보조를 맞춰 강경 입장을 고수할 수도 있지만 김 의원은

강석호

국가의 장래를 위해 국익을 앞세운 의정활동을 펼쳐왔습니다. 특별히 여야 어느 한쪽에 치우치지 않고 객관적이고 합리적인 관점으로 상황을 판단하시는 모습을 보면서 배울 점이 많다는 생각이 듭니다.

황인자 의원님 – 비례대표 초선의원으로서 안전행정위원회 소속입니다. 여성부와 행정자치부 고위공무원으로서 여성정책을 오랫동안 다뤘던 경험을 살려 국회에서도 여성의 사회참여 확대와 이를 지원하기 위한 의정활동에 주력하고 있습니다.

문정림 의원님 – 비례대표 초선의원으로서 보건복지위원회에서 활약하고 계십니다. 의사 출신이신 문 의원은 의료, 복지 등 국민 실생활에 실질적으로 도움을 주는 입법활동으로 주목받고 있는 분입니다. 또한 20년간 재활의학과 교수로서 재직해온 경력을 바탕으로 현장 경험을 잘 살리면서 국가의 현안을 해결하고자 늘 밤낮으로 고민하며 애쓰시며 열정적인 의정활동을 펼치고 계십니다.

김무성 의원님 – 새누리당 대표로서 박근혜 정부 출범에 기여한 일등공신입니다. 본인도 차기 대통령 후보군에 들어 있습니다. 선이 굵고 온화하며 겸손한 리더십의 소유자여서 그를 따르고 존경하는 사람들이 많습니다. 당 대표로서 특권을 누리지 않고 내년 20대 총선에서 '공천권을 국민에게 돌려드리겠다'는 약속을 실천하기 위해 애쓰고 있습니다.

대학생이 바라본 파워리더 국회의원

김 관 영

- 학력

  군산제일고등학교 졸업

  성균관대학교 졸업(경영학 전공)

  서울대학교 행정대학원(행정학 석사)

- 경력

  제19대 국회의원(전북 군산)

  국회 운영위원회 위원

  국회 정치쇄신특별위원회 위원

  국회 국토교통위원회 위원

  국회 기획재정위원회 위원

  민주당 원내수석부대표

  민주당 수석대변인

  민주당 대표 비서실장

  새정치민주연합 대표 비서실장

  공인회계사(1988년 전국 최연소 합격)

  행정고시 재경직(1992년)

  사법고시 41회(1999년)

- 수상

  법률소비자연맹 국회의원 헌정대상

  제5회 국회를 빛낸 바른언어상 상임위 모범상

  제1회 머니투데이 대한민국 최우수 법률상

- 저서

  『저를 만나면 즐거우시죠』

  『즐거운 정치』

 대한민국 국회
NATIONAL ASSEMBLY

| 군산에서 태어난 '전북 최초의 고시 3관왕'

저는 군산 학당리 농사꾼 집안의 6형제 중 다섯째입니다. 한집에서 터울이 짧은 형제 여섯이 부대끼고 살다 보니 싸움도 끊이지 않았지만 농사일을 하며 상부상조와 단결력을 배울 수 있었습니다. 온 가족이 농사일을 했던 경험은 청소년기의 좋은 추억이고 이는 열심히 사는 법을 가르쳐주었습니다. 인생을 살면서 더 어려운 순간들에 부딪힐 때, 아무것도 아닌 일처럼 극복해 나갈 수 있는 힘을 이때 길렀다고 생각합니다.

어렸을 때는 넷째 형님이 월등히 공부를 잘해서 전혀 주목받지 못했습니다. 대학 진학에 대한 아버지의 방침은 '서울대 아니면 전북대'였습니다. 모의고사를 치면 당초 목표했던 서울대 화학과를 여유 있게 합격할 수 있는 점수를 얻었지만 막상 학력고사에서는 기대 이하의 성적을 받았습니다. 그러나 운 좋게 서울 소재의 성균관대 경영학과를 다닐 수 있었습니다. 서울에서 직장 생활을 하던 큰형님 내외가 부모님을 설득해주셨기 때문입니다. 돌아보면 큰형님의 권유에 따른 진로 선택이 평생을 좌우한 가장 중요한 선택이었다고 생각합니다.

대학생이 바라본 파워리더 국회의원

1학년 2학기가 시작되고 학교 회계사 시험 준비반에 들어갔습니다. 첫 모의고사에서는 백 점 만점에 4점이었지만 할 수 있다는 자신감으로 이듬해 1차 시험에 합격했고 그해 8월 2차 시험에 합격했습니다. 전국 최연소 합격이었습니다. 합격의 비결은 '무조건 된다'는 다짐이었습니다. 준비기간이 짧더라도 시험 삼아 본다는 생각은 하지 않았습니다. '무조건 된다'고 생각하고 목표에 맞춰 계획을 세워 공부했습니다.

　　회계사 시험에 합격했지만 저는 학교를 계속 다녀야 했습니다. 교수님의 권유로 행정고시 준비를 시작하였으나 녹록지 않았습니다. 두 번의 낙방 끝에 1992년 합격하게 되었고, 대학 졸업 후 1993년 경제기획원(現 기획재정부) 심사평가국에서 사무관을 시작했습니다. 당시 심사평가국 주무사무관이 최경환 現 경제부총리였는데 국회의원이 되어 기획재정위를 맡고 보니 인연이란 참 오묘한 것 같습니다.

　　1995년까지 재경부사무관으로 근무하다 육군 경리장교로 입대하였습니다. 사무관 시절 법률 전반에 대한 폭넓은 이해가 필요하다는 생각을 하게 되면서 법을 체계적으로 공부하기로 마음을 먹었습니다. 이왕 공부하는 거 사법고시 시험을 준비해야겠다는 목표를 세웠습니다. 근무를 마친 후 오후 6시부터 새벽 1시까지 3년 동안 공부했고 1차 시험에 합격할 수 있었습니다.

　　제대 후 재경부로 돌아와 사무관으로 일하며 91년에 동생과 함께 41회 사법고시에 최종합격하였고, 사법연수원을 다니는 중 김앤장 법률사무소에서 영입 제안을 받아 고심 끝에 변호사 생활을 시작하

김 관 영

여의도 국회 사무실에서 인터뷰 중

게 되었습니다. 김앤장에서 일했던 10년의 경험은 자신을 낮추는 겸
손함을 배우고 이익의 충돌 속에 합리적인 해결책을 찾는 다양한 경
험들을 몸소 체득할 수 있었던 소중한 시간이었습니다. 영업사원의
자세로 억척스럽게 일을 한 결과 '고객이 가장 만족하는 변호사'로
좋은 평가를 받게 되었고 한편 '가장 김앤장 같지 않은 변호사'라는
평가도 받았습니다.

| 정치는 소명으로 다가왔다

변호사로 산 지 10여 년이 되던 어느 날, 법조인의 길을 내딛던 초
심을 생각해보았습니다. '사회의 어렵고 힘든 사람들을 위해 조금이
라도 도움이 되는, 그들에게 희망을 줄 수 있는 사람이 되고 싶다.'

라는 생각이었습니다. 부모님을 뵈러 군산을 오가면서 틈날 때마다 새만금 방조제에 들렀습니다. 군산을 크게 도약시킬 수 있는 광활한 땅. 그런 가능성 말고는 아무것도 없는 그 너른 간척지에 첨단 공장과 친환경 시설과 신도시를 만드는 대역사에 기여하고 싶었습니다.

한국은 기적을 만들었지만 기쁨을 잃은 사회가 되었습니다. 저는 어렵게 자랐지만 서울의 부잣집 아이들과 꿈의 크기마저 다르지는 않았습니다. 지금은 '대치동'과 군산의 아이들이 꾸는 꿈의 크기가 달라진 사회가 된 듯합니다. 각자 가지는 희망의 크기가 소득과 지역 그리고 집안에 따라 달라지는 '희망격차 사회'가 돼버린 것입니다. 시스템을 바꿔야겠다는 생각을 했습니다. 기쁨을 잃은 사회에 희망을 만들어야 했습니다. 저는 정치가 이런 일에 좀 더 크게 기여할 수 있다는 생각을 했습니다. 그렇게 정치는 저에게 소명이 되었습니다. 그즈음 고향에 있던 선후배, 동창들이 저를 찾아왔고 수개월의 고민 끝에 김앤장에 사표를 제출했습니다. 국가와 국민, 지역 사회를 위해 헌신하겠다는 새로운 목표를 세웠습니다.

출마를 결심하고 군산의 정치 현실을 살펴보고 군산의 정치와 민심을 분석했습니다. 그런데 그곳은 이미 심각한 동맥경화증에 걸린 상황이었습니다. 기존 정치권에 대한 시민들의 냉소를 바꾸기 위해선 새로운 소통 정치, 새 인물이 반드시 필요하다는 확신이 들었습니다. 젊은 나이에 좋은 직장을 그만두고 하는 도전에 우려의 시선도 많았습니다. "利涉大川(이섭대천, 큰 내를 건너면 이롭다)"이라는 말을 믿고 고향인 군산에 출마하여 2012년 19대 국회의원에 당선되었습니다.

김 관 영

당선 이후 당직을 맡아 굵직한 일들을 처리할 수 있었던 것은 행운이었습니다. 비상대책위원회 위원, 원내부대표 거쳐 2012년 대선을 앞두고 대선후보경선 기획위원으로 공정한 후보 선출 절차를 마련했고 정치 쇄신특위 위원으로 정치 개혁안의 초안도 잡았습니다. 이후 맡은 당 수석대변인, 당 대표 비서실장은 초선으로는 과분했던 정치 최전선에서 예리한 정치 감각을 체득할 수 있는 소중한 시간들이었습니다. 상임위는 전반기에는 국토교통위원회를 거쳐 현재 기획재정위원회와 예산결산특별위원회에서 활동하고 있으며 당내에서 기재위, 예결위, 정무위의 정책조정을 담당하는 제2정조위원장으로 활동하고 있습니다.

| 동심원의 법칙

정치를 시작하면서 '소통하는 정치인', '대안 있는 정치인', '깨끗한 정치인'이 되겠다고 약속했습니다. 제가 많은 분들과 공유하려 하는 삶의 원칙 중에 '동심원의 법칙'이란 것이 있습니다. 잔잔한 바다 위에 돌을 던지면 그 중심에서부터 멀리 파동이 이는 것처럼, 내 주변의 가장 가까운 사람들부터 감동시켜야 다른 사람들도 감동시킬 수 있는 법입니다. 가장 가까이 지내는 아내와 가족, 기사, 의원실의 보좌진들에게 먼저 감동과 믿음을 줘야 합니다.

저는 이런 동심원 법칙을 바탕으로 매일 10명씩 리스트를 만들어 지인들과 통화를 하고 안부를 물으며 민심을 듣곤 합니다. 그리고 금귀일래, 금요일 오후 지역구인 군산에 내려가 일요일까지 지역

군산 지역민들과의 한때

구 민원인의 날로 정해 하루 종일 지역민들과 만나고 있습니다. 주민 여러분이 찾아오기 전에 먼저 찾아가 주민들과 많은 시간을 함께하면서 그분들의 사소한 애로사항이라도 귀담아 듣고 메모하여 해결책을 함께 고민하고 찾아드리려고 노력합니다.

| 끊임없는 노력

정치의 시작은 '세상에 소외받고 낮은 자를 위한 사회를 만드는 데 보탬이 되는 삶을 살겠다'는 저의 새로운 도전이었습니다. 깨끗한 정치를 하겠다는 고언, 표를 얻으려 할 때와 당선된 후의 언행일치, 언제나 열린 자세로 소통하겠다는 태도, 지역현안 해결에 성심성의를 다해서 뛰는 모습, 군산에서 가장 어렵고 소외되었던 분들과 함

김 관 영

께하겠다는 각오를 하나씩 실천하면서 조금씩 시민 여러분의 마음을 열게 해야 하는 숙제를 가지고 있습니다.

직장생활 20년을 통해 시간 계획을 세워 일하는 습관이 몸에 뱄습니다. 덕분에 성실하다는 이야기를 많이 듣는 편입니다. 매일 30분 단위로 시간을 쪼개 계획을 세워 헛되이 보내는 시간이 없게 합니다. 앉으면 공부하고 신문을 보며 이슈가 무엇인지 고민합니다. 민원 사항들은 리스트를 만들어 진행 상황을 수시로 체크하고 있습니다. 4년간 100건을 대표 입법하겠다는 목표도 계획을 세워 추진해나가는 일종의 습관이라 할 수 있습니다.

우리 시대의 가장 고통스러운 고민을 해결할 구체적인 대안과 지속가능한 시스템을 만들기 위한 노력은 시민들의 지지를 받아 국회에 입성한 사람으로서 당연히 지켜야 할 약속입니다. 작년에 정부가 통과시키고자 했던 「상속세 및 증여세법」 개정안 부결도 이러한 노력의 결과였습니다. 야당 의원으로는 유일하게 2회 연속으로 모 언론사의 최우수법률상을 수상하게 된 것도 국민들의 삶에 실질적으로 가장 좋은 영향을 미치는 질 중심의 좋은 법안 발의에 힘을 쏟기 위한 노력의 결과라 할 것입니다.

| 반드시 된다는 생각으로

'고시 3관왕'이라고 얘기하면 다들 쉽고 평탄하게 고시 패스한 줄로 알지만 행정고시, 사법고시는 다 1차에서 두 번씩 떨어지고 나서야 합격의 기쁨을 누릴 수 있었습니다. 특히 행정고시에서 두 번의

대학생이 바라본 파워리더 국회의원

수석대변인 시절

낙방은 살면서 가장 좌절했던 순간이었습니다. 1989년 1월에 행정고시반에 입실하여 3년 9개월이나 고시반에 있었습니다. 두 문제 혹은 한 문제 차이로 떨어지면서 자존심도 상하고 현실적인 고민도 되고 페이스도 많이 흔들렸습니다.

그러나 반드시 된다는 생각을 가지고 꾸준히 자신을 이기며 매일매일 성실히 생활하면 누구나 합격할 수 있다는 자기 최면을 걸었습니다. 아무리 어려운 시험도 나와 다른 사람이 합격하는 것이 아니고, 슬럼프란 누구에게나 있는 것이니 일희일비하지 않고 힘들더라도 하루하루를 성실히 살았습니다. 저는 사람들 간에는 머리의 차이보다 인내심과 의지의 차이가 더 크다고 생각합니다. 인생을 살다 보면 직위, 명예, 부 등의 모든 것은 있다가도 없어지고 다 변하게 되지만 스스로 노력해서 이루어냈다는 값진 경험만큼은 절대 사

김 관 영

라지지 않는 법입니다. 그 과정에서 기울였던 저의 노력과 성실함은 지금까지도 저의 바탕이자 뿌듯함으로 자리하고 있습니다.

| 17일 걸렸던 새만금특별법 제정안

새만금 개발청 신설과 특별회계 설치 등을 내용으로 하는 「새만금특별법」의 통과가 아무래도 가장 큰 보람을 느낀 경험으로 떠오릅니다. 1억 2천만 평의 땅, 여의도 면적의 144배, 서울특별시 면적의 2/3가 바로 새만금입니다. 새만금은 전북만의 미래가 아닌 대한민국의 미래라고 보고 있습니다. 이에 저는 19대 국회가 열린 직후부터 새만금특별법 개정을 위해 도청을 비롯하여 민주당 전북도당 이춘석 위원장, 전북출신 국회의원들과 지속적으로 협의해왔습니다.

2013년부터 새만금개발청이 개청하고 본격적으로 사업이 추진되기 위해선 그 법적 근거가 되는 새만금특별법이 대통령 선거 전에 반드시 통과되어야 했습니다. 불과 한두 달 차이지만 대선 이전이냐 이후냐에 따라서 새만금특별법의 운명은 크게 달라질 수도 있었습니다. 반대 가능성을 최대한 줄이고 통과 기간을 단축할 수 있는 주도면밀한 입법 전략이 필요한 상황이었습니다.

이에 첫째, 대선정국을 최대한 이용해 양당 두 후보의 선거공약에 새만금특별법 통과가 포함될 수 있도록 움직였고 공약화되어 두 당내에서 반대 의견이 등장할 가능성을 줄이고, 행정부 쪽에서 이견이 나오더라도 설득을 할 수 있는 근거를 마련했습니다.

둘째, 법안 발의 단계에서부터 최대한 많은 의원의 서명을 받고 여야 구분 없이 범정치권 차원에서 이 법안을 지지하는 모양새를 취했습니다. 남경필 의원에게 대표발의를 부탁드리고 법안 배포와 함께 저의 이름으로 국회의원 전원에게 동참과 지지를 간절히 호소하는 내용의 친전을 돌리며 국회 재적의원의 과반수를 훨씬 넘는 172명을 동참시킬 수 있었습니다.

셋째, 법안의 내용에 대해서는 핵심은 지키되 전술적 유연성을 발휘한다는 방침을 정했습니다. 소위를 거쳐 상임위, 법사위, 본회의를 통과하여야만 하는 국회 일정상 대통령 선거 전에 법이 통과되려면 반드시 법안심사 소위가 열리는 첫날인 2012년 11월 13일에 통과가 되어야만 하는 상황이었습니다. 소위가 열렸고 예상대로 기획재정부는 반대가 거세었습니다. 새만금 특별법에 관해 거의 3시간 정도를 토론하였으나 결론이 나지 않고 팽팽한 상황이 계속되었고, 새만금개발청 신설과 같은 법안의 골격은 유지한 채 첨예한 사항이었던 특별회계 설치 문제는 강행 규정이 아니라 임의 규정으로 바꾸는 것으로 타협하여 최종 통과를 이끌어내었습니다.

이렇게 소위를 통과한 새만금특별법 제정안은 2012년 11월 22일 국회 본회의에서 통과되었습니다. 11월 5일에 발의했으니 발의에서 통과까지 불과 17일이 걸린 것입니다. 제정 법안이 이렇게 신속하게 통과된 것은 아마도 전무후무한 일이 아닐까 싶습니다. 새만금특별법의 통과로 새만금 사업의 추진이 본격화된 만큼 앞으로 새만금이 지닌 무궁무진한 가치가 현실화되고 정상적인 속도로 내부개발이

김 관 영

이루어져 '한강의 기적'을 뛰어 넘는 '새로운 새만금 역사'를 써 내려 가길 기대해 봅니다.

| 김대중 前 대통령의 포용력을 배우겠습니다

제 의원실 한편에는 선물로 받은 DJ의 흉상조각이 놓여있습니다. 호남민들에게 DJ는 단순한 정치인이 아닙니다. 어릴 적 어른들의 대화 속에서 DJ는 차별과 탄압, 양심과 희망의 아이콘이었습니다. 저는 특히 지도자에게 가장 필요한 덕목으로 팀플레이를 잘 운영하면서 이해관계가 빚어지는 갈등을 원만하게 조절할 수 있는 능력이라고 생각합니다. 제가 DJ를 가장 존경하는 정치인으로 꼽는 이유입니다. DJ는 소신껏 살아온 정치인이면서도 노태우 前 대통령의 사람인 김중권을 비서실장에 기용하는 등 포용력도 대단했습니다. 원칙을 고수하면서도 적절한 타협, 실사구시 정신으로 국민에게 이익이 된다면 대승적으로 양보할 줄 아는 폭넓은 정치인이었습니다.

국정원 댓글 사건으로 투쟁할 때 『김대중 자서전』을 읽으며 DJ와 더 가까워졌습니다. "투쟁을 접고 국회로 복귀해야 한다. 계속 이어가야 한다는 의견으로 갈렸을 때 행동하지 않는 양심은 악의 편이다."라는 대목이 경종을 울렸습니다. 이처럼 DJ는 죽을 고비를 수차례 넘기면서도 부당한 권력에 굴복하지 않고 행동하는 양심으로 살아오셨습니다. 남북정상회담을 성사시키고, 자신에게 온갖 핍박을 가했던 권력자들을 용서했으며, 당내 계파 사이에서 발생하는 괴리를 슬기롭게 극복해온 DJ 리더십은 여야 정치인 모두에게 존경받을 만하다고 생각합니다.

| 저는 세 아들의 아빠입니다

저는 사내아이만 세 명을 키우는 다둥이 아빠입니다. 고시 3과 패스의 이력을 보면 제 자식들에게 항상 교육에 대한 훈수를 두고 아이들이 모두 우등생일 거라 생각합니다. 그러나 저는 아이들에게 항상 행복은 성적순이 아니고 매 순간을 즐기라고 이야기해주고 싶습니다. 제가 생각하기에 교육의 가장 중요한 원칙은 스스로 깨닫게 하는 것 그리고 자립심을 키워주는 것입니다. 국제학력평가 자료에 따르면 한국 학생들은 공부를 열심히 하기는 하는데 즐겁게 하기로 보자면 세계 꼴찌라고 합니다.

아이들 교육의 핵심은 세상 속으로 들어가서 여러 경험을 하며 무엇이 가장 자신에게 잘 맞는지를 찾을 수 있도록 도와주는 것입니다. 즐겁게 잘할 수 있는 일을 찾는 것, 그래서 행복하게 사는 것! 이 과정은 아이에게 맡기고 부모는 조력자로 자리하면 되는 법입니다. 저희 부모님이 어떤 어려운 순간을 만나도 아무것도 아닌 일처럼 담대한 마음으로 극복해 나갈 수 있는 힘을 길러주신 것처럼 우리 아이들에게 저도 그런 아버지였으면 좋겠습니다.

| 당을 초월해서 열정적으로 의정활동을 펼치는 국회의원 5명

유승민 의원님 - 멋진 정치, 시원한 정치, 깨끗한 정치를 실천하

김 관 영

시면서 대구의 발전을 위해 몸 바쳐 일하고 계십니다. 무엇보다 용기가 대단하신 분으로서 소신을 가지고 정치를 하시는 모습이 무척 인상적입니다.

이종훈 의원님 – 20여 년 동안 일자리 문제와 노사관계를 연구하시던 경제학자 출신으로서, 경제 살리기와 대한민국 대통합에 앞장서서 나아가시는 분이십니다. 특히 경제민주화 철학이 확실하신데 재벌 개혁을 당당하게 추진해나가시는 모습이 존경스럽습니다.

박범계 의원님 – 법조인 출신이시며 공평하고 정의로운 사회 구현을 위해 노력하시는 분입니다. 항상 균형감각을 유지하시면서 확실한 소신을 갖고 설득력 있는 언변으로 회의를 주도하시는 대단한 분이기에 기억에 많이 남습니다.

최재천 의원님 – 역시 법조인 출신이신데 민생경제에 크나큰 관심을 갖고 일하시는 분입니다. 소수의 입장을 대변하는 역할을 주로 하시며 정돈된 논리를 갖추셨고 인문학적 소양이 매우 뛰어나시기에 이분을 보면서 배울 점이 참 많다는 생각을 합니다.

민병두 의원님 – 여야 모두가 인정하는 전략가 그 자체이시며 참된 소통의 장을 마련하시고자 부단히 애쓰시는 분입니다. 다른 사람들의 이야기를 주의 깊게 경청하시고 이성적이고 합리적인 대안을 내놓는 의원님이십니다.

김　　　성　　　주

- 학력
  전주고등학교
  서울대 국사학과

- 경력
  제19대 국회의원(전주시 덕진구)
  제8·9대 전북도의회 의원
  전북도의회 환경복지위원장
  민주당 원내부대표
  새정치민주연합 제4정책조정위원장
  국회 보건복지위원회 간사
  국회 공무원연금개혁특위 위원
  공적연금 강화와 노후빈곤 해소를 위한 사회적 기구
  공동위원장
  새정치민주연합 정책위 수석부의장

- 수상
  2012~14 국정감사 우수의원
  2014 국회를 빛낸 바른언어상
  2015 국회의원 헌정대상

- 저서
  『전북을 새롭게 디자인하다』

 대한민국국회
NATIONAL ASSEMBLY

| 내가 때린 건 약자를 억압하는 독재정권

1982년에는 일본의 역사교과서 왜곡 문제로 온 국민의 분노가 들 끓으면서 일본에 대한 규탄의 목소리가 높았습니다. 그 해 10월 서울 시내 중심가에서는 대규모의 가두시위가 잇따랐습니다. 어느 날 전경들에게 붙들려 닭장차에 끌려가는 첫 경험을 하게 되면서 피할 수 없는 현실 속에 놓여 있다는 것을 깨닫게 되었습니다. 한국의 독재 상황이 군부에 의해서만 유지되는 것이 아닌 하나의 고착된 사회 구조라는 것을 이해하기 시작했고 소수가 자신들의 특권을 위해 다수의 자유를 억압하는 세상, 인간의 행복을 짓밟는 세상에 도전하게 되면서 차츰 서울대 학생운동의 지도부가 되어 갔습니다.

1985년 6월 서울구로공단의 「대우어페럴」이라는 의류 사업장 농성장에 담장을 뛰어넘어 들어갔습니다. 하루 일당 100원 인상안을 내걸고 회사 측과 협상하며 '배고파 못살겠다'고 절규하는 10대의 어린 여성 농성 노동자들을 보면서 "그들이 결코 혼자가 아니다."라는 사실을 확인시켜주어야 했습니다.

그러나 결국 구사대에게 끌려 나가 주먹과 각목과 쇠파이프에 안

경이 깨지고 옷이 찢겨진 채「폭력 행위 등 처벌에 관한 법률 위한 죄」로 구속되었습니다. 단 한 대도 누굴 때리지 않았고 일방적으로 폭행당했건만 나의 죄명은 '폭력죄'였습니다. 도대체 누구를 때렸을까? 내가 때린 것은 바로 약자를 억압하는 독재정권이었는데 말입니다.

1년여의 수감 생활을 마치고 출소한 뒤, 인천의 승마용 장신구와 박차 등을 생산하는 작은 공장에 신분을 속이고 연마공으로 취업했습니다. 하루 종일 700개 정도의 장신구를 연마석과 샌드페이퍼로 갈아내는 작업으로 다리, 어깨, 팔, 손가락 등 어디 하나 성한 곳이 없었습니다. 어떤 날에는 연마기에 손가락이 낀 적이 있었는데, 다행히 절단의 위기를 모면했지만 한동안 제대로 일을 할 수 없을 정도로 큰 상처를 입었습니다.

누구나 일을 하고 살아갑니다. 그러나 종일 쇠만 깎다가 정신없이 쓰러져 자고 다시 다음 날 공장으로 출근하는 노동자들이 노동으로 받는 대가는 겨우 일당 4,000원. 당시 커피 값이 800~1,000원이었으니 뼈 빠지게 1시간 일해 봐야 커피 한 잔 값을 못 번 것입니다. 노동은 희망이 아니라 기계가 되어야 하는 처절한 싸움이었고 이런 노동의 현실을 깊이 체험했습니다.

| 극심한 절망감을 경험하다

그 후, 서울대 운동권에 대한 무자비한 청소가 시작됐습니다. 함

김 성 주

께 일했던 동지들의 연락이 끊기기 시작하고 급기야 골목 전봇대에 사진이 내걸리는 지명수배자 처지가 되었습니다. 공장에서 도망치듯 빠져나와 이곳저곳을 전전해야 했습니다. 겨울 차가운 바람이 매서워지던 1986년 11월 겨울에 시작한 수배생활에 지쳐갈 즈음 나는 1년 만에 다시 붙잡혔고 인천교도소에서 2번째 감옥살이를 하게 되었습니다.

1987년 6월 항쟁 직후라 수감생활은 그리 힘들지 않았지만 12월 대통령 선거 날, 민주화에 대한 기대를 무산시키고 결국 노태우가 당선되는 것을 보면서 분노에 떨었습니다. 많은 사람들의 희생과 열망이 '양 김씨'의 분열로 물거품이 되는 것을 지켜보면서 사무치는 원망이 뒤따랐습니다. 정치인의 권력에 대한 탐욕은 결국 국민을 힘겹게 한다는 사실을 가슴에 새기게 되었습니다.

80년대 풋내기 대학생에서 운동권 학생이 되고 노동 현장에서 수배와 두 차례의 구속을 당하면서도 저는 항쟁 활동을 멈추지 않았습니다. 1990년에는 세계 노동절 100주년 행사가 열렸는데, 행사 장소인 연세대는 경찰에 의해 봉쇄되고 시내 곳곳에서 산발적 시위가 벌어졌습니다.

그런데 서부역 근처를 지나던 중 저는 경찰에게 연행된 후에 집단구타를 당해 허리를 다쳤고 그때부터 저의 활동은 중단됐습니다. 부상의 후유증을 극복하기 위한 재활치료를 통해서도 건강은 호전되지 않았으며 통증은 여전했고 자칫 장애를 안고 살아야 한다는 초조함이 너무나 컸습니다.

그때 다시는 일어설 수 없다는 절망감에 휩싸였습니다. 다행히 몸은 회복되고 일상으로 돌아왔지만 격정적이었던 과거처럼 되돌아갈 수는 없었습니다. 무언가 새로운 관심, 새로운 열정을 쏟을 곳이 필요했습니다. 가장 평범하고 사소한 것에서 만족을 찾아야 했습니다. 마치 물살이 세차게 흐르는 큰 강을 거슬러 헤엄치다가 작은 개울에서 발목을 감싸는 시냇물을 걷는 느낌으로 다시 돌아간 것입니다.

결국 저는 전주로 귀향했습니다. 격정으로 파란만장했던 80년대는 그렇게 가고 90년대에 저는 평범한 소시민이 되었습니다.

| 행복과 건강 지킴이, 김성주

보건복지위원회는 국민의 행복한 생활과 건강을 지키는 곳입니다. 복지와 보건 그리고 식품과 의약품 안전, 건강보험과 국민연금 제도를 다룹니다. 보편적인 복지국가를 만들어간다는 철학을 갖고 복지를 낭비나 시혜로 여기는 잘못된 생각과 싸우면서 복지를 국가의 책임이 아닌 시장과 민간에 맡기려는 시장주의를 경계하며 복지 서비스 공공성을 강화하기 위해 노력했고 국민들의 복지체감도를 높이기 위한 복지서비스 전달체계 개선을 위해 일해왔습니다.

특히 OECD 최고 노후빈곤국가, 노인자살국가의 오명에서 벗어나기 위한 국민노후소득보장제도인 기초연금, 국민연금 등 공적연금을 강화하기 위한 활동을 벌여왔습니다. 국회 공무원연금개혁특위와 사회적 기구 위원으로 활동했고 다시 국회 공적연금강화특위 간사와 사회적 기구 위원장을 맡아 노후소득 보장과 연금 사각지대 해소를 위한 연금제도 개혁에 몰입하고 있습니다.

그리고 올해에는 온 국민을 불안과 공포로 몰아넣은 메르스 대란의 재발을 막기 위해 「감염병예방법개정안」을 발의해 감염병 정보의 신속 공개를 의무화하고 정부와 지자체 간 협조를 명문화하는 데 기여하였습니다.

| '사람 사는 세상'이라는 과제를 남긴 노무현 前 대통령

2002년 민주당 경선에서 노풍이 불었을 때 정동영 의원의 지지활동을 위해 울산에 갔습니다. 그때 명계남, 문성근 등이 앞장선 노사모의 활동이 인상적이었습니다. 당시에는 이인제 대세론이 있던 터라 그곳의 많은 선거운동원이 왔음을 보았는데, 별로 영혼이 깃들지 않고 형식적인 것처럼 보였습니다. 다른 후보 선거운동을 하러 갔다가 오히려 노무현 후보의 선거운동을 보며 감동을 받은 것입니다.

하지만 지방선거 때 시원찮은 성적을 보이면서 노무현 후보의 지지도가 하락했습니다. 그때 김민석 의원이 갑자기 정몽준 지지를 선언했습니다. 우리 세대는 독재와 재벌은 정경유착으로 한 몸으로 보는 경향이 있는데, 민주화 운동을 하던 사람이 재벌 후보를 지지하는 걸 보니 도저히 이해할 수 없었습니다.

결국 당시에 가망이 없어 보이던 노무현 후보를 위한 지지운동을 자발적으로 시작했습니다. 이후 국민참여운동본부 사무처장을 자원해서 대선 때 노사모와 함께 전북 선거운동을 이끈 것이 현실정치 참여에 대한 첫 번째 계기가 되었습니다.

| 부화뇌동附和雷同하지 않는 화이부동和而不同

두 번의 시의원과 도의원 낙선 끝에 세 번 만에 힘들게 의회에 들어온 후, 의회활동에 대한 원칙을 먼저 세웠습니다. 저는 민주화 운동 출신으로 진보 성향을 갖고 있습니다. 가끔 이런 생각은 남들과 부딪히는 경우가 많습니다. 상당한 경우 소수 의견이거나 혼자 생각인 때가 많습니다. 그래서 내 생각을 지키면서 남들과 공존하는 방법은 무엇일까 생각해보다가 '화이부동'의 정신에서 그 해답을 찾았습니다.

"서로 어울리되 똑같아지지는 않아야 한다."

이것은 매우 어려운 곡예와도 같아서 원칙이 분명하지 않으면 이리저리 흔들릴 수가 있습니다. 사람들은 친해지기 위해 '공범'이 되는 것을 원하는 경우가 있습니다. 특히 술자리에서 그러합니다. 내 생각과 다르지만 다른 사람이 틀렸다고 말하지 않고 상대를 불편하지 않게 하면서 내 자신을 지키는 것, 이것은 매우 어려운 일입니다. 중용을 지키지 않으면 쉽게 똑같이 되어버리고 선을 그으면 고립되게 됩니다. 의회활동을 하면서 무수히 겪게 되는 딜레마인데, 슬기롭게 잘 헤쳐 나갈 필요가 있습니다.

김 성 주

기초연금 사회적 합의를 위한 노인 만민공동회(종묘공원, 2014년 4월 14일)

정치는 개인이 하는 게 아니라 뜻이 맞는 사람, 이상을 같이하는 사람과 모여서 하는 것입니다. 이런 개인들의 의견이 모여서 당론이 형성됩니다. 하지만 개인의 의견이 소수 의견일 수 있고, 대부분의 경우 나와 생각이 다를 수 있습니다. 이럴 때는 다수가 결정한 걸 따르는 방향이 맞다고 생각합니다. 하지만 소신이 있다면 마지막까지 의견을 지켜야 합니다.

기초연금법 통과 때 저 역시 비슷한 고민을 했습니다. 박근혜 대통령은 모든 노인에게 20만 원씩 주겠다는 공약을 했지만, 당선 이후에는 대상을 70%로 줄이고 차등 지급하겠다고 발표했습니다. 당시 지도부는 기초연금법이 애초 공약보다 후퇴했지만 현재보다 많이 받는 건 맞다고 하면서 이를 야당이 반대해서 지급을 무산시키는 것은 무리가 있기에 법안 통과를 반대하지 않는다는 입장을 정했습니다.

대학생이 바라본 파워리더 국회의원

저를 포함한 복지위원은 격렬한 반대를 하며 의원직 사퇴 혹은 단식까지도 거론했습니다. 마지막까지 반대 입장을 고수하며 당을 대표해서 국회 본회의장에서 기초연금법 반대토론을 했습니다. 평소 저의 철학, 원칙과는 다르지만 반대하면서도 통과를 저지할 수 없는 현실에 좌절을 느끼는 경험이었습니다.

| 도둑질 말고는 다 해 봐라

대학생과 고등학생인 딸 둘이 있지만 서로 진지한 대화를 하기가 참 어려움을 느낍니다. 청년의 미래와 진로에 대한 고민에 대해 외부 특강은 많이 다니지만 정작 딸에게는 자신 있게 이야기하기가 어렵습니다. 저는 20대로 돌아가도 과거와 똑같은 민주화 운동을 선택을 했겠지만 굳이 딸에게는 그렇게 힘든 일을 권하고 싶지는 않습니다.

딸들과 대화를 하다 보면 속내를 드러내기 어려우니 토익공부는 어떠냐, 학점은 잘 나오냐 등의 주변 이야기로 빠지기 십상입니다. 딸의 입장에서도 아버지가 국회의원이니만큼 감옥에 왜 다녀왔는지, 무슨 일을 했는지 등이 궁금했을 텐데 잘 물어보지 않습니다.

이렇게 딸과의 소통이 어렵기는 하지만 한 가지 분명히 전하고 싶은 메시지는 있습니다. 젊었을 때는 도둑질하는 것 말고는 모든 경험을 해보라는 것입니다. 인생에서 어떤 것이든지 헛된 경험은 없습니다. 어떤 경험이든 자기 인생에서 피가 되고 살이 될 것입니다. 저

김성주

는 농촌이나 공장에서도 일을 해봤기에 이에 대해 자신 있게 말할 수 있습니다. 무슨 경험이든 두려워하거나 피하지 말기를 바랍니다.

| "왜 정치를 합니까?"에 대답할 자신이 있는가

정치를 꿈꾸는 젊은이들에게도 한마디 하고 싶습니다. 정치는 우리 사회에서 안 좋은 이미지를 갖고 있습니다. 하지만 우리의 일상이 정치와 관련되어 있다는 것을 잊어선 안 됩니다. 정치를 한다는 것이 꼭 직업 정치인이 되는 것을 의미하는 것은 아닙니다. 그것은

파워리더 국회의원 인터뷰 중

대학생이 바라본 파워리더 국회의원

소수의 대단한 의지와 각오를 가진 사람만 할 수 있습니다. 모든 일상에서 부딪히는 문제에 대해 청년들의 요구와 의견을 모아서 발언하는 것도 정치입니다.

직업 정치인이 되려고 하는 청년들을 발굴하고 멘토가 되는 것도 환영합니다. 하지만 "왜 정치를 하려고 합니까?"에 대해 제대로 답하는 사람이 없다는 게 문제입니다. 진지한 고민의 과정이 없다면 시류에 휩쓸려 갈 수 있습니다. 내가 왜 정치를 하고 싶은지 100번 생각하고 정말 해야 한다는 결심이 선다면 저를 찾아오시기 바랍니다. 모든 힘을 다해 성심성의껏 돕겠습니다.

| 소설이 가져오는 역사적 상상력에 주목하자

초등학교 3학년 때 읽었던 『삼국지』가 기억에 남습니다. 삼국지를 통해 역사의 세계에 대한 매력을 알게 되었고 5학년 때 읽은 단재 신채호 전기를 통해 역사학자가 되겠다는 꿈을 갖게 됐습니다. 그래서 망설일 필요도 없이 대학교 전공을 역사학으로 선택했습니다.

그러나 입학 후 엄혹한 현실 속에서 역사를 연구하는 사람에서 역사를 살아가는 사람으로 바뀌었습니다. 그래서 지금 책을 추천한다면 보다 감성적인 책을 권하고 싶습니다. 딱딱한 역사서나 교양서보다도 소설이 가져다주는 상상력도 좋지 않을까요?

국내소설에서는 황석영의 『장길산』을 추천합니다. 이 소설은 조선 후기를 배경으로 하고 있는데, 천민과 노비들이 지녔던 평등한 세상

김성주

에 대한 열망이 솟구치는 시대상을 그려냄과 동시에 사람에 대한 이해를 돕고 그 이야기의 힘을 느끼게 하는 책입니다.

해외소설은 미하일 솔로호프의 대하소설 『고요한 돈강』입니다. 볼셰비키 혁명 이후 3년간 진행된 러시아 내전과정에서 같은 마을에서 평화롭게 살던 사람들이 백군과 적군으로 나뉘어 서로를 죽여야만 했던 우리가 경험한 6·25 전쟁과 같은 상황을 그려내고 있습니다. 인간이 자기의지와 선택이 아니라 우연하게 어디에 속하게 되고 그로 인해 발생하는 비극에 깊은 인상을 받았습니다. 계절마다 바뀌는 돈강의 풍경을 묘사하던 풍부한 언어가 지금도 머릿속에 그려집니다.

| 아등바등 살지 않는 사회를 꿈꾸며

청년 시절에는 세상을 뒤집어보고 싶었습니다. 불합리하고 부조리한 세상을 뒤집어서 제대로 만들고 싶었습니다. 내 평생을 헌신하겠다고 결심했고, 모든 어려움을 감당하겠다는 각오가 있었습니다. 그 결정에 대해서는 지금도 후회나 두려움은 없습니다.

지금은 세상이 바뀌었습니다. 당시와 같은 억압과 폭력은 없습니다. 그 대신 교묘한 방식으로 통치가 바뀌었기에 직접적으로 폭력에 노출되지는 않습니다. 옛날에는 물리적인 힘을 써서라도 세상을 바꿔야 했지만, 지금은 모든 변화가 선거를 통해 민주적으로 평화적으로 이루어지는 세상이 됐습니다.

문재인 후보와 의원님 전북공약 전달식

　　현실 정치에 참여한 이유는 상황과 시대가 변했기 때문입니다. 지금보다 더 좋은 세상을 만들기 위해 정치를 하는 것이고 결국은 선거를 통해 다수 국민의 지지를 받는 것이 필요합니다. 제가 꿈꾸는 세상은 사람들이 다투지 않고 형제처럼 살아가는 세상, 바로 그런 공동체입니다.

　　절대 강자도 없고 깊이 절망하는 사람도 없이 인간의 기본적인 삶이 충족되는 사회. 그런 사회라면 남의 것을 가지려고 할 것도 없고, 내 것을 지키려고 아등바등할 필요도 없을 것입니다.

김성주

김용익 의원님 – 서울대 교수 출신이시며 노무현 정부 때 사회정책수석이셨습니다. 보건의료학 국내 최고 전문가로서 활발한 의정활동을 하고 계십니다.

홍종학 의원님 – 교수 출신의 경제학자이시며 전문가답게 구체적인 데이터와 통계를 가지고 설득력 있는 자료를 많이 제시하시곤 합니다.

김관영 의원님 – 문제에 대한 합리적인 접근을 하려고 노력하시며 대안을 구체적으로 제시할 줄 아는 의원님입니다.

민현주 의원님 – 사회학자이신데, 보수정당에 속해 있지만 진보적인 생각을 가지고 있는 합리적 보수의 의원님이라고 할 수 있습니다.

강석훈 의원님 – 기획재정위원회 간사로서 공적연금 강화를 위해 함께 노력하고 있습니다. 서로 이야기를 나눠 보니 국가와 국민을 생각하는 그 방향이 저와 같음을 느꼈습니다.

김 용 태

- **학력**
  - 대전고등학교
  - 서울대 정치학 학사

- **경력**
  - 제18 · 19대 국회의원(서울 양천을)
  - 現 제19대 국회 정무위원회 위원 및 여당 간사
  - 現 새누리당 서울시당 위원장
  - 現 새누리당 정책위원회 부의장
  - 現 국회 한중차세대 정치지도자포럼 회장
  - 前 새누리당 보수혁신특별위원회 위원
  - 前 제17대 대통령 인수위원회 기획조정분과 전문위원
  - 前 중앙일보 전략기획실 기획위원

- **수상**
  - 2015 유권자시민행동 대한민국 유권자 대상 수상
  - 2014 금융소비자 권익증진 최우수 국회의원 선정
  - 2013 바른사회시민회의 선정 우수의정활동상 수상

- **저서**
  - 『대한민국 생존의 조건』
  - 『팔도강산 사거리』
  - 『팩트』

 대한민국 국회
NATIONAL ASSEMBLY

| 김용태 의원을 소개합니다

저는 정무위원회에만 8년을 있었어요. 우선 정무위원회를 설명해 보자면 소관상임위가 금융위원회, 공정거래위원회, 국민권익위원회, 국가보훈처, 국무총리실 이렇게 있습니다. 금융위원회는 쉽게 말하면 기본적으로 금융산업 전반을 총괄, 규율하고 있다고 생각하시면 됩니다. 국가보훈처는 국가를 위해 희생하신 분들이 예우받을 수 있는 제도를 만드는 곳이고, 국민권익위원회는 공직 사회에 부패를 방지하고 우리 국민들의 권익 하나하나를 국가 기관이 일종의 신문고처럼 처리해주는 곳이에요.

제가 정무위원회에만 8년을 있었던 이유는 금융에 문외한이었기 때문이었어요. 전문성도 없고 머리도 나쁘다 보니 아는 것이 아무것도 없는 게 문제였어요. 큰일 났다 싶어서 그때 입에 달고 다녔던 말이 "알아야 면장을 한다"였고 이쪽에 대한 공부를 시작했어요. 4년을 공부하고도 미진해서 8년째 정무위원회에만 있습니다. 시간이 지나면서 정무위원회 간사도 맡고 법안심사소위원회 위원장도 맡고 있습니다.

다시금 20대 국회의원으로 입성하게 된다면 전 해야 할 일이 있기에 정무위원회에 남을 가능성도 열어두고 있습니다. 지금 대한민국이 처한 금융산업의 현실을 보면 심각한 점들이 많습니다. 대한민국에서 머리 좋은 학생들 중 이과는 의대로 가고 문과는 법대를 가거나 금융 분야로 갑니다. 똑똑한 이들이 모두 금융으로 갔기에 대한민국을 먹여 살려야 하는데 금융이 흔들리며 나라 전체를 흔들고 있습니다. 경쟁력이 거의 없거든요.

저는 이 분야에서 규제를 혁파해야한다고 봅니다. 근본적으로 개조하고 경쟁력을 키워서 대한민국에 힘이 되는 산업으로 발전시켜야 합니다. 시대착오적인 규제를 뜯어고치는 일은 결국 법의 문제이기에 국회에서 이 역할을 맡아야만 한다고 봅니다.

| 지방선거 참패, 뚜벅이 유세로 다시 일어나다

제가 살아가면서 가장 좌절했던 순간은 2010년 6월 2일 지방선거 참패입니다. 2008년도에 처음 국회의원이 되었어요. 당시 국회의원 당선되신 분들 중에는 선거승리에 국회의원 생활을 만끽하신 분들도 있으셨을 거예요. 하지만 저에겐 그런 생각을 할 겨를이 없었습니다. 양천 을 지역 주민들은 한 번도 기회를 주지 않았던 정당에 소속된 저에게 기회를 주었어요. 게다가 처음으로 정계에 나타난 나이 갓 마흔 살 먹은 새파란 사람에게 국회의원 자리를 주신 거예요.

그러니 제가 국회의원이 됐다고 이 자리를 만끽할 수 있었겠습니까? 당선 다음 날부터 정말 열심히 일했습니다. 항상 저 같은 사람에게 국회의원 자리를 주셨다는 사실에 감사하며 최선을 다했습니

김용태

다. 동네 행사는 모두 다녔고 예산이 필요한 곳은 어디든 챙겨봤습니다. 정책을 알리기 위해 TV프로그램에도 열심히 얼굴을 내비쳤습니다. 길을 가다 만나는 어른들에게도 늘 예의 바르게 행동하려 애썼습니다.

그렇게 2년간 열심히 했으니 지방선거에서 좋은 평가가 있을 거라 나름대로 기대를 했었습니다. 하지만 결과는 저희 양천 을 지역이 서울시에서 꼴찌였습니다. 48곳의 국회의원 선거구 중 꼴찌. 참패수준이 아니라 꼴찌라는 성적표를 받았기에 정말 심각했습니다. 딱 두 가지 생각이 들더라고요. 일종의 좌절과 야속함이었습니다. 최선을 다했다고 생각했는데 꼴찌를 주시니 참 야속했습니다.

결국 좌절은 자포자기로 이어졌습니다. 선거구를 함께 도왔던 직원들에게 대학원 가서 공부하는 게 더 좋을 거라고 했습니다. 그동안 지역구를 돌아다니느라 시도도 해보지 않았던 골프나 배워볼까란 생각도 했습니다. 며칠을 집에서 쉬지 않고 술을 마셨어요. 밖에 나가서 마시면 실수할까 봐 혼자 방에서 술을 마시며 좌절의 패배를 몇 번이고 곱씹어보았습니다.

지방선거 끝나고 좌절의 패배감에서 벗어나지 못하고 있을 때, 사석에서 김문수 경기도지사를 만났습니다. 저의 생떼 부리는 듯한 투정을 듣던 김 지사는 "난 더했네, 이 사람아"라며 자신의 경험담을 들려주셨습니다. 김 지사가 국회의원이 되었을 때 정권교체로 김대중 대통령이 당선되었기에 야당의원이었던 김 지사 입장에서는 도

민원의 날

지사도, 부천시장도, 경기도의원도, 부천시의원도 모두 상대당 출신이었습니다. 야당 텃밭에서 당선되기 위해 엄청 고생을 했다던 김 지사는 마지막으로 "절망할 시간에 열 번 절해라. 그래도 안되면 백 번 절하라. 또 안되면 천 번 절하라. 그래서 돌아앉은 돌부처도 다시 돌아앉게끔 만들어라. 그것밖에는 없다"는 말씀을 하셨고 전 정신이 번쩍 들었습니다. 절망할 시간에 지금까지의 일을 되돌아보고 앞으로 무엇을 해야 할지 고민하기 시작했습니다.

'일반 주민 100명 만나보기!'

지난 2년 동안 할 수 있는 것은 다했다고 생각했지만 왜 외면당한 건지 알기 위해 주민들을 더 만나보기로 결심했습니다. 100명을 만

김용태

나보면 무엇인가 답이 나오지 않겠냐는 마음에서였습니다. 다양한 주장들이 나왔고 제가 얻은 해답은 "주민들과 좀 더 밀착하고 구체적으로 그분들과 상관있는 일을 해야 한다"라는 것이었습니다. 거기서 출발해 실질적인 대책으로 나온 게 민원의 날이었습니다.

| 일의 질감을 느껴야 해결이 가능하다

일을 하려면 일의 질감을 알아야 합니다. 질감은 어떤 일을 할 때 현장에서만 느껴지는 부분을 말해요. 직접 가서 현장을 보고 만져보고 느껴지는 바를 '질감'이라고 합니다. 그 질감을 이해하고 느낄 수 있어야 일을 잘할 수 있다고 생각합니다.

일의 질감을 잘 파악하기 위해 가장 중요한 일은 현장을 지키는 일이에요. 현장을 찾아서 현장을 지키고 현장을 떠나지 않아야만 답을 구할 수 있어요. 예를 들자면 저는 현재 2015년 9월 1일(인터뷰 당일)까지 6년째 119차 민원의 날을 진행하고 있습니다. 지금까지 만난 민원인이 1만 2,000여 명이고 건수는 5,600건 정도가 돼요. 이들을 서류로 보는 데서 그치지 않고 직접 만나서 이야기를 해봅니다. 주민들 하소연을 직접 듣고 현장에도 가보는 겁니다.

이런 식으로 매사 매번의 일에 질감을 느끼며 해결해 가다 보니 현장의 중요성도 알게 되었어요. 또한 일일이 사람을 만나서 대화를 하며 일하다 보니 '사람'도 알게 됐습니다. 한참 일에 열중하고 있는데 정신을 차려 보면 일만 있지 사람이 없는 경우가 있어요. 제가 정치를 하다 보니 처음엔 민원의 날을 작정하고 한 일은 아니었지만 시간이 지나고 민원의 날을 지속할수록 사람을 만나는 게 중요하다는 사실을 알게 되었습니다.

| 현장에 답이 있다

2010년도 9월 21일 추석연휴 첫날에 우리 동네(양천을)에 최대 폭우가 왔었어요. 시간당 최고 100밀리미터, 다섯 시간 동안 380밀리미터라는 기록적인 폭우가 내렸어요. 이때 저는 경로당 인사를 다니고 나오는 길이었어요. 비가 와 5,000세대가 물에 잠겨서 아수라장

추석폭우

김용태

이었고 저는 혼자였습니다. 제가 그때 할 수 있는 거라곤 사람들하고 같이 바가지와 대야를 사용해 물을 푸는 것밖에는 없었어요. 그야말로 고립된, 무기력한 보통 사람 중 하나였습니다. 다섯 시간 동안 어마어마한 폭우가 쏟아지는 현장에 있으면서 대책을 고민했습니다.

물을 퍼내기 위해 소방차를 부르고 피해지역은 서울시, 중앙정부 도움을 받아야 했어요. 복구예산을 지원받은 후에는 다시 이와 같은 일이 발생하지 않도록 항구적 수방대책에 집중하기 위한 예산도 따내야 했습니다. 현장에서 제가 할 수 있는 건 대야로 물을 푸는 게 전부였지만 현장에 있었기 때문에 문제의 중요성을 파악할 수 있었고 더 빨리 더 적극적으로 움직일 수 있었습니다.

당장 다음 날부터 서울시와 협상해서 복구대책을 논의하다 보니 사람들을 모으는 리더십이 생기더군요. '아, 이 정도로는 빠른 시일 내 근본적 대책을 만들긴 어렵겠다' 싶어 대통령까지 피해지역에 모시고 와 직접 확인하시도록 했습니다.

| 자신이 해야 할 일에 발 딛고 현실을 개척해나가자

존경하는 인물로 두 명을 꼽을게요. 우선 로버트 월폴 영국 초대 수상이에요. 크롬웰이라는 독재자가 물러난 이후에 수상이 된 분입니다. 국내의 전반적인 문제들을 무난히 정리해나갔고 정치를 정말 잘했어요. 정치를 너무 잘하니까 20년 동안 연임도 했어요.

그런데 재임기간이 오래되다 보니 다른 국회의원들이 지루함을

대학생이 바라본 파워리더 국회의원

느끼게 된 거예요. 그래서 국회의원들이 모여서 이만 물러나는 게 좋겠다고 의견을 냈더니 흔쾌히 총리직을 내려놓았어요. 이게 바로 의원내각제가 가진 소위 총리 불신임제도의 출발입니다. 민주주의라는 게 피만 먹고 자라는 것이 아니라는 것을 한 사람의 행동으로 보여준 것이죠. 프랑스 대혁명의 피만 먹고 민주주의가 정착된 것이 아니라 월폴과 같은 사람이 나타났기에 민주주의 역사 또한 진보했다고 생각합니다.

또 한 분은 이순신 장군입니다. 이순신 장군에게 존경할 만한 부분이 너무 많기 때문에 한 가지만 언급할게요. 바로 본인이 해야 할 일에 튼튼히 발 딛고 나서 현실을 개척해나가는 부분이에요. 우리 모두 마찬가지입니다. 현실에 발을 딛고 나서야 본인이 해야 할 일이 앞으로 진전이 생기는 겁니다.

하지만 이순신 장군은 반대였습니다. 이순신 함대는 보급이 없는 함대였어요. 군사들이 싸우려면 군량미가 필요하지만 여유가 되지 않을 때는 약탈을 하게 되는 건데요, 이순신 장군이 싸워야 할 곳은 우리나라 땅이었기 때문에 약탈을 할 수도 없는 상황이었어요. 그런데 전쟁은 반드시 이겨야 하는 것. 저는 이순신 장군을 움직인 힘은 조선 왕실에 대한 충성심보다는 전쟁에서 지면 백성들이 다 죽는다는 엄숙한 사명이었다고 생각해요. 멀리 있는 목표가 아니라 당장 성과를 내야 하는, 지금 발 딛고 서있는 현장에서 말이죠.

김용태

| 먼저 손을 내미는 사람이 되세요

저는 사람을 대할 때 항상 마음에 새기는 문구가 있습니다. 제가 가장 좋아하는 성경구절이 히브리서 13장 2절 말씀입니다. "나그네를 대접하기를 잊지 말라. 이로써 모르는 사이에 천사를 대접한 이들이 있었나니."

지금 제 앞에 있는 손님이 천사일지는 아무도 모르는 거예요. 이를 적용해 보았을 때 이 세상에 귀하지 않은 이는 없다고 생각합니다. 귀하지 않은 일도 없는 법입니다. 비록 하찮아 보이는 일일지라도 정성스럽게 할 수 있는 사람이어야지 나중에 제대로 큰일을 감당할 수 있습니다. 지금 당장 별 볼 일 없어 보이는 사람일지라도 최선을 다하고 예의를 다할 때만이 나중에 귀함을 받을 수 있습니다.

저희 사무실에서도 연중 인턴십 프로그램을 운영합니다. 남녀노소 지역성별을 따지지 않고 국회의원 사무실에서 일을 경험해 볼 수 있는 기회를 줍니다. 그들에게도 항상 모토로 언급하는 게 위에 말했던 내용들입니다.

먼저 손을 내미는 사람이 되길 바랍니다. 당신의 일생에서 당신 옆으로 수없이 많은 사람들이 스쳐 지나갈 겁니다. 특히나 젊은 시절에는 더욱 그렇습니다. 길을 걷다가 반대편에서 다가오는 사람을 보면 당연히 그 사람이 어떤 사람이고 무슨 생각을 하고 있는지 궁금할 것입니다. 그 말은 즉 반대로 제 쪽으로 걸어오는 사람 역시 저에 대해 똑같이 궁금해할 것이라는 겁니다.

그리고 나서 그냥 스쳐지나간다면 끝이에요. 아무 일도 벌어나지 않습니다. 이렇게 우린 수많은 사람들을 지나쳐 왔고 지나보냈습니다. 청년들에게 꼭 말하고 싶습니다. 스쳐 지나가는 순간에 손을 내미십시오. 손을 내밀면 상대방도 손을 잡게 되어있습니다. 왜냐면 상대방도 저를 궁금해할 테니까요.

손을 먼저 내밀지 못한 이유는 뭘까요. 상대가 거절하지 않을까하는 두려움 때문입니다. 하지만 생각해 보세요. 거절하는 손이 부끄러울까요, 내미는 손이 부끄러울까요? 손을 내미는 순간 청년들에게는 상상하지 못할 세계가 펼쳐질 것입니다. 반대로 그 손을 내밀지 않으면 그냥 익숙한 세상 속에서 익숙한 풍경 안에서 익숙한 일을 하다가 끝나고 말 것입니다. 손을 먼저 내미는 사람이 되기를 당부합니다.

| 긴 호흡이 필요한 두 가지, 책과 마라톤

지는 젊은 친구들이 황석영의 〈장길산〉과 같은 호흡이 긴 대하소설을 많이 읽기를 권합니다. 그런 소설들은 젊은 시절 저에게 많은 영향을 끼쳤습니다. 그리고 대하소설의 또 다른 장점은 주인공만 부각되는 것이 아니라 소설 안에 수없이 나오는 여러 군상을 통해 사람들을 보게 된다는 거예요. 많은 인물들의 삶을 보며 세상은 단번에 승부가 나는 것이 아니라는 것, 수없이 많은 사람들과 살아가면서 일을 함께 도모해 나가는 것이라는 걸 깨달았어요. 저는 지금까

김용태

마라톤

대학생이 바라본 파워리더 국회의원

지 12권의 장길산을 8번 정도 읽었습니다.

제가 지속적으로 하는 취미활동 또한 긴 호흡이 필요한 마라톤입니다. 첫 번째 완주는 2001년 제 나이 34살 때 했습니다. 미국에서 공부를 하며 식당에서 일을 하던 중 건강을 위해 뛰기 시작한 마라톤이지만, 다른 나라에서 온 사람들의 엄청난 달리기 실력을 보고는 계속하고 싶은 마음이 들지 않았습니다.

하지만 인터넷을 보다가 마라톤에 대해 설명한 어떤 글을 접하게 됩니다. 마라톤은 어마어마한 기술과 과학의 세계라는 것이었지요. 곧바로 다시 뛰기 시작했습니다.

마라톤을 하다 보면 뛰어야 할 이유보다 뛰지 말아야 할 이유가 수백 배 많이 생각납니다. 오늘은 컨디션이 안 좋은 날이다, 부상당할 것 같다, 어제 좀 무리했으니까 등등 이런 식입니다. 하지만 마라톤에 중요한 격언이 있어요. "고통은 참되 통증은 참지 말아라"는 거예요. 마라톤은 극도로 힘든 운동이기 때문에 당연히 고통스럽습니다, 하지만 고통을 참지 않으면 마라톤은 완주할 수가 없어요. 놀라운 사실은 마라톤을 완주하고 나면 그 심했던 고통이 말끔히 사라진다는 겁니다. 반면 통증은 참으면 안 되는 겁니다. 통증을 참고 달렸다가는 영원히 마라톤을 뛰지 못하게 될 수도 있거든요.

인생도 비슷한 것 같습니다. 살면서 무지 행복한 날이 몇 번이나 생기겠어요? 고통스러운 순간이 훨씬 더 많을 수 있습니다. 그래도 긴 마라톤을 뛰어야 하는 것은 고통스러운 순간들을 참고 나아가면 만나는 희열이 그리워서일 겁니다.

김용태

조경태 의원님 – 존재만으로 새정치민주연합의 근거의 절반이 마련된다고 생각합니다. 지역구 관리에서도 단연 으뜸이십니다.

이언주 의원님 – 저에게 어떻게 국회의원을 잘할 수 있냐고 물어보기에 당신을 뽑아준 사람들을 감사히 여기면 잘할 수 있다고 말씀드렸었어요. 지역 일과 국회 안에서 역할에 늘 열성적인 젊은 후배 의원이십니다.

김학용 의원님 – 지역구 관리에서 아시아 최고의 의원이라 할 수 있어요. 중앙정치에서 정치력까지 겸비하셨으니 대단한 분이라고 생각합니다.

권성동 의원님 – 이분을 보면 원칙이 얼마나 중요한 것인지를 알 수 있을 뿐 아니라 원칙을 관철해내기 위한 실력을 가지고 있다고 손꼽을 수 있는 아주 드문 분입니다.

김문수 前 의원님 – 국회의원, 경기도지사 시절 이분의 사람과 일에 대한 헌신은 단연 최고였습니다.

대학생이 바라본 파워리더 국회의원

김 제 식

- **학력**
  대산초 · 중 졸업
  제물포고 졸업
  서울대 법과대학 졸업

- **경력**
  제19대 국회의원(충남 서산 · 태안)
  국회 예산결산특별위원회 위원
  국회 보건복지위원회 위원
  국회 운영위원회 위원
  새누리당 법률지원단 부단장
  새누리당 중앙윤리위원회 윤리관
  새누리당 원내부대표
  새누리당 충남도당 위원장
  대전지검 논산지청장
  사법연수원 교수
  서울지검 부장검사
  부산지검 동부지청장

- **수상**
  홍조근정훈장
  근정포장

대한민국국회
NATIONAL ASSEMBLY

| 배움밖에 몰랐던 가난한 농부의 아들

저는 서산 대산읍 운산리라는 작은 농촌마을 출신입니다. 오늘날 대산읍은 항구가 생기고 공장도 많이 들어서 여느 곳 못지않게 발전한 동네가 되었지만, 제가 태어났을 때만 해도 시골 농촌에 불과했습니다. 넉넉지 못한 시골집에서 8남매가 태어났고, 저는 누나 둘을 둔 장남이었습니다.

장남의 책임감 때문이었는지, 어렸을 때부터 배움에 대한 열망이 누구보다 강했습니다. 어려운 집안 형편에도 불구하고 초등학교와 중학교를 졸업했고, 더 큰 곳에서 많은 것을 보아야 한다는 일념하에 인천으로 유학길을 떠났습니다. 처음 접해보는 인천이라는 큰 도시와 당시 인천 최고의 명문 고등학교였던 제물포고는 제게 새로운 세계였지만, 당시 충남에서는 뱃길로 가기 쉬운 인천으로 유학을 가는 경우가 꽤 있었기 때문에 저같이 집을 떠나 낯선 곳으로 온 친구들과 쉽게 친해질 수 있었습니다. 그 덕분에 새로운 환경에 어렵지 않게 적응하여 학업에 매진할 수 있었습니다. 촌놈이 주눅들 법도 했지만, 어느 곳이건 제가 할 일은 공부라는 것을 잊지 않은 결과 서울대 법대에 진학할 수 있었습니다.

대학생이 바라본 파워리더 국회의원

| 따뜻한 마음의 법조인

서울대 법대를 진학할 때부터 법조인을 꿈꿨는데, 판사·검사·변호사 중 제가 꿈꿨던 법조인은 바로 검사였습니다. 살면서 억울한 일을 당하는 분들이 참으로 많은데, 이러한 분들을 도와드릴 수 있는 사람이 되고 싶었습니다. 기소권을 갖고 있는 검사는 법의 심판을 받아야 할 사람을 법정에 세울 수 있습니다. 반면 검사는 억울하게 고소·고발당한 사람의 누명을 벗길 수도 있습니다. '아픈 이의 눈물을 닦아주는 검사'를 꿈꾸며 사법시험 합격을 위해 공부하였고, 1982년 시험에 합격해 검사로서의 생활을 시작했습니다.

검사의 이미지를 사람들에게 묻는다면, '냉정함'을 주로 떠올립니다. 그러나 저는 23년 동안 검사로 일하면서 '따뜻한 마음을 가진 법조인'을 지향했습니다. 법의 잣대로 정의를 실현하는 자리에 있지만, 법만으로는 이룰 수 없는 따뜻한 사회를 만들고 싶었기 때문입니다. 이러한 제 마음가짐은 퇴임 후에도 이어져, 고향에서 마을과 장애인 단체의 고문변호사로 활동하기도 했습니다.

| 늦깎이 정치 입문생, '노력파 김제식'으로 거듭나다

법조인은 법률의 해석으로 사건 당사자와 관계인에게 큰 영향을 줄 수 있는 자리입니다. 반면 정치인은 입법 활동과 정책을 통해 많은 사람들의 삶에 영향을 줄 수 있는 자리라 할 수 있습니다. 검사복

김제식

을 벗고 변호사로 일하면서 무료 법률 상담 등을 통해 많은 분들을 만나 뵐 기회가 생겼고, 자연스레 더 큰 꿈이 자라났습니다. 우리 지역을 위해, 더 살기 좋은 서산·태안과 대한민국을 만들기 위해 일하고 싶단 생각이 들었습니다.

남들보다 늦은 나이에 2014년 7·30 재보궐 선거로 국회의원이 되었지만 늦은 만큼 더 열심히 뛰고 있습니다. 그 결과 국회에서 처음 치른 국정감사에서 '국정감사 3관왕'의 영예를 얻었고, '노력파 김제식'이라는 별명도 생겼습니다(국정감사 새누리당 우수의원, 풀뿌리자치 언론대상, 유권자시민행동 국정감사 최우수의원 선정).

제가 중학생 때 정치가를 꿈꿨다는 사실을 국회의원이 된 후 우연히 중학교 때의 생활기록부를 보게 되어 알게 되었습니다. 뒤늦게 중학생 때의 꿈을 이뤘다는 사실이 참으로 뿌듯하면서도 '정치가'를 꿈꾸는 저 같은 학생들에게 부끄럽지 않은 국회의원이 되어야겠다는 생각을 합니다. 제게 주어진 19대 국회의원의 임기는 채 2년이 되지 않습니다. 그러나 남들이 4년 동안 내는 성과보다 더 큰 성과를 내기 위해 서산에서 국회로 매일 출퇴근하면서 지역의 목소리와 의정활동 두 마리 토끼를 잡느라 누구보다 바쁘게 살고 있습니다. 살기 좋은 서산·태안, 행복한 대한민국을 만들기 위한 저의 노력은 앞으로도 계속될 것입니다.

대학생이 바라본 파워리더 국회의원

| 법·행정과 현실과의 괴리를 좁히다

저는 작년 7·30 재보궐 선거로 국회에 들어와, 보건복지위원회에서 활동하고 있습니다. 보건복지위원회는 보건복지부와 식약처를 소관기관으로 하며, 그 산하기관인 국민연금공단, 국민건강보험공단 등도 보건복지위의 소관기관입니다.

시장 활성화를 위한 현장방문 기념사진

김 제 식

보건과 복지는 우리 삶과 매우 밀접한 관계를 맺고 있는 분야입니다. 특히 저출산 고령화로 인해 인구 구조의 변화가 급격하게 일어나고 있는 현 시대에서, 보건과 복지의 중요성은 아무리 강조해도 지나침이 없습니다. 또한 다양한 복지서비스 수요로 인해, 새로운 서비스의 공급과 시장의 창출이 끊임없이 일어나고 있는 분야이기도 합니다. 이 때문에 법과 행정이 현실을 따라가지 못하는 경우도 많습니다.

대한의사협회 메르스 대응센터 방문

대학생이 바라본 파워리더 국회의원

저는 그동안 국정감사나 입법 활동을 통해, 법률과 행정이 현실을 반영할 수 있도록 노력했습니다. 대표적으로 최근 발의한 「국민건강증진법 일부개정안」은 소형 사업장의 경우에는 사업자들이 직접 금연 또는 흡연업소 지정을 선택할 수 있도록 하는 내용을 담고 있습니다. 최근 전면 금연구역 확대에 따라 오히려 실외 공간의 간접흡연 피해가 증가하였습니다. 또한 흡연실을 설치할 수 있는 중대형 사업장에 비해 흡연실 설치가 어려운 소형 사업장이 금연구역 확대로 인한 타격이 더욱 크기에, 영세 소상공인들이 어려움을 호소하고 있어 법률의 개정이 꼭 필요하다고 느꼈고 이를 발의하였습니다.

이 밖에도 작년 국정감사에서는 에볼라 바이러스 등 치명적인 해외유입 바이러스에 대한 대책 마련, 어린이집 입소대기 문제, 보육료 현실화 문제, 난임부부 지원 대책, 중증 건선환자에 대한 정부 지원 등을 촉구했고, 일부 성과를 거두었습니다.

| 예산결산특별위원회

저는 올해 6월부터 예산결산특별위원회의 위원으로도 활동하고 있습니다. 국회의원이 하는 일 중 법안 입법과 행정부에 대한 감시 못지않게 중요한 것이 바로 예산안·결산안 심사입니다. 현재 제가 속해 있는 예산결산특별위원회는 정부의 예산안과 결산안을 검토하여 잘못된 부분을 시정해 국민의 소중한 세금이 함부로 쓰이지 않도록 감시하는 역할을 합니다.

김 제 식

2015년 우리나라의 예산은 본예산 375조 4,000억 원, 추경예산 11조 5,639억 원입니다. 정말 큰 금액이기 때문에, 꼼꼼하게 살펴보지 않으면 예산 편성·집행 과정에서 발생하는 문제점을 찾아내기 쉽지 않습니다. 아직도 많은 이들이 나랏돈을 '눈 먼 돈'이라고 생각하기 때문에 실제로 필요한 규모보다 더 큰 예산을 따내거나, 예산이 본래 배정된 의도와 다르게 쓰이는 경우가 있습니다. 기획재정부에서 예산안 편성 시 이를 점검하지만 눈여겨보지 못하는 부분이 있을 수 있고, 특히 집행 과정에서의 문제점은 결산안이 나와야 정확히 파악할 수 있기 때문에 예결위의 역할이 참으로 중요합니다.

예결위원으로 활동하면서 잊지 않는 것 또 하나는 우리 지역, 서산·태안과 충남의 발전입니다. 최근 충남은 행정수도 이전과 대중국 무역 증가로 인해 날로 그 위상이 높아지고 있습니다. 하지만 이에 비해 아직 인프라가 부족한 지역도 많은 것이 현실입니다. 저는 서산·태안의 인프라를 확충해 지역균형발전을 이루고, 이를 통해 충남을 경쟁력 높은 대중국 무역의 중심지로 만들어 국가경쟁력 강화를 꾀하고자 합니다.

| "처음처럼! 한결같이!"

제 인사말이 "처음처럼! 한결같이!"입니다. 정치에 처음 입문할 당시의 초심을 잊지 않고, 그 초심을 한결같이 유지하는 것이 곧 좋은 정치인이 되는 길이라 생각합니다.

정치 입문 당시부터 지금까지, 제게 국회의원은 봉사하는 자리입니다. 국민에 대한 봉사를 통해 국민에게 믿음을 주고 신뢰를 받는 것이 정치의 기본이며, 이를 통해 국회의원이 성장하고 발전할 수 있다고 생각하기 때문입니다. 저는 국회의원에 당선된 이후 '봉사'라는 저의 초심을 항상 염두하며 의정활동을 하고 있습니다. 제가 생각하는 봉사는 제가 대표하는 서산·태안 주민분들이 진정으로 바라시는 것을 이룰 수 있도록 도와드리는 것이며, 우리나라 국민들이 원하는 '살기 좋은 세상'을 만들어 나가는 데에 기여하는 것입니다. 앞으로도 이와 같은 초심을 잃지 않는 정치인으로 남고 싶습니다.

| 개천에서 난 용이 되기까지

저는 가난한 농부의 아들이었던 만큼 집안 형편이 좋지 않았습니다. 그 때문에 학비를 벌기 위해 대학교 1, 2학년 시절 고등학생을 가르치는 입주 가정교사 생활을 했습니다. 숙식은 해결되었지만, 남의 집에서 지낸다는 것이 참 어려웠습니다. 눈칫밥을 먹느라 끼니를 자주 거르게 되었는데, 그 때문에 속이 자주 쓰렸습니다.

대수롭지 않게 생각했던 속 쓰림은 본격적으로 고시 공부를 시작할 무렵인 1979년, 대학교 3학년 때 제 발목을 잡았습니다. 속 쓰림은 '급성십이지장궤양천공'으로 이어졌고, 저는 결국 위의 3분의 1을 절제하는 대수술을 받았습니다. 진작 병원에 갔더라면 위를 절제하지는 않았으련만, 병원을 가기 어려운 형편과 건강을 소홀히 했던 제 자신 때문에 큰 수술을 받았습니다.

김제식

이후 1년간 휴학을 하면서, 아픈 몸을 이끌고 더욱 공부에 정진하였습니다. 더 이상 남의 집에서 눈칫밥 먹지 않도록, 꼭 사법시험에 붙어 성공하고 싶었습니다. 이러한 독한 마음가짐 때문에 1982년 사법시험에 합격할 수 있었고, 쑥스럽지만 '개천에서 난 용' 김제식이 될 수 있었던 것 같습니다.

| 이순신 장군의 애국愛國 애민愛民 정신

아마 가장 많은 국민들이 존경하는 분일 것 같습니다. 바로 이순신 장군이 제가 정말 존경하는 인물입니다. '23전 23승', 전승은 참으로 위대한 일인데 게다가 그중 3승은 역사상 찾아보기 어려운 대승입니다. 이렇게 훌륭한 전공을 세울 수 있는 장군은 이전에도 없었고, 앞으로도 없을 것입니다.

그러나 제가 판단하는 이순신 장군의 위대함은 전투 자체의 승리보다는, 진정 나라와 백성을 사랑했던 그분의 '애국愛國 애민愛民정신'에 있습니다. 무고를 당해 관직을 잃어도 백성을 위하는 마음으로 백의종군하신 이순신 장군을 보면서, 자리에 연연하지 않고 어느 지위에서든 항상 국가와 국민을 생각하는 사람이 되어야겠다고 느낍니다. 장군의 이러한 모습은 모든 정치인이 본받아야 한다고 생각하며, 저도 그분처럼 나라와 국민을 하늘처럼 섬기는 국회의원이 되고자 항상 노력하고 있습니다.

대학생이 바라본 파워리더 국회의원

| 섬김의 리더십

리더에게는 유연한 사고를 통해 상황에 맞는 대처를 하는 능력이 필요하다고 생각합니다. 또한 구성원들이 리더의 방향에 공감해 이에 자발적으로 따를 때, 조직이 잘 운영될 수 있으며 이것이 진정한 리더십이라 봅니다. 이처럼 조직구성원들의 의견을 경청하고 조직구성원들을 돕는 사람이 훌륭한 리더가 될 수 있다는 '섬김의 리더십'은 평소 리더십에 대한 제 철학과 일치합니다.

제가 검사로 있으면서 수많은 사건을 맡았지만, 가장 기억에 남는 사건은 바로 무면허 운전으로 70만 원의 벌금을 부과받았던 고구마 장수입니다. 2005년 목포지청장으로 근무할 때 있던 사건인데, 생계가 어려워 벌금을 내지 못해 벌금 미납으로 검거된 고구마 장수가 노역장에 유치될 위기였습니다. 징수기동반을 통해 보고받은 바에 따르면 그분은 사글세 단칸방에서 지체장애 3급인 아내와 중·고등학생 자녀 두 명과 생활하고 있었습니다.

방 한 쪽에 판매를 위해 사 놓은 고구마 50박스가 썩어가고 있다는 이야기를 듣는 순간, 묘안이 생각났습니다. 바로 그분의 고구마를 우리 목포지청 직원들이 사는 것이었습니다. 직원들에게 그분의 딱한 사정을 설명하며 '웰빙 식품 고구마'를 함께 구매하는 게 어떠하냐고 제의하니 고구마 50박스가 금세 동났습니다. 징수기동반의 이야기를 귀담아 듣고, 그들과 함께 어떻게 이 딱한 사정을 해결할

김제식

수 있을지 고민했더니 전 직원들이 이에 동참해준 일은 지금도 제게
참 감명 깊은 이야기입니다.

| 경청하는 국회의원

진정성을 가지고 사람을 대한다면, 결국 마음과 마음이 통할 수
있다고 생각합니다. 제가 처음 정치에 입문해 선거운동을 하면서 지
역 주민분들을 만나 뵈면 "정치가 처음이라 잘할 수 있을지 모르겠
다."라며 저에게 쉽게 마음을 주시지 않는 분들이 계셨습니다. 그러

서산 인지중 2학년 국회 방문 기념

대학생이 바라본 파워리더 국회의원

나 제가 서산·태안을 위해 열심히 뛰는 모습을 지켜보셨는지, 요새는 그랬던 분들이 "이제 정말 믿음이 간다.", "우리 서산·태안 잘 살게 해 달라."라는 말씀을 먼저 하십니다. 진정성을 갖고 의정활동에 임하다 보니, 저를 못 미더워했던 분들도 진심을 알아주시는 것 같습니다.

진정성을 보여주기 위해선, 남의 말을 경청하는 자세도 정말 중요합니다. 저는 검찰에 있을 때 후배 검사들에게 늘 "검찰에 소환되어 조사받는 이들의 입장에서 진술을 경청하라."라고 강조했습니다. 귀를 기울여 상대방의 말을 경청할 때, 상대방의 진심을 알 수 있고 나의 진정성이 전달됩니다. 정치도 마찬가지라 생각합니다. 국민의 목소리를 경청하면 사회가 필요로 하는 것이 무엇인지 알 수 있고, 국민들도 정치인의 진정성을 알 수 있을 것입니다. 그래서 저는 '경청하는 국회의원'으로 남을 수 있도록 항상 노력 중입니다.

▎당을 초월해서 열정적으로 의정활동을 펼치는 국회의원 5명

문정림 의원님 – 의사 출신의 보건복지 정책 전문가로서, 상임위에서 경험에서 우러나오는 전문성을 발휘해 날카로운 질의를 보여주시는 분입니다. 특히 이번 메르스 사태와 관련한 보건복지위원회 활동 과정에서 전문 지식과 열정에 감탄했고, 우리 국회가 꼭 필요로 하는 보건복지 전문가라는 인상을 받았습니다.

김제식

유대운 의원님 – 항상 올바른 방향으로 나가려는 인간적인 모습을 가지고 계십니다. 상임위활동과 의정활동에서도 당을 떠나서 얘기가 잘 통하고 또 지방자치제도를 너무나 잘 이해하고 계시며, 관련된 이야기를 나누면 나눌수록 저도 공부가 많이 됩니다. 항상 기본에 충실하고 성실히 일하는 모습이 인상적이었습니다.

김희국 의원님 – 국정 운영을 위한 큰 프레임을 염두에 둔 채 하나하나의 사안에 접근하는 모습을 보여주십니다. 이런 모습을 볼 때마다 정말 국가를 먼저 생각하시는 분이라는 인상을 받습니다. 또한 객관성과 공정성을 함께 갖추고 의정 활동을 하는 분이셔서 참 본받을 점이 많은 분이라 생각합니다.

김명연 의원님 – 지역 정치에 조예가 깊으신 현장의 전문가입니다. 그래서인지 현안 파악에 능하고, 민심을 읽는 눈도 굉장히 밝으셔서 대화를 나누다 보면 배우는 것이 참 많습니다. 또한 가수 홍서범과 그룹사운드 '옥슨'으로 활동한 경력도 있는 유쾌한 분이셔서 만나면 참 기분이 좋아지는 분입니다.

심윤조 의원님 – 외교관 출신인 만큼 폭넓은 정치를 하고 계십니다. 외교관 경험을 바탕으로 한 원활한 대인관계와 의견 조율에 능한 모습이 눈에 띄는 분입니다. 항상 열정적으로 의정활동에 임하시는 모습을 보면서 저도 그 열정에 감화받습니다.

김 춘 진

- 학력
  전주고 졸
  한국방송통신대학교 법학과 학사
  경희대 대학원 치의학 박사
  인제대 대학원 보건학 박사

- 경력
  제17·18·19대 국회의원(전북 고창·부안)
  現 국회 보건복지위원회 위원장
  現 국회 농림어업 및 국민식생활 발전포럼 상임대표
  現 국회 선플정치위원회 공동대표
  現 아시아태평양지역 국제보건국회의원포럼 초대의장
  現 국회 한·에티오피아 의원친선협회 회장
  前 김대중 대통령 주치의

- 수상
  대한민국 헌정대상(4회 연속)
  국회도서관 이용 최우수상(5회 연속)
  국정감사 최우수 상임위원장상
  메니페스토 약속대상 최우수상
  여성유권자가 뽑은 우수정치인상

- 저서
  『모두를 위한 밥상』
  『함께하는 그곳의 건강함을 꿈꾼다』

대한민국 국회
NATIONAL ASSEMBLY

"이 풀은 이름이 뭐야? 꽃은 어떻게 생겼어?

언제 피어? 몇 년이나 살아? 어느 계절에 싹이 나와?

춘진이랑 다니면 공부를 많이 해야 해요."

내성적이고 조용했지만 끊임없이 무언가를 알고자 하는 열망이 강해 주변 사람들을 귀찮게 하던 소년 시절의 일화이다. 바쁜 일정에도 불구하고 시간을 쪼개고 쪼개어 성심성의껏 인터뷰에 응해주셨던 김춘진 의원님.

소년 시절의 학구열을 이제는 국민과 사회를 위해 봉사하겠다는 마음으로 승화시킨 분은 아닐까? 그의 이야기를 들어 보도록 한다.

| "대아적인 삶, 중아적인 삶, 소아적인 삶이 있다"

고교 시절 국어선생님으로부터 인생의 좌표로 삼을 만한 귀한 말씀을 듣게 되었습니다. "대아적인 삶, 중아적인 삶, 소아적인 삶이 있는데, 그중에 어떤 삶을 살아갈 것인가는 본인의 선택에 달려있다"라는 것이 그것입니다.

대학생이 바라본 파워리더 국회의원

김춘진 보건복지위원장 발언 중

　이 말씀을 들은 순간, 저는 어려운 이웃분들의 신음소리가 들려오
는 우리 사회의 어두운 곳을 찾아서 봉사하는 삶을 살아야겠다고 다짐
했고, 이후 대학 시절부터 줄곧 꾸준히 봉사활동을 펼쳐왔습니다.

　제17대 국회의원으로 등원하기 전, 저는 경희대학교 치과대학을
졸업한 후 영등포에서 치과를 운영하고 있었습니다. 환자를 나의 몸
대하듯이 하는 마음과 '내가 아니면 이 환자를 치료할 사람은 없다'
는 자신감으로 환자 한 분 한 분을 대하다 보니, 어느새 병원을 찾는
분들이 늘어나기 시작했고, 각종 방송사의 섭외 1순위 치과의사가
되었습니다.

김춘진

　자신이 처한 상황에 대한 좌절보다 더욱 마음 아픈 것은 스스로에 대한 좌절이라고 생각합니다. 인생에서 좌절하게 되는 순간의 충격과 슬픔은 차마 말로 표현할 수 없죠. 저에게도 그런 순간이 있었고, 그때는 바로 사랑하는 가족들을 떠나보내야 했을 때입니다.

　저의 아버지는 생명이 위독하셨던 상황에서 의료진의 미흡한 응급처치로 인해 고비를 넘기시지 못하고 돌아가셨습니다. 만약 당시 응급처치만 제대로 이루어졌더라면, 후회스럽게 아버지를 떠나보내지 않았을 것입니다.

　또 저의 장녀 소은이는 언제나 스무 살, 그 반짝이는 순간에 머물러있습니다. 저는 저의 첫아이를 암으로 떠나보내야만 했습니다. 제가 의사였음에도 불구하고 사랑하는 가족을 지키지 못했다는 자책감이 들었고, 당시 제가 집중해오던 모든 것들이 가족의 생명과 맞바꿀 정도로 진정 소중한 것들이었는지 회의감에 빠졌습니다.

　그러나 저는 이러한 좌절의 순간들을 의정활동의 밑거름으로 승화시켰습니다. 만약 저의 개인적인 경험이 단순히 슬픔으로 머물렀다면, 지금과 같은 의정활동은 이루어지지 않았을 것입니다. 순간순간의 슬픔은 개인의 사례였지만, 그것을 초진初診의 중요성을 설파하고 응급의료의 질 향상을 위한 정책적 노력으로 이끌어 나갔습니다.

| "국민의 행복추구권을 되찾아주는 역할을 하고 싶습니다"

　의사가 개인의 아픈 곳을 치료해 개인의 행복을 지켜주는 역할을
한다면, 국회의원은 국가정책의 잘못된 곳을 찾아내 이를 말끔히 치
료함으로써 국민의 행복추구권을 되찾아주는 역할을 해야 합니다.
　미국에서 김대중 대통령의 주치의였던 대학동창 강대인 박사가
저를 대통령께 소개하면서 김대중 대통령과의 인연이 시작되었으
며, 이후 김대중 대통령의 주치의이자 정치적 동반자로서 정치인생
을 시작하게 되었습니다. 김대중 대통령에 대한 존경심을 가슴에 품
고 선거를 돕다 보니, 어느덧 정치와 선거 전반에 대한 식견을 쌓게

김춘진 보건복지위원장 질의 중

김 춘 진

되었습니다. 그리고 자연스레 제가 태어난 고창·부안 지역의 민생에 대해 관심을 갖고, 낙후된 고창·부안의 발전을 위해 기여하고 싶다는 결심을 하게 되었습니다.

| "현장에 답이 있다"

국회의원으로서의 저를 가장 잘 묘사하는 단어는 바로 '성실성'이 아닐까 생각합니다. 지난 2009년 한 언론보도에 따르면, 제가 5년 6개월 동안 지역(고창·부안)을 다녀온 거리가 무려 지구를 열세 바퀴 돈 거리라는 보도를 접한 적이 있습니다. 그로부터 6년 정도가 지났고, 아직도 많으면 서울과 지역구를 하루에 두 번씩 왕복하니, 국회의원이 된 이후 지구를 스무 바퀴 이상은 돌았다고 보면 될 것 같습니다.

사실 저는 제17대 국회에 입성하면서 국회의원으로서 뚜렷한 비전을 세웠습니다. 그것은 바로 '현장의 목소리를 대변하는 정치인'이 되는 것이었습니다. 풀뿌리 여론을 기초로 하여, 국민 눈높이에 맞는, 국민 필요에 부합하는 정책을 입안할 수 있었습니다. 제17대 국회에서 본회의를 통과한 「고령사회기본법안」, 「노인장기요양보험법안」이 바로 그것입니다. 당시 국회 보건복지위원회에서 활동하면서, 또 지역을 오가면서 저출산·고령화 문제의 심각성에 대해 인식하게 되었고, 고령사회에 대비하여 우리 국민들의 노후대비 시스템 정비가 시급하다고 판단했습니다. 이후 앞서 말씀드린 법안이 통과됨에 따라, 우리나라 노인복지정책의 기본 틀이 갖춰졌다고 자부합니다.

아사히신문 보도자료

| "약자를 보호하는 정치인이 되고 싶다"

우리 사회의 소외계층을 대변하는 것 역시 국회의원으로서 저의 숙명이었습니다. 의사 시절 의료봉사, 그리고 「한센인특별법」을 통해 맺어진 한센인과의 인연은 지금까지도 매년 소록도를 방문하며 이어져오고 있습니다. 지난 1월에는 외교활동차 일본을 방문하였을 때 아베 신조安倍晋三 일본 총리를 만나, 지난 2006년 일본의 「한센인 보상법」 개정으로 보상청구를 한 595명의 국내 한센인 피해자 중 아직까지 피해보상 미결정자로 남아있는 14명에 대한 피해보상을 촉

구하고, 향후 북한의 한센인 피해자 보상 문제 해결에도 한·일 양국이 공조해 나갈 것을 요청하는 내용을 친서를 직접 전달하기도 했습니다. 단 한 명의 한센인 피해자라도 남아있는 한, 이 문제는 저에게 현재진행형입니다.

이밖에도 정신장애인의 지원 및 자립 문제는 제17대 국회부터 지금까지 천착하고 있는 사안입니다. 정신장애인 역시 기본적인 경제적·문화적 생활을 유지하고, 일반 국민과 동등한 삶을 살 수 있어야 하며, 국가가 나서야만 한다고 봅니다. 이에 2015년 7월, 「한정신장애인 복지지원에 관한 법률안」을 발의했습니다.

| "국민의 전 생애주기를 관장하는 보건복지위원회"

현재 저는 국회 보건복지위원장으로 재직 중입니다. 제가 위원장으로 취임한 작년부터 올해까지 보건복지위는 참으로 다사다난했습니다. 국민건강증진을 위한 담배가격 인상, 담뱃값 경고그림 삽입 관련 법률안이 상임위를 거쳐 본회의를 통과했고, 어린이집 아동폭행을 막기 위해 원내 CCTV 설치가 가능하도록 했습니다. 메르스 사태를 겪으며 향후 신종 감염병 사태에 대비하기 위한 감염병 예방법안도 이번에 통과시켰습니다.

국민건강보험료 개편, 국민연금 사각지대 해소, 공공의료 강화 등 앞으로 산적한 현안들이 많지만, 제19대 국회 남은 임기 동안 하나씩 해결해 나가고 싶습니다. 보건복지위원회는 보건과 복지라는 큰 분야를 아우르며, 국민의 출생부터 사망까지 전 생애주기를 관장합니다. 그래서 관련 정책 하나하나가 국민 행복과 직결되는 것입니다.

보건복지위원장으로 활동하면서 복지 사각지대, 의료 사각지대 등 국민 여러분들의 보이지 않는 아픈 곳을 찾아내 치료하기 위해 노력해왔고, 앞으로도 이러한 노력을 이어나갈 것입니다.

| 김춘진 의원, 그가 추천하는 책을 소개합니다!

제가 추천하고 싶은 책은 존 로크John Locke가 저술한 『교육에 관한 단상』입니다. 제18대 국회에서 교육문화체육관광위원으로 활동하면서 한국 교육의 현실과 문제점에 대해 많은 고민을 했고, 그때 이 책이 많은 도움을 주었습니다.

한국의 학생들은 초등학생 시절부터 대학 진학을 목표로 교육을 받으며, 대학생이 되어서도 전공을 위한 공부가 아닌 취업을 위한 공부를 합니다. 이러한 실태를 반영하듯, 한국 학생들의 자살률은 점차 증가하는 추세이며, 높은 학습 수준에도 불구하고 학생들의 정서적 발전 수준은 세계 하위권에 머문다고 합니다.

존 로크의 『교육에 관한 단상』은 이와 같이 현재 한국 교육이 직면한 문제점들에 대한 해답을 제시해줍니다. 존 로크는 학생들이 교육을 통해 길러야 할 덕목들 중 첫째가 체력, 둘째가 위기관리능력, 셋째가 창의력, 넷째가 대담함이라고 말하며, 이와 같은 덕목들을 갖춘 후에 진정한 공부가 이루어질 수 있다고 지적합니다. 즉, 교육을 통해 학생들이 건강한 신체와 바른 몸가짐을 갖고, 지식에 앞서 지혜를 갖출 수 있어야만 한다는 말입니다. 교육의 주된 목적은 인간

김춘진

의 본성과 잠재적 능력을 육성하여 개인으로 하여금 자아를 실현할 수 있도록 돕는 데 있습니다. 자아를 실현한 개개인들만이 사회공동체의 궁극적 발전에 이바지할 수 있는 구성원이 될 수 있습니다. 더 이상 대학 진학과 취업을 위한 교육이 우선시되어서는 안 됩니다. 대한민국의 미래를 짊어질 우리의 자녀들이 교육을 통해 지덕체智德體를 함양하며, 자신의 꿈을 키워나갈 수 있어야만 합니다.

취업준비가 아닌 참된 교육만이 대한민국의 밝은 미래를 보장합니다. 아버지와 어머니로서 필독할 서적으로 권해드립니다. 추천사가 무거워졌습니다만, 이 책은 분명 한국 교육이 변화해야 할 방향을 제시해주고 있습니다. 봄날 꽃들이 만개하듯 우리 자녀들의 꿈이 만개할 수 있는 미래를 꿈꿔보며 일독을 권해드립니다.

| 자녀들을 위한 한마디

저는 '성실'과 '노력'이라는 단어를 가장 좋아합니다. 가장 좋아하는 한자성어는 '진인사대천명盡人事待天命'과 '운기칠삼運七技三'입니다. 두 성어는 비슷한 말이기도 하고 정반대이기도 하지만, 노력을 다한 뒤 하늘의 뜻과 운명을 기다리라는 의미로 일맥상통한다고 볼 수 있습니다. 노력을 다한 후에는 홀가분하게 정해진 운에 따를 수밖에 없으니, 운에 맡기기 전에 최선을 다해 노력해야 합니다. 그리고 이러한 노력이 바탕이 되어야 하늘의 운명이 따를 수 있을 것입니다. 그래서 항상 자녀들에게 무슨 일이든 포기하지 말고 최선을 다해 노력하라고 이야기합니다.

대학생이 바라본 파워리더 국회의원

남인순 의원님 – 여성단체 출신의 리더로서, 특히 아동폭력과 보육에 관심이 많은 의원님입니다. 보건복지 분야 의정활동에 모범을 보이고 계시며, 지난 어린이집 아동폭행 사건을 해결하기 위한 노력과 보육교사 예산 확보 등에 열정적으로 임해주시는 등 국회의원으로서 본받을 점이 많다고 생각합니다.

김용익 의원님 – 김용익 의원님은 진주의료원 폐업과 메르스 사태 때 당을 주도하여 사태해결을 위해 노력해주셨습니다. 특히 진주의료원 폐업 조치 철회를 위해 1인 시위와 단식 투쟁을 하는 등 공공의료에 대한 지대한 관심을 갖고 계시며, 현재 보건복지위원회에서도 열정적인 의정활동을 펼치고 계십니다.

박영선 의원님 – 박영선 의원님은 저와 같은 경희대 동문으로 아끼는 후배입니다. 우리 당 여성 최초 원내대표이기도 했고, 새누리당 유승민 의원님과 함께 토론회를 개최하는 등 여·야 경계를 초월한 활동을 많이 보여주었습니다. 항상 열정적으로 의정활동에 힘쓰는, 우리 당에 없어선 안 될 인적자산이라고 생각하는 의원님입니다.

양승조 의원님 – 제17·18·19대 국회 보건복지위원회 위원으로서 저와 가장 오래 활동한 양승조 의원님은 지역구 의원에게는 큰 메리트가 없음에도 불구하고 매사 열정적으로 상임위 활동에 참여

김춘진

하고 계십니다. 특히 메르스 사태 등 국가적 위기 때마다 힘을 보태 주시며, 보건복지위원회의 든든한 위원으로서 힘써주고 계십니다. 앞으로도 좋은 모습 보여주시리라 기대합니다.

이명수 의원님 – 아산을 지역구로 둔 이명수 의원님은 5년째 매일 아산에서 여의도까지 출퇴근을 하며 지역 주민을 위해 성실히 일하고 있습니다. '정책가'라는 평가답게 꼼꼼함과 신중함이 늘 돋보입니다. 보건복지위원회 간사이자, 법안심사소위원회 위원장으로서 매사 합리적인 판단과 실행력을 보여주고 계십니다.

김 희 정

- **학력**
  부산 창신초 입학 · 거학초 졸업
  이사벨여중 · 대명여고
  연세대 정치외교학과 · 同 대학원 졸업

- **경력**
  現 여성가족부 장관
  現 재선 국회의원(17 · 19대, 부산 연제구)
  새누리당 정책위부의장 · 정책조정위원장
  국회 아동 · 여성 성폭력 대책 특별위원회 간사
  청와대 대변인
  한국인터넷진흥원 초대원장

- **수상**
  6회 연속 국정감사 우수의원(17대 국회 4년, 19대 국회 2년,
  국정감사 NGO 모니터단 선정)
  새누리당 국회의원 민생정책공모전 대상(2013)
  대학생들이 뽑은 '거짓말 안하는 정치인 베스트 5'
  (2008, 신라대)

| 김희정 의원을 소개합니다

김희정 의원은 어린 시절부터 리더십이 남달랐다. 88올림픽이 열리던 시기, 학교 자율형 교복이 처음 도입되었다. 당시 그녀는 고등학교 2학년 학급반장이었다. 학교에서 정해준 업체의 교복 가격이 너무 비싸다고 생각됐다. 그녀는 결정된 디자인 시안을 가지고 전교생에게 보여주며 단가를 낮춰서 제작이 가능한 업체를 알아보자고 제안했다. 한 학우의 친척 중 반값으로 제작이 가능하다는 수선집을 찾아냈다. 다만 학교에서 거리가 있어 학생들이 자발적으로 치수를 재서 맡기는 조건이었다. 그녀는 각반 반장들을 모아 학생들의 치수를 재고 기록하여 업체에 보냈고 학생들은 반값에 교복을 마련할 수 있었다.

그녀는 한 단계 한 단계 밟고 올라온 준비된 정치인이었다. 어린 시절부터 '정치인'의 꿈을 갖고 대학에서 정치외교학을 전공하고, 대학원에서도 정치학을 전공했다. 1995년 신한국당(現 새누리당) 사무처 공채 4기로 현실정치에 첫발을 디뎠다. 2004년 대한민국 정당 사상 최초 '공개면접'을 통해 당의 공천을 받아 고향인 부산 연제구에 출마, 제17대 국회의원 선거에서 전국 최연소로 당선됐다. 이후 최연소 공공기관장(한국인터넷진흥원, 38세) 2010년 청와대 대변인(최연소 청와대 비서관, 39세)을 거쳐 2012년 제19대 국회의원 재선에 성공했다. 지금은 대한민국 최초 여성대통령이 이끄는 정부에서 '여성·가족·청소년 정책'을 총괄하는 여성가족부 장관을 겸임하고 있다. '최연소', '워킹맘', '최초 임산부 당선자' 등의 수식어로도 그녀의 열정을 나타내기엔 부족해 보인다.

그녀의 눈길과 손길이 주로 가는 곳은 그동안 주목받지 못했던 소외계층이다. 특히 사회적으로 소홀했던 학교 밖 청소년들을 종합적이고 체계적으로 지원하기 시작했고, 일과 가정 사이에서 고군분투하는 전국의 워킹맘·워킹대디들을 돕는 데 적극적으로 나서고 있다. 학교 밖 청소년 지원의 허브 역할을 할 '학교 밖 청소년 지원센터 꿈 드림'이 올해 안에 전국 200개소 문을 연다. 또 새로이 '워킹

맞벌이 가정의 어려움 해소를 위한 '워킹맘 워킹대디 지원센터' 출범 기념 토크 콘서트
(2015. 4. 24.)

김 희 정

맘·워킹대디지원센터'를 시작해 심야시간과 주말에도 맞벌이 가정이 필요한 일·가정 양립 정보를 얻고 가족지원 프로그램을 활용할 수 있게 했다. 정부가 교육하고 신원을 보증하는 돌봄선생님을 파견하는 '아이돌봄 서비스'도 어린 자녀를 키우며 스스로 이용해본 본인의 경험을 바탕으로 각 가정이 상황별·형편별로 보다 쉽고 편리하게 이용하도록 끊임없이 개선해 나가고 있다. 또한 2015월 3월에는 '양육비이행관리원'을 설립해 이혼·미혼 한부모가족이 안정적으로 자녀양육비를 받을 수 있도록 지원하는 서비스를 시작했다. 그녀를 움직이게 만드는 그 하나, 바로 열정이다.

| 유일한 여성 국무위원이자 워킹맘의 시선으로 이끄는 여성가족부

저는 정치에 입문하면서 줄곧 국민들의 실생활과 직결되는 '생활정치'를 펼치고자 했어요. 무엇보다 중요한 것은 여성과 아동 등 사회적 약자들의 안전입니다. 19대 국회에서 아동·여성 대상 성폭력 대책특위 법안소위 위원장으로 활동하며 그때 성폭력 친고죄 폐지, 형법에 유사강간죄 규정, 아동·청소년 대상 강간죄의 경우 최고 무기징역까지 선고하는 등 성폭력 범죄 형량을 강화하는 데 앞장섰어요. 또, 우리 주변에는 정책사각지대에서 제대로 보호받지 못하는 이들이 의외로 많습니다. 대표적인 것이 학교를 다니지 않는 청소년들이라고 생각해서, 2013년 말에는 「학교 밖 청소년 지원에 관한 법률」을 대표 발의하기도 했습니다.

여성가족부 장관이 되고 보니 우리 부처가 국민들에게 잘 알려지지 않았지만 소외계층을 돕는 일들을 정말 많이 하고 있었어요. 오랫동안 국회 여성가족위원회에서 활동했던 저도 미처 몰랐던 부분이 있을 정도였어요. 가령 성폭력·가정폭력 피해자라든가, 성매매 피해자라든가, 한부모·조손가족, 인터넷중독 청소년과 가출청소년, 학교 밖 청소년 등등 본인 신원을 드러내기 어려운 정책수혜자들이 특히 많죠. 지금은 제가 국회에서 대표 발의한 「학교 밖 청소년지원법」이 장관 재임 중에 시행(2015년 5월)된 것을 계기로 관련 정책을 본격화하고, 여성가족부가 범정부 차원의 컨트롤타워 역할을 하고 있어요.

우린 10대 청소년이라고 하면 흔히 학교 다니는 '학생'들만 생각하는데 초·중·고에 다니지 않는 청소년들이 전국에 36만 명이나 됩니다. 1년에 학교를 새로 그만두는 학생 수가 6만이 되고요. 여러 가지 어쩔 수 없는 사정으로, 혹은 개인의 선택으로 학교에 가지 않는 청소년들입니다. 이들도 소중한 사회구성원이므로 부정적인 시선으로만 보면 안 돼요. 그래서 지난 5월 법 시행에 맞춰 지원대책을 마련하고 전국에 200개 지원센터를 도입했어요. 또 1:1 전문상담을 통해 학습·취업·자립지원을 비롯해 건강관리, 역량강화 프로그램 등 청소년 개개인의 특성과 상황을 고려한 맞춤형 지원 프로그램을 제공하고 있습니다.

출산과 육아 등으로 경력이 단절된 여성들의 사회 복귀를 돕는 것도 주된 과제 중 하나예요. 여성의 전 생애 걸친 경제활동은 4개 고리4R로 구성돼요. 사회진입Recruit－경력유지Retention－재취업Restart－대표성Representation. 그동안 우리 사회는 여성의 '사회진입' 측면에서 큰 진전을 이뤘어요. 하지만 출산과 육아로 '경력유지'가 어렵고, 또 단절된 경력을 다시 살리는 '재취업'의 고리가 여전히 취약한 게 사실이죠. 이 두 가지 고리가 단단해지면 '여성의 대표성'도 같이 높아지게 됩니다. 그래서 '아빠의 달' 도입과 육아휴직 및 유연근무제 확산, '가족친화인증기업' 확대 등으로 가족친화적인 사회환경을 조성해 여성과 남성 모두 일·가정 양립이 가능하도록 노력 중입니다. 또한 전국 '여성새로일하기센터'를 통해 재취업을 원하는 경력단절 여성들의 취업 상담과 교육, 구인구직 연계 등을 종합적으로 지원하고 있어요.

| 경험해보았기에 변화시킬 수 있는 것들

누구나 인생에서 좌절했던 순간은 있어요. 입학이나 입사시험을 보다 보면 몇 십 장씩 지원서를 쓰고 탈락하기를 반복하잖아요. 하지만 이를 그 순간의 실패라고 생각해야지 그것 때문에 인생 전체를 비관하면 안 돼요. 개인 차원에서 끝나지 않고 사회적 불만이 높아지면 사회를 향한 불미스러운 사건들도 일어나게 돼요. 또 그 화살이 개인을 향하면 자살과 같은 잘못된 일로 나타나기도 하죠.

저 또한 힘든 좌절의 순간이 있었어요. 흔히 선거에서 한 번 떨어지면 패가망신敗家亡身한다고 해요. 18대 총선 당시 저는 부산에서 새누리당 후보로 나갔는데 예상하지 못한 낙선에 힘들었어요. 하지만 냉정하게 제 자신을 살펴볼 수 있는 시간을 안겨줬습니다. 현실에 안주한 적은 없었는지, 새로운 기회를 위해 잘 준비하고 있는지 기본으로 돌아가서 다시 생각해보는 계기가 되었죠.

그때 마음가짐이 중요하다는 걸 알았어요. 재취업을 하고자 하는 사람에게 기술이나 공부를 가르쳐주는 일보다 중요한 게 있어요. 바로 '마인드 세팅'입니다. '다시 시작을 할 수 있다.'는 생각!

'여성새로일하기센터'에서도 취업교육과 함께 자신감을 어떻게 심어줄 건지에 중점을 두고 있어요. 사람은 동기부여가 되면 하나를 배워도 스스로 새로운 걸 찾기 위해 노력하거든요. 저의 낙선 경험은 새로운 기회가 절실한 분들에게 관심을 가지고 진정 그분들에게 필요한 것이 무엇인지 생각하는 동력이 된 것 같아요. 사람은 살다 보면 누구나 '위기의 터널'을 지날 때가 있기 마련이죠. 이때 터널의 출구가 어느 쪽이 가까운지 알려주는 이정표가 있다면 정말 큰 도움이 됩니다. 저는 정치를 하면서 국민들에게 이런 이정표가 되어 드리고 싶어요. 새로운 기회가 절실한 분들에게 '절도봉주絶渡逢舟', 즉 '끊어진 나룻길에서 만난 배'가 되도록 항상 노력할 것입니다.

| 대한민국에서 여성의원으로 살아가기

우리보다 앞선 세대는 자랄 때부터 남성과 여성에 차별이 있는 시대에 살아왔어요. 지금 세대는 학교를 다니거나 살면서 이를 못 느끼고 산 세대예요. 그런데 실제로 취업을 하고 출산단계에 서면, 구

김희정

조상 남녀차별을 겪게 돼요. 문제는 평소 이런 일들에 대한 생각이 없는 상태에서 그런 상황과 마주하게 되면 어려움을 넘기가 힘들다는 거예요.

여성가족부가 '여대생 커리어 개발센터'를 운영하는 이유도 모든 우려상황에 대해 미리 생각해볼 기회를 주기 위해서입니다. 회사에 들어가 남녀차별 문제가 생겼을 때 어떻게 해결해야 하는지, 회사에서 파트너십을 어떻게 풀어가야 하는지 먼저 고민해보고 토론해보는 거죠. 그리고 나면 '나에겐 그런 일이 없을 거야.' 하며 생각조차 안 해보다가 정작 문제 상황에 맞닥뜨릴 때보다는 훨씬 더 슬기롭게 난관을 헤쳐 나갈 수 있죠.

저는 여성의원으로 살아오면서 여성차별 인식과 많이 마주했던 것 같아요. 보통 사람들은 어떤 이가 무슨 일을 하게 되면 그 사람의 특성과 배경을 참고해서 이해를 하잖아요. 하지만 같은 상황이라도 여성에게는 "여성이니까 그럴 거야."라며 성별 특징으로 규정지어 버리는 경향이 있어요. 국회의원들 중에서도 남성의원들이 일을 잘하면 "남성이니까 잘하는 거야."라고 얘기하는 것이 아니라 그 의원이 가진 배경과 특성으로 해석해요. 그런데 여성의원이 실수하면 그분의 배경이나 특성을 잘 고려하지 않고 '여성의원이기 때문'이라고 생각하는 모습들이 보여요. 이처럼 성별로 연결시켜 문제를 일반화하는 것은 잘못된 거 같아요. 이러한 인식을 없애는 게 저희가 해야하는 일이라 생각해요.

최근 '여성혐오'에 관한 부분도 마찬가지예요. 남성들에게는 전체 그림을 보게 해주는 시도가 필요해요. 일부 여성들 중 무임승차free riding하려는 마음이 조금이라도 있다면 자세가 달려져야 하고요. 인식을 바꾸는 게 쉽진 않지만 함께 노력하면 충분히 바뀔 수 있을 거예요.

| 사회를 변화시키는 힘

제가 처음 국회에 입문하게 되었을 때와 지금을 비교하면 사회적 변화를 많이 느껴요. 국회의원 선거에 처음 나갔을 때 사람들은 저를 보면 '어느 후보의 딸이냐' 혹은 '어느 후보 부인이냐'면서 후보의 가족이라 생각했어요. 이제는 어떤 지역에서든 여성정치인의 존재를 자연스럽게 보는 분위기예요. 이렇게 오기까지는 상징적인 지도자의 역할도 컸다고 생각합니다. 박근혜 대통령께서 과거 여성 당

새누리당 아동 · 여성 성폭력 대책 특별위원회 브리핑(2012. 9. 12.)

김희정

대표로 선출되기 전과 후, 또 대통령으로 당선되기 전과 후에 여성 정치인을 바라보는 사회 시각에 큰 변화를 느꼈어요. 여성대표성을 높이고 양성평등을 향해 나아가는 데는 여성들이 사회 각계에서 저변을 넓히는 것, 대표성을 가진 여성 리더들의 등장, 이 두 가지 모두 중요합니다.

저의 선거 경험으로 보면, 여성의 장점을 적극 활용하는 것도 인식을 변화시키는 데 도움이 됩니다. 제가 여성후보로 선거운동을 할 때는 여성의 특성을 감추기보다는 강조하는 쪽을 택했어요. 여성에게 더 어울리는 '야무진'이란 표현을 붙여 '야무진 일꾼'이라는 캐치프레이즈catchphrase를 내세웠어요. '연제의 딸'이라는 문구도 사용했지요. 여성이기에 정치를 깨끗하게 하고 의정활동 역시 여성의 섬세함과 꼼꼼함으로 허투루 하지 않을 것을 약속했지요.

| 국민 모두가 '생활의 달인'

"삶의 현장 곳곳에서 열심히 사는 우리 국민들"을 존경하는 인물로 생각해요. 우리 국민들은 존경받을 부분이 많아요. 제가 즐겨보는 프로가 있는데 바로 〈생활의 달인〉이에요. 생활의 달인들은 반복되는 일상 속에서 자신의 일에 대해 골똘히 생각하다 보니 노하우가 생긴 것이고 이를 발전시킨 분들이잖아요. 이처럼 오랜 연구와 훈련을 통해 남다른 능력을 발휘하며 각자의 자리에서 최고에 오른 '생활의 달인'인 국민 모두가 저의 스승이자 롤모델이에요. 그리고 국민 모두를 생활 속의 위인으로 만드는 것이 우리가 할 일이라 생각해요. 저희 부처에서도 매달 '이달의 직원'을 뽑아요. 일명 그 달에 특별히 열심히 일한 달인이죠. 특정 분야에서 잘하는 점이 있다면 이를 찾아내서 존경받도록 하자는 거예요.

| 미래세대에게 전하고픈 진심

저는 자녀에게 물려주고 싶은 게 있다면 '꿈', '배려', '긍정' 이 세 가지 자세예요. 꿈은 인생의 나침판 역할을 해줘요. 도로에 이정표가 없으면 엉뚱한 길로 들어서거나 방향을 몰라 헤매게 되죠. 그래서 꿈이 확실해야 길을 잃지 않고 동기부여가 돼요.

이와 함께 '인간은 사회적 동물'이라는 말이 있듯이, 사회와 인생은 함께 살아가는 것이에요. 항상 남을 배려하고 나눌 줄 아는, 함께 사는 사람이 될 필요가 있어요. 저는 사람을 만날 때 가장 강조하는 게 '진심'이에요. 올해를 시작하면서 여성가족부 직원들에게 강조하는 것 또한 '만강혈성滿腔血誠'이에요. 가슴 속에 가득 찬 진심에서 우러나온 정성을 가지고 정책을 펼치고 국민을 섬기자는 뜻이에요. 이런 자세로 1회성이 아니라 지속적으로 사람을 대하는 것이 중요해요. 그러면 함께하는 사람도 많아지고 삶에 큰 힘이 될 거예요.

마지막으로 '긍정'. 살다 보면 항상 뜻대로만 되는 것은 아니더라고요. 오르막도 있고 내리막도 있어요. 어려운 시련과 실패가 다가왔을 때 이를 극복하기 위해서는 자신에 대한 객관적인 반성과 자책도 필요하지만, 긍정적인 마음가짐으로 맞서 나간다면 슬기롭게 헤쳐 나갈 수 있을 거예요. 상대방이 자신에게 하는 평가도 중요하지

김희정

1996년부터 매년 열렸던 여성가족부의 '여성주간'이 '양성평등주간'으로 변경된 후 첫 기념식
(2015. 7. 6.)

만, 자기 스스로 납득할 수 있는 것이 가장 중요해요. 그 이유가 있어야 자신감도 생기거든요.

저는 중학교 시절부터 정치인이 되고 싶다는 꿈을 가졌었어요. 체계적으로 공부하기 위해 정치외교학과를 선택했고 대학원도 정치학 전공이었죠. 대학 시절 '모의 국회'와 '모의 유엔'에 학교 대표로 나갔고 대학원 시절 '한국의회발전연구회'에서 연구원으로 활동하는 등 차근차근 준비하다 당 사무처 공채로 첫발을 떼게 되었어요. 이렇게 꿈을 키우며 꾸준히 노력하다 보니 기회들이 생겼고 거기에 도전하면서 지금까지 왔어요.

대학생이 바라본 파워리더 국회의원

| 과거를 통해 현재를 배울 수 있는 역사서

저는 어린 시절부터 책을 무척 좋아했어요. 책을 읽을 때마다 어느 날은 곤충학자, 어느 날은 탐험가로 매번 새로운 관심이 생겼어요. 그런데 언젠가 위인들의 공통점을 찾아보니 꿈을 성취해나가는 데는 그가 속한 시대의 정치적 환경에 크게 좌우된다는 것을 깨달았어요. 만약 천민인 장영실이 신분에 관계없이 인재를 등용한 세종대왕 시대가 아니었다면 그만큼 자기 역량을 발휘할 수 있었을까요? 신대륙을 발견한 콜럼버스도 이사벨 여왕의 든든한 뒷받침이 있었기 때문에 가능했던 거예요.

이런 착한 영향력을 행사할 수 있다는 데서 정치인에 대한 매력을 느꼈던 거 같아요. 그래서 어릴 때 읽었던 책들이 지금의 저를 만들었다고 볼 수 있죠. 그중에서도 저는 '역사서'를 추천하고 싶어요. 역사는 오늘을 비추는 거울이란 말이 있어요. 읽다 보면 현재와 미래에 갈 길들이 보이기 때문에 평생을 살면서 꾸준히 읽으면 좋습니다. 어떤 역사서건 세상살이와 사람살이에 대한 깨우침을 주는 목소리가 있어요. 또 그러한 목소리는 사람의 안목을 키우는 자양분이 됩니다.

김 희 정

나성린 의원님 – 비례대표로 오신 분은 보통 전문 영역만 담당한다고 생각하시는데 중앙에서도 지역구에서도 참 열정적으로 일하세요.

변재일 의원님 – 야당의원이면서도 전문 분야인 IT 등에서 부드러운 비판과 대안 제시로 국회·행정부 간, 여·야 간의 모범적인 파트너십을 보여주시는 분이라 생각합니다.

이자스민 의원님 – 다문화의원이자 여성의원에 대해 편견 속에서도 의원활동을 힘 있게 한다는 사실이 멋져요. 아무리 한국말을 잘하신다고 하지만 특히나 압축적으로 얘기하는 국회에서 여러 어려움 속에서도 진심을 가지고 일하시는 의원이에요.

이정현 의원님 – 새누리당 안에서 호남 출신이시기에 당에서도, 고향에서도 소수자의 길을 걸었지만 항상 진정성 있는 태도로 의정활동을 하세요.

정병국 의원님 – 정치권에 전문 분야로 '문화'를 정해 끊임없이 일하고 계세요. 선수選手가 올라가도 겸손하게 열정적으로 일하시며 후배들을 항상 챙겨주시고 이끌어 주세요.

박 덕 흠

- **학력**

  서울산업대 토목공학 학사

  한양대학교 토목공학 박사

- **경력**

  제19대 국회의원(충북 보은·옥천·영동)

  現 새누리당 중앙연수원 원장

  現 국토교통위원회 위원

  現 서민주거복지특별위원회 위원

  前 새누리당 재해대책위원장

  前 새누리당 충북도당위원장

  前 기획재정위원회 위원

  前 안전행정위원회 위원

  前 예산결산특별위원회 위원

  前 국민생활체육전국검도연합회 회장

  前 대한전문건설협회 중앙회 회장

- **수상**

  대한민국 우수국회의원 대상

  의정활동 우수국회의원상 건설부문 수상

  대한민국을 빛낸 한국인상 수상

- **저서**

  『벼랑에 선 소나무』

  『박덕흠의 희망에세이』

 대한민국 국회
NATIONAL ASSEMBLY

| 왜 국회의원이 되려고 하였나?

저는 초심을 잃고 싶지 않아 가끔 의정활동으로 힘들고 지칠 때면 내 자신에게 '왜 국회의원이 되려고 하였나?'라는 자문을 하곤 합니다. 부유한 가정환경과는 거리가 멀었던 저의 유년 시절과 아무런 재산 없이 시작한 사회생활은 말 그대로 맨땅에 헤딩과 같았습니다.

그때부터 저는 힘없고 경제적으로 어려운 사람들이 기댈 수 있는 언덕이 되고 싶다고 다짐했습니다. 국회의원이 되어 잘못된 제도를 바로잡고, 불필요한 규제를 개혁하고, 민심이 국정에 그대로 반영될 수 있는 환경을 조성하여 소외되는 이웃 없이 대한민국 국민 모두가 행복한 삶을 누릴 수 있는 여건을 조성하고 싶었습니다. 노력하면 성공할 수밖에 없는 사회를 만들기 위해 노력하고 있습니다. 국민들이 편히 기댈 수 있는 멋진 언덕이 되기 위해 오늘도 저는 같은 질문을 던져봅니다.

| 몇 번이고 쓰러지고 일어나다

유년 시절을 생각해보면 평범하고 즐거운 기억보다는 가난하고 힘든 기억이 더 많습니다. 1953년 충북 옥천의 화목한 집안의 7남매 중 막내로 태어났습니다. 초등학교 시절 아버님이 병환으로 쓰러지시면서 어머님은 국밥집을 운영하시며 어렵게 살림을 꾸려나가셨습니다. 벌이가 시원치 않은 국밥집을 운영하시면서 아버님 병 수발에 자식들 교육비까지 책임지셨던 어머님은 결국 중학교를 졸업하기도 전에 위암으로 돌아가셨습니다. 가난한 집안 살림 때문에 병환 중에도 약 한 첩 제대로 드시지 못하고 돌아가셨는데, 이때의 서러움과 억울함을 가슴속에 품고 사춘기를 보냈던 기억이 있습니다. 가난함이 싫어서 많은 돈을 벌고 싶었고, 돈이 없어서 치료받지 못하는 노인이나 아이들이 없는 사회를 만들어 보겠다고 다짐했었습니다.

　25살 늦은 나이에 친형 집에 얹혀살면서 도시락 하나로 어렵게 재수생활을 시작하였습니다. 반드시 해낼 수 있다는 마음으로 열심히 학업에 매진하였습니다. 대학에 합격하여 토목 관련 공부를 시작할

젊은 시절 공부할 때

박 덕 흠

수 있었고, 뒤늦게 토목공학 관련 박사학위를 취득할 수 있게 되었습니다.

　사회생활 첫 발자국은 서울시청 공무원이었습니다. 그렇지만 결혼과 함께 전공을 살려 원래 하고 싶었던 꿈을 이루고자 사직서를 제출하고 새롭게 건설사업을 시작하게 되었습니다. 새롭게 시작한 저의 사업의 앞날은 창창할 것이라 생각했습니다. 이론과 현장을 충분히 잘 알고 있다고 느꼈기 때문입니다. 하지만 예상치 못한 사업의 실패는 저를 좌절로 빠져들게 하였습니다. 가지고 있었던 전 재산을 탕진하였고, 버스비가 없어서 먼 길을 걸어 다녀야 했던 적도 많았습니다.
　그 순간 아버님이 뇌졸중으로 쓰러지셨을 때의 어머님의 심정을 떠올렸습니다. 막막하고 답답한 심정을 참고 현실을 직시하여 그 다음 돌파구를 마련하기 위해 노력하였습니다. 마침 아내도 토목기사 자격증 공부를 시작하였고, 돈보다는 사람을 생각하며 다시 건설업에 뛰어들게 되었습니다.

　문제가 생겨도 상의할 사람이 없었기 때문에 하나부터 열까지 모든 문제를 직접 부딪쳐가며 해결해야 했고, 수많은 시행착오 끝에 스스로 해답을 찾는 일이 많았습니다. 국가에서 시행하는 건설사업에 참여하여 공사를 수주하기 위해 경쟁사의 경영구조를 철저하게 분석하여 전략적으로 입찰에 임하였고 스스로 해답을 찾았던 부분이 지난 실수를 극복하는 데 큰 도움이 되었다고 생각합니다.

서울에서 사업을 일구는 동안에도 고향에 대한 애착과 관심은 식을 줄을 몰랐기에 틈틈이 고향으로 내려가 봉사활동을 전개하였고, 사업할 때보다 국회의원이 된 지금 더 많은 시간을 고향 어르신들과 함께할 수 있기에 즐겁고 행복한 마음으로 의정활동에 임하고 있습니다.

| 잊지 않은 어릴 적 다짐, 서민을 위한 정치를 펼치다

전반기 안전행정위원회를 거쳐 후반기 기획재정위원회 소속으로 대한민국 경제정책에 대한 방향과 보완점에 대해 토론하였고, 국세청과 관세청 등 조세 납입과 출입국 관련 업무를 감독하였으며 최근 부각되었던 해외물품 구매와 관련하여 현재 발생되는 문제점과 향후 계획을 지적하였습니다.

현재는 국토교통위원회에서 국토관리와 국민들의 주거복지를 향상시키고, 안전한 도로와 편리한 교통체계를 구축하며, 국민들이 안심할 수 있는 항공환경을 개선하기 위해 노력하고 있습니다.

작년에는 예산결산특별위원회 소속으로 우리나라 예산안과 결산을 심사하였습니다. 그리고 충북의 발전을 위한 예산 배정을 위해 노력한 결과 보은군에 폴리텍 대학을 유치하는 등 교육과 경제발전의 초석을 마련하고자 열심히 노력하고 있습니다.

정치를 하면서 마음속에 염두에 두는 것 중 하나는 서민을 위한 정치를 하자는 것입니다. 가난했던 나의 유년 시절과 어려웠던 어머

박 덕 흠

님과 아버님을 보면서 나라의 미래가 될 아이들과 나이가 들어 몸도 힘든데 의지할 곳 없는 노인분들을 위한 정책을 항상 고민하고 있습니다. 저는 특히 지역 노인분들에 대한 관심이 많습니다. 홀로 사시는 노인분들이 저희 지역에는 많기 때문에 이분들의 외로움을 달랠 수 있는 방안이 없을까 많이 공부하고 연구하고 있습니다. 함께 모여 사는 공동체 마을에 대한 부분도 생각해 보았습니다.

또한 저의 어린 시절과 같이 가난 때문에 공부를 못하는 학생들을 위해서 마음껏 공부하고 배울 수 있는 장을 만들기 위해서도 끊임없이 노력하고 있습니다. 학생들이 기댈 수 있는 큰 언덕이 되는 것이 저의 바람입니다. 그리고 중소기업의 어려움을 누구보다 잘 알기 때문에 불필요한 규제는 없는지, 또 대한민국이 장기적으로 발전할 수 있게 대기업과 함께 공생할 수 있는 방안은 없는지 항상 살피고 있습니다.

| 국회의원으로서 새로운 다짐을 하다

국회의원이 되고 난 후 저는 새로운 다짐을 하게 되었습니다. 이 다짐을 잊지 않고 의정활동을 하고 있으며, 서민을 위한 정치를 해나가기 위해 노력하고 있습니다.

가장 먼저 틈나는 대로 지역과 현장을 방문하기 위해 노력하고 있습니다. 특히 노인분들과 학생들을 만나는 데 중점을 두고 있습니다. 남부 3군(충북 보은, 옥천, 영동군)은 노인 인구의 비중이 높은데 이러

대학생이 바라본 파워리더 국회의원

행사에서 직접 배식을 하는 모습

한 분들이 불편을 느끼지 않고 건강하고 편안하게 지내실 수 있게 틈틈이 살피고 있습니다.

또한 외롭고 가난했던 유년 시절을 보냈기 때문에 학생들을 바라만 보아도 가슴이 먹먹해지곤 합니다. 중·고등학생들이 우리나라의 미래라 생각하고 지역의 중·고등학교를 방문하여 이야기도 나누고 인생의 선배로서 도움이 될 수 있는 조언을 아끼지 않고 있습니다.

두 번째는 초심을 잃지 않기 위해 노력하고 있습니다. 처음 사업을 시작하고, 또 국회의원이 되기 위해 노력하였을 때부터 가졌던 '사람을 중요하게 생각하고 인연을 소중히 여기자'는 초심을 항상 떠올리고 있습니다. 지역을 방문하면서 한 번이라도 얼굴을 뵙고 악수

박 덕 흠

를 나눴던 분들의 건강과 안부를 묻고, 국정 운영을 보좌하는 직원들을 소중한 인연이라고 생각하며 함께 업무를 해나가고 있습니다. 과학과 기술이 발전하고 있지만 여전히 방향키를 잡고 나아가는 것은 여전히 사람이기 때문이라고 생각합니다.

저는 사람을 대할 때 신의를 가장 중요하다고 생각합니다. 약속을 자주 어기고 신뢰를 주지 못하는 사람은 상대를 불안하게 하고, 결국은 당사자와 주변에 피해가 발생하기 마련이기 때문입니다. 국회의원으로서 제가 한 말에 책임을 지고, 약속을 꼭 지키려고 노력하는 이유도 결국은 그분들이 저를 신뢰하고 있다는 믿음 때문입니다.

마지막으로 배움을 게을리하지 않고 있습니다. 사안에 대한 균형있는 시각을 유지하기 위해 각계각층의 사람들을 만나서 대화를 나누려고 합니다. 어느 한쪽의 이야기에만 치우치면 국정에 대한 시각과 민심을 정확히 파악하기 힘들기 때문입니다. 그리고 각종 공청회나 토론회에 참석하여 현안에 대한 전문가들의 의견을 듣고 전문적인 지식과 정보를 습득하기 위한 노력을 꾸준히 하고 있습니다.

저는 국회의원이 바쁘고 힘들 것이라 처음에는 생각하지 못했습니다. 하지만 국회의원이 되고 난 뒤 어릴 적 친구와 마음 놓고 차한잔 마실 여유도 없다는 것을 알게 되었습니다. 이렇게 바쁘고 할일도 많지만 항상 지역 주민의 이야기를 듣기 위해 노력하고 있습니다. 제 이야기보다는 그분들의 하고 싶은 이야기가 다 끝날 때까지 들어주는 것이 저의 역할이라고 생각합니다. 그분들의 이야기를 들어주는 것에서부터 저의 국회의원 활동이 시작됩니다.

과수원에서 포도를 따는 모습

| 지금의 근면함과 성실함을 배울 수 있었던 황상 선생

선생님의 위신이 땅에 떨어진 지금 우리 삶에 지침이 되는 말과 행동을 보여주는 스승과 멘토를 만나기란 쉽지 않습니다.

목민심서를 지은 다산 정약용 선생에게는 평생을 아낀 황상이라는 제자가 있습니다. 저는 황상 선생의 일생을 알게 되면서 저의 스승을 만난 느낌이었습니다. 1802년 10월 다산이 강진으로 유배되어 서당을 열고 아이들을 가르칠 때 황상이 찾아와 자신의 아둔함을 하소연하자 다산이 "자신의 뛰어남만 믿고 학문을 게을리하는 자보다 둔하지만 성실함으로 꾸준하게 갈고 닦는 자는 반드시 빛이 나게 되

박 덕 흠

어 있다. 이 모든 것은 오로지 근면함으로만 할 수 있다."라고 대답하였습니다.

황상은 비록 그 스승보다 이름을 널리 알린 것은 아니지만 일흔 살을 넘길 때까지도 다산이 말했던 학문의 자세를 게을리하지 않았고, 당대 최고의 지성인 추사 김정희마저 한 번에 반할 정도로 시에 놀라운 재능을 발휘하게 됩니다.

황상이 평생에 걸쳐 보여준 근면함과 성실함은 처음 대학을 위해 공부를 하고, 사업을 진행하고, 정치를 시작하기 위해 준비하고 국회의원이 된 지금까지도 잊지 않고 내 마음속에 살아 있습니다.

| 소외된 충청을 정치의 핵심으로 만들다

2013년 6월 충북 의원님들의 만장일치로 새누리당 충북도당위원장으로 추대되어 활동하였습니다. 이례적으로 연임하여 2년 동안 도당위원장직을 역임하였는데 재임기간에 6·4 지방선거를 치르게 되었습니다.

그전까지는 충청권은 야당과 여당의 뚜렷한 구분이 없이 번갈아가면서 의석을 차지하고 있었습니다. 당시 충북도지사는 야당이었고 의석수도 새누리당에 유리하지 않은 상황이었습니다. 초선의원으로 처음 도당위원장을 맡고 시작된 지방선거였고, 정치적으로 충청권이 주목받기 시작하는 시기라서 더욱 집중하여 선거운동을 치렀던 것 같습니다. 당원들을 격려하고 매일매일 전략회의와 선거대

비 대책을 세우고, 실수하지 않고 진심을 다해 군민들에게 다가갈 것을 독려하였습니다.

책임감을 느끼고 현장에서 최선을 다한 결과 이러한 노력이 결실을 맺게 되어 6·4 지방선거는 남부 3군에서 옥천군수, 영동군수, 도의원 4석, 군 의원 17석 등 지방의회 29석 중 21석을 차지하게 되었습니다.

다른 지역에 비해 뚜렷한 정치 성향을 갖지 않는다는 평가를 받는 충청권은 항상 정치권에서 다소 소외되는 경향이 있었는데 19대 총선과 6·4 지방선거를 기점으로 선거 분위기의 중원을 담당하는 위치에 오르게 되었습니다. 이제는 대통령께서도 직접 방문하여 충청도의 중요함을 강조하게 되었는데, 도당위원장으로서 뿌듯하게 생각하고 있습니다.

| 바라만 보아도 가슴 먹먹해지는 우리 미래들을 위한 이야기

첫째, 기차처럼 사십시오. 소신과 원칙을 정해서 기차 위의 레일처럼 꾸준하고 성실하게 살았으면 합니다. 사람들이 기차를 신뢰하는 것은 기차가 자유분방하게 어디든 갈 수 있어서가 아니라 정해진 시간에 정해진 곳으로 우리를 데려다준다는 믿음 때문입니다. 작은 약속이라도 지키기 위해 노력하고 깊은 고민과 경험에서 나온 소신은 어떤 상황이 오더라도 흔들리지 않았으면 합니다.

둘째, 이기는 것보다 지는 것을 배우십시오. 다른 사람들과 어울

박 덕 흠

려 스포츠를 하다 보면 이기는 경우보다 지는 경우가 더 많습니다. 이럴 때 결과에 승복할 줄 아는 사람은 져도 분하지 않고 이겨도 자만하지 않습니다. 패배를 인정할 줄 모르면 등 뒤에서 다른 말을 하기 쉽고, 패배를 통해 반성하지 않고 불평불만만 늘어놓는다면 발전할 수 없다고 생각합니다. 결과에 깨끗하게 승복하고 그 과정에서 더욱 성장할 수 있는 사람이 되기를 바랍니다.

셋째, 가족의 건강과 행복을 우선시하십시오. 성인이 되기도 전에 부모님의 소중함을 알게 되었는데, 그때 느낀 건 힘든 순간에는 가족만큼 의지되는 곳이 없다는 것입니다. 아무리 바빠도 가족과의 시간을 소중히 여기고 건강을 염려하는 사람이 되었으면 좋겠습니다.

이 말을 명심했으면 하는 생각이 있습니다. 이와 더불어 저의 지침서 같은 책을 아래와 같이 소개하니 우리 미래세대들이 잊지 않고 읽어 주었으면 좋겠습니다.

『죄와 벌』

러시아의 대문호 도스토옙스키의 『죄와 벌』은 "선택받은 인간은 다른 자를 심판할 권리를 가진다."라는 이름 아래 살인을 저지르고 그 후에 일어나는 자신의 삐뚤어진 신념에 대한 고뇌와 헌신적인 사랑 앞에서 자기 사상에 대한 패배를 인정하게 되는 내용입니다. 인간은 과연 평등한 것인가, 인간은 다른 인간을 판단하고 심판할 권리를 가지는 것인가에 대한 보편적인 대답과는 달리 현실에서는 직장과 학교, 근무 현장에서 불평등하고 부당한 대우를 받아가며 생활하고 있습니다.

집중된 권력 앞에서 다수의 사람들이 억울한 일을 경험하기도 하고, 선민사상에 젖은 사람들은 자기 이외의 사람들을 선동하고 가르치려고 하며, 서로 자신의 것이 옳다고만 하고 다름을 인정하지 않는 각박한 모습들을 자주 목격하게 됩니다. 많은 사람들의 지지와 호응을 얻어 높은 자리에 오르게 된 사람은 이러한 생각을 경계하고 자신에 대한 반성을 게을리하지 않으면 누구라도 죄와 벌의 주인공 라스콜리니코프처럼 변할지 모릅니다. 범인과 비범인을 구분하여 사회적으로 도움이 안 된다고 판단한 자에 대해 아무런 죄책감 없이 처벌하고, 실행에 옮기는 괴물로 변질될 수 있습니다.

인간 내면에 자리 잡고 있는 죄의식과 이런 죄를 인식하지 못하고 죄를 범하는 비인간적인 인간들에게 깨달음의 경종을 보내고 있는 이 작품은 당대의 사회악과 싸우는 인간 본성인 양심의 문제에 초점을 맞춘 강렬한 비판 의식을 담고 있습니다. 그 정신은 제가 대한전문건설협회 중앙회 회장으로 있을 때부터 국회의원의 신분으로 있는 지금까지 부정과 나태함의 유혹에 경계심을 갖고 정도를 걷게 하는 지침서 역할을 하고 있습니다.

| 당을 초월해서 열정적으로 의정활동을 펼치는 국회의원 5명

박광온 의원님 – 항상 젠틀한 모습을 보여주는 분이십니다. 같은 위원회 소속으로서 매사를 합리적으로 처리하시는 의원입니다.

박 덕 흠

이찬열 의원님 – 안정행정위원회 소속으로 함께 있었습니다. 항상 상대방의 이야기를 끝날 때까지 기다려주고 귀담아 들으십니다. 무엇보다 두루두루 사람들과 소통하기 위해 노력하고 계십니다. 또한 일을 할 때에도 순발력이 대단하여 배울 점이 많았습니다.

김학용 의원님 – 사람들의 마음을 움직이는 힘을 갖고 계신 분입니다. 특유의 호감을 불러일으키는 것이 이분의 장점이기에 대인관계가 아주 뛰어납니다. 쌍방소통을 위해서 노력하고 있는 모습을 보며 저도 역시 소통을 위해 노력하려 다짐했었습니다.

이장우 의원님 – 앞으로의 자신의 정치생명, 공천보다는 자기 소신을 가지고 활동하고 계십니다. 해야 할 이야기가 있으면 소신을 가지고 이야기하는 모습을 통해 국회의원다운 모습을 배울 수 있었습니다.

심윤조 의원님 – 외교관 출신으로 폭넓은 정치를 하고 계십니다. 모든 사람과의 대인관계가 뛰어난 모습을 볼 수 있었습니다. 항상 적극적으로 일을 하려는 모습을 갖고 있습니다. 인격적으로도 젠틀한 모습을 느꼈습니다.

서　　　　기　　　　호

- 학력
  목포고등학교 졸업
  서울대 법과대학 졸업

- 경력
  제19대 국회의원(비례대표, 정의당)
  前 전국 가톨릭대학생 협의회 의장
  前 사법고시 합격(39회)
  前 서울중앙지방법원 판사
  前 서울북부지방법원 판사
  前 제주지방법원 판사
  現 국회 법제사법위원회 위원
  現 국회 윤리특별위원회 위원
  現 국회 서민주거복지특별위원회 위원
  現 국회 예산결산특별위원회 위원
  現 정의당 원내대변인
  現 새진보정당추진회의 위원

- 저서
  『국민판사 서기호입니다』

대한민국 국회
NATIONAL ASSEMBLY

| 서기호 의원을 소개합니다

많은 정치인들이 다수의 여론을 의식하는 결정을 할 때 소수의 의견에 손을 들어 줄 수 있는 사람이 필요하다는 생각을 가진 의원, 바로 정의당 서기호 의원이다. 2012년 2월에 올린 글 '가카의 빅엿'으로 재임용거부처분을 받았다. 좌절을 딛고 법정을 떠나 정치권으로 뛰어든 서기호 의원의 목표는 확고했다. 끊임없이 스스로에게 정치에 뛰어든 이유를 되새기며 좋은 정치인이 되기 위해 소통하는 그의 모습에선 여느 의원들과 다른 반짝이는 열정이 보였다.

| 소신 있는 판사

저는 1970년 3월 9일 전라남도 목포시에서 태어났습니다. 중학교 시절까지는 수업시간에 집중해서 듣고 선생님 이야기를 잘 듣는 학생이었고, 친구들과 운동장에서 뛰어노는 것을 좋아하던 평범한 학생이었습니다. 그러다 "고등학교 3년간의 생활이 여러분의 졸업 후 30년 인생을 좌우한다. 한 방울 한 방울 떨어지는 물방울이 바위를 뚫는다."라는 선생님의 이야기를 듣고 나서는 거북이처럼 꾸준히 공

대학생이 바라본 파워리더 국회의원

목표의식이 뚜렷한 서기호 의원

부하였습니다. 그리고 이러한 노력이 서울대 법대 합격이라는 결실로 맺어지게 되었습니다.

그런 제가 정계에 관심을 갖게 된 것은 1988년 대학진학 후의 시기였습니다. 당시 전두환, 노태우 독재정권의 때에, 저는 올바른 인생과 사회의 모습이란 무엇인지에 대해 관심을 갖게 되었습니다. 그때부터 서울대 가톨릭학생회 회장, 서울대교구(서울 지역) 가톨릭대학생연합회 회장을 맡게 되는 등 학생운동에 적극적이었고, 전국가톨릭학생회 조직을 세우기 위해 종횡무진 뛰어다녔습니다. 큰 뜻을 품고 학과공부도 열심히 하여 1997년 사법고시에 합격, 2000년 제주지방법원 판사로 임관하게 됩니다.

무엇보다 저는 정당하다고 생각하는 것이라면 용기를 내어 표현

서 기 호

할 줄 아는 소신 있는 판사가 되고자 노력하였습니다. 김대중 대통령의 당선 이후, 법원은 군사독재 시절보다는 헌법상 재판의 독립이 어느 정도 보장되는 상황이었습니다. 그러나 2008년 이명박 대통령의 당선 이후, 촛불집회 재판에 대하여 신영철 대법관이 재판에 개입하는 사태가 벌어졌고 2009년 3월에서야 그 전무가 밝혀졌습니다. 이에 저는 '사법부의 정치권력 예속화 시도'라고 판단되어 법원 게시판에 '신영철 대법관의 사퇴'를 촉구하는 글을 게시하고 판사회의를 주도하였습니다.

그렇게 법원 수뇌부에 미운털이 박힌 상황 속에서 2011년 표현의 자유를 주장하며 대통령의 심의 방침에 문제를 제기하며 '가카의 빅엿'이라는 글을 올리게 됩니다. 이러한 일련의 행동들이 조선일보 보도에 의해 사회적 이슈로 떠오르게 되고 정권과 법원의 미움을 받은 저는 2012년 2월 재임용 탈락으로 판사직을 박탈당하게 되었습니다.

저의 신념이 이끈 행동 하나하나는 대통령의 행동 중 잘못된 부분을 직접 비판한 판사라는 이미지로 만들었습니다. 사법개혁, 정치개혁을 외치며 정치권에 진출하여 결국 비례대표 국회의원직을 승계받게 됩니다. 2012년 10월경, 통합진보당에서 분리되어 현재 심상정 당 대표가 이끄는 정의당에 속해 있고 원내 대변인으로 활동하고 있습니다.

| 같은 길을 걷고 싶었던 사람은 바로 김대중 前 대통령

제가 법조계와 정계에 뜻을 품게 된 것도 바로 군사독재 상황을 마주하게 되면서부터였습니다. 그런 제가 그 길을 걷게 됨에 따라 항상 롤모델로 삼아왔던 분은 바로 김대중 前 대통령입니다. 유신독재와 전두환, 노태우 군사독재라는 긴 탄압과 고초를 겪으면서도, '인동초'라는 별명답게 꿋꿋하게 이겨내신 분이 바로 김대중 前 대통령이시죠. 다리도 불편하고 건강도 많이 상했지만, 그러한 상황을 탓하지 않고 자신의 강점을 살려나가시면서, 절망 속에서도 희망을 일으키는 존경받는 리더십을 확립하신 분입니다.

무엇보다 어려운 상황 속에서도 대한민국이 나아가야 할 방향에 대한 꾸준한 공부를 하셨기에 IMF 위기를 극복하기 위한 준비된 대통령으로 당선되고 결국 해내셨습니다. 그러한 김대중 前 대통령의 뒷모습을 배우고 같은 곳을 바라보며 그 길을 걷고 싶습니다.

| 한 방울 한 방울 땀으로 내공을 쌓다

저는 대학 시절부터 차곡차곡 그 내공을 쌓아왔다고 생각합니다. 당시 가톨릭학생회 전국조직을 건설하는 일에 매진하면서 재정지원을 받을 수도 없는 열악한 상황이었지만, 전국조직을 간절히 원하는 학생들의 염원을 받들어 흔들리지 않고 주변 동료들과 후배들을 다독여가면서 2002년 10월에 전국조직의 창립식을 마칠 수 있었습니다.

서 기 호

또한 2009년 신영철 대법관 사태가 이슈가 되어 대법원이 전국법관 워크숍을 열었을 때 제가 서울중앙지방법원 단독판사 대표로 선출되었습니다. 파견되는 과정에서 판사들의 의견을 충분히 수렴하여 2009년 5월 전국적으로 판사회의가 열릴 수 있도록 최선을 다해 노력했습니다.

저는 2012년 2월 '가카의 빅엿' 글로 인해 재임용탈락 처분을 받았던 그때가 인생에 있어 더 깊고 크게 성장했던 때라고 이야기하고 싶습니다. 당시엔 그러한 사유로 인해 판사직을 박탈당한다는 것이 도저히 상상할 수 없는 일이었습니다. 학창 시절부터 생각해왔던 법조계에 대한 이상과 꿈이 허물어졌다고 해야 할까요? 대법원이 이 정도밖에 안 되는가 싶었고, 이러한 현실에 대한 불만과 억울함에 감정이 복받치기도 했습니다.

하지만 상황이나 남 탓만 해서 될 문제가 아니었습니다. 저는 진정으로 지키고 싶었던 가치가 있었기에 다시 마음을 정하고 '지금 그 순간에 무엇을 하고 싶어 하는지'에 집중할 수 있게 되었습니다. 그런데 '위기는 곧 기회'라는 말처럼 곧 반전의 기회가 찾아왔습니다. 바로 2012년 4월 총선을 기회로 삼게 되면서, 정치권에 입성할 수 있었습니다.

하나의 산을 넘으면 또 다른 산을 마주하게 되듯 막상 정치권에 들어와 보니, 제가 생각했던 것과 너무나 다른 현실이 다시금 좌절감에 빠지게 만들었습니다. '정치란 원래 이러한 것일까?', '그렇다면 어떻게 해야 하는가?', '그대로 따라야 하는 것인가?', '어떻게 해야 모든 것을 지킬 수 있을까?' 등에 대한 고민의 연속이었습니다.

　그때 바로 청년 시절에 품었던 '더 좋은 세상을 만들기 위해'라는 열정을 떠올렸습니다. 그 후부터 지금 위치에서 할 수 있는 작은 것부터 하나씩 이루어 나가기 위해 모든 열정을 쏟기 시작했습니다. 그렇게 저의 정치 인생은 시작되었고 지금도 'ing' 중입니다.

| 법사위 위원으로서 민중을 위해 활약하다

　저는 판사로서 단련해왔던 능력과 사명감을 살려 국회법제사법위원회에서 활동하고 있습니다. 법사위는 대법원, 법무부, 헌법재판소, 감사원, 법제처, 군사법원을 관리·감독하는 위원회입니다.

　제가 법사위 위원으로서 민중의 편에 서서 목소리를 냈던 사건이 있었습니다. 작년에 헌법재판소에 간접 고용되어 근무한 청소용역 노동자들에 대하여 최저임금도 지급하지 않았던 사건이 있었는데, 직업의 귀천 여부를 떠나 노동자들이 기본적으로 권리를 보장받을 수 있도록 헌법재판소가 연대책임을 지도록 하여 체불임금을 지급받을 수 있게 하였고, 사법기관들 모두 예산을 책정함에 있어서 청소용역 노동자들에 대하여 최저임금에서 시중노임단가로 상향하도록 주장하였습니다. 또, 작년 법무부를 상대로 카톡 검열 논란을 일으켰던 사이버사찰 대책회의 문건을 폭로하면서 '대통령의 호위무사'로 전락한 검찰의 정치적 중립을 촉구하기도 했습니다.

서 기 호

작년부터 대법원이 3심 담당기관으로 대법원 외에 상고법원을 설치하는 법안을 의원입법형식으로 제출하면서 강력하게 밀어붙이고 있는데, 이 상고법원제도의 문제점을 조목조목 분석하여 문제를 제기하고 있습니다. 그리고 그 대안으로서 법정녹음 의무화 등을 통한 사실심 충실화, 대법원 구성의 다양화, 대법관 추천방식의 투명화, 대법관 4명의 증원 방안 등을 담은 법 개정안을 발의하였습니다.

| 정치인이 바라보는 국민

국회에 들어오면 국민들을 두 부류로 볼 수 있습니다. 정치에 관심을 덜 갖는 평범한 다수의 국민들과 정치에 관심이 많고 이해관계가 얽혀있는 국민들이 바로 그렇죠. 어떤 정치인이 당선됐을 때 이익이 떨어지는 후자의 부류는 선거운동도 열심히 하고 후원도 많이 합니다. 이들은 친구, 지인, 가족들을 모두 모아 한 사람당 100표 이상을 모아오는 이들이지요. 전자와 후자가 있을 때 정치인들은 누굴 보며 활동을 하게 될까요? 당선을 위해서, 당선이 된 후에도 정치인들은 즉각적인 반응이 있는 후자들을 위해 정치를 하게 됩니다.

여기서 딜레마가 생기게 돼요. 국민을 위해서 일하고 싶어 국회에 들어왔는데 막상 들어와 보니 다수의 사람들이 정치에 관심도 없고 반응속도도 느려요. 그래서 결국은 관심이 많은 이들을 위한 정치를 하게 되는 것 같습니다. 이런 고민을 오바마 대통령도 했다는 걸 그의 저서 『담대한 희망』을 보며 공감했어요. 이들을 '특수 이해관계집

대학생이 바라본 파워리더 국회의원

단' 또는 '적극 지지자층'이라 부릅니다. 결국은 초선 의원들은 2, 3선 의원들에게 끌려다니게 되는 것이죠.

우리나라가 평등선거제도라고 하지만 사실상 불평등선거제도입니다. 현대 민주주의의 4대 원칙 중 평등선거는 1인 1표를 의미하는데, 실질적으로 한 사람당 0표인 이도 있고 100표인 이도 있잖아요. 우리나라 절반 이상이 투표에 0표를 내는 상황에서 1표나 0표인 사람과 100표 이상 모아온 이들 사이에 실질적인 불평등이 생기게 되죠. 사실 이런 불평등을 보완하기 위한 방법이 '비례대표'예요. 지역구에서는 지인이 별로 없지만 정당 득표를 통해서 여러 사람들을 비례대표로 뽑을 수가 있기 때문에 정당득표율에 따른 비례대표제가 확대되어야 합니다.

현대 정치에서는 당 대표의 영향보다 언론의 영향이 커지고 있습니다. 그렇다 보니 언론에 비쳐지는 것을 신경 쓰게 되죠. 실질적인 의정활동보다는 언론에 비쳐지는 것에 관심을 갖게 되는 구조가 되어가는 것이 안타까워요. 국민을 위해서는 필요한 법안인데 이것이 언론이 보기에 쓸 만한 내용이 아니다, 즉 전체 국민에게 관심이 없는 경우 안 쓰는 것 같아요. 하지만 그런 법안들이 대부분 소수자들을 위한 내용이기에 마음이 쓰입니다.

서 기 호

| 인생에 큰 영향을 준 책, 추천하고 싶은 책

『미움받을 용기』

이 책은 과거의 아픈 상처나 환경 탓만 하느라 시간을 허비하지 않고, 미래를 향해 행복한 삶을 살아가는 길을 제시하고 있습니다. 또한 타인의 시선과 평가에 연연하지 않고 자기의 길을 꿋꿋하게 갈 수 있도록 도움을 줍니다. 게다가 대화체로 쓰여서 읽기도 편하고요.

『김대중 자서전』

우리는 김대중 대통령의 취임 이후의 화려한 모습만을 기억하려는 경향이 있습니다. 그러나 김대중 대통령이 있기까지 고난의 세월을 빼 놓을 수 없습니다. 1964년 당시, 박정희 쿠데타 세력에 의해 공무원 사회가 장악되어 있던 목포에 출마하면서 "고향에서 키워주시면 큰 인물이 되어 보답하겠습니다."라고 하신 말씀은 제게 큰 깨달음을 안겨주었습니다.

『행복한 논어 읽기』

논어하면 딱딱한 책이라고 생각하기 쉽습니다. 하지만 이 책은 현대사회에 맞게 쉽게 풀이해놓았습니다. 특히 좋아하는 구절은 '군자불우불구君子不憂不懼'로, "군자는 걱정하지도 않고 두려워하지도 않는다."라는 뜻이에요. 몸가짐을 바르게 하면 어떤 일이 닥쳤을 때 두려워할 이유가 없습니다. 그러니 모든 것을 하늘에 맡기고 최선을 다하라는 것이죠.

파워리더 국회의원 33인 인터뷰를 마친 후 대학생들과 함께

| 미래 세대에게 이렇게 이야기하고 싶다

첫째, 남들이 원하는 인생이 아니라, 자기 자신이 원하는 인생을 사십시오. 부모님이나 선생님, 혹은 친구들이 평가하고 바라보는 대로 살다 보면 내 자신의 중심을 잃어버립니다. 그렇다 보면 특히 어려운 상황이 닥칠 때 이를 극복해 나가기 힘들어지거든요. 또한 변화무쌍한 현대사회에 행복하고 보람 있게 살아가기 위해서도 자기 자신이 진정으로 원하는 인생을 펼쳐나가야 합니다.

더군다나 요즘은 직업도 다양해지고 과거에 좋은 직장이라고 평가되었던 직장이나 직업도 그 위상이 바뀌고 있고 그 변화의 폭도 큽니다. 물론 남들의 기준에 맞추어 사는 것이 당장은 편할 수 있지

서 기 호

서울고등법원 국정감사

만, 그렇게 살다 보면 항상 남의 시선과 눈치를 살펴야 하고 남이 뭐라고 평가할까 전전긍긍할 수밖에 없습니다.

둘째, 자신의 약점을 보완하기보다 강점을 극대화하는 노력에 집중합시다. 약점을 보완하는 것은 힘과 노력이 두 배로 들지만 그럼에도 불구하고 기껏해야 평균 정도밖에 이르지 못해요. 물론 약점은 결정적인 흠결로 되어버릴 수 있기 때문에 최소한의 관리는 해야 합니다. 다만 그것을 보완하여 강점으로 만들려 하기보다는 현상 유지 수준으로 관리하는 것으로 생각하면 이해가 쉬울 것입니다.

또한 약점 관리는 혼자의 힘보다는 주위 사람들의 도움을 받는 것이 효과적입니다. 그래서 차라리 그 시간, 노력, 비용을 장점을 극대화하는 데 쏟는 것이 훨씬 더 효율적이지요. 누구에게나 재능은 있기 마련이고 자기만의 강점이 존재합니다. 원래부터 있던 강점이기에 키우는 것이 더 수월할 것입니다.

흔히 '블루오션'이라는 말을 하는데, 자신의 강점을 키워 가면 그게 곧 '블루오션'이 될 가능성이 높습니다. 자신의 강점이 있는 분야는 곧 다른 사람에게는 보통이거나 약점일 것이기 때문입니다. 다윗이 골리앗을 이긴 것도 사실은 돌팔매질이라는 자신의 강점을 최대한 활용했기 때문입니다. 그런 점에서 다윗은 겉으로 보기에만 체구가 작았기 때문에 약자로 보였을 뿐, 사실은 처음부터 골리앗보다 강자가 될 가능성이 있었던 것이죠. 그러니까 다윗과 골리앗의 교훈은, 약자가 강자를 이기는 기술이 아니라 누구나 강자로 될 수 있는 기술인 셈입니다.

약점보다 강점에 집중하다 보면 자신의 약점은 사소한 것이 됩니다. 또한 자신의 약점이었던 것이 오히려 강점으로 둔갑하는 상황도 벌어질 수 있습니다. 그만큼 자기 자신에 대한 자신감과 확신이 생기기 때문이죠.

셋째, 위기는 곧 기회입니다. 어려운 일이 닥칠 때, 그것 때문에 좌절할 게 아니라 어떻게 기회로 삼을 것인가를 생각해 보아야 합니다. 누구에게나 어려운 일은 닥칩니다. 항상 좋은 일만 생길 수는 없는 것이죠. 문제는 그 상황을 대하는 태도에서 인생이 달라집니다. 가볍게 넘기는 것도 한 방법이지만, 그것을 기회로 삼을 수 있다면 금상첨화가 될 것입니다.

| 당을 초월해서 열정적으로 의정활동을 펼치는 국회의원 5명

유승민 의원님 – 여야를 초월해 이런 분은 꼭 필요하다고 생각합니다. 매사에 합리적이고 여야를 아우르는 포용력이 있으신 분입니다.

이한성 의원님 – 법사위 소속인데 같이 활동하며 보았을 때 한 당의 입장만 강조하는 것이 아닌 당을 초월하여 소신 있는 발언을 하시는 모습이 인상적이었습니다.

전해철 의원님 – 역시 법사위 소속이신데, 소신 있는 발언으로 자신의 정치를 당당히 펼쳐 나가시는 모습을 보면서 절로 존경심이 일어요.

김관영 의원님 – 초선 의원님이신데, 본회의장에서 「상속세 및 증여세법」에 대해 반대토론을 하셨는데 그 법이 부결됐습니다. 그때 반대토론을 굉장히 열정적으로 준비해오셨는데, 자료화면까지 준비하신 철두철미함이 대단히 인상적이었어요.

민병두 의원님 – 「시민 권리금보호법」을 오랫동안 뚝심 있게 준비해 오시는 모습을 보면서 인상 깊었기에 추천하고 싶습니다.

신　　　기　　　남

- **학력 & 병역**
  경기고, 서울대 법대 졸업
  해군장교(전투병과, 중위 전역)

- **경력**
  제15 · 16 · 17 · 19대 국회의원(서울 강서갑)
  인권변호사
  열린우리당 의장
  새정치민주연합 상임고문
  새정치민주연합 참좋은지방정부위원장
  국회 국토교통위원회 위원
  국회 국정원국정조사특별위원회 위원장
  국회 정보위원회 위원장
  신진보연대 상임고문
  도서관문화발전 국회포럼 공동대표
  더좋은민주주의연구소 이사장
  복지국가만들기 국민운동본부 공동 본부장

- **수상**
  외솔상 수상(한글문화발전 공로)

- **저서**
  『이제는 기본권 개헌이다』
  『난 항상 진보를 꿈꿔왔다』
  『좌충우돌 한국정치』
  『신기한 남자는 진보한다』

대한민국 국회
NATIONAL ASSEMBLY

| 돈 못 벌던 인권변호사에서 열린우리당 의장까지

신나고 기분 좋은 남자, 신기남입니다. 서울 강서갑 국회의원이며 1996년 15대 총선을 통해 처음 국회의원이 되어 어느새 4선의 중진 의원이 됐습니다. 지금까지 강서구에 살면서 지역 주민들을 위한 민생정치, 서민과 약자를 위한 진보복지정치를 펴고 있습니다.

제 처음 직업은 돈 못 버는 인권변호사였습니다. 변호사 생활을 하다가 젊은 법조인을 찾는 방송국 PD의 눈에 띄어 방송에 출현하게 되었습니다. 사회 현안을 재판 형식을 통해 진단하는 최초 법률 프로그램인 KBS 〈여의도 법정〉을 진행하는 것이었습니다. 4년 동안 진행하다 이후 MBC 〈생방송 신변호사〉에서 변호사 MC로 활약하기도 했습니다. 방송에 출연하여 대표적인 인권변호사로 얼굴이 알려졌을 때 신생정당인 새정치국민회의 김대중 前 총재의 영입으로 정치에 입문하게 되었습니다.

16대 국회에서 새천년민주당의 개혁파 의원 모임인 '바른정치실천연구회' 대표를 역임하면서 민주당 정풍운동을 펼치는 등 정치개혁을 주도했습니다. 17대 국회에서는 개혁정당인 열린우리당 창당을 이끌었습니다. 소위 천·신·정으로 불리는 천정배·신기남·정동영 의원이 힘을 합쳐 정풍 운동을 주도했고 이후 열린우리당 의장을 역임하기도 했습니다.

저는 진보주의자이자 문화강국론자입니다. 진보주의자로서 신진보연대를 세우고 신진보리포트를 발간했습니다. 단순한 이론의 정립이 아닌 실천적 진보주의자가 되고자 의정활동에 제 사상을 반영하는 데 노력하고 있습니다. 당내에서도 진보 노선을 걷고 있으며 서민 주거 안정, 사회적 약자인 '을'을 지키는 활동을 펼치고 있습니다. 최근에는 기본권 개헌을 주장하며 국민의 기본권을 살리기 위한 활동을 하고 있습니다.

| 꼼짝 마라 관피아! 힘내세요 영세민!

저의 상임위는 국토교통위원회로 국민의 일상과 밀접한 주거와 교통 현안을 다룹니다. 원래 국회의원은 전반기 2년, 후반기 2년으로 나뉘어 다른 상임위에서 활동합니다. 그러나 저는 국토위에 애정을 가지고 있고 제가 진행하는 현안의 중요성과 책임감을 느끼기에 전반기에 이어 후반기에도 국토위 위원을 맡고 있습니다.

국정감사를 통해 많은 지적을 해왔습니다. 먼저 대통령 경호실과 한국공항공사의 부당한 국가 토지 사용을 밝혀냈습니다. 경호실은 공시지가 984억에 해당하는 토지를 30년째 무상으로 사용하고 있었습니다. 제가 수차례 현장을 방문하고 지적하자 관할구청인 강서구청이 행정처분을 내리고 대통령 경호실에게 원상복구 명령을 내렸습니다.

2014년 10월, 판교 환풍구 사고가 났을 때도 사고의 원인이 부실 공사였음을 처음으로 밝혀냈습니다. 설계서대로만 시공이 됐었다면 원래는 일어나지 않았을 참극이었습니다. 이후 안전 점검을 위한 정부 예산을 확보해 이러한 사고가 다시 반복되지 않도록 감독하도록 제도적 보완을 이뤄냈습니다.

새정치민주연합 을지로위원회와 연대하여 사회 전반적으로 산재해 있는 관피아 문제를 척결하기 위해 노력하고 있습니다. 도로공사와 퇴직자 간 불법 수의계약 문제, 전·현직 직원과 관련된 모임과의 유착관계 등을 밝혀냈습니다. 또한 임대주택 민영화 반대를 위해서 관계 기관과 소통하고 의원들을 설득하여 당론으로 이끌어냈습니다. 현재 관련 법률안 11개를 이학영, 장하나 의원과 나눠서 발의했으며 앞으로도 꾸준히 임대주택에 거주하는 소외계층의 복지 증대를 위해 노력할 것입니다.

| 지덕체智德體를 겸비한 국회의원

먼저 꾸준한 독서와 집필 활동을 꼽고 싶습니다. 정치인 책을 낸다고 하면 자기 홍보를 위한 것이라고 하면서 부정적으로 보는 사람들이 많습니다. 그러나 저는 선입견이라고 생각합니다. 정치인이야말로 책을 써야 한다고 생각합니다. 생각을 체계적으로 정리할 때 사상이 되고, 사상이 정립되어 있어야 올바른 행동이 나옵니다. 책을 쓰는 것은 단순한 자기표현을 넘어서 교육이고 훈련입니다. 더구나 사회를 이끌어 나가겠다는 정치인이라면 그런 과정이 더욱 필요합니다.

저는 여러 정치인들이 쓴 책을 될 수 있는 대로 많이 읽어보려 노력합니다. 우선 재미있고 실제로 큰 도움이 됩니다. 그들이 숱한 굴곡을 거치며 살아온 인생 역정, 나름대로 뼈대 있는 지식과 철학을 접하며 폭 넓은 간접경험을 얻을 수 있습니다. 저는 복잡한 사회에서 체득한 생생한 현장 경험으로 가득 찬 정치인의 글은 나름의 존재가치를 가지고 있다고 믿습니다.

정치인은 밤낮을 가리지 않는 강행군을 해야 할 때가 있습니다. 제 몸을 수련하는 방법으로 태권도를 배웠는데 도움이 많이 되었습니다. 처음 태권도를 접한 것은 고등학교 시절 운동선수인 형의 뒤를 따라 태권도 도장에 다녔을 때였습니다. 이후 태권도와의 인연은 대학을 거쳐 지금까지 이어졌습니다. 대학 때는 법대 태권도부를 만들기도 하고 국회 내 태권도장 설립도 제가 앞장서

신기남 의원

서 추진한 바 있습니다. 현재는 저도 태권도 공인 3단 유단자에, 아버지와 아들까지 3대가 함께하는 태권도 가족입니다. 아직까지 태권도인의 명예와 자긍심을 가지고 있습니다.

| 2008년 낙선, 심신의 담금질 기간으로

좌절했던 순간으로는 2008년 선거에서 낙선했을 때를 꼽고 싶습니다. 당시 민주당이 서울 48개 선거구에서 7개밖에 붙지 못했습니다. 그래도 정치를 떠나지 않고 다음 선거 때까지 더 버텨보기로 했습니다. 집권당 대변인, 최고위원, 당대표를 하느라 너무 바쁘게 살아왔기에, 그동안 시간을 같이 보내지 못한 어머니, 그리고 아내와 삼남매 등 사랑하는 가족과 함께하는 시간을 가졌습니다.

그렇다고 정치에 마냥 손을 놓고 지낼 수는 없었습니다. 지역에 변호사 사무실을 차려놓고 매일 출근을 해서 지역 주민들의 민원을 들었습니다. 민주당 상임고문으로서 당 모임에도 꼬박꼬박 출석을 했습니다. 쉬면서 보니 인생이 새롭게 보였고, 국회 밖에서 보니 정치도 달리 보였습니다. 심신이 색다른 것으로 채워지는 느낌이었습니다. 이것이 제게는 담금질한 쇠처럼 더 강하게 심신이 단련되는 과정이었다고 생각합니다.

| 명료하고 배려 깊은 정치인, 김대중 前 대통령

제가 가장 존경하는 분은 작고하신 김대중 前 대통령입니다. 저를 정치로 이끌어 주신 분이기도 합니다. 또한 한국 현대사에서 가장 위대한 정치인이며 현명한 지도자이기도 합니다. 우수한 두뇌와 해박한 식견 그리고 역사를 보는 탁월한 안목까지 지도자로서 갖추어야 할 모든 덕목을 겸비하고 계셨습니다.

아직도 김대중 前 대통령과의 첫 만남이 눈에 선합니다. 그 당시는 창당이 준비되고 있을 뿐인 인지도 없는 정당의 당수였습니다. 인생, 철학, 역사에 관한 그분의 밀도 높은 식견은 배울 점이 많았습니다. 인류의 기원에서부터 시작하여 현대의 정치사까지를 꿰뚫는 막힘없는 강론을 듣고 나니 금방 그의 팬이 되어버렸습니다.

평소 선거를 통한 정권 교체를 이 땅의 제일가는 지상과제로 치고 있었던 저는 만약 정치에 투신한다면 두말할 것 없이 정통의 투쟁 경력과 정권 교체 능력을 가진 제1야당에 합류하리라고 마음먹고 있었습니다. 어떤 인연이나 지역적 연고가 있지 않았지만 단지 정통 제1야당이라는 명분이 저를 이끌었는데 당수를 만나 본 결과 역시 명불허전이라서 만족과 안심 속에 결정을 내릴 수 있었습니다.

그분은 판단을 내릴 때는 세심하지만 명료했으며 타인에 대한 배려도 깊었습니다. 목숨까지 위태로웠던 고난의 삶을 이겨내고 인고의 고통 끝에 지도자가 된 분이라 사람을 대하는 자세가 진실하고 겸손했습니다. 김대중 前 대통령은 놀라우리만큼 많은 인맥이 있었습니다. 그를 통해 정치를 시작한 많은 사람들이 지금 이 나라의 정치를 좌지우지하는 실력자가 되어 있습니다. 타인에 대한 배려와 많

신기남

은 사람을 아우르는 인맥, 제가 추구하고 노력하는 바이지만 아직까지 그분에 미치지 못하는 부분입니다.

| 그래, 나는 탈레반이고 미친놈이다

열린우리당을 창당할 때였습니다. 저는 그 당시 구태의연한 당의 정체성을 가지고는 다음 총선에서 이길 수 없다고 봤습니다. 총선에서 지면 개혁은 물 건너가는 것이니 총선에서 이기기 위해선 기존의 낡은 틀을 버려야 한다고 생각했습니다. 돈과 조직으로 당을 장악하고 있는 주류 중진의 기득권을 해체하고 젊고 새로운 인물들이 필요했습니다. 시대적으로 과감한 청산이 필요했던 것입니다.

저의 신당 논의에 다들 처음에는 부정적이었습니다. 신당 창당으로 의석을 잃을까, 총선에서 승리할 수 있을까 망설였습니다. 여기에 과감하고 새로운 바람이 필요했습니다. 저와 천정배, 정동영 의원은 지방 곳곳을 돌며 신당 바람몰이를 시도했습니다. 보수언론에서는 '탈레반'이라는 별명을 붙여줬고 당내에서는 '미친놈들'이라면서 비판했습니다. 하지만 신당 창당은 결코 포기할 수 없는 과업이었습니다.

집단폭력 사건을 비롯해 내홍을 겪은 후 탈당을 하고 2003년 11월 11일, 열린우리당을 창당했습니다. 개방적 공동체주의를 지향하는 개혁정치의 첫 삽을 뜨는 순간이었습니다. 그곳은 한마디로 축제의 자리였습니다. 아이들은 풍선을 들고 돌아다니고 열린우리당 당가에 맞추어 당원들이 춤을 추기도 했습니다. 전세버스를 대동하여 인원을 동원하고 돈 봉투와 접대가 난무하는 과거의 부패정치는 없었습니다. 불과 몇 개월 전만 해도 상상할 수 없었던 정당문화의 변혁을 이루어낸 것입니다.

| 인생을 살아가는 나만의 지혜

저는 사람마다 각각 무한한 가능성과 잠재력을 지니고 있다고 생각합니다. 모든 사람에게 공평하고 균등하게 기회가 주어진다면 자기 몫을 해낼 수 있습니다. 그래서 사람을 판단할 때도 학력이나 성별, 지역 연고 등의 배경을 배제하고 보려고 노력합니다. 실제로 제 보좌진들도 다양한 지역과 경력을 지닌 사람들입니다. 진정성을 가지고 서로를 대한다면 진심으로 통하게 되어 있고 믿음이 쌓입니다. 진심으로 쌓은 믿음을 지키고자 한 번 맺은 인연은 끝까지 이어가려고 합니다.

또한 역사와 철학을 좋아해서 책을 많이 읽곤 합니다. 소설은 많이 읽지 않는 편인데 고등학교 시절 처음 읽은 이후로 심심할 때마다, 자극을 얻고 싶을 때마다 읽는 책이 한 권 있습니다. 헤르만 헤세 『싯다르타』입니다. 소설이라기보다는 일종의 철학서적 같다고 느낍니다. 도서관 문화발전 국회의원포럼의 회장으로 매년 '국회의원이 선정하는 추천도서'를 주도해서 출간하고 있는데 이때마다 빼놓지 않고 있습니다.

신 기 남

강서구 초등학생 기자단과의 인터뷰

| 인생을 길게 보고 큰 사람이 되어라

　자녀들에게 특별한 걸 바란 적이 없습니다. 사교육도 하지 않고 자기 개성대로 자율적으로 자라나길 원했습니다. 진심인지는 모르겠지만 아이들도 강압적으로 요구하는 게 없어서 집안 분위기는 좋다고 합니다. 자율적이고 민주적인 가정교육의 분위기가 중요하다고 생각합니다. 아이들에게 집착하고 어떤 길을 가도록 요구하는 것은 아이들의 개성을 발전시키는 데 좋지 않습니다.

　단지 주문하는 것은 인생을 길게 보고 꾸준히 인내하며 가라는 것입니다. 승부와 목표를 짧게 보지 말고 인내심을 가지라고 이야기합니다. 출세하라는 것은 아니지만 거시적으로 바라보고 큰 인물이 되라고 하고 싶습니다. 그리고 철학적인 인간이 되기 위해 역사와 철학책을 많이 읽으란 이야기를 자주 합니다.

| 정치를 무시하는 국민은 정치로부터 보복당한다

사실 자녀들보다는 현재 20대에게 하고 싶은 말이 더 많습니다. 역경을 거치며 비틀비틀 발전해온 우리나라가 더 나은 선진국으로 번영을 위해서는 20대가 바통을 이어받아야 합니다. 부탁하고 싶은 것은 정치에 더 많은 관심을 가져달라는 것입니다. 젊은 사람들은 자기 발전이나 직업 탐색에 대해서는 예민하게 노력하고 유능하지만 정치에 대해 무관심한 면이 있습니다. 심지어는 정치를 비하하기도 합니다. 그건 잘못된 일입니다.

"정치를 무시하는 국민은 정치로부터 보복당한다."라는 서양 격언이 있습니다. 역사적으로도 그런 예가 많습니다. 독재자, 폭군의 등장은 개인의 잘못이 아니라 국민의 잘못입니다. 히틀러도 독일 국민이 추대했습니다. 국민의 힘으로 극복하고 민주사회를 이뤘지만 우리나라의 군사독재가 길었던 이유도 정치에 무관심하고 비하했기 때문에 독버섯이 자란 경우입니다. 정치로부터의 보복은 독재자나 폭군의 등장도 있지만 무능한 정치인일 수도 있습니다. 무능한 정치인이 정치를 할 경우 나라가 잘될 리가 없습니다.

따라서 젊은이들이 눈을 부릅뜨고 참여하고 투표하고 정치가를 지망하고 정치가로 나서주기를 바랍니다. 자신의 뜻에 맞는 정당에 가입해서 정치 지망생이 많았으면 좋겠습니다. 정치권에 유능하고 양심적인 사람이 가장 많아야 합니다. 우리 사회의 문제를 남 말

신 기 남

하듯 오불관언하는 해서는 안 됩니다. 사회와 나라가 멍들면 본인도
안전할 수 없습니다.

| 기본권 개헌은 왜 이루어져야 합니까?

이제껏 정치권에서는 개헌에 대해 권력과 통치구조에 대해서만
이야기를 했습니다. 대통령의 임기를 5년에서 4년으로 바꾸고 연임
을 가능케 한다거나, 대통령제를 포기하고 의원내각제를 구성해야
된다는 식으로 말입니다. 하지만 이보다 더 중요한 것은 기본권 조

『이제는 기본권 개헌이다』 출판 기념 국회 토론회(2015. 7. 10.)

대학생이 바라본 파워리더 국회의원

항을 보강하고 고치는 일입니다. 통치구조에 대한 개헌은 찬반 논란이 많아서 앞으로 나가기가 힘듭니다. 그렇지만 기본권 개헌은 반대하는 사람이 없습니다. 국민의 기본권을 강화시켜준다는 말에 꼬투리 잡을 일이 없기 때문입니다.

변호사 일을 하며 개인의 기본권은 무시되는 반면 국가 권력은 너무 강하다는 생각을 자주 했습니다. 후진국이었을 때는 기본권을 무시받아도 그런 대로 살았지만 선진국 진입 측면에서 지금의 헌법 구조로는 발전이 없습니다. 국민의 기본권을 강화하는 방향으로 대대적인 개혁을 해야 합니다.

지금의 헌법은 기본권에 대해 찾아놓지도 않았을 뿐더러 규정된 내용도 엉성하기 짝이 없습니다. 따라서 헌법에 의해 재정된 법률도 부실하며, 법률에 따른 재판도 허술하기 그지없습니다. 우리나라와는 달리 서구권에서는 인권을 지키기 위해 싸운 것이 국가 권력의 역사입니다. 우리나라 헌법은 20세기 초 독일과 일본에서 쓰던 낡은 형태의 헌법입니다. 21세기에는 전혀 어울리지 않습니다. 여성 평등, 표현의 자유, 경제적 평등, 아동행복권 등이 헌법에 명시되어야 합니다.

다시 한 번 강조하지만 기본권에 입각한 개헌이 시급합니다. 기본권을 국민의 권리가 아니라 '인간의 권리'라는 말로 바꿔야 합니다. 국민은 국가에 예속된 존재가 아닙니다. 국가를 위해 국민이 존재하는 게 아니라 국민의 행복을 보장하기 위해 국가가 존재한다는 발상의 전환을 해야 합니다.

신기남

| 당을 초월해서 열정적으로 의정활동을 펼치는 국회의원 5명

진성준 의원님 - 오랫동안 각료생활을 하며 쌓은 경험을 바탕으로 전략을 잘 세우시는 탁월한 능력의 소유자입니다.

진선미 의원님 - 변호사 출신으로서 다양한 경험을 하셨고 경제적 가치와 문화가 조화되는 정치를 추구하십니다. 약자의 권리를 보호하는 정치를 하시는 분이며 용기가 대단하시고 합리적으로 일을 잘 처리하십니다.

우원식 의원님 - 을지로위원장으로서 뚝심이 돋보이시는 분입니다. 을을 위한, 약자를 위한 에너지가 대단해서 굉장히 많은 일을 성사시켰습니다. 억울한 일을 당하는 노동자가 호소하면 달려가서 사장, 기업주를 찾아가서 협상을 이끌어내고 담판을 짓기까지 하실 정도로 행동력이 대단합니다.

정진후 의원님 - 前 전교조 위원장 출신이며 본회의장에서 이야기하는 걸 보면 올바른 사상을 갖고 계시다는 생각이 듭니다.

황영철 의원님 - 국토교통위에서 같이 일하고 있는 분입니다. 일면식도 없지만 일하시는 걸 보면 저렇게 일을 잘하는 사람이 있나 싶어서 격려했던 기억이 납니다.

심　　윤　　조

- 학력 & 병역
    서울대학교 외교학과 졸업
    해군 중위 예편

- 경력
    現 제19대 국회의원(서울 강남갑)
    現 국회 외교통일위원회 새누리당 간사
    現 새누리당 재외국민위원장
    現 새누리당 외교통일정책조정위원회 위원장
    現 새누리당 서울 강남갑 당원협의회 운영위원장
    現 한국스카우트 서울남부연맹장
    前 박근혜 대통령 당선인 중국 특사
    前 재단법인 여의도연구원 제1부원장
    前 주오스트리아·주포르투갈 대사
    前 외교통상부 차관보·북미국장

- 수상
    멕시코 정부 훈장
    포르투갈 정부 훈장

 대한민국 국회
NATIONAL ASSEMBLY

| 심윤조 의원을 소개합니다

30여 년간을 외교관으로 지내오면서 그의 이미지는 순댓국보다는 나이프와 스테이크가 어울리는 차가운 도시 남자의 이미지가 강하다. 하지만 그를 한 번 만나본 이들은 친숙한 그의 모습과 배려에 다시금 그를 보는 색안경을 고쳐 쓰곤 한다. 그에 대한 반전은 이미지에만 있는 것이 아니다. 국회의원의 역할에 대해서도 새로운 정의를 내려준다. 지역구에서 당선되어 지역의 현안을 기본으로 살피면서도 동시에 보다 큰 그림을 그려 나라를 생각하는 국회의원이 돼야 한다고 그는 말한다. 정부에서 말하기 어려운 부분을 한발 나아가서 국회의원이 얘기함으로써 국민들의 이해의 폭을 넓게 만드는 일 또한 국회의원의 몫이라고 그는 강조한다. 심윤조, 그는 나라를 위해 필요한 자신의 역할을 제대로 알고 실천하는 의원이다.

| 30여 년간의 외교관에서 국회의원으로

저는 국회의원이 되기 전 30여 년간 외교관으로 세계 곳곳에서 국익우선 외교에 전념해왔어요. 91~94년 일본 근무 시에는 북한 핵문제 발발 및 김일성 사망으로 인해 북한 문제에 본격적인 관심을 갖게 되었고, 위안부 문제와 관련한 고노 담화 발표를 현장에서 지켜

보기도 했어요. 이후에는 워싱턴에서 의회 및 정무 담당을 하고 청와대 외교비서관과 북미국장을 하면서 한미동맹 강화를 위해 노력했습니다.

오랫동안 외교관으로 활동한 경험을 살려 박근혜 대통령 당선인 시절 중국 특사단의 일원으로 활동했었고, 중국의 부상, 미국의 아시아 재균형 정책, 일본의 우경화 등으로 인해 동북아 정세가 변화의 소용돌이 속에 있는 상황하에서 의원 외교활동의 역량이 더욱 강화되어야 한다고 생각하고 있어요. 앞으로도 '외교와 국내정치는 불가분'이라는 생각으로 동북아 주변국과의 협력 관계 구축과 대한민국의 국익 증진을 위해 의원외교의 새로운 지평을 넓혀갈 생각을 하고 있습니다.

2012년 4월 강남 주민들의 큰 사랑을 받으며 국회에 입성한 이후, 지역구 의원으로서 지난 3년 6개월 동안 늘 초심 그대로 '현장이 답이다'라는 생각 속에 주민들의 고견을 경청하고자 '사랑방좌담회', '타운홀현장미팅' 등을 적극 활용해 왔어요. 수많은 지역 주민들과 강남 지역에서 스타트업, 관광, IT, 연예, 의료 등 다양한 분야의 현업에 종사하시는 분들과 만나오면서 요즘 저는 '강남의 미래는 세계'라는 비전하에 제가 쌓아온 외교역량과 전 세계 네트워크를 더욱 긴밀히 활용하여 강남을 세계의 유수한 도시와 경쟁하는 고부가가치 공간으로 바꿔나가는 데 제 모든 역량을 바치겠다는 각오를 하고 있어요. 1970년 개발시대에 강남은 한강의 기적이라 불리는 영동권 개발로 대한민국의 경제성장에 이바지했었는데, 이제부터 강남은 고

심윤조

밀도·고효율·고부가가치 미래산업으로 대한민국 창조경제의 롤모델이라는 미래비전을 갖고 있어요.

얼마 전, 역삼동 테헤란로에 위치한 TIPS타운과 구글캠퍼스, 마루180 등 다양한 스타트업 기업들의 창업 현장을 방문한 적이 있어요. 이들은 한결같이 '강남'이라는 브랜드 속에는 인터넷과 모바일 기반의 다양한 스타트업 창업을 위한 최적의 지역이라는 인식이 있었어요. 저는 강남에 이러한 공간을 더욱 확대해 나가 대한민국의 새로운 미래 먹거리를 개척해나가는 수많은 스타트업 기업의 메카를 만들려 합니다. 강남 지역에서 세계를 주름잡는 「구글」, 「페이스북」 같은 스타트업 기업이 조만간 탄생할 수 있도록 제가 가진 모든 역량을 다하려 합니다.

| 심윤조, 그의 답은 현장이다

더 나은 내일, 더 좋은 강남의 미래는 매우 밝습니다. 삼성동 삼성역 일대는 한전부지 복합개발로 자동차산업의 글로벌 비즈니스 메카로 우뚝 서고, 삼성역에 GTX, KTX연장선, 위례신사선 등이 고밀도로 지나가며 새로운 교통 물류의 중심이 될 것입니다. 인근 코엑스·무역센터와 함께 세계 최대·최고 수준을 자랑하는 전시컨벤션과 공연을 위한 복합문화공간으로 변모한다는 생각을 하면 벌써부터 가슴이 뜁니다. 테헤란밸리는 기존 IT, 스타트업 창업 메카의 명성에다 자동차산업의 백업 기능을 담당토록 하여 다양한 미래 먹거리를 창출하며 테헤란밸리 부활을 이끌고, 영동대로 지하의 고밀도 복합개발과 천년고찰 봉은사 복합문화공간화 추진 등으로 전 세계에 강남의 새로운 비전을 제시하며 대한민국 제2의 도약을 이끌어 나갈 것입니다.

청담동·압구정동·신사동은 재건축·재개발의 조속 추진으로 주민들의 원하는 명품 주거환경으로 변모시켜 지역의 가치를 높이겠습니다. 이 지역의 한류스타거리, 압구정로데오거리, 신사가로수길을 더욱 활성화하여 대한민국의 문화가 전 세계로 뻗어나가도록 한류문화의 전진기지 역할을 굳건히 하는 동시에 고부가가치 관광 명소화 추진으로 외국인 관광객들이 강남에서 다양한 관광을 즐길 수 있도록 하겠습니다. 신사동 도산공원 내 도산안창호기념관 재건축으로 전 국민이 즐겨 찾는 민족의 명소를 만들고, 역삼동 국기원을 태권도 성지화 복합문화공간으로 재탄생시켜 강남을 찾는 수많은 외국인들에게 태권도 종주국과 한류의 발원지 강남의 에너지를 보

한전부지 해법모색 정책 간담회 – 조속한 해결 공감대 형성

여줄 것입니다. 논현동은 영동전통시장 시설현대화 사업을 완료해 강남대로를 찾는 젊은이들과 외국인 관광객들에게 강남스타일 전통문화 명소로 변모시키고 주거공간 현실화 추진으로 가치를 높여 나가려 합니다.

제가 여당 간사로 일하고 있는 '국회 외교통일위원회'는 외교부 및 통일부를 비롯해 민주평화통일자문회의 사무처, KOICA, KF, 재외동포재단, 남북하나재단, 남북교류협력지원협회에 속하는 법률안 및 예·결산에 대한 심사, 국정감사 등을 맡고 있어요. 최근 북한인권법 통과를 위한 논의를 본격 추진하고 있는데, 얼마 전 유엔 북한인권사무소가 서울에 설치되어 국내외적으로 북한인권법에 대한 관심이 매우 높은 상황이에요. 외통위 여당 간사로 이번 19대 국회에서 자유민주주의와 시장경제 가치를 북한동포들이 누릴 수 있도록 북한인권법 통과를 위해 최선을 다하고 있습니다.

또, 집권여당의 재외동포정책을 총괄하는 새누리당 재외국민위원장을 맡고 있어요. 재외동포들의 권익 향상과 거주국 주류사회 진출을 위한 다양한 활동을 펼쳐오고 있는데, 무엇보다 전 세계 750만명 재외동포들이 모국에 대한 권리를 행사하는 데 원스톱 서비스가 가능토록 중앙정부 조직으로 재외동포청을 설립하고 재외선거 시 투표 참여를 늘릴 수 있도록 제도 개선을 위해 많은 노력을 기울이고 있어요.

이와 더불어 새누리당 통일경제교실을 시작해 책임연구위원으로

대학생이 바라본 파워리더 국회의원

18개월간 활동했습니다. 새누리당은 집권 여당의 핵심 구성원부터 다가오는 통일을 철저히 준비하고자 작년 초부터 통일경제교실을 시작했는데, 그동안 경제특구·물류·대북정책·산림·SOC·철도· 에너지·지하자원·보건의료·영유아 등 한반도의 평화통일을 위한 각종 쟁점과 현안에 대해 심도 깊은 공부를 하였습니다.

| 깨끗한 정치, 신뢰의 정치, 희망의 정치

저는 2012년 새롭게 시작되는 국회에 입성하며 '깨끗한 정치, 신뢰의 정치, 희망의 정치'를 3대 목표로 제시했어요. 30여 년간을 공직에 있다가 국회의원이 돼서 그런지 나라의 봉급을 받던 습관이 배어있어요. 항상 나랏돈, 국민의 세금을 생각하기에 돈을 허투루 쓰면 안 된다는 인식이 잡혔어요. 그래서 더욱 어디까지나 깨끗한 정치를 해야겠다고 생각해요.

두 번째가 신뢰의 정치예요. 우리나라엔 너무 상호 불신에 따른 의심이 만연해 있다고 생각해요. 처음에 국민들과 마주했을 땐 온실에 있다가 광야로 나온 기분이었어요. 황야와 같은 곳에서 스스로 믿음을 가져야 하고 남에게도 믿음을 줘야 하니 그 일환으로 택한 게 신뢰를 쌓는 것이었어요.

세 번째로 희망의 정치예요. 정치라는 것이 사람마다 목표가 다르겠지만, 오늘보다는 내일 더 나은 삶을 살 수 있는 나라를 만드는 것이 정치인의 도리라고 생각했어요. 상대에게 희망을 주는 정치를 해야겠다는 결심을 했었죠.

심윤조

저는 이 세 가지를 실천하기 위해 선공후사先公後私의 정신을 바탕으로 국민 여러분을 섬기며 봉사하는 자세로 국정운영에 매진하고 있습니다.

| "신은 어느 한 사람에게 모든 것을 주지 않는다. 동시에 모든 것을 뺏지도 않는다"

제가 초등학교 다닐 때는 중학교 입시라는 게 있었어요. 오죽했으면 4학년 때부터는 과외를 했던 것 같아요. 당시 스트레스로 인해 초등학교 5학년 때까지 컸던 제 키는 입시 중에 성장을 멈췄어요. 결국 중학교 입시 1차에서 떨어지고 2차에 들어가게 됐는데 초등학교 때는 60명 중 50번대였던 제 키가 30번대까지 내려가 있더라고요. 학업에 대한 스트레스는 급기야 중3에서 고1로 올라갈 때 급성신장염으로 저를 오래 누워있게 만들었어요. 장기입원을 했고 성장이 멈출 정도로 저에겐 큰 스트레스였어요. 오랜 기간 마음앓이를 했던 것 같아요. 매일 누워있으니 인생에 대해 생각도 많이 했고 책도 집히는 대로 많이 읽었어요.

그 4년여의 어려운 시기를 겪으며 제가 느낀 것 중의 하나는 "신은 어느 한 사람에게 모든 것을 주지 않는다. 동시에 모든 것을 빼앗지도 않는다."라는 거였어요. 즉 인생에 오르막길에 있다고 해서 자만해서도 안 되고 내리막길에 있다고 실망해서도 안 된다는 거예요. 인생에 끊임없이 겸허한 태도로 임하는 동시에 어떤 상황에서도 최선의 노력을 기울여야 한다는 것이죠. 즉 너무 많은 욕심을 부리지 않는 '자족'과 '계영'의 자세이자, 끝까지 포기하지 않는 '인내'와 '불굴'의 인생관이라고 얘기할 수 있을 거 같아요. 그래서 저는 이때의 4년을 제 인생에 있어서 어떠한 좋은 일에도 자만하지 않고, 또 어떠한 난관에도 굴하지 않는 '긍정의 에너지'를 형성한 소중한 시기였다고 돌이켜 보곤 해요.

물론 그 뒤에도 자만하거나 좌절했던 때가 전혀 없었던 건 아니에요. 그러나 그럴 때마다 다시 내 속에서 끓어오르는 긍정의 에너지로 그 상황을 긍정적인 방향으로 끌어 왔다고 생각합니다.

| 피해자가 한 명일지라도 포기하지 않는 리더십

저는 국회에 진출하기 전, 오랫동안 일선 외교관으로 국익 우선의 외교를 어떻게 수행할 것인지, 해외에 거주하거나 방문 중인 동포들의 안전을 어떻게 도모할 것인지 늘 생각하며 살아왔어요. 돌이켜 보면 외교활동 순간순간에 리더십이 발휘되었던 경험이 있어 소개할까 해요.

주포르투갈 대사 시절 해군사관학교 생도들이 순항훈련차 포르투갈을 거쳐 영국으로 가는 일정이 있었어요. 그런데 사관생도 중 한 명이 일몰로 유명한 포르투갈의 한 낭떠러지에 실수로 떨어져 낙상 사고를 당한 거예요. 대사관에서 그 소식을 듣자마자 곧바로 포르투갈의 정예소방구조대에 구조를 요청하고 현장으로 달려갔어요.

심윤조

사랑방좌담회 – 주민들의 고견을 듣고 소통하는 공간

　다행히 떨어지면서 어깨 등 한두 군데만 부딪치고 바위틈에 끼어서 저 멀리 절벽 아래 하얀 제복의 사관생도가 정신을 잃은 채 발만 본능적으로 버둥거리고 있는 거예요. 구조대가 가까스로 절벽 아래로 내려가 그 친구를 구해 올렸고 3주 동안 포르투갈 병원에 입원시켜 놓았어요. 수술 결과는 좋았지만 순항함대 일정이 있기에 그 아이를 포르투갈에 놔두고 출발해야 해서, 당시 포르투갈의 한국 교민들에게 조를 짜서 그 친구를 간호하도록 부탁했어요.

　또 한 가지, 응급실에 있으니 담당의사가 매일 바뀌더라고요. 그래서 저녁이 되면 의사들을 다 불러서 회의를 열었어요. 서울로 돌려보낼지, 수도통합병원에 입원시킬지, 누가 담당으로 수행할 것인지를 결정해서 적당한 시기에 무사히 한국으로 데려올 수 있었어요. 여담이지만 포르투갈 낭떠러지에서 떨어져 산 사람은 130년 만에

대학생이 바라본 파워리더 국회의원

처음이라고 하더라고요.

그 이후 포르투갈 소방구조대에게 감사의 표시로 서울의 119소방구조대와 자매결연을 맺게 하는 등 감사의 표시를 했었던 기억이 납니다. 그 사관생도가 지난해 결혼을 한다며 청첩장을 들고 의원실을 찾아왔었어요. 당시 이야기를 나누며 서로 감개가 무량했지요. 좋은 배필을 만나 행복하게 사는 모습에 가슴이 따뜻했습니다.

주오스트리아 대사 시절에는 비엔나 시내 도나우 공원 안의 호숫가에 오스트리아 한인문화회관 개관 사업을 추진하여 이임 직전인 2011년 1월에 기공식을 했던 기억이 지금도 새록새록 떠오릅니다. 문화회관 건립은 한인 교육을 위한 공간은 물론 오스트리아에 한국문화를 알리기 위해서 한인동포사회가 추진해 왔었던 오랜 숙원사업이었어요.

저부터 십시일반 건립기금을 솔선수범해 한인사회의 적극적인 참여 분위기를 만들었고 이를 바탕으로 재외동포재단에서 건립기금 일부를 지원받았어요. 빈 시 정부와도 이야기가 잘되어 지난 1907년 건축된 지하 1층, 지상 3층짜리 시 정부 소유 건물을 개조해 20년간 무상 임대로 한글학교 등 한인들의 문화공간으로 탈바꿈시켰어요.

한−오 수교 120주년에 맞추어 개관식이 있었던 2012년 5월 3일에는 선거 후의 당선인 신분인지라 참석하지 못했지만, 지난해 구주반 국정감사 시 한인문화회관을 방문해 오스트리아 교민들과 감동어린 재회를 하기도 했었어요. 한인문화회관이 오스트리아 한인동포들의 크고 작은 모임과 만남의 장소를 넘어서, 국제기구가 소재해

심윤조

영동전통시장 '사랑나눔 장보기' 행사

있는 비엔나의 이미지에 걸맞게 다양한 국가들의 예술과 문화가 만나는 행사들로 풍성한 공간으로 활용되고 있어서 뿌듯했습니다.

 개인적으로 리더십과 관련해서 닮고 싶은 롤 모델이 한 분 계세요. 이번 8월, 새누리당의 방미 일정 중 김무성 당 대표와 함께 면담했던 분인데, 반기문 유엔 사무총장님이세요. 반 총장님은 유엔 사무총장직을 훌륭히 수행하며 유엔총회장에서 태극기와 함께 통일에 관한 연설을 하고 계세요. 반 총장님이 대사 시절 한오필(한국 오스트리아 필하모닉 오케스트라)을 만들었는데 제가 대사 재임 시 한오필 10주년 행사를 '뮤직페라인'이라는 오스트리아 최고의 콘서트홀에서 개최해 반 총장님의 발자취를 따랐습니다. 어디서든 세계의 모든 문제를 해결하기 위해 애쓰고 계신 반 총장님께서 세계에 대한민국의 위상을 드높일 것으로 확신합니다.

대학생이 바라본 파워리더 국회의원

| '국익'을 위해 일하는 국회의원

저는 정치에 입문하면서 어떤 정치인이 될까 생각했을 때, 지역을 기본적으로 살뜰히 챙기면서 더 크게 나라를 보는 국회의원이 돼야겠다고 생각했었어요. 지역구 의원들에게 표를 주는 지역은 굉장히 중요합니다. 저는 당선 이후 사랑방좌담회, 타운홀현장미팅 등을 통해 지역 주민들을 만나 지역과 국가현안에 대해 지역 주민들의 고견을 경청하며 소통하는 시간을 매우 중요하게 생각하며 실천해 오고 있습니다. 동시에 지역구에만 매몰되면 안 된다는 생각을 합니다.

국회의원의 '국'은 나라 국國이잖아요. 아시다시피, 의원 중에는 시의원도 있고 구의원도 있어요. 지역 주민들은 국회의원, 구의원, 시의원 모두가 지역문제에만 신경 써주기를 바라요. 예산안을 얼마나 끌어오느냐에 평가점수를 후하게 주기도 하고요. 그런 면에서 다행히도 저희 강남 주민들은 나라 전체에 관련된 일을 하라고 저를 응원해 주세요.

외교관 생활을 오래 했기 때문에 '국익'이 가장 중요하다고 생각하는 면도 있어요. 저의 모교인 중앙고의 교훈이 '선공후사先公後私'예요. 공을 먼저 생각하고 사를 뒤로하라는 말인데, 국익 우선의 외교관 생활과 오랫동안 공공이익을 먼저 생각하자는 부분이 있어서 지역뿐 아니라 국회의원이면 나라를 먼저 생각해야 한다고 봅니다.

또한 정부차원에서 하지 못하는 부분을 국회의원이 나서서 해야 한다고 생각합니다. 정부에서 외교를 주도하고 있지만 못 보고 넘어가는 부분들이 있어요. 혹은 정부에서 말하기 어려운 부분들은 국회

심윤조

의원이 나서서 얘기함으로써 국민들에게 이해의 폭을 넓게 만들어 줘야 해요.

저는 북한인권법에 관심이 많습니다. 북한 주민들의 인권문제를 해결하기 위해 우리는 '북한인권법안'을 추진하고 있어요. 지금은 UN 북한인권사무소도 개설되고 있어서 내외적인 준비가 많이 되어 있습니다. 저는 이를 위해 여야 간사 간의 비공식 접촉도 많이 했습니다. 둘이서 이야기를 하면서 지금은 8, 9능선까지 왔다고 생각해요. 앞으로 여야 간 북한인권문제를 바라보는 시각 차이를 좁혀서 북한과 협상한다면 해결될 일들이 많습니다.

| 미래 세대들에게 전하고 싶은 말

"경험을 많이 쌓아라."

지금 제가 의정활동을 하는 데 있어 가장 큰 자산이 되는 것은 지금까지의 다양한 경험입니다. 다양한 경험만큼 소중한 것은 없습니다. 시작 전의 두려움부터 과정, 결과까지 우리는 새로운 경험을 하는 내내 스스로에 대한 성찰을 할 수 있게 됩니다. 자신을 되돌아보게 되기도 하고, 나와 다른 세상의 새로움을 접하게 되면서 한층 발전할 수 있는 계기가 됩니다. 그렇기 때문에 새로운 경험을 두려워하지 말고, 가능한 한 다양한 경험에 많이 도전해 보기를 바랍니다.

"기소불욕 물시어인己所不欲 勿施於人"

「논어」안연 편에 나오는 말로 자신이 바라지 않는 것을 남에게 행하지 말라는 뜻입니다. 안팎으로 혼란스러운 시대를 살았던 공자는 사회질서의 안정을 위해 글자 그대로 사람과 사람 사이의 관계를 뜻하는 인仁을 가장 중요한 덕목으로 삼고, 더욱 강조하였습니다. 저는 사람을 대할 때 빠르게 변화하는 현대사회에서 이러한 공자의 인과 역지사지의 자세가 더욱 필요하다고 생각합니다. 이를 되새기며 다른 사람을 배려하는 자세를 갖고자 늘 노력하고 있습니다.

| 추천하고 싶은 책 –『파우스트』

제가 학창 시절 4년 동안 아프고 힘들었던 시기에 책을 많이 읽었다고 했죠? 그중 아직도 기억에 남는 한 권을 추천해드리고 싶습니다. 인간은 선善을 따라서 살아야 한다는 것, 선 앞에서 결국 악도 무릎 꿇고 만다는『파우스트』를 추천합니다. 우리는 살면서 수많은 유혹과 방황의 순간에 고민에 빠지고, 나이·직업에 상관없이 누구나 냉정하고도 가혹한 어려움과 부딪히게 됩니다.

이러한 우리들에게 괴테는 고뇌하는 인간, 파우스트 박사를 통해 어려움과 유혹에 대처하는 방법을 보여줍니다. 제가 그랬듯이 여러분들께서도 일단 책을 읽고 나면 현실의 어려움 앞에 굴복하고 절망하는 것이 아니라, 그것을 극복하고 유혹을 물리칠 수 있는 힘을 갖게 될 것이라 믿습니다.

심윤조

| 당을 초월해서 열정적으로 의정활동을 펼치는 국회의원 5명

유성엽 의원님 – 호주 FTA피해보전대책위원회를 하는데, 유성엽 의원님이 가서 농업·축산업을 하시는 분들의 입장을 대변하는 걸 보았습니다. 합리적인 타결을 위해 노력하시는 의원입니다.

김영우 의원님 – 북한과 인접한 지역의 의원님이십니다. 국가관·안보관도 투철하시고 대변인으로서 하시는 바를 보면 야당을 무조건 비난하는 것이 아닌, 합리적으로 대화를 이끌어나가는 분이라고 생각했습니다.

박민식 의원님 – 검사 출신으로 부산시장으로 출마한 분이세요. 젊은 패기와 소신과 비전이 있는 사람이기에 정치인으로 전도유망하다고 판단됩니다.

김회선 의원님 – 눈에 띄지 않게 많은 의원님들에게 도움이 되는 역할을 하고 계세요. 국회 선진화법을 고쳐 나아가는 과정에서 개인 지역구와 관련이 없음에도 불구하고 기여도가 굉장히 높습니다.

박덕흠 의원님 – 처음에 선거법 관련 소송으로 마음고생이 많으셨지만 이 과정에서 꿋꿋하고 의연하게 대처하는 모습을 보여주셨습니다. 자신이 힘든 상황에서도 다른 이에게 어떤 도움이 될 수 있을지 고민하는 태도에서 속이 깊다는 것을 알 수 있었습니다.

안 규 백

- **학력**

  성균관대 철학과 졸업

  성균관대 무역대학원 무역학과 석사과정 수료

- **경력**

  제18 · 19대 국회의원(서울 동대문갑)

  現 새정치민주연합 전략홍보본부장

  現 국회 국방위원회 위원

  現 동국대학교 행정대학원 객원교수

  前 새정치민주연합 원내수석부대표

  前 국회 국방위원회 · 운영위원회 간사

  前 국회 예산결산특별위원회 위원

  前 민주당 조직위원장

  前 노무현 대통령직 인수위원회 자문위원

  前 김대중 대통령후보 선거대책본부 조직2국장

  前 평민신문, 신민당보 기자

  평화민주당 사무처 공채 1기

- **수상**

  법률소비자연맹 국회의원 헌정대상

  2014 대한민국국회의원 의정대상

  대한민국 우수국회의원 대상 등 총 13건(19대 국회)

- **저서**

  『우물을 파려면 10년은 파라』

  『삶의 의미는 오늘부터』

 대한민국 국회
NATIONAL ASSEMBLY

| 선친先親은 정치인 안규백의 시작

 광활하고 비옥한 토지의 고장인 고창에서 유년기를 보냈습니다. 1952년 초대 전북도의원이셨던 아버지를 통해 인생을 배웠고, 정치의 꿈을 키웠습니다. 아버지는 "정치는 어려운 사람들에게 더 많은 기회를 주는 것"이라며 "항상 국민을 섬기는 자세를 잃지 말고, 한국에서 정당정치가 뿌리를 내릴 수 있도록 중심을 잃지 말아라."라고 당부하셨습니다.

 책을 통해서 지식을 배웠다면, 아버지에게서는 세상의 지혜와 예지를 배웠다고 할 수 있습니다. 아버지께서 제게 주신 천륜의 정이 아니었다면, 저는 지금 전혀 다른 사람으로 다른 인생을 살고 있었을 것입니다. 아들은 아버지의 뒷모습을 보고 배운다는 말이 있듯이 아버지의 삶은 제게 자연스럽게 정신적 영향을 끼쳤고, 세상을 보는 시각과 삶에 대한 자세를 형성하는 데 나침반이 되었습니다.

| 독서는 화초에 물을 주는 것과 같다

 제가 다시 만약 대학생이 된다면 꼭 해보고 싶은 것이 있습니다.

전공이 무엇이든 상관없이 동서양 인문고전을 폭넓게 반복해서 읽어보고 싶습니다. 이제 지천명知天命의 나이가 지나서 더욱 느끼지만 인문고전은 삶의 나침반입니다. 지금 나이가 되어 보면 그것들이 왜 그토록 시대와 공간을 초월해서 오랜 세월 독자들에게 읽히는지 이해할 수 있습니다.

대학을 떠나면 삶의 무게에 눌려 책을 보는 것이 쉽지 않습니다. 식물에 물을 줄 때 그 물에 있는 영양분을 겉에서는 확인할 수 없고 드러나지도 않지만 식물은 무럭무럭 자라나듯 책을 통해서 스스로의 내공을 길러 봄이 어떨까 합니다.

특히 책을 선택함에 있어 현재 본인의 수준보다 한 단계 더 높은 책을 읽기를 추천합니다. 그래야 뇌에 자극이 있고 책 내용이 가슴에 와 닿는 것입니다. 평이한 책은 가슴에 와 닿지 않습니다. 그래서 고전이 베스트셀러, 스테디셀러보다 더 오래 가슴에 남는 것이 그 이유입니다.

또, 인류의 삶과 지혜를 배워서 자신의 것으로 만들기 위해 역사와 관련된 책을 많이 읽기를 권합니다. 이는 본인에게 다양한 역사적 지식이나 세계와 인간, 그리고 인류를 보는 혜안까지 갖게 할 것입니다. 그 어떤 명언이나 자기계발서를 보는 것 이상으로 자신의 정신이 채워짐을 느낄 것입니다.

덧붙여서 표현력을 키우는 것도 대학 시절에 꼭 해봐야 하는 일이라고 생각합니다. 신문 사설이나 칼럼 등을 하루 10분 정도만 큰 소

안규백

리로 읽고 표현하는 것도 좋은 방법입니다. "청춘은 우리의 인생에서 단 한 번밖에 오지 않는다."라는 미국 시인 롱펠로우의 글은 정말로 설렘과 벅찬 감격을 안겨줍니다. 대학생활은 빠르게 지나가고 매우 짧습니다. 그래서 지나간 다음에 후회가 많습니다. 다시 돌아오지 않을 그 시간에, 직업인이 되기 전에 자주적으로 생각하는 인간이 되기 위해 독서를 하고 한 가지 일에 매진하길 바랍니다.

| 인생의 삼모작, 트리플 30년

인생은 봄, 여름, 가을, 겨울에 걸친 변화무쌍한 사계절을 겪습니다. 그리고 그 계절을 지나면서 자신만의 독특한 색채를 지니게 됩니다. 가장 올바른 것은 자연에 순응하고 조화를 이루면서 사는 것이라 할 수 있을 것입니다. 이렇듯 자연과 하나가 되는 것이 가장 지혜로운 삶입니다.

자연의 섭리에서 알 수 있듯이 가장 강렬하게 추운 때가 보통 12월이라고 생각합니다. 동지冬至가 비록 12월에 있지만 정말 제대로 된 추위는 1~2월에 와서 우리의 몸을 움츠리게 합니다. 하지夏至가 있는 6월도 태양이 가장 강렬하게 대지에 뿌려지는 시기이지만 기온의 정점은 7~8월에나 가서야 최고조에 이릅니다. 게다가 일상생활에서 우리가 당연하게 생각하는 사람의 그림자도 12시 정오의 한낮이 지나고 오후 늦은 시간에야 드리웁니다.

이처럼 우리의 삶도 어느 순간 최고의 정점에서 서서히 내려가고 있는지도 모를 일입니다. 정점이 한참 지나고 있다는 것을 망각하고 살아갑니다. 그 시점은 바로 60세 이후에 찾아오는 3모작이 시작되는 때라 해도 과언은 아닐 것입니다.

굳이 구분을 하자면 태어나서 30세까지가 1모작, 31세부터 60세까지가 2모작, 61세부터 90세까지가 3모작이라고 구분 지을 수 있을 것 같습니다.

1모작 시기에는 공부하고 인간관계를 형성하고 사회화 과정을 배우면서 미래를 위한 기초적 자양분을 쌓는 시기입니다. 특히 이 시기 1~2년 동안의 집중했던 노력이 평생을 좌우할 수도 있다는 것을 명심해야 합니다. 그래서 이 시기를 일컬어 '씨앗의 배양기'라 합니다.

2모작 시기에는 인생을 가장 치열하고 프로페셔널하게 살아야 할 시기입니다. 인간관계의 기본인 부부관계부터 사회적 책임을 완수하는 시기입니다. 이 시기에 충분한 양적, 질적 관계를 형성해야만 여생이 풍요로울 것입니다. 즉 1g의 씨앗을 준비해서 1,000kg의 양식으로 만드는 '황금기'입니다.

3모작 시기는 뿌리의 본령으로 되돌아가는 시기입니다. 사람의 최고 가치는 사람과의 관계입니다. 외롭지 않아야 합니다. 그래서 덕이 있으면 외롭지 않고 이웃이 있다고 합니다. 이 시기에는 내가 갖고, 알고, 얻은 것을 사회에 다시 나눠줘야 합니다. 인간의 질서가 아무리 위대해도 자연의 질서를 따라갈 수 없는 것입니다.

안 규 백

| '나와 너'의 소통이 잘 이루어져야 '꿈'을 이룰 수 있다

소통을 하려면 나의 자세를 낮추고 상대를 인격적으로 대해야 합니다. 나의 삶이 너의 삶으로 이어져 우리 모두의 관심으로 발전해야 합니다. 소통疏通은 어떠한 것이 막히지 않고 잘 통한다는 뜻을 가진 단어입니다. 이러한 소통을 위해선 타인에 대한 이해가 핵심입니다. 또한 소통의 자세는 생각의 폭이 넓어야 합니다. 생각의 스펙트럼이 넓어야 소통의 각도 넓어질 수 있습니다. 생각의 각이 좁으면

동대문구 청량리 전통시장에서 상인들과 함께 어울리며 소통하고 있는 안규백 의원

대학생이 바라본 파워리더 국회의원

극단에 치우쳐 자신의 한계를 닫아 버리기 마련입니다. 설령 생각의 차이가 있어도 스펙트럼이 넓어야 소통의 그릇으로 각도를 넓히고 포용할 수 있습니다.

역대 왕 중에 소통을 끊임없이 추구했던 왕을 꼽으라면 조선시대 임금 영조를 빼놓을 수 없습니다. 창덕궁 앞에 상인들을 모아 "너희들이 느끼는 병폐와 고통을 말하라."라고 하자 상인들이 앞다투어 제도적 문제, 관리들의 횡포 등 갖가지 호소를 쏟아냈습니다. 이를 하나하나 경청하던 영조는 즉각 처리를 지시했습니다. 더군다나 영조의 마음을 얻었던 상인 일부는 관리로 채용되기도 했다고 합니다.

예나 지금이나 언로가 막혀 잘못된 판단을 내리는 우를 범하지 않으려는 노력이 얼마나 중요한지를 알려주는 내용입니다. 어느 자리에 있더라도 '나와 너'의 소통이 잘 이루어져야 우리가 될 수 있고 '꿈'을 이룰 수 있다는 것을 잊지 말아야 할 것입니다.

▌국방위원회에서만 8년, 우물을 파려면 10년은 파라

18대 국회 등원 이후, 8년 동안 줄곧 국방위원회 위원으로 활동했습니다. 국방위원회는 국방부, 병무청, 방위사업청 및 합참, 육군, 해군, 공군, 국방과학연구소, 국방기술품질원, 그 밖의 국방부 소속 기관 및 여러 부대를 관할하고 감독합니다. 저는 18대 국회 전반기와 19대 국회 전반기 시기에는 국방위원회 야당 간사 역할을 맡아 국회 국방위원회 소속 여당·야당 의원들이 정부의 국방정책에 대해

안규백

조언하고, 감독하고 통제할 수 있도록 많은 노력을 했습니다.

특히 국방부가 2008년에 폐지하였던 수요 전투체육을 부활(2010년 재시행)시켜 군 장병들이 스트레스를 해소하고 체력을 증진하는 시간 (매주 4시간)을 갖도록 관철시켰고, 정부 고위직들의 병역 미이행 현황과 고위직 자녀들의 군대 꽃보직에 대한 문제점을 지적하여 정부 고위관료들이 '노블레스 오블리주'를 실천해야 함을 강조하였습니다.

또한 지속적으로 발생하고 있는 군 내 인권침해 상황을 개선하기 위한 노력에도 경주하였습니다. 「군인지위향상에 관한 기본법안」을 발의해 우리 군 장병들이 기본권을 보장받고, 안전하게 군에 복무할 수 있도록 명시하고, 군사옴부즈만 제도를 도입해 국회에서 군 내부 인권침해행위와 부당한 처우를 조사하고 개선 및 권고할 수 있도록 추진하고 있습니다. 최근에는 제2연평해전으로 산화한 참수리357정 용사들을 기존의 순직자에서 전사자로 예우를 격상할 수 있도록 「군

육군 열쇠부대를 방문해 장병들을 격려하고 힘차게 파이팅을 외치는 안규백 의원

인연금법 일부개정안』을 발의하였습니다.

국방위원회는 상당히 어렵습니다. 2년 동안 국방용어를 공부해야 합니다. 육군 장군은 공군 용어를 모르고, 공군 장군도 해군 용어를 모릅니다. 국방위는 3군을 모두 다루는 전문 분야이기 때문에 공부할 것이 많습니다. 국가 안보의 중요성과 남북관계에 있어서 중심축을 잡고자 국방위에서 8년째 일하고 있습니다. 이해관계에 따라 상임위를 옮겨 다니면 그 상임위의 깊이를 모릅니다. 수박 겉 핥기식에 그칠 뿐입니다. 한 분야에서 오래 하는 것이 나라의 발전에 더 큰 도움이 된다고 생각합니다.

그 외에도 국방위에서 계속 일하고 있는 이유는 많습니다. 다른 위원회와 다르게 국방위에서 만드는 법안은 군인들에게 직접적인 영향을 끼칩니다. 군 인권, 복지 문제 등은 현실적인 문제입니다. 하나하나 개선해나가는 모습을 직접 보고 들으면서 큰 보람을 느끼고 있습니다. 또, 우리나라 군인들은 정직하고 순수하고 역동적이기까지 합니다. 그래서 인간적인 매력이 있는 국방위에 마음이 많이 갑니다.

| 원내수석부대표, 전략홍보본부장로서의 성과

작년 중반기부터 올해 5월까지 새정치민주연합 원내수석부대표로서 여당과 야당의 원내협상을 주도하는 역할을 했습니다. 세월호 특별법에 대한 이견으로 꽉 막혀 있던 국회를 정상화시켰던 점, 12

년 만에 예산을 법정기한 내 처리시켰던 점, 정부와 여당이 예산안에 편성하지 않았던 누리과정 예산을 반대를 무릅쓰고 관철시켰던 게 기억에 남습니다. 대화와 타협의 정치를 주도하고 또 실천했던 것이 얼마나 중요한지 새삼 깨닫는 계기였습니다.

또, 최근에는 서부전선 지뢰 폭발사건으로 촉발된 한반도의 군사적 긴장상황에서 국회가 초당적으로 협력하고 대처하는 데 기여하였습니다. 저는 새정치민주연합 전략홍보본부장으로서, 우리 당이 한반도 군사적 긴장을 증폭시키는 북한군 도발에 대해 규탄하고, 남과 북의 평화적 해결을 위한 대화에 나서도록 촉구하는 결의안을 제안했고, 초안을 잡아 이를 새정치민주연합 전체 의원 명의의 당론으로 채택하도록 앞장섰습니다.

이후 국방위원회에서 새누리당의 결의안과 우리 당의 안이 잘 조율되어 북한군 사과, 재발방지 요구와 함께 우리 정부와 북한 당국이 군사적 긴장 상황 완화를 위한 대화에 나서야 함을 강조했고, 이러한 내용을 담은 「북한군의 비무장지대 지뢰도발행위 규탄 결의안」이 국회 본회의에서 만장일치로 채택될 수 있도록 하였습니다. 마음과 정성이 있는 그 길에 답이 있다는 신념을 구현한 값진 경험이었습니다.

| 현재의 나는 내가 살아온 인생의 결정체

현재의 나는 그동안 살아온 인생의 결정체입니다. 모든 사람이 다 그렇습니다. 그렇기 때문에 한 사람이 살아온 과거와, 만들어온 오늘, 그리고 추구하고자 하는 미래 등을 교감하기 이전에는 그 사람에 대해 함부로 논하거나 또 이해했다고 해서는 안 됩니다. 이런 측면에서 저는 누군가를 만날 때 그 사람이 얼마나 '진정성'이 있는가를 가장 중요하게 생각합니다. 눈빛과 행동, 말에서 묻어나오는 한 사람의 진정성은 그 사람의 과거와 현재, 그리고 미래를 가늠할 수 있는 중요한 척도이기 때문입니다.

| 신身, 언言, 서書, 판判은 정치인의 필수 조건

저는 정치인의 조건으로 신·언·서·판이 가치의 기준이라고 생각합니다. 신은 용모가 단정하고 품행이 방정方正해야 한다는 것이며, 언은 언변술이 있어야 한다는 것으로 단순히 말을 잘하는 것이 아니라 마음으로써 국민을 섬기고 그 마음이 바탕이 되어 진정성 있는 소통이 이루어져야 한다는 것을 위미합니다. 서는 책을 많이 읽고 글로 옮길 줄 알아야 한다는 것이고, 판은 순간의 판단과 결단력이 있어야 한다는 것입니다. 저는 이러한 정치인의 조건을 실천하고, 좋은 정치인으로 거듭나기 위해서 꾸준히 노력하고 있습니다.

| 자녀들아, 큰 꿈을 품어야 한다

자녀들에게 무엇보다 "큰 꿈을 품어야 한다."라고 말해주고 싶습니다. 이를 위해서 다음과 같이 몇 가지를 실천할 것을 권해드립니다.

안 규 백

첫째, 담대한 용기와 지혜를 지속적으로 실천할 수 있는 좋은 습관을 가져야 합니다. 특히 운동하는 습관을 실천해 건강을 유지하고, 늘 희망적이고 긍정적인 태도 역시 습관화시켜야 합니다. 좋은 습관은 좋은 성격을 만들고, 좋은 성격은 그 사람의 운명을 만들 것입니다.

둘째, 참고 견디며 인내하는 법을 체화하여야 합니다. 세계적으로 성공한 사람의 80% 이상이 첫 번째로 꼽는 성공 비결이 바로 인내입니다. 우리 선조들은 참을 인忍 자를 세 번만 쓰면 못 이룰 것이 없고 살인도 면한다고 했습니다. 우리는 인생을 사는 동안 인내하면서 결단해야 될 일이 그만큼 많다는 것입니다. 저 역시 정치적으로 크고 작은 일을 겪으면서 수없이 인내라는 단어를 마음에 새기곤 했습니다.

마지막으로 절대 포기하지 않는 굳건한 마음가짐을 키워야 합니다. 삶의 목표를 세우고 이를 이루어가는 과정에서 끊임없는 어려움에 처하는 것이 당연합니다. 그러나 어려움에 굴복해 중도에 포기한다면 자신을 걸작으로 만들어 낼 수 없습니다. 사마천의 《사기史記》는 궁형이라는 치욕적인 형벌을 당하고 탄생한 불후의 걸작이며, 세르반테스는 감옥에서 뜨거운 창작열을 불태워 〈돈키호테〉라는 걸작을 만들었습니다. 남아프리카공화국의 넬슨 만델라 前 대통령은 28년이라는 세계 최장기수 수감자였지만 감옥에서 미래를 준비하며 결국 남아공의 인종차별주의를 종식시켜 세계인들에게 뜨거운 감동을 안겨주기도 했습니다. 그래서 저는 2차 세계대전을 승리로 이끈 윈스턴 처칠이 연설한 "절대 포기하지 마라Never give up"를 강조합니다.

동대문 노인종합복지관 1일 명예관장을 맡아 어르신들께 식사인사를 드리고 있는 안규백 의원

| 사람 냄새 나는 정치인으로 기억되고 싶습니다

'안규백이 정치를 통해서 이루어 가고 싶은 목표가 무엇인가?' 제가 항상 제 스스로에게 묻고 또 고민하면서, 정치인으로서의 마음가짐을 다잡는 화두입니다. "화양백리花香百里, 주향천리酒香千里, 인향만리人香萬里"라는 말이 있습니다. 꽃향기는 백 리를 가고 술의 향은 천리를 가고 사람의 향기는 만 리를 간다는 뜻입니다. 저는 앞으로도 작은 것 하나하나를 성취하는 행복을 느끼고 꾸준히 정진하면서 국민과 함께 따뜻한 정치를 만들어 가고 싶습니다. 그리고 훗날 '사람 냄새 나는 정치인'으로 기억되기를 간절히 소망합니다.

| 당을 초월해서 열정적으로 의정활동을 펼치는 국회의원 5명

유승민 의원님 - 국방위 8년을 하면서 같이 일을 한 적이 많았습니다. 무엇보다도 합리적 대안을 잘 도출해내시는 분이며, 정치는 사랑의 실천이라는 마인드로 모범이 되시는 분입니다. 특히 남의 억울함을 못 보는 성격이시기에 정의감이 남다르다고 할 수 있습니다.

주호영 의원님 - 재치와 유머가 아주 넘치십니다. 무엇보다도 사람을 편하게 해주시는 크나큰 장점을 가지신 분입니다.

우윤근 의원님 - 제가 원내수석부대표를 하던 시절에 원내대표로 계셨던 분입니다. 항상 '정의'의 기준에서 정치를 하시며, 사고의 폭이 넓고 유연하여 그릇이 크시기 때문에 여러 사람과 더불어 화합을 이루어내는 데 매우 능하십니다.

김현미 의원님 - 같은 당직 출신으로, 오랜 세월을 함께한 분입니다. 여성으로서 소신과 패기가 넘치십니다. 특히 미래를 보는 혜안이 탁월합니다.

김관영 의원님 - '천의무봉'이란 말처럼 착하고 순수하고 소년 같은 이미지를 지니셨고 무에서 유를 창조해내는 데 능하신 분입니다. 그리고 불굴의 정신으로 자기가 밭을 이루고 씨앗을 심고 열매를 따는 열정적인 의원님이십니다.

대학생이 바라본 파워리더 국회의원

안　　민　　석

• 학력 & 병역

　성호초, 오산중, 수성고, 서울대 졸업

　미국 일리노이주립대학교 이학 석사

　미국 북콜로라도주립대학교 교육학 박사

　공군 중위 전역(40개월)

• 경력

　제 17 · 18 · 19대 국회의원(경기 오산)

　現 국회 예산결산특별위원회 간사

　現 새정치민주연합 교육연수원장

　現 국회 교육문화체육관광위원회 위원

　現 국회혁신교육포럼 대표

　現 국회안전교육포럼 대표

　現 문화재찾기 한민족 네트워크 공동대표

　국회 교육과학기술위원회 간사

　국회 교육위원회 위원

　국회 기획재정위원회 위원

　민주당 교육특별위원장

　한국백혈병소아암협회 회장

　국정감사 우수의원(06,07,08,10,12,14)

　[시사저널] 2014 차세대 리더 100인 선정

　중앙대학교 교수

• 저서

　『월드컵 그 열정의 사회학』

　『물향기 편지 1, 2』

대한민국국회
NATIONAL ASSEMBLY

| 실천하는 지식인 인간 안민석

저는 상해 임시정부 독립자금의 절반을 후원한 거상, 백산 안희제 선생의 마을인 경남 의령에서 태어나 4살 때 부산으로 이사한 후, 초등학교 5학년 때 지금은 고향이 된 오산에 정착했습니다. 전학 온 지 얼마 되지 않아 학급회장을 하고, 중학교에 올라가서는 반장을 도맡아 하면서 성적도 1등을 놓치지 않았습니다. 고등학교 진학 후에도 우등생의 길을 걸었으나 운동도 즐기는 활발한 소년이었습니다.

1982년 서울대 사범대에 입학했을 당시 대학가는 침묵과 어둠의 터널에서 빠져나올 기미가 보이지 않았습니다. 1980년 5월 광주민주화운동을 짓밟고 권력을 잡은 전두환 정권의 폭압에 숨쉬기조차 어려웠습니다. 저는 광주의 진실을 접하고 사회에 눈을 뜨면서 오산에서 진보적 청년단체인 '닷옴' 결성을 주도하며 초대회장을 지냈고 이후 '닷옴'은 80년대 오산 지역에서 민주화를 갈망하는 청년들의 산실 역할을 하는 기반이 되었습니다. 1985년 서울대 총학생회 간부 활동을 하면서 수배 및 도피생활을 겪기도 했지만 평생을 불의에 타협하지 않고 올바르게 살고자 다짐하는 계기가 되었던 시간이었습니다.

대학생이 바라본 파워리더 국회의원

우여곡절 끝에 대학을 졸업했는데 교사의 꿈을 포기하고 실천하는 지식인으로서 우리 사회에 분명한 역할을 하겠다는 당찬 포부로 1988년 여름, 혈혈단신 미국행 비행기에 올랐지만 유학생활은 쉽지 않았습니다. 슬램가에서 흑인들과 노숙도 하고, 병원에서 시체를 닦고, 피자 배달을 하며 학비를 벌어 밤에 코피를 쏟아가며 학업을 이어나갔습니다. 몸은 힘겨웠지만 미국에서의 밑바닥 생활이 오히려 저를 더욱 단련시키는 기회가 되었습니다. 1990년 일리노이주립대학 석사, 1993년 북콜로라도주립대 교육학 박사 학위를 취득할 무렵 당시 교포 및 유학생 사이에서 저는 '잡초'라는 별명으로 불렸습니다.

이후 2000년에 중앙대 교수로 임용되어 왕성한 시민운동을 전개하던 중, 2002년 노무현 대통령 후보를 돕는 활동을 하면서 정치를 통해 낡은 관행과 모순을 변화시키겠다는 새로운 다짐을 하게 됩니다. 2004년 노무현 대통령 탄핵 이후 국민들의 정치개혁에 대한 열망을 타고 여의도에 진출하게 되었습니다. 40대 젊은 초선의원이었지만 노련한 정치인들 사이에서도 소신 있게 정치를 펼쳐나가면서 지역구인 오산에서 지금까지 내리 3선 국회의원으로서 지역과 국가의 발전을 위해 일하고 있습니다.

| 아이들을 안전한 환경에서 공부하고 생활할 수 있도록 만든 위원회 활동

지금까지 11년 동안 정치생활을 하면서 주로 교육상임위를 해왔으며 지금도 교육문화관광체육위원회에서 활동하고 있습니다. 최근에는 예산결산특별위원회 간사도 맡아 나라 살림 전반을 꼼꼼히 살펴보고 있습니다.

먼저 교육 분야에서는 아이들이 안전한 환경에서 공부하고 생활할 수 있도록 하는 것을 주된 의정활동의 목표로 삼고 있습니다. 학교 석면건축물 실태, 학생안전강화학교 운영 현황 등을 점검하고 교육당국의 철저한 대비를 요청했으며, 0교시 학교 체육, 수영교육 의무화, 자유학기제 내실화 등의 의제를 통해 아이들이 보다 행복하고 건강한 학교생활을 할 수 있도록 노력하고 있습니다.

또한 우리 문화재를 지키고 되찾는 것에도 관심이 많아 미국에서 문정왕후 어보를 반환받기 위해 3년에 걸친 자료 수집과 환수촉구 결의안을 제출하고 직접 미국으로 날아가 협상하여 결국 최종 환수라는 결실을 맺었습니다. 최근에는 해외 20여 개국에 산재되어 있는 15만 점에 이르는 우리 문화재를 되찾는 환수운동을 지원하기 위한 '문화재찾기한민족네트워크'를 발족하고 공동대표를 맡아 활동 중입니다.

| 현장에 답이 있다. 놓을 수 없는 택시 운전

저는 초선부터 지금까지 택시 운전대를 놓지 않았습니다. 김문수 前 경기지사의 택시 운전이 많이 알려져 있는데, 저는 2005년부터 택시 운전대를 잡았고 김 前 지사는 2009년부터였으니 제가 한참 선배죠. 김문수 前 지사의 택시 운전은 저를 벤치마킹한 것으로 알

대학생이 바라본 파워리더 국회의원

택시운전

고 있는데, 더 많은 정치인들이 택시 운전을 해볼 수 있다면 좋겠습니다.

초선부터 저는 현장에 답이 있다고 믿고 가능한 한 많은 체험을 위해 노력했습니다. 환경미화원, 재래시장 생선가게, 폐품 수집 등의 체험과 더불어 택시 운전까지 하려 했더니 면허증이 반드시 필요하다 하여 한 달여 만에 면허증을 취득하였습니다. 이렇게 시작된 택시 운전은 지금까지도 계속되고 있습니다. 물론 국회에 역할이 많아질수록 이전에 비해 자주 핸들을 잡지는 못하지만 앞으로도 제가 정치하는 동안 택시 운전은 계속할 것입니다. 제가 택시를 모는 이유는 다음과 같습니다.

첫째, 택시를 몰면 민심이 보이기 때문입니다. 택시를 타는 승객

안민석

들은 대개 서민들입니다. 택시 안에서 주고받는 대화를 통해 서민들의 목소리를 듣게 됩니다. 정치는 서민들의 눈물을 닦아주는 것인데, 민심을 가장 잘 알아야 할 국회의원들이 실제로 민심을 가장 모르는 집단인 것 같아 안타까운 심정입니다. 민심을 파악하는 데 택시 운전이 제격입니다.

둘째, 택시를 몰면 택시기사의 고충을 잘 파악할 수 있습니다. 택시업계는 늘어나는 택시와 줄어드는 승객으로 인해 구조적 어려움에 처해 택시기사들은 전형적인 3D 업종으로 몰리고 있습니다. 승객들은 택시기사들의 불친절에 불만이 많지만 정작 기사님들의 근무 환경에는 관심이 많지 않습니다. 선거 때만 되면 택시기사들의 환심을 사기 위해 승강장에서 악수를 내미는 정치인보다는 평소 택시 운전을 하면서 택시업계의 구조적 문제를 잘 이해하는 것이 필요하다고 생각합니다.

셋째, 택시를 몰면 지역 구석구석을 꼼꼼히 알 수 있습니다. 국회의원들의 동선은 일정합니다. 의원 스스로가 필요한 곳과 원하는 곳만 다니기 때문이죠. 그러나 택시 운전을 할 때는 승객들이 원하는 장소에 내려드려야 하므로 지역 골목골목을 다녀야 합니다. 초등학교 시절부터 40년 넘게 살아온 제 지역구 오산은 매우 좁아서 어지간한 곳은 다 잘 알고 있다고 자신했지만, 택시 운전을 해보니 제가 모르거나 다녀보지 않은 골목길이 더 많았습니다. 국회의원은 지역 구석구석을 잘 알아야 하는데 택시 운전을 하다 보면 이 문제는 저절로 해결됩니다.

넷째, 택시를 몰면 초심으로 돌아가게 됩니다. 정치하는 사람이 초심을 잃으면 기득권에 편입됩니다. 그래서 항상 2004년 정치를 바꾸고 세상을 바꾸기 위해 교수직을 박차고 국회의원에 처음 출마했을 때와 같은 초심을 잃지 않기 위해 노력하고 있습니다. 택시 운전을 할 때마다 스스로를 낮추는 시간을 갖게 되고, 제 자신을 채찍질하게 되어 많은 도움이 됩니다.

| 어려운 사람들을 항상 생각할 수 있게 만든 도움과 시련

미국 유학 시절 모든 짐을 몽땅 털렸을 때가 있었습니다. 1988년 12월, 미 중부 오클라호마에서 뉴욕으로 35시간 그레이하운드 버스를 타고 뉴욕 맨하탄에 내렸습니다. 겨울방학을 맞아 3주간 뉴욕에서 아르바이트를 하고 오하이오 주립대로 학교를 옮기기 위해 여행용 가방 하나와 현금, 여권이 담긴 배낭을 가지고 뉴욕에 도착했습니다.

그런데 이틀간 버스에서 지낸지라 녹초가 된 상태에서 가방을 찾았는데 가방이 분실되었습니다. 당황한 상태에서 뉴욕의 선배에게 전화하기 위해 배낭을 공중전화(그 당시는 핸드폰이 없었음) 옆 바닥에 두고 통화를 했는데 전화를 마치고 나니 배낭도 사라졌습니다. 미국 생활 6개월 만에 빈손이 되어 버린 겁니다. 하늘의 빛깔 중 노란색이 있음을 그때 처음 알았습니다. 한국에 계신 부모님께 돌아가고 싶은 심정이었습니다.

그러나 포기하지 않고 마음을 다잡은 채 미국 생활을 계속하기로 마음먹었고, 정말 감사한 선배 부부들의 도움으로 시련을 극복할 수 있었습니다. 그 해 크리스마스 선물로 선배 형수님이 주신 속옷과 양말을 지금도 잊지 못합니다. 그때 받은 도움과 시련을 항상 기억하고 있는데 지금 어려운 사람들을 도우려고 노력하는 것도 그때의 경험과 무관치 않습니다.

| 마음을 다스리는 지혜를 얻게 해준 하정웅 선생님

재일교포 하정웅 선생님은 제가 가장 존경하는 분입니다. 일본에서 태어나 한국인이라는 이유만으로 차별을 받으며 성장했음에도 민족에 대한 자부심을 잊지 않으셨습니다. 성공한 기업인으로 일생을 사는 동안 가난한 재일동포 화가들의 미술작품을 수집하시면서 동포에 대한 사랑을 실천하셨습니다.

그것도 모자라 평생 모은 유명작가들의 미술품 등 1만여 점을 조국에 기부하셨는데 시가 수천억에 달하는 것으로 알려져 있습니다. 하정웅 선생 부친의 고향인 영광에 미술관을 지었고 광주시립미술관에 많은 미술품을 기부한 정신을 평가받아 광주에는 하정웅로가 생겼습니다. 포항, 부산, 한국 민속박물관에도 그분이 기부한 작품들이 있습니다.

저는 약탈 문화재를 찾는 운동을 하면서 하정웅 선생님을 자주 뵙게 되었는데 그분을 통해 마음을 다스리는 지혜를 얻게 되었습니다. "화내지 말라", "남을 욕하지 말라", "웃음을 잃지 말라"라고 말씀하시면서 남에 대한 배려를 실천하시는 품성이 참으로 존경스럽습니다. 그분을 만난 후로 화를 낸 적이 거의 없는데 그분의 가르침 덕분입니다. 70대 중반에 접어드신 하정웅 선생님은 앞으로 여생을 일본으로 건너간 약탈 문화재 반환 운동에 전념하시겠다고 하십니다. 그분의 민족정신을 진심으로 존경하며 하정웅 선생님의 건강을 기원합니다.

| "오산에서 수영신화를 쓰다!"

오산에서는 초등학교 3학년, 중학교 1학년 모든 학생들이 수영을 배우고 있습니다. 초등학교 아이들을 대상으로 수영수업을 의무적으로 하자는 제안을 받고 2011년부터 시청과 교육청 그리고 학교를

의정보고회

설득하여 이룬 성과입니다.

그러나 그 과정이 순탄치만은 않았습니다. 처음 수영수업을 제안했을 때 공무원들과 교사들은 현실적인 어려움을 이유로 완강히 반대하였습니다. 교육청과 시청의 벽을 허무는 작업은 신뢰가 바탕이 되어야 했으므로 많은 시간이 필요했습니다. 사실 어느 지역이든 시장과 교육장을 만나서 설득할 수 있는 적임자는 국회의원이고 양측 공무원들을 한자리에 모이게 할 수 있는 사람도 국회의원입니다. 국회의원에게 부여된 권한으로 시청과 교육청의 벽을 허물고 신뢰를 쌓은 결과 지금 오산은 수영안전교육의 메카로 자리 잡게 되었습니다.

이 경험은 저만의 특별한 사례가 아닌 어떤 정치인이라도 열정의 마음만 먹으면 발휘할 수 있는 리더십이라고 생각합니다. 따라서 다른 도시에서도 많은 리더십이 발휘되어 대한민국 아이들 모두 수영을 의무로 배워 안전하고 건강한 생활을 하게 되기를 바랍니다.

| 자신을 사랑하고 하고 싶은 일을 해라

하고 싶은 일을 할 때 진정 그 일에 올인할 수 있습니다. 무슨 일이든 올인하는 사람을 이겨낼 수 없습니다. 제 딸이 대학 시절 갑자기 다큐영화 만드는 일을 하고 싶다며 영화에 관심을 가질 때 걱정이 되었습니다. 영화를, 그것도 다큐영화를 만드는 삶이 얼마나 고된 인생을 각오해야 하는지 좀 알기 때문입니다. 그러나 좋은 영화를 통해 세상을 변화시키는 일을 하고 싶다는 기특한 생각에 찬성하여 아빠로서 후원자가 되기로 하였고, 지금은 영화 관련 직장에 다니며 미래의 꿈을 키우고 있습니다.

대학 다니는 제 아들의 꿈은 축구 에이전트입니다. 어린 시절부터 축구를 좋아했고 지금도 축구에 빠져 있는 아들은 좋은 선수들을 국제적으로 트레이드하는 선량한 에이전트의 꿈을 가지고 외국어 공부를 열심히 하고 있습니다. 새벽잠이 유난히 많은 아들이 지난여름 방학 동안 오산에서 강남까지 영어학원 새벽반을 한 번도 빠짐없이 다니는 것을 보며 자신이 원하는 것을 추구하면 에너지가 생기고 그 분야에서 행복한 성공을 거둘 수 있다는 사실을 다시금 확인했습니다.

저 역시 하고 싶은 일을 추구해 왔습니다. 대학을 마치고 교사를 하다가 교수로서 세상을 바꾸는 일을 하고 싶다는 꿈을 위해 유학의 길을 선택했습니다. 교수를 하던 중 노무현 前 대통령과 함께 세상을 바꾸겠다는 꿈을 가지고 국회의원에 출마하여 지금까지 미력이지만 세상을 바꾸는 일에 최선을 다하고 있습니다. 5포 시대를 살아가는 이 땅은 젊은이들은 무엇이든 자신이 하고 싶은 일을 하시기를 바랍니다.

| 안민석 의원의 정치철학

첫째, 깨끗한 정치의 실천입니다. 깨끗한 정치는 좋은 정치인의 기본입니다. 정치인이 되려면 돈을 벌겠다는 생각을 포기해야 합니다. 권력으로 돈을 벌겠다는 욕심을 갖게 되면 정치인은 결국 부정

주민들과 함께하는 즐거운 시간

과 비리에 연루되어 감옥을 가거나 주민으로부터 외면받습니다. 그런 생각을 가진 사람이 정치권력을 갖게 되면 개인도 불행해지고 국가와 사회가 불행해집니다.

2004년 초선 당선 직후 기업체 등 곳곳에서 당선 축하 선물로 현금이 들어왔지만 모두 돌려 준 것을 지금도 자랑스럽게 생각합니다. 또 지역의 선배 부부가 광주에서 교사를 하고 있는 딸을 경기도로 옮겨줄 것을 청탁하면서 돈이 든 쇼핑백을 지역 사무실로 들고 왔을 때 "사무실에는 카메라가 설치되어 있습니다. 받을 수 없습니다."라며 거절했던 순간이 아직도 생생합니다. 이러한 일들이 주변에서 알려지면서 더 이상 저에게 돈으로 부탁하거나 돈을 건네는 경우는 없습니다. 그래서 11년 동안 국회의원을 하면서 부정과 비리에 연루된 적이 전혀 없고 깨끗한 정치인으로 평가되고 있음을 자부합니다.

둘째, 억울하고 힘없는 사람들의 벗이 되어야 한다는 것입니다. 세상은 기득권자와 기득권을 가지지 못한 자, 부자와 가난한 자, 지배와 피지배 계층으로 구분됩니다. 정치인이 힘없고 돈 없는 자들의 편에 서야 사회가 정의롭습니다. 만약 정치인이 재벌이나 기득권 편에서 선다면 힘없고 가진 것 없는 사람들은 희망조차 상실하게 될 것입니다. 진정으로 서민들을 이해하며 어려운 사람들의 편에서 정치하는 것이 정의로운 정치인이라고 생각합니다.

정치란 세상을 바꾸는 일입니다. 세상을 바꾸려면 기득권의 탐욕과 불의에 맞서는 용기 없이는 불가능합니다. 이 원칙을 지켜내고 있다는 한 증거가 비리사학 재단이 제게 붙여 준 '저승사자'라는 별명입니다. 저는 이 별명을 기분 좋게 생각합니다. 학생들의 등록금으로 재단 이사장 개인이 착복하거나 유용하여 학생들의 울분을 자아내게 하고, 교사나 교수 채용 시 돈이나 불공정한 행위를 하는 사학재단은 우리 사회의 기득권 세력입니다. 기득권 세력의 전횡과 탐욕을 막고 더불어 사는 세상을 만드는 일이 정치이고, 세상은 좋은 정치를 통해 바뀔 수 있습니다.

셋째, 탈권위의 실천입니다. 주위에서 배지를 달면 금방 어깨에 힘이 들어가고 걸음걸이부터 달라지는 경우를 보게 됩니다. 권위주의를 배격하면 스스로를 낮추게 되고 국민들은 이런 정치인을 좋아합니다. 초선 때부터 지금까지 틈나면 택시 운전을 하는 이유는 낮은 곳에서 서민과 만나는 탈권위를 실천하겠다는 의지의 발로이기도 합니다.

안민석

또한 탈권위는 실생활에서부터 실행해야 합니다. 저는 가능하면 제 보좌진들과도 허물없이 지내려 노력하고 자율적인 분위기에서 좋은 성과를 내려고 합니다. 보좌진 역시 권위를 싫어하는 저의 스타일을 좋아하고 의원과 보좌진과의 탈권위 관계, 그리고 보좌진들끼리도 수평적 관계를 유지하면서 제가 바른 의정활동을 하도록 도움을 주고 있습니다.

| 당을 초월해서 열정적으로 의정활동을 펼치는 국회의원 5명

정성호 의원님 – 통이 크고 양보를 할 줄 하는 정치인이십니다. 사사로운 일보다는 대의를 좇는 훌륭한 모습을 갖고 계신 분입니다.

유성엽 의원님 – 소신 있게 발언하고 행동하는 정치인이십니다. 자신만의 철학과 중심이 있는 모습이 존경스럽습니다.

이상민 의원님 – 대의와 명분으로 정치를 하는 선이 굵으신 분입니다.

정진후 의원님 – 정의롭고 양심적인 의정활동을 하시며, 비례대표다운 자신의 전문성을 잘 발휘하시는 분입니다.

서상기 의원님 – 과학기술계를 대표하여 관련법과 예산에 집중하는 전문가 정치인이십니다.

안 상 수

- 학력
  서울대학교 대학원 경영학 석사
  서울대학교 학사
  경기고등학교

- 경력
  제15·19대 국회의원(인천 서구·강화을)
  現 국회 농림축산식품해양수산위원회 위원
  現 국회 예산결산특별위원회 위원
  現 새누리당 국책자문위원회 재정경제위원장
  現 새누리당 인천시당 위원장
  現 새누리당 인천시당 서구강화군을 당원협의회 운영위원장
  前 3·4대 인천광역시장
  前 국민통합전국시도민연합회 대표총재
  前 대한아마튜어복싱연맹 회장
  前 한나라당 국책자문위원회 재정경제위원장
  前 인천유나이티드FC 구단주
  前 한나라당 인천 계양지구당 위원장

- 수상
  2009 한국지방자치단체 대상(경영혁신 부문)
  2009 자랑스런 한국인 대상(행정혁신 부문)
  2009 우드로윌슨상(공공 부문)

- 저서
  『애 인천』
  『국제금융 선물거래』
  『뉴욕은 블룸버그를 선택했다』

 대한민국 국회
NATIONAL ASSEMBLY

| 칠전팔기 풍파와 맞서 싸워온 삶

저는 충청남도 서산의 바닷가 갯마을에서 가난한 어부의 아들로 태어났습니다. 바다에는 평화와 폭풍이 공존합니다. 아버지는 그 현장 속으로 새벽에 일어나서 배를 저어 나아가곤 했습니다.

저는 어린 시절부터 평화가 주는 풍요로움과 폭풍이 몰고 오는 혼란을 겪으면서 자라왔습니다. 부모님도 가난과 무지를 이겨내기 위해 안간힘을 다하셨습니다. 아니, 1950~60년대를 살아간 절대 다수의 우리네 부모님들이 매한가지였을 거라고 생각합니다. 그 시절은 가난과 배고픔이 일상화되어 있었습니다.

저희 부모님은 자신들의 삶을 포기했습니다. 그리고 눈길을 돌려 초등학교 5학년 어린 장남을 7남매를 짊어질 미래의 목표로 삼았습니다. 좀 더 나은 교육을 시키기 위해, 제 몸도 간수하지 못할 어린 맏아들을 책가방과 옷가지를 챙겨 들려 도시로 떠나보냈습니다. 어머니 자매가 시집가서 살고 있는 인천 땅이었습니다.

그렇게 저의 인천생활이 시작됐고, 안상수라는 아이는 객지에서 사회생활을 하게 되었습니다. 그 아들은 30대 중반까지 '산전수전,

만고풍상'을 다 겪어야 했습니다. 풍랑이 닥쳐오면 이겨냈고, 이겨내면 또다시 풍랑이 닥쳐왔습니다.

초등학교 때부터 신문팔이, 가정교사 등 힘이 닿고 학비에 보탬이 될 만한 일은 무엇이든지 해야 했습니다. 명문 인천중학교는 천신만고 끝에 합격했습니다. 고등학교도 경기고등학교에 낙방했고 재수하여 합격했습니다. 대학교는 아예 응시조차 못했습니다. 3년간 낙향하여 아버지의 일을 도운 뒤, 올라와 서울대 사범대학에 합격했습니다. 이겨냈습니다. 이렇게 저에게 다가오는 풍랑을 이겨내며 평생을 살아왔습니다.

경기고등학교 때까지 저의 좌우명은 '자강불식'이었습니다. 맹자가 말한 "대장부는 자기를 연마하기를 쉬지 않는다."라는 뜻입니다. 그렇기 때문에 저는 궁핍한 환경이 두렵지 않았습니다. 무슨 일이 닥쳐오든지 낙관적으로 바라보고, 호연지기를 갖고 호방하게 대처할 수 있었습니다. 이런 저의 모습을 친구들은 무척 좋아했습니다. 지금까지도 모두 끈끈하게 운명적인 연결선을 맺고, 서로 힘과 우정이 지속되고 있습니다.

제가 대학을 졸업하고 취직한 곳은 재세산업이었습니다. 드디어 평안하고 안정적인 삶을 살려나 싶었습니다. 그러나 그때 어머니가 쓰러지셨습니다. 돌아가실 때까지 의식불명의 상태로 누워 계셨습니다. 게다가 신화처럼 떠오르던 젊은 경영인들의 꿈과 희망, 재세산업은 정권의 된서리를 맞고 말았습니다. 부도가 났고, 이사진이었

안상수

던 저는 일부 부채까지 짊어져야 했습니다. 또다시 큰 풍랑에 직면했습니다. 하지만 다시 동양그룹에 입사했습니다. 40대 초반에 그룹 기획조정실 사장 자리에 올랐습니다. 또 이겨냈습니다.

그리고 정치에 뜻을 두고 총선에 출마했습니다. 낙선했습니다. 연이어 인천시장에 출마했습니다. 낙선했습니다. 마침 어머니가 돌아가셨고, 아내가 쓰러졌습니다. 어머니와 똑같은 병으로 의식불명 상태에 이르렀습니다. 저에게 또다시 찾아온 풍파였습니다. 그리고 15대 총선에서 국회의원직에 당선되었습니다. 다시 한 번 이겨냈습니다. 그리고 16대 총선에서 낙선했습니다. 그리고 2002년 지방선거에서 인천시장 광역시장에 당선되었습니다. 2006년 지방선거에서 재선되었습니다. 기쁨이었습니다. 다시 2010년 지방선거에서 낙선했습니다. 잠시 의식을 찾았던 아내도 코끝에서 숨을 거두었고, 그렇게 저는 아내와 헤어졌습니다.

이렇다 보니 저 안상수는 이제는 실패가 와도 '그런가 보다.' 합니다. 나는 누구인가라는 질문에 대한 답, 즉 안상수의 정체성은 제가 걸어온 삶의 역정 그 자체가 보여줍니다. 삶 자체가 자기존재성을 갖는 것입니다. 저는 삶의 역경과 풍파에 따라 다양한 모습을 가지며 성장해왔습니다. 소년 안상수는 부모님과 형제들의 관계성, 청년 안상수는 형제들과 친구들, 장년의 안상수는 사회와 공적 관계성 속에서 삶의 궤적을 밟아 왔습니다.

이 운명이 곧 안상수의 정체성입니다. 정체성은 그가 속한 사회관계 속에서 주인공이 지니는 삶의 의미와 가치를 뜻합니다. 결국 저의 삶과 사회적 관계는 모두를 돌이켜 보면, 단 4개의 단어, 10자로 함축될 수 있습니다. 실사구시와 실용, 미래와 대안입니다.

| 인천시민, 서구민, 국민들을 위한 안상수의 발걸음

저는 농림축산식품해양수산위원회에 있습니다. 저희 위원회를 소개하자면 농림축산식품부, 해양수산부 소관 법률안, 예산안, 청원 등의 안건을 심사하고, 국정감·조사 및 정책 질의 등을 통하여 행정부의 정책을 감시·비판하고 대안을 제시하는 역할을 수행하고 있습니다.

2015년 7월 4일 농림축산식품부 이동필 장관이 가뭄대책을 위해 왔을 때 해병대 장병들과

안 상 수

또 예산결산특별위원회에도 속해 있습니다. 헌법 제54조에 따르면 국가예산의 편성·제출은 정부가 맡게 되어 있으나 예산안을 심의·확정하는 권한은 국회가 담당하도록 되어 있습니다. 또한 헌법 제99조는 감사원으로 하여금 매년도 세입·세출의 결산을 차년도 국회에 보고토록 하고, 국가재정법 제61조는 정부로 하여금 감사원의 검사를 거친 세입·세출 결산을 회계연도마다 국회에 제출하도록 함에 따라 결산에 대해서도 최종적인 심의·확정권을 국회가 담당하고 있습니다. 국회는 이러한 예산안과 결산을 종합적으로 심사하기 위해 예산결산특별위원회를 두고 있는데, 실질적으로 예산안과 결산이 동 위원회에서 심의·의결된 대로 본회의에서 의결되는 경우가 대부분이므로 예산결산특별위원회는 국회의 예산안과 결산 심의에 있어서 핵심적인 역할을 수행하고 있다고 할 수 있습니다.

농림축산식품해양수산위원회와 예산결산특별위원회는 올해 4·29 재보궐선거에서 당선되고 2달 뒤에 배정됐습니다. 당선 직후 지역 현안문제 해결을 위해서는 농해수위와 예결위에 배정돼야 한다고 강력히 요청했었습니다.

최근까지만 해도 강화는 유례없는 가뭄으로 농민들이 고통을 받고 있는데, 농해수위 활동을 통해 공약했던 한강물을 끌어오는 사업 등 농업용수 부족 문제를 근본적으로 해결할 수 있도록 하고, 예결위에서 검단·강화 지역에 필요한 예산을 최대한 확보할 수 있다고 판단되어 농해수위 및 예결특위에 들어가게 됐습니다.

의정활동을 한 지 5개월 남짓 지났지만 위원회 안에서 최선을 다

해 움직이고 있습니다. 앞으로도 지역경제의 발전을 위해 예산을 확보할 수 있도록 최선을 다하고 있습니다.

| 실패를 통해 형성된 안상수의 정치 철학

저는 학교도 재수 끝에 입학했고, 경선도 두 번 중 한 번은 떨어졌습니다. 여덟 번의 선거 중 네 번을 실패하는 등 일이 술술 풀리는 편은 아니었습니다. 하지만 여러 번 낙방하며 서민의 마음을 헤아리게 됐고, 현재는 그분들을 위해 일을 하자는 사명감이 있습니다. 원론적인 대답이겠지만 나보다는 국가를 먼저 생각하는 정신으로 정치를 할 것입니다.

그리고 공약이 실체화될 수 있도록 노력할 것입니다. 마지막으로 정치적 역량을 동원하여 국민 화합과 통일을 위해 노력하겠습니다.

안상수

| 실패를 극복해내는 저력

정치적인 인생의 실패보다는 제가 심적으로 힘들었던 일을 말씀 드리고 싶습니다. 앞서 말씀드렸듯이 히스토리를 찬찬히 들여다보 면, 저의 인생은 실패와 극복이 규칙적으로 반복되어 나타났습니다. 왜 그럴까 하고 생각을 많이 했습니다. 주어진 구조적인 환경은 언 제나 약자인 저에게 강대한 힘으로 도전하여 왔습니다. 응전할 힘이 없는 상태에서는 패배할 수밖에 없습니다.

하지만 언제부터인가 실패를 시련으로 생각지 않게 됐습니다. 실 패를 거울삼아 힘을 길러 다시 그 환경을 극복하곤 했습니다. 실패 와 극복은 어느새 적이자 친구처럼 양면의 거울과 같이 되었습니다. 풍파와 평화가 공존하던 고향 땅처럼, 제 운명은 똑같은 이치에서 전개되었습니다. 2010년 가을, 아내를 먼저 하늘나라로 보내고 나서 저는 홀로된 공간 속에서 돌이켜 보곤 했습니다.

'하나님은 안상수의 운명과 삶, 영혼과 뼈와 살에 무엇을 남기려 하셨는가?'

인생 역정 속에서, 언제나 저는 훈련도 총알도 없이 전쟁터에 나 서는 맨몸의 전사와 다르지 않았습니다. 그러나 실전 속에서 맞고 쓰러지는 것이 훈련이었고, 이겨놓고 나면 또 다른 도전적인 상황이 기다리곤 했습니다. 덕분에 그 실패와 극복 속에서 나름의 철학과 원칙, 행동강령, 그리고 세계관이 형성됐고 지금의 제가 된 것이라

대학생이 바라본 파워리더 국회의원

2015년 5월 20일, 김무성 대표와 강화에 방문하여 논밭을 살리기 위한 「다목적 한강물 농업 용수 개발사업」 추진 필요성을 지역 주민들에게 설명

생각합니다.

저는 이 땅의 젊은이들에게 실패에 감사하라고 감히 말할 수 있습니다. 그 아픔을 몰고 온 모든 환경과 사람들은 제겐 또 다른 하늘의 선물이었습니다. 그 환경과 사람들에게 감사하고 나면 언제나 새로운 세계를 향한 문이 열리곤 했습니다. 청년 고용 빙하기인 요즘인지라 모두들 주저앉고 싶으시겠지만, 실패를 거울삼아 이겨내고 다시 도전하는 계기로 만들어 나아가시길 바랍니다.

| 실패가 많았던 삶, 칠전팔기 이순신을 통해 지혜를 얻다

저는 칠전팔기의 모습을 지닌 이순신 장군을 존경합니다. 여러분들도 이순신 장군이 어떤 분이신지 잘 알고 계실 겁니다. 이순신 장

안상수

군은 임진왜란이 일어났을 때 스무 번 넘게 벌어진 해전을 모두 승리로 이끌며 위기에 빠진 나라를 구했습니다. 특히 명량 앞바다에서 13척밖에 안 되는 배로 133척이나 되는 일본 배에 맞서 싸운 '명량해전'은 이순신 장군과 조선 수군의 당당함이 만들어 낸 기적과도 같은 승리를 겪었습니다.

하지만 이순신 장군에게 언제나 승리의 기쁨만 있었던 것은 아닙니다. 전쟁 중에 어머니께서 병으로 돌아가신 것은 물론 셋째 아들이 전쟁터에서 죽는 등 가족을 잃는 슬픔을 겪어야 했습니다. 또한 왕의 명령을 따르지 않았다는 이유로 장군의 자리에서 물러나 평범한 군인 신분으로 전쟁터에 나가야 하는 벌을 받기도 했습니다.

그럼에도 불구하고 어떤 상황에서도 이순신 장군은 나라의 앞날을 걱정하는 마음과 반드시 승리로 전쟁을 끝내겠다는 다짐을 버리지 않았습니다. 이처럼 이순신 장군은 항상 고난과 어려움이 있었지만 그것을 이겨내고 나라를 구하고자 힘을 썼습니다. 이순신 장군의 인생굴곡은 감히 조금이나마 저와 비슷하다고 생각합니다. 저 또한 인천대교 건설, 인천 송도 경제자유구역 지정 등 인천의 발전에 힘써왔습니다. 8년간 인천광역시장을 역임하면서 인천을 세계적인 도시로 자리매김시켰고, 세계경제분석기관EIU에서 '2025년까지 세계에서 발전 가능성이 2번째로 높은 도시'로 인천을 지명할 수 있게 최선을 다했습니다. 그러나 몇몇 사람들이 인천을 빚더미로 만들었다는 중상모략에 오해를 받았으며, 저의 큰 힘이었던 어머니와 아내의 이른 죽음은 저를 힘들게 만들었습니다.

이순신 장군도 여러 번 무너지고 싶은 순간이 있었을 거라 생각합니다. 저 안상수도 편하게 살기 위해서는 국민들의 편의와 약속을 잊고 살아갔으면 됐었을 것입니다. 하지만 제가 힘들 때마다 이순신 장군의 칠전팔기의 모습을 떠올리게 됐습니다. 죽는 순간까지 전쟁에서 승리해 나라를 구하고자 했던 이순신 장군의 충성심을 본받아 저 안상수는 이번에는 서구·강화를 위해 지역 주민이 바라는 일들을 공약으로 내세워 약속을 지켜 행복을 안겨 드리고 싶습니다.

제가 정치인생을 오래 살다 보니 원활한 소통만큼 중요한 것을 없다는 것을 느낍니다. 사람과 소통하지 않으면 개인적인 인생은 물론 정치생활에도 위기를 맞을 수밖에 없습니다. 실제로 소통의 부재로 인해 고립되고 분열되는 예는 어렵지 않게 우리의 주변에서 찾아볼 수 있습니다. 스스럼없는 소통으로 서로를 이해하고 보다 좋은 세상을 만드는 데 서로 힘을 합칠 수 있는 그런 아름다운 세상이 만들어지길 진심으로 바라고 있습니다.

| 당을 초월해서 열정적으로 의정활동을 펼치는 국회의원 5명

홍철호 의원님 – 사업으로도 성공한 초선의원입니다. 강화 가뭄 때문에 김포 저수지를 통해 문제 해결을 하고자 했었는데, 홍철호 의원님은 "농민들을 위해 우리 함께해봅시다!"라고 하더군요. 공의롭고 남에게 베푸는 데 인색하지 않은 분이라고 생각합니다. 사람들과 교류할 줄 알고, 뜻이 깊은 국회의원입니다.

오신환 의원님 – 재보궐선거에 함께 국회에 입성했기에 여러모로 관심이 많은 분입니다. 마음과 마음을 모아 화합을 이루는 정치를 추구하시며 집념이 강해 이루고자 하는 일을 끝까지 해낼 수 있는 국회의원입니다.

신상진 의원님 – 의사생활을 해서 그런지 의료 분야에 매우 탁월하신 분입니다. 올해 메르스가 발병해서 나라가 들썩거릴 때 앞장서서 특별대책 위원장으로 지내며 문제를 해결하시던 모습이 인상 깊게 남아 있습니다. 무엇보다 약속을 매우 잘 지키시고 늘 초심을 지니고 낮은 자세로 따뜻하게 섬기는 훌륭한 국회의원입니다.

박민수 의원님 – 중립적인 입장에서 여당과 야당의 의견을 적절하게 반영하는 농해수위 간사 의원님이십니다. 지역 현안에 관심이 많고 지역 주민과 소통을 자주 하시는 모습을 보면서 참 마음이 너그럽다는 생각을 많이 했습니다. 농업과 농촌을 향한 이분의 열정은 누구도 따라갈 수 없을 정도로 대단하십니다.

홍문표 의원님 – 인물 좋고 언변이 좋은 의원님입니다. 농민을 위하고자 하는 간절한 진심으로 열심히 일하시는 의원님이기에 여러 모로 배울 점이 많습니다. 책임감이 매우 강한 분으로서 국회의원으로서의 사명감을 가지고 전국과 연결되는 교통망을 확보하여 지역 경제발전에 큰 성과를 이루어내셨습니다.

우 원 식

- 학력
  연세대 토목공학 학사
  연세대 공학대학원 환경공학 석사

- 경력
  제17 · 19대 국회의원(서울 노원을)
  국회 환경노동위원회 위원
  새정치민주연합 혁신위원회 의원
  새정치민주연합 노원을 지역위원회 지역위원장
  새정치민주연합 을지로위원회 위원장
  새정치민주연합 상임최고위원
  민주통합당 원내수석부대표
  열린우리당 사무부총장
  국회 서울균형발전국회의원모임 대표
  환경관리공단 관리이사
  환경정의시민연대 운영위원
  평민당 민권부국장

- 수상
  2013~14 국정감사 NGO 모니터단 국정감사 우수의원

- 저서
  『그래도 정치는 희망이다』
  『어머니의 강』

대한민국 국회
NATIONAL ASSEMBLY

| 목적이 뚜렷한 정치인, 우원식

저는 정치를 하는 목적이 뚜렷한 사람입니다. 힘없고 빽 없는 사람들이 언제까지나 무시당하고 사는 그런 세상에서 벗어나야 한다고 생각했습니다. 노무현 前 대통령께서도 말씀하신 부분인데, 이 나라에서 성공하려면 남들 눈에 피눈물이 나올 정도로 밟고 올라서야 한다고 가르쳤던 지난 역사를 청산하고 싶었습니다. 내가 성공하기 위해서라면 남을 짓밟아도 된다고 아이들에게 가르쳤던 이 통한의 역사를 바로잡고 싶었습니다. 그래서 저는 정치에 입문했습니다.

국민 여러분께서 가장 오해를 하시는 것 중 하나가, 정치인은 언제나 뉴스에서는 서로 싸우고 언성을 높이기만 하는 사람들이라고 생각하는 것입니다. 그런 모습이 자주 노출되는 건 언론이 그런 모습을 담고 싶기 때문입니다. 특종이 되기 때문입니다. 노원에 20만 명에 달하는 구민들께서 살고 계시는데, 제가 이 지역에서만 20년이 훨씬 넘도록 일했지만 사실 정말 열심히 지역구 일을 챙겨도 알아주시는 분이 그렇게 많지는 않습니다.

하지만 정치인은 남이 지금 당장 하는 일을 몰라준다고 해서 섭섭

대학생이 바라본 파워리더 국회의원

해하기만 하는 자리가 아니라는 것을 잘 압니다. 그래서 더 열심히 제 자신이 해 온 일들을 알리고자 지금도 다분히 노력하고 있습니다.

김대중 前 대통령이 김영삼 前 대통령과의 대선 대결에서 낙선한 이후 정계 은퇴 압박을 받을 때, 저는 평민당에 입당하며 김대중 前 대통령을 지키고자 노력했던 수많은 사람들 중 한 사람입니다. 그분들 중에서는 공천을 받아 국회의원이 된 분도 계셨고 저에게도 그런 제의가 있었습니다. 하지만 당이 생활 중심으로, 아래로 향할 필요가 있다고 생각했기 때문에 당직자라는 길을 선택해 이곳 노원에 정착했습니다.

노원에서 쓰레기 소각장 문제가 터졌을 때 앞장서서 반대했던 것이 바로 접니다. 일개 당직자로서 쉽지 않은 일이었지만 정말 힘들게 싸웠던 것 같습니다. 충분히 재활용이 가능한 것들까지 몰아넣어 소각하려는 이해할 수 없는 시도였기 때문입니다. 노원구민들의 건강에도 지대한 악영향을 미칠 우려가 있었고, 환경적으로 옳지 못한 일이었기 때문에 더 열심히 싸웠던 것 같습니다.

그런 투쟁을 견디고 나니 주변에서 저에게 시의원 출마를 권유했습니다. 의원이 되면 뭔가 다를 수도 있겠다, 내가 하고 싶은 정치를 할 수 있겠다 싶어서 시의원에 당선되었고, 실제로 제가 하고 싶은 정치를 할 수 있었습니다. 권력을 잡고 휘두르는 기존의 정치 형태가 아닌, 국민을 위한 정치를 펴고자 했고 그대로 실천했습니다. 저는 이 모습이 아직 저에게 남아 있고, 현재진행형이라고 확신합니다.

우원식

| 을들을 지키는 법을 만드는 '을지로위원회'

제가 소속된 상임위원회는 '환경노동위원회'로서 환경부, 고용노동부 본청과 소속기관, 산하기관을 대상으로 감사를 실시합니다. 국회 상임위에 대한 설명은 이미 많이 접하셨으리라 생각하니, 저는 독자분들께서 양해해 주신다면, 제가 맡고 있는 새정치민주연합 내 상설위원회인 '을지로위원회'를 이 자리를 빌려 소개를 드리고자 합니다.

을지로위원회는 '을들을 지키는 법을 만드는' 위원회입니다. 을지로의 로는 법law을 상징합니다. 을들을 지키는 길 위에 있다는 표현을 쓰기도 합니다만, 기본적으로는 을들을 지키는 법을 만드는 일을 합니다. 앞에서 저는 제가 정치를 하는 목적이 뚜렷하다고 자신 있게 말씀드렸는데, 바로 이 을지로위원회를 만든 목적이 제 정치적 목적과 합치되기 때문입니다.

을지로위원회를 만들 즈음에 남양유업 사태가 있었습니다. 남양유업의 본사 관계자가 대리점주에게 욕설과 폭언을 일삼으며 '밀어내기'로 제품을 영업한 충격적인 사건이었는데, 이를 계기로 을지로위원회를 통해 대기업으로 대표되는 '갑'의 횡포로부터 '을'로 대표되는 자영업자나 비정규직을 지키기 위한 노력을 시작하게 되었습니다. 힘없고 빽 없는 사람들을 위한 정치, 현장으로 가서 서민의 눈물을 닦아주는 정치를 하자는 것이 을지로위원회의 기본적인 방향이었습니다.

서울과학기술대학교 청소노동자 문제 해결로 청소노동자와 문재인 당대표가
상생꽃달기를 하는 모습

　　저는 최근에 전정희 의원님과 공동으로 산업부 소관 공공기관들
의 용역근로자 보호지침 준수실태를 분석하였는데, 공공기관들의 용
역근로자 과업지시서에 불공정 조항이 상당한 것으로 나타났습니다.
산업부 소관 40개 공공기관 중 관련 자료를 제출한 23개 에너지 공
기관의 용역근로자 보호지침 시행 현황을 보면, 시중 노임단가인 시
급 7,056원을 적용해 임금을 지급하는 기관은 단 한 곳도 없었지요.
　　이러한 실태를 보면서 더욱 을지로위원회의 역할이 중요하다는
생각이 듭니다. 관련 자료를 제출하지 않은 산업통상자원부·중소기

우 원 식

업청·특허청 소관 17개 공공기관에 대해서도 당 을지로위원회와 함께 계속 조사해나갈 것입니다.

| "현장에 답이 있다"

제가 "현장에 답이 있다."라는 말을 참 좋아하는데, 그 이유는 정말 말 그대로 현장에 모든 답이 있기 때문입니다. 저는 앞서 말씀드렸다시피 김대중 前 대통령을 따라 정치에 입문했습니다. 그리고 정치에 입문할 때의 그 신념을 잊지 않기 위해 노력했고, 민주 정부가 앞으로도 이어지는 동안 반드시 그 정치가 실현되리라 믿었습니다.

과거 선거 유세에 지원을 나갈 때마다 저는 다양한 분들을 현장에서 만났습니다. 그분들께서 하시는 말씀은 모두 똑같았습니다. "민주 정부가 만들어지면 우리 생활이 나아질 것이라 믿는다.", "꼭 민주 정부를 만들어 달라."라는 말이었습니다.

그렇게 그분들의 바람대로 민주 정부는 10년간 이 나라에 세워졌습니다. 그런데 그 이후 선거 유세를 다시 나왔을 때, 따뜻하고 다정하게 맞아주시던 시장의 상인분들께서는 이렇게 말씀하셨습니다. "너희들 말대로 민주 정부가 들어서면 우리 생활이 필 줄 알았다. 근데 아니더라. 다 똑같은 놈들이다." 가슴을 후벼 파는 말이었습니다. 지난 10년간 사실 잘할 수 있는 기회가 여럿 있었음에도 불구하고, 저희들은 잘하지 못했습니다.

현장에 가기보다는 여당이라는 권력의 맛에 사로잡혀 국회 안에

대학생이 바라본 파워리더 국회의원

서만 모든 일을 해결하려 들었습니다. 국민들의 눈물 섞인 비명을 애써 외면하며 우리 당은 그렇게 향우회 정당, 산악회 정당, 인맥 정당이 되었습니다. 저는 이런 정치를 타파하고 싶었습니다. 그래서 19대 국회에 입성하고 얼마 안 가 최고위원 선거에 도전했습니다. 그때의 슬로건도 "현장에 답이 있다."였습니다.

| 평생 해보고 싶은 정치

저는 사람을 대할 때 가장 중요하다고 생각하는 것이 바로 '태도'입니다. 말을 하는 태도, 대화를 하는 태도, 상대방을 대하는 태도. 그중에서도 제일 중요한 것은 타인을 대하는 태도가 올바른 태도여야 한다고 생각합니다.

최고위원을 하자마자 '을'들을 지키는 위원회를 만들어야 한다고 선배, 동료 의원들을 찾아뵙고 설득도 하고, 공개적으로 주장도 여러 번 했습니다. 그렇게 여러 방면으로 노력한 끝에 최고위원회의 의결을 거쳐 을지로위원회를 만들 수 있었습니다. 이걸 '리더십'이라고 할 수 있을지 잘 모르겠다고 하실 분들도 있을지 모르겠습니다만, '하고 싶은 정치를 하기 위해 당을 바꾸어 나가는 일'은 리더십이 강한 사람이어야 한다고 봅니다.

을지로위원회가 2주년을 맞으면서 내세운 슬로건이 있습니다. "을지로 정당으로 가야 한다!" 을들을 위하는 정당, 진정으로 서민을 위하는 정당이 되어야 한다는 절박한 메시지입니다. 지금보다 더 국

우원식

민의 신뢰를 잃는다면 이 나라에 영원히 민주 정부가 들어서지 못할 수도 있기 때문입니다. 그래서 저는 우리 당이 현장으로, 아래를 향하는, 진심으로 서민을 위하는 정당이 되어야 한다고 생각합니다.

SK브로드밴드의 간접고용 비정규직 노동자분들과 SKB가 최종적으로 협상을 타결하고 타결 꽃 달기 행사를 했습니다. 을지로위원회는 무슨 일이든지 타결이 되면 꽃을 다는 행사를 합니다. 오늘 감사장을 받았는데, 이 감사장이 저에게 보내는 편지 형식으로 쓰여 있었습니다.

SKB 비정규직 노동자들에게 힘을 보태면서, 평생 해보고 싶은 정치를 지금 하고 있다고 저는 말씀드리고 싶습니다. 갑의 횡포 속에 눈물짓고 고통스러워하는 국민의 곁에 다가가 힘을 보태는 정치를 이토록 하고 싶었습니다. 저는 제가 좋은 정치인이 되기 위해 꾸준히 해온 일, 그리고 리더십을 발휘한 순간 모두가 을지로위원회 활동을 하는 매 순간이라고 생각합니다.

| 낙선의 좌절감과 상실감을 극복하다

사실 지역구의 유권자 중 현역 국회의원 좋아하는 분은 그렇게 많지 않습니다. 그래서 현역 국회의원이 내년에도 또 나오면 뽑아줄 것이냐는 질문을 한다면 대다수가 그렇지 않다고 대답할 겁니다. 그런데 저는 17대 국회 당시 서울에서 현역 국회의원을 뽑겠다는 응답이 많은 2곳의 지역구 중 한 곳의 국회의원이었습니다. '우원식'이라

이완구 前 국무총리에게 대정부질문을 하고 있는 우원식 의원

는 이름을 노원구에서 모르시는 분이 별로 없을 정도였죠. 그 정도로 저는 지역에서 다음 총선, 그러니까 18대 총선도 승리할 자신이 있었습니다.

그런데 저는 낙선하고 말았습니다. 어찌 보면 제가 너무 방심했던 것이겠죠. 그때 새누리당에는 권영진 후보, 지금의 대구시장과 저외에 민주노동당에서 다른 후보를 내어 겨루고 있었는데, 사실 우리쪽 표가 분산된 영향도 있었겠습니다만 과정이 어찌 됐든 결과는 낙

우원식

선이었습니다. 그 후 저는 '아직 내 정치를 다 펼쳐보지도 못했는데, 내가 하고 싶은 정치를 이제 다시는 못 하는 것 아닐까?' 하는 생각이 들었고, 그대로 상실감에 빠졌습니다. 그래서 한동안 중국에 가 있었습니다.

제가 '내가 하고 싶은 정치를 못 할 수도 있겠다.'라는 생각이 들었던 이유는, 노원을 지역구가 그만큼 치열했기 때문입니다. 이번 총선에서 지면 다음 총선에서 이기지 못할 것 같다는, 그런 불안감이 서로에게 있었던 겁니다. 그래서 더더욱 서로 지역구를 챙겼고, 더 열심히 지역 현안을 해결하고자 발로 뛰었던 겁니다.

6개월 정도 있다가 귀국하고 나서 다시 지역구 활동을 시작했습니다. 이대로 무너질 수는 없다는 생각도 있었고, 재선이 되면 내가 하고 싶은 정치를 꼭 해보겠다는 생각이 있었기 때문입니다. 그렇게 지역 주민들과 다시 어울리고 더 많이 현장을 찾아다니며, 그리고 누구보다도 지역을 위해 노력하였기 때문에 좌절감과 상실감을 떨쳐내고 극복할 수 있었던 것 같습니다.

| 마음이 따뜻했던 김근태 형

정치적 노선이나 사람으로 보면 김근태 형을 꼽고 싶어요. 민주화 운동을 같이했고, 굉장히 부드럽고 마음이 따뜻한 사람이었어요. 영화 〈남영동 1985〉에서 고문을 당하는 사람이 바로 김근태 형이었습니다.

김근태 형을 특히 높게 사는 것은, 그의 정치적 목표가 어려운 사람을 위하는 것에 있다는 것이었습니다. 서민의 눈물을 닦아주고, 함께 눈물짓고, 그분들을 위하는 그 마음을 닮고 싶었습니다. 그래서 김근태 형의 한계를 넘어보고 싶다는 마음이 들어 생각했던 게 을지로위원회였습니다. 그 형이 삶아온 삶, 진지함, 국민을 위하는 마음을 깊게 동경했습니다.

| 어려운 상황을 정면으로 돌파하라

우리 젊은 세대들에게 진짜 좀 미안해요. 사과를 먼저 하고 싶어요. 우리에게는 10년의 기회가 있었잖아요. 물론 김대중 정부 때는 대연정 때문에 반쪽 정부이기도 했지만……. 세계화, 양극화가 시작이 되고, 노무현 정부 때 이걸 바로잡을 수 있었는데 잘 못 했죠. 그래서 노무현 정부는 크게 반성해야 한다고 생각합니다.

저는 친노가 아닙니다. 노선을 비판할 때는 분명 친노가 아닙니다. 그런데 당내에서 일을 할 때에는 또 비노도 아니지요. 저는 국민 여러분께서 주신 기회를 노무현 정부가 잘 살리지 못했다고 생각했습니다. "너희들이 한 게 뭐냐?"라고 했을 때, 대답할 수 있는 게 별로 없다고 생각합니다.

이 시기에 미래 세대들이 딛고 일어설 수 있는 기반을 만들어주고, 초석을 제대로 만들어 주었어야 했는데 그러지 못했죠. 그래서 미안한 마음을 갖고 있지만, 주눅이 들 필요는 없다고 말해주고 싶

우 원 식

어요. 먹고사는 문제가 정말 절박할수록 나 혼자 해결할 수 없는 문제이기 때문에 힘을 모으고 함께 해결해 나가야 한다고 봅니다.

　무엇보다 기득권과 재벌의 문제가 가장 크기 때문에, 청년들이 정면으로 도전하고 나아가면서 힘을 놓지 말고 서로 도와 돌파해야 한다고 생각합니다. 물론 그 과정에서 우리 같은 기성세대가 뒷받침을 해 주어야겠지요.

연세대학교 청소·경비노동자 부당해고 문제 해결 기자회견 중 손으로 하트를 만들고 있는 우원식 의원

대학생이 바라본 파워리더 국회의원

저는 제가 봤던 책 중에 내적으로 심리적으로 가장 영향을 준 책이 『무소유』라고 생각합니다. 굉장히 충격을 받았어요. '소유가 집착을 낳는구나', '소유 때문에 내가 하려던 걸 못 했구나' 법정 스님은 이렇게 생각하신 거잖아요? 저는 기독교인인데, 불교가 갖고 있는 순환고리를 접목시켜서 다른 이들에게 교훈을 주는 글이잖아요. 우리가 정작 그렇게 살 수는 없어도, 법정 스님의 청정한 마음을 좀 배워야 되겠다고 생각했습니다.

▌당을 초월해서 열정적으로 의정활동을 펼치는 국회의원 5명

권영진 前 의원님 – 비록 지금은 국회의원이 아니지만 저는 권영진 대구시장님이 일을 참 잘한다고 생각합니다. 그럴 만도 한 게, 사실 노원구 지도를 펼쳐놓고 제일 발전한 곳이 어디인가 보면 권영진 시장과 제 지역구인 노원을 지역입니다. 그만큼 서로 라이벌 의식이 있으니 열심히 일했지요.

원희룡 前 의원님 – 또 한 분은 원희룡 제주도지사님을 꼽고 싶습니다(물론 前 의원입니다만). 제주도에는 '곶자왈'이라는 게 있습니다. 한라산의 숨구멍이라고 할까요? 자연이 완벽하게 원시림처럼 잘 보전되어 있고 개발을 하지 않던 곳이었는데, 그곳에 개발을 추진하려는 계획이 있었습니다. 그래서 저도 나름 환경 전문가라는 이름을 갖고 제주도에 몇 번 갔었습니다만, 원희룡 지사는 곶자왈의 개발을 반대하는 소신 있는 지사였습니다. 물론 지금도 마찬가지고요.

우 원 식

정두언 의원님 - 저와는 서로 사이가 참 좋으신 분입니다. 세월호 참사 1주기 이후에 온전한 인양을 촉구하는 결의안을 내 본회의를 통과시킨 적이 있는데, 이때 제가 정두언 의원님에게 새누리당 의원들의 서명을 모아줄 수 있겠냐고 부탁했는데 흔쾌히 그러겠다고 해주셔서 참 고마운 사람입니다.

은수미 의원님 - 노동 전문가인데 노동 분야로는 최고이신 분입니다. 노동의 가치가 존중받는 올곧은 민주주의를 지향하시며 일을 아주 잘해서 을지로위원회에서도 현장조사분과장을 맡고 계십니다. 사람이 사람답게 살 수 있는 세상을 꿈꾸시며 열심히 의정활동을 펼치고 있습니다.

김기식 의원님 - 아주 똑똑한 의원님으로서 시장경제질서를 유지하고자 최선의 노력을 기울이십니다. 원칙과 소신을 가지고 매사에 꼼꼼한 일처리로 유명하시며 사안을 바라보는 인식이 아주 탁월하고, 해법을 찾아내는 방식에 매우 감탄하곤 합니다.

우 윤 근

- 학력

  전남대 법학 학사

  전남대 대학원 법학 박사

  상트페테르부르크대학교대학원 국제정치학 석사

- 경력

  법학 박사, 변호사, 수필가

  제17 · 18 · 19대 국회의원(전남 광양 · 구례)

  現 국회의원 연구단체 '소통과 상생을 위한 헌법연구모임' 대표

  現 '개헌추진 국회의원 모임' 간사

  現 법제사법위원회 위원

  前 새정치민주연합 원내대표

  前 새정치민주연합 정책위 의장

  前 민주당 원내수석부대표

  前 국회 법제사법위원회 위원장

  前 민주통합당 전남도당위원장

  前 제18대 대선 민주당 중앙선대위 동행1본부장(조직총괄)

  前 법무법인 유 · 러(European&Russian) 대표변호사

- 수상

  2015 법률소비자연맹 국회의원 헌정대상

  2014 국정감사 NGO모니터단 국정감사 모범의원

- 저서

  『개헌을 말한다』

 대한민국국회
NATIONAL ASSEMBLY

젊은 시절 몇 번이나 일류학교 입학시험에 떨어졌습니다. 그때는 젊었을 때라 그저 죽고 싶은 심정뿐이었고, 달리 희망을 찾기가 어려웠습니다. 당시 저에게 가장 큰 힘이 되었던 것은, '언제나 어디서나 어떤 경우에도 못난 아들이 반드시 잘될 거라 기도하고 믿어주신 어머니'의 존재였습니다. 어머니의 못난 자식에 대한 믿음과 격려가 너무 컸기에 도저히 좌절할 수가 없었습니다.

어느 기자가 인생에서 언제가 가장 행복했던 순간이었는지에 대해 물은 적이 있습니다. 저는 지금껏 살아오면서 어머니의 품 안에서 살 때가 가장 행복했다고 대답했습니다. 저의 어머니는 저에게 용기와 희망을 주셨고, 다시 일어설 힘을 주시는 분이었습니다. 어렸을 때 고향인 광양을 떠나 인근 순천으로 유학을 가느라 어머니 곁에 오래 머물지 못한 것이 지금껏 살아오면서 느꼈던 큰 아쉬움 중 하나입니다. 그래서인지 지금도 어머니의 '품'이라는 말을 들으면 평안과 위로가 찾아옵니다.

이렇게 어머니의 존재처럼, 누군가에게 '힘들 때 작은 위로를 주는 사람'이 되고 싶습니다. 안도현의 시 〈연탄 한 장〉에 나오는 구절, "삶이란 나 아닌 그 누구에게 기꺼이 연탄 한 장 되는 것"처럼……

| 국회의원 우윤근

저는 변호사, 법학 박사 출신으로 새정치민주연합 소속 3선 국회의원(전남 광양시 구례군)입니다. 변호사 시절에는 법무법인 유·러 European & Russian 대표변호사, 주한 중국·러시아·독일 대사관의 고문변호사를 했고, 정치 입문 후에는 국회 법제사법위원회 여당 간사, 야당 간사, 민주당 원내수석부대표, 민주통합당 전남도당위원장, 국회 법제사법위원장, 문재인 대선캠프 동행1본부장, 새정치민주연합 정책위의장, 원내대표를 역임한 바 있습니다.

저의 정치적 신념은 이렇습니다. 그동안의 경험과 여러 나라의 입법례를 검토한 결과, 갈등이 심한 대한민국 정치는 그 구조에 치명적 경함이 있다는 걸 알게 되었고, 그 결과 대한민국의 제대로 된 정치발전을 위해서는 '정치구조 개선'을 위한 개헌이 필수적이라고 생각하게 되었습니다. 시대에 뒤떨어진 기본권 조항은 물론 제왕적 대통령제 권력구조 개편(분권형 대통령제)을 위한 헌법 개정이야말로 '한국 정치개혁의 알파요 오메가'입니다.

현재 국회의원 155명으로 구성된 「개헌 추진 국회의원 모임」의 야당 간사, 국회의원 연구단체인 「소통과 상생을 위한 헌법연구모임」의 대표의원을 맡아 개헌 추진에 힘을 쏟고 있습니다. 개헌과 관련

우윤근

장엄한 히말라야 K-2(8,611m) 베이스캠프(5,000m)에서
우윤근 의원(1999년)

된 저서도 3권 썼는데, 『한국정치와 새로운 헌법질서』(2009), 『한국 민
주주의 4.0』(2011), 『개헌을 말한다』(2013) 등이 있습니다.

법제사법위원회

현재 국회 법제사법위원회(법사위)에서 활동하고 있습니다. 지난 11
년 동안 주로 법사위에 소속돼, 여당 간사, 야당 간사, 법사위원장

대학생이 바라본 파워리더 국회의원

을 맡은 경험이 있습니다. 법사위는 크게 2가지 역할을 하고 있는데, 첫째, 검찰·법원·헌법재판소·감사원 등 주로 권력기관을 상대로 수사·재판·감사 과정에서 적법절차의 원리가 잘 지켜지고 있는지, 정치적 중립성을 견지하고 있는지를 감독·견제하는 역할을 하며, 둘째, 국회 '입법의 최종 관문'으로서 각 상임위원회에서 올라온 법안들의 체계와 자구 및 위헌 여부를 심사하는 역할을 수행합니다. 그러다 보니, 법조인 출신들이 상대적으로 많이 포진돼 있는 상임위원회라 할 수 있습니다.

법사위에서 활동하면서, 그간 소외된 약자의 목소리를 대변하고, '유전무죄 무전유죄'의 사법 불신을 해소하기 위해 노력해왔습니다. 국민 일반의 집단적인 분쟁에서 피해자들이 보다 쉽게 피해구제를 받을 수 있도록 하는 「집단소송법안」, 분쟁 해결의 공평·신속한 해결을 통해 사법 불신을 극복하기 위한 「대체적 분쟁해결 기본법안」, 내부 제보자whistle blower의 신분을 보호하기 위한 「공익신고자보호법안」, 소액 주주의 권익 확장과 경제민주화를 위한 「상법」 개정안(대표소송제 도입, 감사위원회위원 선임 절차 개선, 집중투표제와 전자투표제 단계적 의무화 등), 가정폭력피해자에 대한 국가의 보호 및 지원을 확대하기 위한 「가정폭력방지및피해자보호등에관한법률」 등을 대표 발의했습니다.

오래전에는 지역구의 최대 난제였던, 오갈 데 없는 '부도임대아파트' 입주자들을 위한 특별법 제정을 주도하였으며, 이 법이 통과된 후 이 지역 주민들로부터 종이학 천 마리가 담긴 커다란 유리병을 선물받기도 했습니다. 지금은 국민의 기본권 확대와 지방분권 강화,

우윤근

제왕적 대통령 권한 분산 등 권력구조 개선을 위한 헌법 개정안 마련에 총력을 기울이고 있습니다.

| 오로지 국민만을 위한 정치인

1999년 6월에 히말라야 K−2(8,611m) 등반을 다녀온 적이 있습니다. 평소 『잃어버린 지평선』에 나오는 '샹그릴라'를 마음속에 그려왔던 터여서, 히말라야 등반 제안에 뒤도 돌아보지 않고 승낙했습니다. 히말라야 품속으로의 여정은 내가 이 세상에서 맛볼 수 있는 그 어떤 것과도 바꿀 수 없는 귀중한 체험이었습니다.

경쟁에서 이겨야만 주목을 받을 수 있는 것은 정치인의 숙명입니다. 경쟁에서 이기기 위한 욕심이 과해지기 마련입니다. 욕심이 과해질 때마다 히말라야의 맑고 순수하고 오염되지 않은 모습을 떠올립니다. 때묻지 않은 히말라야는 제가 수단과 방법을 가리지 않고 권력만을 추구하는 정치인이 아닌 오로지 국민만을 위한 정치인이 될 수 있도록 도와주었습니다.

마음을 다잡기 위해 늘 자연과의 친화를 위해 많은 시간을 할애했었는데, 2004년 정치를 시작한 이후로는 그렇지 못해, 늘 아쉬움이 남아 있습니다.

| 이해와 도움의 디딤발

"인간은 누구나 불완전한 존재다. 스스로 완전하다고 생각하는 순

대학생이 바라본 파워리더 국회의원

간, 인간의 가장 비극적인 실수는 시작된다."

'익명의 알코올 중독자 모임'의 인생지침서『불완전함의 영성』이라는 책에 나오는 한 구절입니다. 이는 변호사 시절부터, 교만해지거나 완고한 마음이 들려고 할 때마다 스스로를 되돌아보게 만드는 제 인생의 모토입니다. 이 책에 나온 짧은 예화는 이렇습니다.

"중세 어느 수도원에서 있었던 일입니다. 한 수도자가 규율을 어겨 죄를 범했습니다. 다음 날, 그 행위를 단죄하기 위한 회의가 열렸고, 모두가 기다리는 가운데 수도원장이 뒤늦게 도착했습니다. 그런데 그 수도원장은 물이 줄줄 새는 물동이를 메고 등장하는 것이었습니다. 다른 수도자들이 의아해하며 묻자, 그 수도원장이 이렇게 대답하더랍니다. '나의 죄가 이렇게 내 뒤로 줄줄 새고 있는데, 나는 그것도 보지 못하면서 다른 사람의 죄를 심판하고자 이렇게 왔습니다.'"

책에서 이야기의 결론이 제시되지는 않았지만, 수도원장의 '불완전함에 대한 진지한 자기 고백'이 좌중의 마음을 움직여 규율을 어긴 그 수도자에게 관대한 처분이나 죄의 용서가 내려지지 않았을까요? '제 눈의 들보는 보지 못하면서 남의 눈의 티끌부터 지적'하려는 모습은 오늘날 우리 사회의 자화상이기도 합니다. "나도 틀릴 수 있고, 너도 틀릴 수 있다."라는 '불완전함의 영성'을 인식할 때 비로소 서로가 서로를 향해 '이해와 도움의 디딤발'을 내딛을 수 있지 않을까요?

우윤근

평소 정치의 본령은, 갈등을 줄여나가면서 여·야가 건전한 토론과 소통을 통해 대안을 마련해나가는 것이라 여겼습니다. 원내대표 시절 이른바 '우윤근식 협상의 3원칙'을 견지해, 막힌 정국을 뚫었던 적이 많았습니다.

첫째, 어떤 경우라도 여야는 소통해야 된다고 믿었습니다. 그래서 30여 차례의 '원내대표 주례회동'을 비롯해, 다양한 형태의 공식·비공식 대화 채널을 통해 여·야가 소통했습니다.

둘째, 협상 파트너의 '물러설 수 없는 주장'을 주의 깊게 경청하는 것으로부터 협상을 시작해야 한다고 생각했습니다. 즉, 각자가 진영 논리에 갇혀 상대방의 입장은 아랑곳하지 않고, 자기주장만 되풀이하면 협상의 진전은 없다고 보았습니다. 상대를 존중하고 상대 입장을 이해했을 때, 상대도 내 주장을 끝까지 들어주고 이해해주었습니다.

셋째, 작은 합의가 쌓이고 쌓였을 때, 큰 현안도 합의가 가능하다고 보았습니다. 그래서 주례회동을 할 때마다 가능하면 작은 합의라도 이루려고 애썼습니다.

그 결과, 작년 11월 7일 '4·16 세월호 참사 206일 만에 「세월호특별법」 통과', 작년 12월 2일 '12년 만에 법정 기한 내 예산안 처리'라는 소기의 성과를 거둘 수 있었습니다.

韓國社會를 빛낸
2015 大韓民國 忠孝 式

2015. 8. 21(금) PM
서울 백범 김구 기념
'2015 대한민국 충효   조직위원회
대한민국신문기자협회   의회. 대한민   행복시대. 선데이타임즈. (사)국제문화
스포츠코리아신문. 친   근의사평화캠   장애인단체 문화예술총연합회

2015 대한민국 충효대상 시상식 의정활동부문 시상

얼마 전에 나온 '호세 무히카' 前 우루과이 대통령에 관한 책이 화
제입니다. 지난 2월 27일, 5년 임기를 마치고 퇴임했는데, 우루과이
국민은 물론 세계 언론이 극찬했습니다. 퇴임할 때 지지율이 65%
로, 취임 때보다 더 높았다고 합니다.

책에 나온 한 대목을 소개하면 이렇습니다. "민주주의의 강력한
이점은 사람들이 서로 동의하지 않더라도 평화로운 공존이 가능하
다는 점이다. 이는 나와 생각이 다른 사람들을 존중하는 것을 의미
한다." 정치는 진영 논리에 따라 "내가 옳고 너는 틀리다."라는 이분
법을 넘어서는 것에서부터 시작한다고 봅니다.

우윤근

여·야가 싸우지 않고 소통하고 상생하는 모습을 보여주기 위해 노력해왔습니다. 특히 원내대표 시절 주어진 여건하에서 최선을 다하기 위해 아마 처음이라고 할 수 있는 '주 1회 여·야 원내대표 회담'을 정례화시켰고, 그 결과 헌법이 정한 예산안 통과 기일을 헌정 사상 두 번째로 여·야 합의로 지켰고, 「세월호특별법」을 통과시키는 등 수많은 합의를 이루어냈습니다. 좋은 정치인이 되는 것도 중요하지만, 좋은 정치가 이뤄질 수 있도록 정치의 구조와 제도를 제대로 만드는 것이 더 중요하다는 소신을 가지고 있습니다.

정치는 우리 사회의 다양한 의견과 갈등이 조정되고 해결하는 최종 장치입니다. 정치가 잘돼야 사회도 국가도 발전할 수 있습니다. 그러나 오늘날 정치인에 대한 신뢰는 어떻습니까? 정치인 신뢰도 2.6%입니다. '처음 만난 사람'에 대한 신뢰도 8.4%보다도 훨씬 낮습니다. 오늘날 대한민국 정치를 바라보는 국민의 신뢰 수준은 이처럼 바닥입니다. 특히 대한민국은 OECD 국가 중 갈등이 터키에 이어 두 번째일 정도입니다.

정치가 왜 이 지경에까지 이르렀습니까? 저는 '사람(정치인)'보다는 '제도(정치구조)'에 근본적인 문제가 있다는 판단을 내렸습니다. 국회의원을 아무리 바꿔도 현 정치구조하에서는 그 사람이 그 사람인 이유가 있습니다. 여·야의 역할이 정해져 있는 구조이기 때문입니다. 즉, 여당은 누가 되더라도 정부의 대변인, 야당은 무조건 싸우지 않

개헌추진 국민연대 출범식에서 축사 중인 우윤근 의원(2015년)

으면 안 되는 권력구조입니다. 이런 상황에서 단순히 사람 교체로는 정치 변화를 기대할 수 없습니다. 그동안 매번 절반 가까이 국회의원들을 바꾸었음에도 불구하고 우리 정치가 새롭게 변하고 바뀌었다고 믿는 국민은 거의 없습니다.

근본적인 원인 분석 및 새로운 처방이 필요합니다. 대통령 한 사람이 모든 권력을 쥐는 '제왕적 대통령제'를 바꿔, 대통령과 의회, 중앙정부와 지방정부가 권한을 분점하는 '분권형 대통령제'로 바꿔야 할 것입니다. 권력구조를 바꾸지 않고서는 우리 정치가 한 발짝도 나아갈 수 없다고 생각합니다. 이 점에 대해서는 전직 국회의장을 비롯한 많은 원로 정치인들과 헌법학자, 정치학자들도 동의하고

우윤근

있습니다. 그래서 법사위원장 시절부터 꾸준히 권력구조 개편을 위한 '개헌추진 모임'과 공청회를 주도하고 저서 발간 등을 해오고 있습니다.

| 분권형 대통령제

분권형 대통령제에 대해 두 가지 측면에서 말씀드리면 첫째, 경험적 측면입니다. 현실정치에서 국회는 대통령 권력을 향한 '치킨게임'을 벌이고 있다고 단언할 수 있습니다. 즉, 국회는 내내 제왕적 대통령 권력을 차지하기 위한 정쟁의 베이스캠프가 되고, 대통령이 선출된 이후에는 대통령 권력을 대변하는 세력과 대통령 권력을 차지하려는 세력 간에 중단 없는 대회전의 장이 됩니다.

또한 선거의 승자는 전쟁의 전리품을 챙기듯 모든 권력을 독점하고 패자는 죄인 마냥 모든 것을 잃습니다. 이러한 'all or nothing'의 승자독식 구조하에서 대통령은 '선출된 군주'로 군림하며, 제도적으로 보장된 권한 이상의 제왕적인 권력을 행사하는 속성을 갖습니다. 바로 경험적 측면에서의 대통령제 폐단이라 하겠습니다.

둘째, 비교법적 측면입니다. OECD 34개국 중 4개국(한국, 미국, 멕시코, 칠레)을 제외한 대다수의 국가들이 '분권형 의원내각제' 또는 '실질적 의원내각제'를 실시하고 있는 것으로 조사되었습니다. 오죽하면 독일의 헌법학자 뢰벤슈타인이 "미국 대통령제는 미국 이외의 국가로 한 발짝 수출되는 순간 죽음의 키스로 변한다."라고 설파했겠습

대학생이 바라본 파워리더 국회의원

니까? 미국 대통령제는 철저한 연방국가의 형태로서 의회중심주의를 채택하여 견제와 균형이 제대로 갖춰진 미국만의 독특한 제도이기 때문입니다.

결론적으로, 한국 의회민주주의를 실현하고 정치 신뢰를 회복하기 위한 과제는 '대통령 권력의 대폭 분산, 의회 권력의 대폭 확대'일 수밖에 없으며, 이는 '헌법 개정'을 통해서만이 달성될 수 있다고 봅니다. 일찍이 막스 베버도 다음과 같이 의회 권력의 중요성을 설파하지 않았습니까?

"국가 미래질서에 대한 가장 결정적인 질문은 '어떻게 하면 의회로 하여금 통치를 담당할 능력을 갖게 만드는가?'에 놓아야 한다. 다른 모든 질문은 단지 오류이며, 다른 모든 것들은 부차적이다."

| 당을 초월해서 열정적으로 의정활동을 펼치는 국회의원 5명

문희상 의원님 – 정치계의 대선배로서 열정적이시고 따스한 마음으로 모두를 아우르시며 탁월한 지혜와 식견을 모두 갖추신 분입니다. 제가 원내대표 시절 비상대책위원장으로 함께 호흡을 맞췄는데, 늘 저를 믿어주셨습니다.

서영교 의원님 – 원내 대변인으로서, 지치지 않는 열정으로 눈부신 의정활동을 펼치고 있는 분입니다. 괴테의 저서 『파우스트』의 마

우윤근

지막 구절을 보면, "영원히 여성적인 것이 우리를 구원한다."라고 되어있는데, 우리 새정치민주연합의 미래를 책임질 여성 정치지도자로서 손색이 없는 분이라고 생각합니다.

정의화 국회의장님 – 오랜 경륜과 균형감을 가진 의회 지도자로서, 특히 야당의 입장을 배려하기 위해 최선을 다하는 모습, 그리고 동서 화합과 통합을 위해 오랫동안 진정성과 일관성을 유지하는 진정한 의회 지도자다운 모습을 보여주었습니다.

장윤석 의원님 – 법조계의 선배로, 지난 17대 · 18대 법사위 시절, 저와 함께 여 · 야 간사를 서로 번갈아 가면서 해왔던 분입니다. 무엇보다 합리성과 균형을 갖춘 분이기에 추천하고 싶습니다.

유승민 의원님 – 저의 원내대표 파트너였었는데, 상대를 존중하고 합리적인 대화를 이끌어내실 줄 아는 분입니다. 무엇보다 소신과 신념이 뚜렷한, 용기 있는 지도자이시기에 함께 일할 때 항상 행복했던 기억으로 남아있습니다.

유 성 엽

- 학력
  전주고등학교
  서울대 외교학

- 경력
  제18·19대 국회의원(전북 정읍)
  現 새정치민주연합 전라북도당 위원장
  現 새정치민주연합 시도당위원장협의회 부회장
  現 새정치민주연합 세월호대책특별위원회 위원장
  現 예산결산특별위원회 위원
  現 새정치민주연합 재벌개혁특별위원회 위원
  現 국회 농림축산식품해양수산위원회 위원
  前 새정치민주연합 제3정책조정위원장
  前 새정치민주연합 정책위원회 수석부의장

- 수상
  유권자시민행동 국정감사 최우수상
  한국과학기술단체총연합회 과학기술 현인상
  거짓말 안 하는 정치인상
  제2회 매니페스토 약속대상 우수상
  국정감사 베스트의원
  녹조근정훈장
  국무총리표창

- 저서
  『전봉준 장군이 100년 만에 깨어난다면』(2002년)
  『전북사랑』(2006년)
  『정읍의 길, 대한민국의 길, 나의 길』(2011년)
  『지방이 나라다』 / 『전북의 길! 문화와 생명』(2013년)

 대한민국 국회
NATIONAL ASSEMBLY

| 정읍에서 태어난 개구쟁이

자연이 조화롭고 문화 예술의 뿌리가 굳건하며, 역사가 살아있는 정읍. 비옥한 평야지대와 빼어난 산세를 자랑하는 산악지대가 두루 조화를 이루고, 옥정호와 도원천에서 발원한 물줄기가 동진강이 되어 서해를 향해 도도히 흘러가는 곳, 바로 제가 태어난 정읍입니다.

저는 1960년 정읍시 옹동면에서 3남 1녀 중 장남으로 태어났습니다. 풍족하지는 못했지만, 그렇다고 부족함은 모르고 어린 시절을 보냈던 것 같습니다. 나중에 철이 들고 나서야 장남인 제가 부족함 없이 자라고 공부할 수 있도록 뒷받침해주시고자 했던 부모님의 깊은 배려가 있었던 것을 알게 되었습니다. 초등학교 시절 더 이상의 개구쟁이는 없을 정도로 심한 장난과 말썽을 부렸습니다. 심지어 6학년 때에는 징계를 당하지 않는 조건으로 각종 수상을 포기해야 할 정도였습니다. 짓궂기도 했지만 공부도 제법 했던 모양입니다.

이후 중학교 3학년 전주로 유학을 나가 신흥중학교와 전주고등학교를 졸업했습니다. 그 당시는 대학문이 그렇게 좁지 않았던 시절이기에 웬만큼 따라만 가면 진학할 수 있었지만, 그럼에도 불구하고 대학을 3수까지 하게 되었습니다. 제 인생에서 첫 시련(?)이라고 할 수도 있겠지만 그 정도는 제 앞에 남겨진 고난의 길에 비하면 하품 나오는 정도에 불과했습니다.

| 늦은 대학생활, 빠른 공직생활

3수 끝에 서울대학교 외교학과를 진학하게 되었고, 당시 민주화 열기가 한창이던 사회적 흐름에 따라 저 또한 방송기자가 되어 사회의 부조리한 측면을 바로잡아보고자 했습니다. 하지만 공직자가 되어 제도를 바로잡는 역할도 중요하다는 지인의 조언에 따라 행정고시를 준비하게 되었고, 4학년 재학 중이던 1983년 운이 좋게 합격의 영광을 누리게 되었습니다.

대학 진학을 위해 3수를 투자했지만 재학 중에 고시에 합격하게 됨으로써 시간적으로 큰 낭비는 없게 된 셈입니다. 인생이란 때론 느리고 어려움도 있을 수 있지만 길게 보면 그것이 반드시 뒤처지는 것만은 아니라는 것을 깨닫는 경험이 되었습니다.

공직자의 길은 전북도청에 이어 내무부(지금의 행정자치부)에서 시작하게 되었습니다. 당시 정치권에서는 지방자치 부활 논의가 한창이었고 내무부에는 지방자치실시기획단에서 지방자치 준비업무를 하고 있었습니다. 저는 지방자치기획단에 이어 지방기획국에서 근무하게 되었는데, 당시 과장이었던 권선택 現 대전시장님, 국장이었던 이시종 現 충북지사님과는 18대 국회에서 국회의원으로 다시 만나

유 성 엽

서 내실 있는 지방자치를 위해 손발을 맞추는 일도 있었습니다.

1995년 외형상 지방자치가 전면 실시되면서 우선 지방을 알고 싶었습니다. 제가 담당자로서 기획했던 지방자치제도가 지방에서 제대로 뿌리내리는지 확인도 하고 또 의도한 대로 이행되기를 바라는 뜻에서 내무부에서 전북도청으로의 전입을 신청했습니다. 30대 젊은 나이에 주요 보직 국장을 역임하면서 신선한 행정 스타일을 마음껏 펼칠 수 있었습니다.

| 호남에서 무소속으로 연속 당선

2002년 42살의 나이에 민선3기 정읍시장에 도전하여 당선되었습니다. 처음으로 정치인의 길을 걷기 시작한 것입니다. 당시 여러 가지 이유 등으로 침체됐던 시정에 새로운 활기를 불어넣음으로써 전북지역 단체장 가운데 '인사공정성, 청렴도, 대외교섭능력' 등에서 최고의 평가를 받기도 했습니다.

2006년 전북도지사에 도전했으나 경선에 실패하고, 2008년 18대 국회의원에 도전, 민주당 공천을 신청했지만 이해할 수 없는 이유로 컷오프 당하고 말았습니다. 하지만 달리 선택의 길이 없었기에 정읍시민을 믿고 무소속으로 도전하게 되었고, 전국 25명의 무소속 당선자 중 두 번째로 높은 61%의 득표율로 압승을 거뒀습니다.

호남 무소속 당선자 중 저만 복당이 이루어지지 않아 19대 총선 역시 무소속으로 당선되면서 소위 황색바람 이후 호남에서 연속으

한스타일 잡지 인터뷰

로 무소속으로 당선된 유일한 사람으로 기록되었습니다. 18대 당선
이후 국회의원 회관 사무실이 444호였는데, 이 방 주인들이 재선하
지 못했다는 징크스가 공공연히 떠돌고 있었습니다. 그러나 제가 19
대에 당선됨으로써 그러한 징크스마저 일거에 날려버린 계기가 되
었습니다.

| "정읍에서 국회로 출퇴근하겠습니다"

자동차 할부가 끝나기도 전에 자꾸 고장 납니다. 1년에 8만 킬로
미터 이상을 달리니 그럴 만도 합니다. 육체적으로 힘들지만 처음
국회의원에 당선될 때 정읍시민께 드린 약속인 "정읍에서 국회로 출

퇴근하겠습니다."를 잘 지켜가고 있습니다.

　출퇴근이라는 것이 매우 관념적이고 의례적일 수는 있습니다만 제 약속은 저를 뽑아준 정읍시민들과 함께 부대끼고 호흡하면서 현장의 생생한 목소리를 국정에 적시에 반영하겠다는 취지에서 발로한 것입니다. 현장을 외면하면서 물리적으로 정읍과 국회만 오간다면 매우 비효율적인 낭비요소일 것입니다. 하지만 저는 '출퇴근'이라는 약속을 통해서 끊임없이 '현장'을 찾도록 저 자신을 다지고 있는 것입니다.

　다행히도 정읍시민들께 일시적인 쇼로 비쳐지지 않고 진정성이 전달되어 이제는 일상이 되었습니다. 시민단체와 대학 등으로부터 「매니페스토 약속대상」과 「거짓말 안 하는 정치인상」을 받게 된 것도 이런 저의 노력에 대한 평가라고 생각합니다.

| 부지런한 의정활동

　국회의원의 임기는 4년입니다. 4년의 임기 중 2년씩 나누어 상임위원회를 선택하여 활동하게 됩니다. 저의 경우 18대 국회 전반기에는 농림수산식품위원회에서, 후반기에는 교육과학기술위원회에서 활동하였습니다. 그리고 19대 전반기에는 미래창조과학방송통신위원회에서, 임기 후반기인 현재에는 농림축산식품해양수산위원회에서 활동 중에 있습니다. 또한 상임위원회와 별도로 특별위원회를 구성하게 되는데 저는 지금 2016년 국가예산을 심의하게 되는 예산결

연구개발특구지정 기자회견

산특별위원회 위원으로도 활동 중에 있습니다.

농림축산식품해양수산위원회는 크게 농림축산식품부와 해양수산부의 업무를 관장하면서 정부 정책의 적정성과 예산의 효율성, 효과성 등을 검토하는 위원회입니다. 소관 부처의 입법사항을 정비하고 예산을 심의·의결하게 됩니다. 특히 우리 농업과 농촌의 현실을 직시하고 난관을 타개하기 위해 많은 힘과 노력이 필요하기 때문에 우리 위원회의 경우 특별히 여당과 야당이 구분되지 않는 특수성이 있습니다. 모두가 '농민당'이라고 불릴 정도로 한마음 한뜻이 되곤 합니다.

다만, 작년 전대미문의 대형참사인 '세월호' 사건을 전담하다 보니 관련해서 여당과 야당이 첨예하게 대립하기도 했습니다. 저는 각종

유 성 엽

FTA로 우리 농업과 농촌이 절체절명의 위기에 직면해 있는데 우리 정부는 일시적이고 단편적인 보상책만을 마련하고 있는 점이 가장 불만스럽습니다.

고기를 잡는 법을 가르쳐 줘야 하는데 굶기 직전에 끼니만 던져주는 듯한 정부의 시혜적 정책은 결코 바람직하지 않습니다. 우리 농업의 경쟁력을 높이기 위한 근본적인 해법을 제시해야 합니다. 친환경 농업으로 대 중국 시장을 겨냥한다거나 FTA로 인한 무역이득을 피해보전책으로 공유함으로써 성장과 분배를 동시에 구가하는 정책이 입안돼야 합니다.

제가 반드시 이루고 싶었던 입법과제가 바로 「순환복합영농 육성 지원법」입니다. 농업의 생산경쟁력을 높이기 위해 친환경 순환복합 영농시스템을 정착시키고자 하는 목적으로 제가 대표발의한 제정법입니다.

저는 정부 정책이 예측과 지속이 가능할 때 상호 신뢰가 구축되고 중장기적 성장 동력을 위한 체계적 계획이 수립될 수 있다고 생각합니다. 농업과 농촌은 결코 포기해서는 안 됩니다. 오히려 잠재적인 성장원으로서 선진국 도약을 위한 발판으로 조성해야 합니다. "공업화를 통하여 중진국까지 이룰 수 있지만 농업과 농촌의 발전 없이 선진국이 될 수 없다."라는 노벨경제학상 수상자인 사이먼 쿠츠네츠 교수의 주장에 귀 기울여야 합니다.

대학생이 바라본 파워리더 국회의원

| '정치'에 대한 끊임없는 고민

우선 우리 국민 정서에서 '정치인' 하면 '불신'이 떠오릅니다. 표리부동表裏不同하고 상황에 따라서 말 바꾸기를 잘하기 때문이 아닌가 생각합니다. 태생적으로 거짓말을 못 하는 제가 제도 정치권에 들어와서 보니 그런 오해를 받기 충분한 상황들이 많이 있었습니다. 때로는 자신의 소신과 다른 얘기를 해야 할 상황도 오고, 또 속내를 굳이 드러내지 않아야 하는 입장일 때도 있습니다.

하지만 분명한 것은 부득이 자신의 소신과 달랐던 얘기를 다시 뒤집으려 할 때에는 반드시 이전 입장에 대한 해명 또는 분명한 사과가 있어야 한다는 점입니다. 저는 한 번 약속하고 제 입을 통해서 나온 얘기는 반드시 실천하려고 노력합니다. 누구나 다 그런 생각은 가지고 있겠습니다만, 모범적으로 실천하려고 성심을 다하고 있습니다.

| 실패에 크게 낙담하거나 좌절하면 안 된다

저는 대학 진학을 위해 3수를 했습니다. 하지만 대학 재학 중에 행정고시를 합격함으로써 3수에 대한 트라우마를 씻어낼 수 있었습니다. 그런 소중한 경험 탓인지 당장 눈앞에서 겪게 되고 또 제 마음을 아프게 했던 실패들이 여러 번 있었지만 크게 낙담하거나 좌절하지는 않았습니다. 오히려 그런 난관을 계기로 더 굳게 다져가는 시간을 갖고자 노력했습니다.

유성엽

공천혁신안 기자회견

2006년이었죠. 전북도지사 공천을 위한 당내 경선에 참여하게 되었는데 준비가 부족했기 때문에 실패하게 되었습니다. 그때 제 나이가 46살로 한창 일할 나이라고 할 수 있죠. 하지만 선출직이 모두 그렇듯 all or nothing입니다. 그로부터 18대 국회의원에 당선될 때까지 약 2년간 백수생활을 하게 되었던 것이죠.

물론 주위에서 크고 작은 자리를 제안해 왔지만 그동안 앞만 보고 달려왔던 저 자신을 한 번쯤 반추해 볼 수 있는 기회가 다시 또 오겠나 싶어서 모두 거절했습니다. 그리고 대학大學 등 고전을 배우고 농촌의 현장 속에서 많은 사람과 만나 얘기를 나누는 시간을 보냈습니다. 그때 제게 주어진 2년간의 시간이 지금 저의 충실한 의정활동의 화수분이 되고 있음은 부인할 수 없는 사실입니다. 지금 눈앞에서 벌어진 실패와 시련이 당장은 견디기 힘들어도 이를 계기로 더 성숙할 수 있는 기회가 반드시 주어진다는 것을 잊지 않았으면 합니다.

| 동학농민혁명 선양사업은 저의 숙원사업

제가 정치를 하면서 나름대로 표상이 되는 인물 한 분 정도는 마음에 새기고 있어야겠다는 생각을 늘 해 오곤 했습니다. 곰곰이 생각해 봤는데, 아무래도 김대중 前 대통령이 아닐까 싶습니다. 시간이 흘러 우리 현대사를 역사로 기록할 때 영웅이라는 호칭이 전혀 어색하지 않을 그런 거인의 발자취를 남겼다고 봅니다. 드라마틱한 정계 진출의 과정과 목숨을 바쳐 지키고자 했던 신념, 무엇보다 불굴의 의지로서 평생의 꿈인 수평적 정권교체라는 대업을 이뤄냈다는 점은 범접할 수 없는 그분만의 후광처럼 여겨집니다.

2008년이죠. 무소속으로 18대 국회의원에 당선되었을 때 동교동으로 김 前 대통령을 찾아뵈었던 적이 있습니다. 감출 수 없는 총명함으로 제 지역구인 정읍과 관련된 현안을 말씀하시는 걸 보았습니다. 그분께서 대통령 임기 중에 반드시 이루고 싶었던 것이 동학농민혁명의 선양사업이었는데, 충분히 그러지 못해 안타깝고 아쉽다고 하셨습니다. 동학농민혁명은 '반부패, 반봉건, 반외세'를 동시에 기치로 건 세계사적인 유례없는 시민혁명이라는 역사적 의의까지

유성엽

설명하시면서 말이죠.

그분의 결정으로 현재 정읍 황토현에는 동학농민혁명기념교육관이 건립되어 운영되고 있습니다. 저에게 반드시 동학농민혁명의 선양사업을 앞장서서 이뤄달라는 당부의 말씀이 있으셨습니다. 참여정부 시절인 2004년 「동학농민혁명 특별법」이 공포되었고, 2014년부터 2017년까지 완공목표로 국비 383억 원이 투입되어 김대중 대통령 시절 IMF 경제위기로 아쉽게 접어 두었던 「동학농민혁명 기념공원 조성사업」이 진행 중입니다. 어찌 보면 김 前 대통령의 유지가 되었습니다만, 그 뜻을 받들어 우리 근대사의 큰 물줄기인 동학농민혁명이 우리 국민들의 의식과 삶 속에 공고히 자리 잡을 수 있도록 선양사업을 펼쳐 나갈 생각입니다.

'틀림'이 아닌 '다름'을 이해해야

진정성에서 우러나오는 소통은 인간관계에서 가장 중요한 덕목입니다. 우리는 각자 주관이 있고 사고와 철학이 있기 때문에 '틀림'이 아닌 '다름'을 이해해야 합니다. 서로 '다름'을 바탕으로 그 간극을 좁혀가는 것이 소통이고 기저에는 진정성이 깔려있어야 합니다. 정치도 그렇습니다. 반대를 위한 반대가 아니라, 서로 다름을 이해하고 '정·반·합正反合'의 발전지향적인 길로 나아가는 것, 저는 그것이 가장 바람직한 정치행태라고 생각합니다.

과학과 기술이 발달하면서 더 많은 지식을 요구하는 시대가 되었습니다. 사소한 것 하나라도 놓치게 되면 서로 대화가 되지 않을 정도로 이 사회는 급속하게 변화하고 있습니다. 하지만 이것도 하나의 현상에 불과하다고 봅니다. 이제는 우리 사회를 변화시켜 나가는 본질이 무엇인지 진지하게 고민해 봐야 합니다.

그래서 요즘 인문학이 조명받고 부각되는지도 모르겠습니다. 『인간은 무엇으로 사는가』에서 톨스토이가 하고 싶었던 얘기처럼 사회를 구성하는 우리에게 가장 중요한 가치가 무엇인지 스스로 되돌아볼 수 있는 시간을 많이 가졌으면 합니다. 단기적으로 지향했던 목표점에 도달하지 못했다고 해서 그것이 곧 실패를 뜻하고 인생의 끝을 의미하는 것이 아니기 때문입니다. 나를 떠나 우리, 그리고 사회에서 가장 중요한 가치가 무엇이고 또 그러한 가치를 구현하는 데 내가 어떠한 역할을 할 수 있는지를 고민하고 실천해 나가는 것이 의미 있는 삶이라는 생각입니다.

지금까지 제게 주어졌던 시간들, 그리고 역할들을 되뇌어보면 때로는 저 자신을 위해서만 지나치게 몰입한 적도 있었고, 제 욕심만큼 채우지 못해 화가 났던 적도 더러 있었습니다. 하지만 제 욕심을 비우고 또 화를 다스릴 줄 아는 지혜를 배우는 것도 저의 몫이었습니다. 필요할 때 발휘해야 하는 지혜는 단시간 투자를 통해 습득할 수 있는 것이 아닙니다. 자신의 마음을 다 잡을 수 있는 지혜, 지혜로운 삶을 위해 많이 투자해야 합니다.

유 성 엽

최재천 의원님 – 균형이 잡히고 깔끔한 논리를 갖추신 분입니다. 누구보다도 열정적 의정활동으로 동료의원들의 귀감이 되시며 현재 새정치민주연합의 정책위의장을 맡고 계십니다.

이주영 의원님 – 이분이 해양수산부 장관에 임명되자마자 세월호 참사가 일어났습니다. 그 뒤 팽목항에서 실종자 가족과 끝까지 함께하는 진정성을 보면서 책임 있는 정치가 무엇인지를 다시금 생각하게 해 주신 분입니다.

김우남 의원님 – 농림축산식품해양수산위원회 위원장으로서 우리 농어촌의 회생을 위해 노고를 아끼지 않으시는 모습이 인상적입니다.

이진복 의원님 – 청년 시장·군수들의 모임인 청목회 멤버로서 인연을 맺은 분입니다. 원칙과 소신의 정치를 몸소 실천하고 계십니다.

황주홍 의원님 – 민선 강진군수 출신으로 정치개혁과 지방분권을 위해 쓴소리를 마다하지 않는 소신 있는 정치를 보여주십니다.

유   승   희

- 학력

    덕수초/성정여중/예일여고 졸업

    이화여자대학교 문리대 및 동대학원 졸업

    한양대학교 행정학 박사

- 경력

    19대 국회의원(성북갑) / 17대 비례대표

    새정치민주연합 최고위원

    국회 여성가족위원회 위원장

    국회 미래창조과학방송통신위원회 위원(전반기 간사)

    새정치민주연합 표현의 자유 특별위원회 위원장

    새정치민주연합 을지로위원회 위원

    새정치민주연합 전국여성위원장

    국회 방송공정성특별위원회 민주당 간사

    국회 아동여성 폭력근절을 퇴한 특별위원회 위원

    국회 경제민주화 포럼 공동대표

    국회 한 · 미자유무역협정(FTA) 체결대책특별위원회 위원

    국회 과학기술정보통신위원회 위원

- 수상

    2015 법률소비자연맹 국회의원 헌정대상

    2012~14 NGO모니터단 선정 국정감사 우수의원

- 저서

    『딸에게 들려주는 리더십 이야기』 1, 2편

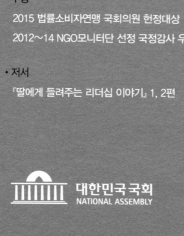

대한민국 국회
NATIONAL ASSEMBLY

| 유승희 의원을 소개합니다

여성의원과의 첫 만남, 당당하고 강력한 카리스마가 느껴진 유승희 의원은 한결같이 자신이 정한 길을 걸어가는 모습이 돋보였다. 그런 면모를 보니 진정으로 민중을 위한 정치를 하고 있는 의원이지 않을까 하고 감히 생각해 본다.

그녀가 대학 시절부터 지금까지 신념의 길, 정의의 길을 거닐게 된 배경은 어떻게 된 것일까?

| "옥중서간, 책 한 권이 그녀의 삶의 방향을 바꾸었다"

저는 사실 어릴 적에는 피아니스트라는 장래희망을 꿈꾸고 있었어요. 중학교 3학년 때까지 피아노 레슨을 받던 저였는데, 지금까지도 가장 존경하는 분인 본 회퍼의 옥중서간을 읽고 삶의 방향을 바꾸게 되었죠. 나치 정권에 맞서 싸우다 결국 처형당한 그의 삶처럼 사람들 속에서 함께 고민하는 사회운동가의 삶을 살기로 결심하게 되었어요. 고등학교 때부터 신학과 철학 서적 읽는 것이 취미였습니다.

대학 졸업 후 1985년부터 1995년까지 구로공단을 주 무대로 하는 산돌교회의 산돌노동문화원에서 활동하였습니다. 공장에서 구두에 시약을 바르는 등 '시다' 일을 했습니다. 노동자들과 함께하는 삶을 살며 노동자의 권리를 위해 발로 뛰었습니다. 그때의 현장경험 덕분에 지금도 늘 '모든 문제의 정답은 현장에 있다'는 믿음을 갖게 되었습니다.

월 10만 원의 월급을 받고도 저는 불평 없이 항상 기쁜 마음으로 근무하였어요. 월 5만 원씩 적금을 부어 일 년 뒤 이화여대 대학원에 진학해 석사 학위를 받고, 그 후에도 한양대학교 대학원에서 지방자치학 석사 학위를 받았고, 한양대학교에서 행정학 박사 학위도 받았습니다. 숭실대학교 대학원에서 노동문제에 관한 연구과정도 수료했습니다.

| 순수하고 정의로운 여성의원의 첫 정치 입문, 8천 통이 넘는 지지
  자들의 편지

어려운 사람들과 불의를 보면 참지 못하는 저에게, 노동문화원에서의 경험이 정치 입문의 계기이지 않을까 하는 생각이 듭니다. 학업과 여러 가지 병행 속에 힘들고 바쁜 삶을 살아가면서도 주변의 추천으로 저는 1995년 시의회 의원으로 출마하게 되었습니다. 선거 사무실은 제가 사는 작은 아파트 창문에 「유승희 선거 사무실」이라는 현수막을 하나 매어 놓은 게 다였죠.

유승희

표현의 자유 대토론회 「대한민국 표현의 자유를 진단한다」

　사무실 개소식에 가보니 시민, 노동단체 지도자들과 각 분야의 교수님들과 친척, 유권자들이 사무실을 가득 메우고 있었어요. 개소식이 끝난 뒤엔 참석자들이 구역별로 조를 편성해 홍보활동도 벌였어요. 후보자 홍보용 진단을 거리에서 나눠주는 데 저도 동참하였습니다.

　며칠 후 어느 예식장 지하실을 빌려 개인 연설회를 가졌어요. 〈모래시계〉 드라마 작가 송지나 씨가 찬조 연설자로 나섰고, 국회 여성특별위원회 위원장인 이우정 의원이 격려의 인사를 해주었어요. 저를 너무나도 잘 아는 친구이자 방송작가가 많은 이들 앞에서 저에 대해 극찬을 해주었던 점은 평생 잊지 못할 것 같아요.

　선거를 치르면서 선거자금 없이 전적으로 자원봉사자들의 도움을

대학생이 바라본 파워리더 국회의원

받았어요. 그들이 먹는 김치와 반찬과 쌀 등을 모두 자원봉사자들이 가져와 선거를 치렀는데, 현역 시의원보다 두 배가 넘는 압도적인 표 차로, 전국에서 2위로 당선되는 결과를 만들었습니다. 주변에선 돈 안 드는 선거의 창시자라고도 합니다. 당시 후보였던 저에게 8천 통이 넘는 편지를 보내 주셨는데 그때의 그 감동은 잊을 수가 없습니다.

| 성 평등, 여성의 인권을 지키기 위한 그녀의 행동

17대 국회에서 비례대표로 당선되어 과기정위원회와 여성위원회 위원으로 일했습니다. 그리고 19대 국회에 들어서 성북갑 지역구 국회의원으로 당선되었습니다. 19대 국회 첫 번째 성과가 폭력 범죄에 있어서 친고죄를 전면 폐지한 것입니다. 성범죄는 5대 강력범죄 중 하나임에도 불구하고 친고죄로 규정되어 있기 때문에 범죄라는 인식이 자리 잡고 있지 않습니다. 그동안 처벌도 강하지 않았을뿐더러 오히려 성범죄에 대한 관대한 분위기가 만연했습니다. 피해자가 죄인이 되는 경우도 종종 있었죠.

그래서 피해자의 고소가 있어야만 가능했던 친고죄를 없애기 위해 당론으로 친고죄 전면 폐지를 위한 형법개정안을 대표 발의했고 2012년 국회 본회의에서 통과시켰습니다. 그전까지는 성폭력 피해를 입어도 당사자가 아니면 고소를 할 수 없었고, 그 과정에서 피해자가 오히려 가해자로부터 합의 종용, 스토킹을 당하기 일쑤였죠. 여성문제를 말하면 비주류처럼 취급당하는 분위기가 있는데, 여성을 대변하고 여성의 사회 참여를 확대하는 일이 제 책무라고 생각합니다.

유 승 희

저는 2011년부터 3년간 당 전국여성위원장을 지내면서 지역구선거 여성 30% 이상 공천 의무화, 주요당직·각급위원회 여성 30% 이상 임명의무화, 지역위원회 선출 전국대의원 여성 당원 50% 이상 의무화를 골자로 하는 성 평등 당헌 개정을 관철시켰어요.

남성 중심적 정치문화 안에서 약자인 여성들의 정치 참여 확대를 위해 쉴 틈 없이 싸웠어요. 가족만큼 든든한 지지 그룹이 여성 지방의원과 여성 당원들이었어요. 전국에서 지지 선언이 잇따랐습니다. 지난 전대에서 여성 지방의원 386명과 여성 당원들이 결집된 힘을 보여준 것이 당선의 원동력이 됐어요. 저는 계파가 없어요. 여성에게 줄 섰으니 굳이 말하자면 '여성 계파'죠. 최고위원 되고 나니 여성 30% 할당제를 그만 주장하라고 하더군요. 하지만 여성 30% 할당제가 실현될 때까지 노력을 계속할 겁니다. 침묵이 미덕은 아니니까요.

| 엄마의 마음 같은 따뜻하고 정의로운 정치가 필요

혼자 사는 게 편해진 사회입니다. 가지 많은 나무에 바람 잘 날 없듯 함께 모여 살며 웃고 떠들고 싸우던 가족은 제 살길 찾기에 바빠진 지 오래입니다. 독거노인 및 1인가구의 구민들을 만나다 보면 이러한 생각을 하곤 합니다. 현재 가족은 어떠한 의미일까 하고 말이죠.

저는 80세가 넘은 아버지와 함께 살고 있습니다. 사실 얹혀살고 있다고 말할 수 있죠. 아버지와 늘 함께 있어서일 수도 있지만, 저는 노인문제에 관심이 많습니다. 마음 한구석이 아픈 문제라고 해야 할

대학생이 바라본 파워리더 국회의원

성북구 순방 중 만난 어르신과 함께

까요. 지금의 노인세대에겐 역사가 있고 상처와 슬픔이 있어요. 꼭
치유해야 한다고 생각합니다. 비단 이 문제는 돈의 문제로만 볼 수
없어요. 마음의 문제이지 않을까요?

　외롭지 않고 인간적인 최소한의 대접을 받는다는 느낌이 들 수 있
어야 한다고 생각해요.

　노인이 되면 살아갈 힘도 없고 지탱할 힘도 없잖아요. 지탱할 힘
은 가족의 배려 등이 필요하지만 이마저도 어려운 것 같아요. 어르
신들이 기댈 가족이 없는 데는 1인 가구의 증가와 낮은 임금과 빈
곤 그리고 미래에 대한 불확실성 등이 기인합니다. 1인 가구는 지난
1990년대 9%에 불과했던 것이 2000년 15.5% 2010년 23.9%로 증
가했고 오는 2020년 29.6% 2030년 32.7%로 늘어날 것으로 전망됩
니다. 부부와 자녀가 함께 사는 비율도 2000년 49.8%에서 2015년
33.6%로 급격히 줄어들었어요.

유 승 희

1인 가구 증가는 고령화, 여성화, 양극화 등의 세태입니다. 1인 가구 증가는 늦은 결혼, 이혼증가, 저출산과 고령화 등으로 인한 인구구조 변화가 가장 큰 원인입니다. 특히 1인 가구 중 노인가구 비중이 37.3%로 1인 가구 10곳 중 4곳이 독거노인입니다.

독거노인의 가장 큰 문제는 누가 뭐래도 빈곤입니다. 독거노인 증가는 젊은 세대의 이기주의가 아니라 여유가 없어서 그런 것으로 봅니다. 너무나 많은 국민이 빈곤선상에 있는데, 미래도 현재도 불안한 상태로 혼자도 어려운데 어른들을 돌볼 수는 없지 않을까요? 더는 가족에게 부담 지을 수 있는 상황은 아니라고 생각해요. "요람에서 무덤까지"라는 말처럼, 노인과 청년 문제에서 국가가 좀 더 적극적으로 나서야 합니다.

이를 위해 국가는 젊은 세대들에게 노인문제 책임을 떠넘긴다는 인식이 들지 않도록 청년실업 해소에 적극적으로 나서야 합니다. 최소한의 생활은 할 수 있도록 해야 합니다. 사람들이 점차 개인주의로 고립되는 이유는 결국 사는 게 힘들어 여유가 없기 때문이에요. 이대로 내버려둘 경우 가족과 사회공동체 문화는 소멸하지 않을까요?

| 여성의 경제활동 활성화를 위한 ing

우리 사회의 또 다른 문제는 바로 저출산입니다. 현재 우리나라의 출산율이 1.21명에 불과한데, 이런 추세라면 120년 후 인구는 1,000만 명으로 줄어들 것으로 전망이 됩니다. 한국이 저출산으로 인구가

대학생이 바라본 파워리더 국회의원

소멸하는 첫 번째 국가가 될 수 있다고 영국 옥스퍼드대학 데이비드 콜먼 교수가 경고했을 정도로 국내 저출산 문제는 심각한 상황입니다. 과연 해법은 없는 것일까요?

결국 저는 여성의 지속적인 경제활동 유지가 가장 중요한 부분이라고 보았습니다. 여성들에게 아이를 낳으라고만 하는 것은 문제라고 할 수 있죠. 경력 단절 여성이 질 좋은 일자리로 복귀할 수 있도록 정책적 지원이 필요합니다. 이를 위해선 남성들도 함께할 수 있는 아빠 휴가, 남성 육아 지원에 고용주의 인식 변화가 있어야 합니다.

저출산 문제의 근본은 여성의 경제활동 단절에 있습니다. 여성의 경제활동이 활발해질 수 있도록 사회가 노력해야 합니다.

| 여성의 정치 참여 확대가 필요하다

여러 여성과 관련한 문제를 해결하기 위해서는 정부의 정책 못지않게 입법기관인 국회의 역할도 중요합니다. 또 어떤 기관보다 정치권은 여성 참여율이 상대적으로 낮은 직능이기도 합니다. 여성의 정치 참여는 분명 현재 존재하는 많은 문제점의 현실적 대안을 내놓을 수 있다는 점에서 더욱더 확대해야 할 필요성도 있습니다.

최고위원은 특권을 누리는 자리가 아니며, 책임을 지는 자리라고 생각합니다. 당이 잘되기 위해서는 당이 서민과 약자, 어려운 사람들의 마음을 헤아리고 대변해야 합니다. 국민의 마음에 꼭 드는 정치, 그런 정당을 만들고 싶습니다. '수신제가 치국평천하'가 필요한

유승희

여성정책 토크마당, 유쾌한 성북! 웃어라 여성!

시기가 아닌가 싶습니다. 신뢰와 따뜻한 위로를 줄 수 있는 그런 정당을 만들고 싶습니다. 그러기 위해서는 여성과 장애인 등 약자들이 정치에 참여할 수 있는 문을 열어두어야 합니다.

　성 평등이 어느 정도 이루어진 것은 사실이지만 착시현상도 큽니다. 여성의 정치 참여 확대를 위해서는 제도적 보안과 정치문화를 바꾸는 노력이 함께 필요합니다. 여성 30% 지역구 공천의무화 및 당직, 공직 여성 참여 보장을 위한 제도 개선이 필요하다고 봅니다. 이번에 당헌으로 여성 30% 공천을 관철했지만, 비율을 채우기 위한 정책이 돼서는 안 됩니다.

　바닥으로부터 검증된 지도력 있는 여성이 제일이죠. 여성할당제를 주장하면 소위 "공천할 여성이 없다."라고 말하지만, 그것은 사실이 아닙니다. 준비된 여성이 많이 있습니다. 지방자치제도를 실시

대학생이 바라본 파워리더 국회의원

한 20년 동안 했기 때문에 충분히 검증된 여성들이 많습니다. 미국의 힐러리 클린턴이 유리천장을 끊임없이 깨려고 두드려야 그 틈으로 한줄기 빛이 들어온다고 이야기했듯이 말입니다.

| "친구 같은 정치인이 되고 싶습니다."

국민들에게 정치가 신뢰를 주지 못한다는 소리를 접하게 되죠. 사실이라고 생각해요. 제가 생각하는 정치는 서민과 소수를 위하고 꿈과 희망을 주는 것인데, 사실 현실에서는 정치가 소수(대기업, 부자)를 위한 정치가 되어가고 있습니다. 정치가 변하지 않으면 국민들은 계속 불신할 것입니다. 그래서 저는 국민들에게 "친구처럼 편하다."라는 말을 듣는 사람이 되고 싶어요. 그리고 저의 직업인 정치세계에서는 "합리적이고 야무지다."라는 말을 듣고 싶어요. 그렇게 되기 위해 최선을 다해 노력할 겁니다.

| 추천하고 싶은 책, 『조선왕조실록』

특별히 저는 『조선왕조실록』을 추천하고 싶어요. 우리나라 국보이자 유네스코 세계기록유산인 『조선왕조실록』은 태조부터 철종까지 470여 년간을 기록한 책입니다. 지배층 위주의 기록이라는 한계가 있지만, 우리나라의 역사와 문화, 선조들의 지혜를 들여다볼 수 있는 좋은 책이지요. 최근에는 청소년이 쉽게 접할 수 있는 만화로도 만들어졌습니다.

유승희

노영민 의원님 – 국회 산업자원위원회 위원장인 노영민 의원은 아버지 고향인 청주 출신입니다. 시인이기도 한 노영민 의원은 의정활동을 성실히 하는 분입니다. 두루두루 좋은 평가를 받고 있습니다.

정세균 의원님 – 제 지역구인 서울 성북 갑의 바로 옆인 종로 지역구 국회의원으로 우리 당 대표를 지낸 분이기도 합니다. 다선 국회의원으로서, 책임 있고 무게감 있게 우리 당의 중심을 잡고 계십니다.

은수미 의원님 – 노동정책전문가로 활약하고 있습니다. 우리 당의 을지로위원회에서 활약하면서 현장을 꼼꼼히 챙기고 성실한 의정활동을 하는 분입니다.

김희정 의원님 – 30대 여성당직자로서 똑 부러지게 도전해 지역구 국회의원으로 당선되어 여성가족부 장관까지 지내는 분으로, 열정이 늘 넘치는 분입니다.

조해진 의원님 – 저와 함께 미래창조과학방송통신위원회와 방송공정성특별위원회 간사를 지냈습니다. 외유내강형 리더십으로, 늘 꼼꼼하고 성실하게 의정활동을 하는 분이며 초지일관 심지가 곧은 분이라 추천했습니다.

윤　　　명　　　희

- 학력

  경희사이버대 외식농수산경영학과 학사

- 경력

  제19대 국회의원(비례대표, 새누리당)

  국회 농림축산식품해양수산위원회 위원

  국회 여성가족위원회 위원

  국회 농림어업및국민식생활발전포럼 연구책임의원

  국회 다문화사회포럼 연구책임의원

  국회 농어촌발전포럼 간사

  한국아동인구환경의원연맹(CPE) WFP 제로 헝거리더스
  부대표

- 수상

  국회 입법 및 정책 개발 우수 국회의원상

  국정감사 우수의원상(2013~2015)

  국회를 빛낸 바른 언어상

  국회헌정대상

  대한민국 신창조인대상

  제20회 대산농촌문화상(농업경영 부문)

  대한민국세계여성발명대회 금상

- 저서

  『우리 함께 걸어요』

대한민국 국회
NATIONAL ASSEMBLY

| 가족을 우선해야 했던 장녀의 책임감

저는 한국전쟁이 휴전에 접어든 지 불과 2년밖에 되지 않아 모두가 가난했던 1956년, 부산 동구 범일동에서 2남 2녀 중 장녀로 태어났습니다.

어린 시절부터 장녀로서 집안일을 도우면서도 학업에 있어서는 상위권을 놓치지 않는 모범생이었습니다. 이는 부모님께 물려받은 타고난 성실함과 부지런함이라는 무기를 가지고 있었기 때문이었습니다.

장녀로서 조금 더 일찍 취업해 가정살림에 보탬이 돼야겠다는 책임감으로 실업계 고등학교에 진학하였고, 졸업 후 바로 중소기업에 취업해 사회생활을 시작하였습니다.

| 절박함이 만든 기적 – 평범한 주부에서 농업 CEO로 변신

두 아이를 낳고 키우느라 회사를 그만두고 난 후에는 가정을 건사하고 시동생들을 뒷바라지하며 열심히 살았습니다. 그러나 갑자기 불어닥친 IMF 외환위기로 가정형편이 어렵게 되어 본격적으로 경제

일선에 뛰어들 수밖에 없었습니다.

결혼 후 육아와 살림만 해오던 주부가 새로운 사업에 뛰어든다는 것이 쉽지 않았지만 가정주부라서 가장 친숙한 쌀에 주목했고 쌀 가공업체를 창업하게 되었습니다.

이후 여러 번의 어려운 난관들을 극복하며 즉석 맞춤도정기 개발 등 쌀 가공 관련 40여 종의 실용신안을 취득하여 한국여성발명협회 부회장을 역임하였고, 신지식농업인상도 수상하며 농업전문가이자 여성발명가로 인정받게 되었습니다.

| 위기를 기회로! – 농업 CEO에서 새누리당 비례대표 3번으로 국회 입성

그리고 2012년 4월, 농업분야의 전문성과 기업성공을 이끈 경영능력을 인정받아 헌정 사상 최초로 새누리당 농업 비례대표로 국회에 입성하게 되었습니다.

국회 입성 후에는 무거운 책임감을 가지고 농업 현장에서 뼈저리게 느껴왔던 정책의 모순을 바꾸고, 농업인들이 현장에서 피부로 느낄 수 있는 진정성 있는 정책을 마련해 오고 있습니다.

| 농촌과 여성을 위해 일하는 정치인

저는 현재 국회 농림축산식품해양수산위원회와 여성가족위원회 위원으로 활동하고 있습니다. 농업 비례대표로서 농업인 소득증대

윤 명 희

와 권익보호를 위한 법안 마련에 힘써왔으며, 대표적으로 쇠고기와 돼지고기 이력제를 만들고 안정적으로 정착시킴으로써 국산 농축산물에 대한 경쟁력을 강화하고 소비자 신뢰를 향상시키는 데 기여했다고 자부하고 있습니다.

또한 국정과제인「농어촌마을 주거환경 개선 및 리모델링 촉진을 위한 특별법안」을 제정하여, 낙후된 농촌마을 주거환경을 계획적으로 정비하도록 법적 제도를 마련하고 예산 550억을 확보하여 농민의 삶의 질 향상을 위해 노력해 왔습니다.

그뿐만 아니라 1차 산업이라는 가장 견고한 유리천장을 뚫고 최초로 여성임원할당제 법안을 통과시킴으로써 고령화로 고민 중인 우리 농촌이 여성 농민들의 역량을 적극 활용해 경쟁력을 강화할 수 있는 기틀을 마련하였습니다.

국회에서 개최한 토론회 횟수만 45회로 국회에서 가장 토론회를 많이 하는 국회의원으로 정평이 나 있으며, 이러한 토론회 개최를 통해 현안 문제 해결을 논의하고 대안을 모색하면서 정책과 법안 그리고 예산에 이르기까지 사업 추진에 필요한 모든 제도적 기반을 마련할 수 있었습니다.

| 발로 뛰는 일 잘하는 국회의원

저는 국회의원이라는 자리는 누구 위에 있는 높은 자리가 아니라 가장 낮은 곳에서 소통하고 섬기는 자리라고 생각하고 국민의 일꾼

대학생이 바라본 파워리더 국회의원

으로서 '일 잘하는 국회의원'이 되기 위해 발로 뛰는 자세로 열심히 일하고 있습니다.

그 결과, 국회 입성 후 단 한 차례도 빠짐없이 국감 우수의원 상과 입법 및 정책 우수의원상을 수상하여 우수 국회의원상 22관왕이라는 영광을 얻을 수 있었습니다.

또한 전체 국회의원 300명 중 법안 발의건수 5위, 본회의 가결 건수 새누리당 3위, 국회의원들이 뽑은 '최우수 입법활동 의원' 3위로 입법 관련 모든 분야에서 상위 1%의 의정활동을 펼쳐 나가고 있습니다.

| 병마를 넘어 다시 찾은 삶, 국민을 위해서

2011년 8월, 안동에서 한창 사업에 몰두하고 있을 때 몸이 안 좋아 잠시 병원에 들렀습니다. 그런데 응급실에 도착한 지 얼마 지나지 않아 날벼락 같은 심장병 판정을 받고, 바로 중환자실로 옮겨졌습니다. 그동안 건강에 자신이 있었기에 갑자기 찾아온 심장병은 나뿐만 아니라 주위 사람들에게도 큰 충격을 안겨주었습니다.

지금껏 잠자는 시간 외에는 오직 일에만 몰두했던 저였기에 한 달의 입원 기간 일을 할 수 없음에 마음이 무거웠습니다. 제가 직접 해야 할 일들이 많았지만 죽음을 눈앞에 둔 상황에서는 어쩔 수 없이 그 모든 일들을 내려놓아야만 했습니다.

다행히 수술을 받고 병세는 회복되었지만 나에게 왜 이런 일이 갑자기 닥쳤는지에 대한 생각을 떨칠 수 없었습니다. 하지만 죽음의

윤명희

문턱에서 살아 돌아온 그날, 나에게 다시 생을 주신 이유가 분명 있으리라 믿고 앞으로 나에게 생기는 모든 일들을 겸허히 받아들이리라 굳게 다짐했습니다.

그리고 뜻밖에도 바로 다음 해인 2012년, 비례대표 3번으로 새누리당 국회의원 공천을 받았습니다. 병마가 지나간 이후 상상조차 하지 못했던 공천 제의가 들어온 것은 신께서 나에게 주신 제2의 삶을 국가와 국민을 위해 헌신하라는 하늘의 뜻이라 생각하고 의정활동을 펼치고 있습니다.

| 아버지를 닮은 박정희 전 대통령, 그의 신념을 동경하다

저는 성공을 '산을 오르는 산악인의 최고봉'이라 생각하며, 꿈은 '꾸어야 현실이 된다'고 믿고 있으며, 하루하루를 게을리하지 않고 최선을 다한 생활들이 모여야 꿈을 이룰 수 있다는 생각을 가지고 있습니다.

그리고 이러한 저의 신념을 몸소 실천하신 분은 박정희 前 대통령이라고 생각합니다. 지도자로서 경제발전을 이끌기 위해 분골쇄신하며 애써온 그분의 생활을 존경합니다.

또한 박정희 前 대통령께서 우리 가족을 위해 일평생 헌신하신 돌아가신 저의 아버지를 많이 닮았다는 점도 존경의 한 이유입니다.

대학생이 바라본 파워리더 국회의원

| 발로 뛰어 만들어낸 성공신화

쌀 가공업체를 창업했을 당시 도정업계는 남성이 대부분이었고 쌀 맛에 집중한 섬세한 도정 기술이 없던 상태였습니다.

그래서 저는 '즉석 도정' 아이디어를 생각해냈고, '즉석 도정'이라는 쌀 산업의 블루오션을 개척하기 위해 주행거리만 3년에 20만km가 될 정도로 전국을 돌아다녔습니다.

그렇게 집념을 갖고 새로운 시장에 도전하고 '웰빙'이란 새로운 라이프 트렌드를 포착해냄으로써 사업 초기 3,400만 원이던 매출 규모를 150억 원까지 끌어올려 성공한 여성 CEO로 자리매김할 수 있었습니다.

| 정직이 모든 일의 우선이다

저는 사람을 대할 때 '정직이 모든 일의 우선'이라고 생각합니다. '정직'을 가장 중요하게 생각하게 된 계기는 어렸을 때 겪었던 일 때문입니다.

어린 시절 제가 살았던 집 앞마당에 사람들이 모여 웅성거리고 있었고, 동네 아주머니 몇 분은 불같이 화를 내시는 아버지를 말리고 계셨습니다. 저와 동생들은 처음 보는 아버지의 화난 모습에 놀라 구석에서 떨기만 했습니다. 나중에 들은 이야기로는 어머니가 낮에 동네 아주머니들과 막걸리를 한잔하셨고 퇴근하신 아버지가 어머니

윤명희

김포 로컬푸드 공동 판매점 방문

의 붉은 얼굴을 보시고는 술을 먹었냐고 물어보셨다고 합니다.

하지만 겁이 난 어머니는 술을 마시지 않았다고 거짓말을 하셨고 그 때문에 아버지가 화가 나신 것이었습니다. 술 때문이 아니라 어머니를 믿으시는 아버지의 마음에 상처가 났기 때문에 불같이 화를 내신 것이었습니다.

그날의 일이 더욱더 기억에 남는 것은 그때 그 사건을 제외하고는 두 분은 평생 해로하시면서 다정하게 사셨고 다툼이나 언쟁은 거의 없었기 때문입니다.

또한 신뢰가 무너진다는 것이 얼마나 큰 파장을 일으킬 수 있는가

대학생이 바라본 파워리더 국회의원

를 직접 겪은 그날 이후로 저는 정직과 신뢰를 진리로 여기며 살고
있습니다.

| 실패를 겪더라도 벼처럼 일어나라

저는 국회의원이기에 앞서 두 아들의 엄마입니다. 그래서 언제나
엄마의 마음으로 아이들과 청년들의 미래를 고민하고 있습니다. 경
쟁이 치열한 오늘을 사는 젊은이들 중에는 간혹 극단적인 선택을 하
는 경우가 있습니다. 정신적으로 미성숙한 어린 시절에는 자칫 실수
를 할 수도 있고 실패를 할 수도 있습니다.

그러나 이러한 좌절과 시련은 높은 산을 오를 때 한번 쉬어가는
것에 불과하며, 하나의 실패로 인해 미래 전체가 어두워지는 것은
아니란 것을 우리 자녀들인 청소년, 청년들이 깨닫길 바랍니다.

저 역시 수많은 굴곡을 겪어왔지만 끈질긴 생명력을 지닌 벼처럼
다시 일어서곤 했습니다.
부정적인 생각에 굴복하는 사람은 아무것도 성취할 수 없습니다.
아무리 어려운 환경에 처했을지라도 긍정적으로 생각하고 이겨내겠
다는 의지를 가지면 큰일도 이루어집니다.

자신감을 가지고, 실패를 두려워하지 말고 도전하십시오. '실천하
는 열정'이 그대에게 밝은 미래를 약속할 것입니다.

윤명희

| 청렴, 강직했던 이순신 장군의 《난중일기》

숱한 우여곡절을 겪었던 나에게 고난과 역경을 이겨내고 오로지 조국을 위한 한 몸을 바친 이순신 장군의 《난중일기》는 내 인생을 지탱해준 지침서였습니다.

이순신 장군은 32살의 늦은 나이에 무과에 급제해 변방에서 관리 생활을 했음에도 처지를 한탄하지 않고 항상 청렴하고 강직한 자세로 묵묵히 소명에 충실했습니다. 또한 탁월한 리더십을 발휘하여 백척간두의 나라를 구했습니다.

작은 위기에도 쉽게 흔들리는 현대인, 무엇이 옳고 그른지 배울 곳이 없는 학생들과 정직함과 공정함이 우선시되어야 하는 공무원들 그리고 나라를 위해 봉사하고자 하는 리더들에게 꼭 한번 읽기를 권하는 책입니다.

| 내가 두 발을 딛고 있는 이천 땅을 위한 여정

제가 단순히 자리에 대한 욕심이나 보장된 길을 원했다면 아마도 다른 길을 선택했을 것입니다. 이천은 도농복합지역으로서 농업에 대한 이해와 정책적 비전, 도시개발과 경제활성화를 위한 경영전문성이 동시에 필요한 곳입니다.

대학생이 바라본 파워리더 국회의원

WFP 제로헝거사업, 키갈리 시내 시찰 및 무심바 마을 방문

저는 비례대표로서 과분한 사랑과 관심을 받았고, 이제는 농축산업에 대한 전문역량과 국회 입성 전 기업성공을 이끈 경영능력을 바탕으로 한 저의 경험과 비전을 공유하고 봉사해야 할 때가 되었다고 생각했습니다.

이천시의 말산업특구 지정을 위해 힘을 보태었고, 재래시장 살리기 캠페인을 비롯하여 저수지 준설관련 사업 예산확보 등 이천시의 다양한 현안을 앞장서서 추진하고 있습니다.

저의 연고는 농축산업이며, 잘사는 이천, 행복한 이천을 만들어 가고자 하는 것이 저의 출마 명분입니다. 이천은 제 남은 평생의 삶의 터전입니다. 그렇기에 제가 가진 유일한 욕심은 제가 두 발을 딛고 사는 이 고장을 더욱 살기 좋은 곳으로 만들고 싶은 마음뿐입니다.

윤명희

회친구들 – 유니세프 후원 협약식

유니세프 국회친구들 협약식

| 눈에 띄는 실적의 비결

일반 정치인이라면 그렇게 하기 힘들었을 것 같습니다. 제가 기업
을 운영했던 경험이 있었기에 가능했던 일일 겁니다. 기업에 일하는
사람이라면 받는 월급의 몇 배 이상의 가치를 창출해야 합니다. 직
원이 그런 성과를 낼 수 있도록 만드는 것이 CEO의 역할입니다. 그
런 CEO로서 살아온 세월이 길다 보니 국회에서도 그때처럼 일하는
것 같습니다. 매일 6시에 출근을 하고 가시적인 성과를 어떻게 하면
낼 수 있을까 매일 고민합니다.

제 직원들이 저 때문에 괴로울 거예요. 그런 직원들의 수고도 절

대 잊지 않습니다. 현장의 목소리를 듣기 위해 지역구로 가서 토론회를 개최하고 이야기를 듣고 많은 법안을 발의하는 일은 직원들의 도움 없이는 가능하지 않은 일입니다.

사실 국회와 기업은 집단의 성격은 다르지만 어떻게 보면 일맥상통하는 것 같습니다. 눈에 띄는 실적을 보이도록 최선을 다하고, 그 과정에서 직원들의 도움을 잊지 않는 것. 이 원칙을 지키다 보니 국회의원으로서도 눈에 띄는 실적을 낼 수 있었던 것 같습니다. 하지만 기업을 할 때보다 제 지역주민들과 국민들의 이익을 대변하기 위해 봉사한다는 점 때문에 더 치열하게, 그리고 열심히 국정운영을 하려고 노력합니다. 국민의 녹을 먹고 사는 국회의원이니까요.

| 당을 초월해서 열정적으로 의정활동을 펼치는 국회의원 5명

이정현 의원님 – 열정적인 의원입니다. 2014년 순천-곡성 재보궐 선거에서 다른 사람의 후광 없이 오로지 발로 뛰며 선거를 치러낸 모습을 보며 감동받았습니다. 여자 이정현이 되겠다는 생각이 들만큼 국민 속으로 들어가는 변화된 정치인의 모습을 가진 분이십니다.

김을동 의원님 – 여성으로서 살아온 과정이 드라마틱한 분입니다. 가정사도 개인사도 인생역정이 어마어마하십니다. 과일이 익으려면 비바람을 이기며 꼭지에 달려있어야 가치를 인정받습니다. 가지에 매달려 태양을 받고 태풍을 견디듯이 어려움을 겪어내신 그분

윤 명 희

의 인생 자체가 감동적입니다. 여자지만 본받을 만한 모습들을 많이 가지고 계십니다.

정의화 국회의장님 - 의사로 출발해서 덕망을 받았기 때문에 의원이 된 분입니다. 의장도 하루아침에 된 것이 아닙니다. 1년 전부터 차근차근 준비를 하신 걸로 알고 있습니다. 그것을 보면서 계획적인 실천을 하는 것이 중요하다고 느꼈습니다.

김우남 의원님 - 화합을 이루는 데 주도적인 역할을 하시는 분입니다. 야당 위원장이라는 느낌이 들지 않을 만큼 균형적으로 상임위를 잘 이끌고 계시며, 경영감각 또한 뛰어나십니다.

신경림 의원님 - 간호사 출신으로 시작해 간호사들의 권익을 높이는 법률을 만들기 위한 많은 노력을 했고, 새누리당 중앙여성위원장까지 역임하신 분입니다. 외모는 차분하지만 대한간호협회 회장을 역임할 만큼 간호사들의 대부로 불리고 있습니다. 부드러운 카리스마의 소유자이며 입은 무겁지만 할 말은 꼭 하는 의원이십니다.

윤 상 현

- 학력
  서울대학교 경제학과
  미국 조지타운대학원 외교학 석사
  미국 조지워싱턴대 국제정치학 박사

- 경력
  제18 · 19대 국회의원(인천 남구을)
  국회 외교통일위원회 위원
  새누리당 사무총장
  새누리당 원내수석부대표
  새누리당 대변인
  새누리당 원내부대표
  새누리당 국제위원장
  새누리당 인천광역시당위원장
  새누리당 박근혜 대통령후보 수행단장
  새누리당 외교역량강화특별위원회 부위원장
  국회 정보위원회 간사
  국회 운영위원회 간사
  대통령 정무특보

- 수상
  외교통상통일위원회 최우수상
  의정대상 수상

- 저서
  『사무총장 67일의 기록』
  『일요일의 남자』
  『정치 너머의 세상』

대한민국 국회
NATIONAL ASSEMBLY

| 진정성, 정치에서 가장 중요한 요소

학연, 지연, 혈연도 없는 낯선 곳. 그곳에 제가 발을 내딛었습니다. 인천이었기에 가능했습니다. 지역 주민들께서 저의 진정성, 그리고 능력을 알아주셨죠. 사실 서울로 출마하라는 권유도 받았습니다. 하지만 동북아경제 중심지로 성장할 수 있는 인천이 제 눈에 밟혔고, 인천을 세계에 알리기 위해 필요한 글로벌 마인드에 관해서는 상대적으로 제가 비교우위를 가진다고 생각했습니다.

2004년 17대 국회의원 선거 때 처음 정치에 도전했어요. 당시 탄핵 역풍으로 한나라당 후보로 국회의원에 출마하는 것이 불리했지만 저는 피하지 않았습니다. 정면돌파를 선택했습니다. 결과는 424표 차로 패배. 0.46%로 근소한 차이였습니다. 그때 탄핵 역풍으로 인한 분위기도 있었겠지만 저는 그걸 탓하고 싶진 않았습니다. 기간이 좀 짧았던 만큼 제 진정성이 전달되기가 힘들었나 보다 하고 생각했습니다.

저는 정치를 하든 비즈니스를 하든 진정성이 가장 중요한 요소

대학생이 바라본 파워리더 국회의원

라고 생각합니다. 낙선했지만 저를 믿고 따라준 주민들에게 진정성을 전달해 드리고 싶었습니다. 그래서 선거운동만큼 열심히 낙선인사를 다녔습니다. 그리고 4년 동안 쉬지 않고 저희 지역 주민들에게 진정성을 전달하기 위해 노력했습니다. 그리고 4년이라는 시간은 그리 짧지 않았었나 봅니다. 인천을 향한 진정성과 제 신의를 지역 주민들이 잘 알아주셨고, 저는 18대 총선 당시 역대 최다 득표율로 당선됐습니다.

상황을 탓하지 않고, 진정성을 전달하고 싶다는 뚝심이 낙선을 최다득표율 당선으로 뒤집은 원동력이었던 것 같습니다.

| 축구, 단순한 스포츠 그 이상의 의미

제 유년 시절을 돌이켜 보면 축구밖에 기억에 남는 게 없습니다. 학교 수업 중 쉬는 시간이 10분, 그 10분 동안에도 꼭 나가서 축구를 했어요. 10분으로는 역부족이라 항상 늦게 들어갔고 선생님한테 자주 맞았습니다. 그렇게 축구를 좋아했고 축구선수가 되는 게 꿈이었습니다. 물론 나이가 좀 들고는 축구는 취미로 하기로 하고 공부도 열심히 했습니다. 초등학교 때 공군이셨던 아버지 때문에 전학을 3번이나 다녀야 했지만 공 좀 찰 줄 알고 사람을 워낙 좋아하다 보니 적응하는 데 문제가 없었습니다.

제가 인천시 축구연합회 회장을 10년째 맡아오고 있어요. 제 축구

사랑은 변함이 없습니다. 그런데 보통 축구의 종주국이 잉글랜드라고들 생각하는데, 저는 우리 대한민국이 축구의 종주국이라고 생각합니다. 삼국유사에 보면 김유신과 김춘추가 짐승의 가죽을 벗겨 공을 만들어 놀거든요. 축국이라고 되어 있습니다. 아마 이게 축구와 비슷한 형태가 아니었을까 싶습니다. 이 둘이 축국으로 인연을 맺고 통일을 위한 결의를 다집니다.

축구가 단순 스포츠처럼 보이지만 사실 그 이상의 의미가 있습니다. 우리도 한일전을 하고, 또 월드컵을 하고 하면 결집하고 모이고 그렇지 않습니까. 그렇게 유대와 연대를 위한 좋은 계기가 되기도 합니다. 단순한 스포츠가 아닌 거죠. 어릴 적에는 몸으로 부딪히고, 공을 차고, 골을 넣고 단순히 그런 게 좋았다면 점점 그 안에 담긴 의미와 기능에 대해서 알아가는 것 같습니다.

| 열심히 공부했던 정치외교, 북한과의 관계에서 빛을 발하다

제가 소속되어 있는 외교통일위원회는 국회법 제36조 및 제37조 제1항 제7호의 규정에 의하여 외교부, 통일부 및 민주평화통일자문회의 사무처에 속하는 법률안, 예산안·결산과 청원 등의 심사와 기타 법률에서 정하는 직무(국정감사 및 조사 등)를 행합니다. 위원회 소관 부처로는 외교부, 통일부, 민주평화통일자문회의사무처가 있고, 산하기관으로는 한국국제협력단, 한국국제교류재단, 재외동포재단, 북한이탈주민지원재단, 남북교류협력지원협회가 있습니다.

저는 외교통일위원회에서 북한 정권의 인권 유린 및 사치, 정치범 수용소 실태 등을 추적하면서 북한의 실상을 지속적으로 공개했고, 북한인권법 제정을 위해 노력했습니다. 또한, 한반도를 둘러싼 주변국과의 관계에 있어 국익에 도움이 되는 실리외교를 설파하고 정책적 대안을 제시해 왔습니다. 18대 국회에서부터 19대 국회까지 8년간 외교통일위원으로 활동하면서 북한의 호화사치 생활 실태를 공개하고 매년 국정감사마다 북한의 경제문제와 시장동향을 지속적으로 추적하면서 경제적 측면에서의 대북정책 대안을 제시했습니다.

특히, 2011년에는 북한의 정치범수용소 이슈를 정면으로 제기함으로써 '통영의 딸' 구출운동을 국감 이슈화시켰고 나아가 국민적 운동으로 이끌어내는 데 큰 역할을 했습니다. 이러한 활동은 Telegraph, AFP, ABC 등 해외 언론에 큰 반향을 일으켰습니다. 또

러시아 전승절 대통령 특사

윤상현

한, 대통령 정무특보를 지내면서 특사 자격으로 러시아 전승 70주년 기념행사에 참석해 외교를 통해 국격을 높이는 역할도 충실히 했습니다.

하루가 다르게 급변하는 정세 속에서 국회의원의 의정활동은 전문적이고 세밀해져 가고 있습니다. 결국 앞으로 의정활동은 담당 분야에 대한 전문적인 이론과 풍부한 경험이 있어야만 원활히 수행할 수 있고 국내외적으로 풍부한 인맥과 능통한 외국어 실력을 갖추고 있어야만 능동적으로 일할 수 있음을 의미합니다. 이에 본인은 그간 쌓아온 전문적 능력과 경험을 국민의 안정과 국익을 위해 쓰겠습니다.

| 저에게 휴식은 독서입니다

일요일의 남자(일요일까지 일하는 남자)라고 불리는 저도 휴식이 필요합니다. 저에게 휴식은 독서입니다. 머리도 정리하고 차분히 글을 읽으며 많은 걸 배울 수 있어 독서를 참 좋아합니다. 이번 휴가 때도 템플스테이를 하며 독서를 하며 보냈습니다. 제가 요새 읽는 책 2권을 소개해 드릴게요.

『서번트 리더십』(내안의 위대한 혁명), 제임스 C. 헌터

정무특보, 원내수석부대표, 사무총장 등 다양한 자리를 맡으며 리더십이란 무엇인가에 대해 많이 고민하고 연구했습니다. 국민을 대

표하는 국회의원이기도 하기 때문에 리더십을 어떻게 잘 발휘하는가는 저에게는 중요한 문제였습니다.

『서번트 리더십』은 기존에 흔히 생각하는 리더십과는 다른 형태의 리더십입니다. 군림하거나 관리하는 대신 봉사하고 헌신함으로써 갈등의 뿌리를 해소하고 조화를 이루는 것이 바로 '서번트 리더십'입니다. 대표적으로 예수님의 리더십이 그 예가 될 수 있겠죠. 서로 포용하지 못하고 양극으로 달리고 있는 요즘 사회에도 반드시 필요한 리더십입니다. 진정한 리더십이란 무엇인가에 대해 생각해 볼 수 있는 좋은 책입니다.

『직장인이라면 다니엘처럼』, 원용일

성경에 나오는 '다니엘'의 이야기입니다. 다니엘이 바빌론에 포로로 끌려 간 후 바빌론 왕은 3가지를 강요합니다. 바빌론식으로 이름을 바꾸고, 교육을 받고, 제사음식을 먹으라고 말이죠. 다니엘은 이름도 바꾸고, 교육도 바빌론식으로 받지만 채식주의자였기 때문에 제사음식은 먹을 수 없다고 말했습니다. 바빌론 왕은 이를 인정하고 다니엘의 정체성을 지켜줍니다.

저는 이것이 참 우리 국회의원과 비슷하다고 느꼈습니다. 제가 기독교 신자지만 사람들을 만나기 위해 성당에도 가고, 절에도 가곤하죠. 그곳에서는 그 예를 따르기도 하구요. 하지만 제 정체성은 지킵니다. 나아가 정치를 하며 다양한 상황에 직면하고 그에 맞게 융통성을 발휘하지만 제 신념, 믿음, 가치관은 지킵니다.

윤상현

이 책을 읽으며 다양성에 대한 포용을 배우는 것과 동시에 내 자신의 정체성을 지키는 능력에 대해 많이 생각하고 배웠습니다.

요즘 읽은 책은 아니지만 제가 사람들을 만나면 꼭 추천하는 책도 있습니다. 제가 참 좋아하는 책이죠. 그것도 소개해드릴게요.

『상도』, 최인호

『상도』는 의주 상인 임상옥이 살았던 순조 시대의 이야기입니다. 실재했던 임상옥이라는 인물을 통해 상업의 도를 부각시키고 욕망의 유한함을 깨닫고, 그 욕망의 자제를 통해 스스로 만족하는 자족이야말로 하늘 아래 최고의 거부로 살아가는 상도라는 메시지를 전해주는 책이지요.

이 책에 나오는 상즉인商卽人이라는 말을 통해, "장사는 곧 사람이며 사람이 곧 장사다."라는 상도의 첫 번째 덕목을 접했습니다. 저는 이 구절을 보고 정치인의 덕목을 생각해 보게 되었습니다.

정즉인政卽人, "정치는 곧 사람이며 사람이 곧 정치다." 정치의 첫 번째 덕목도 사람일 것입니다. 저는 늘 이 구절을 가슴에 새기며 정즉인政卽人이라는 덕목을 지키는 정치인으로 살아갈 것을 다짐합니다.

| 청년들에게 해주고 싶은 말

청년이라, 청년은 참 아름답고 소중한 시기죠. 무엇이든 할 수 있기도 하구요. 저는 강연을 참 많이 하는데 청년들에게 항상 강조하는 것들이 있습니다.

(1) 책을 많이 읽어라

현대는 평생을 공부해야 하는 평생교육의 시대입니다. 수명이 크게 늘어난 고령화 사회, 지식이 자본이 되는 지식기반사회에서 꾸준한 학습이나 독서는 이제는 기본을 넘어 필요조건이라고 할 수 있습니다. 대다수 훌륭한 리더들의 공통점은 독서를 통해 지식의 깊이를 늘리고 시야를 넓히면서 동시에 리더로서의 품성도 배운다는 것입니다.

(2) 꿈을 꾸어라

세상은 꿈꾸는 자가 지배합니다. 인간의 가장 큰 특권은 꿈을 꿀 수 있다는 것이고 그 꿈을 이루기 위해 노력한다는 것입니다. 꿈이 없는 삶은 끝이 보이지 않는 망망대해에서 나침반 없이 항해하는 것과 같습니다. 따라서 꿈은 인생의 나침반과 같아요. 아주 중요하죠. 올바른 길을 인도하고 목표를 가는 데 있어 방향성을 제시해줍니다.

윤상현

| 매 순간, 모든 직책에 열정을 다하는 자세

저는 어떤 일을 하든지 3가지 원칙을 고수합니다. 첫째가 충성심, 둘째가 열정, 셋째가 성과입니다.

예를 들어 저는 저희 당과 모시는 대통령, 그리고 국민들에 대한 흔들리지 않는 충성심을 가지고 일합니다. 당의 일이, 대통령의 일이 '우리의 일'을 넘어서 '나의 일'이라는 생각을 했습니다. 이런 정도의 충성심이 있었기 때문에 누구보다 먼저, 열심히 일할 수 있었죠.

열정 또한 빼놓을 수 없죠. 일요일의 남자(일요일까지 일하는 남자)라고 불릴 만큼 쉬는 날이 없습니다. 토요일, 일요일 여의도와 인천을 오고 가며 국가의 일과 지역구의 일을 돌보죠. 특히 원내수석부대표 시절에는 4시에 기상을 해 국회에 갔습니다. 9시에 회의가 시작이라면 5시간 동안 전략도 짜고, 운동도 하고 신문도 읽습니다. 일주일 내내 쉬지 않고 일하기 때문에 대통령께서도 가끔 너무 수고한다며 위로 아닌 위로를 해주시기도 하죠. 이런 정도의 열정을 가지고 일했기 때문에 재선의원이지만 많은 일을 맡고 또 성공으로 이끌 수 있었죠.

마지막으로 성과입니다. 사실 충성심과 열정만 있다고 세상은 알아주지 않습니다. 세상은 냉정하기 때문에 성과가 없다면 인정받을 수 없습니다. 성과를 많이 낼 수 있는 능력, 이 또한 매우 중요한 요

대학생이 바라본 파워리더 국회의원

의정대상 수상

소입니다. 작년 새누리당 사무총장을 맡아 보궐선거를 압승으로 이끌었습니다. 11 대 4였죠. 역대 보궐선거 사상 우리 당이 이렇게 압승을 거뒀던 적이 없었습니다. 이렇게 맡은 바에 대해 좋은 성과를 내니 당도, 대통령도, 지지자분들에게 많은 지지를 받을 수 있었던 것 같습니다.

| 좋은 정치인이 되기 위한 꾸준한 노력

저는 좋은 정치인이란 사심 없이 일하는 정치인이라고 생각합니다. 국회의원 본연의 역할을 위해 의정활동을 열심히 하고 있습니다. 지역구의 발전을 위해서도 밤낮을 가리지 않고 발 벗고 뛰어다니고 있죠. 어떤 직업이든지 본연의 업무에 충실할 때 그 사람은 빛을 발할 수 있기 때문이죠.

사실 이렇게 열심히 할 수 있는 이유는 신의信義 때문입니다. 저 자신에 대한, 저를 지지해 주시는 지지자들을 위한, 그리고 대통령과 당을 위한 신의信義 말이죠.

서울대학교에서 계약직 교수를 했던 시절, 많은 문제들을 접하면서 이 문제를 해결하기 위해 정치를 해야겠다고 마음먹었습니다. 권력이 있어야 효과적으로 문제를 해결할 수 있다고 생각했죠. 사회문제를 해결하는 좋은 정치인이 되고 싶었던 제 스스로의 다짐, 이에 대해 신의를 지키려고 항상 노력합니다.

연고도 없었던 저를 알아주셨던 인천 남구 주민들에 대한 신의도 지키려고 항상 노력합니다. 해불양수海不讓水라는 말이 있습니다. 바다는 들어오는 물을 가리지 않는다. 다 포용한다는 말입니다. 이게 바로 인천의 정체성입니다. 인천 시민들은 인천의 발전을 위해서는 누구든 다 포용할 준비가 되어 있습니다. 그렇게 저를 포용해 주셨고, 이를 발판으로 열심히 의정활동에 매진하다 보니 좋은 정치인이 될 수 있었습니다. 절 지지해 주신 분들에 대한 신의를 항상 명심하고 있습니다.

당과 대통령에 대한 신의도 잊지 않습니다. 많은 역경이 있긴 했지만 많은 역할을 맡겨주신 곳이 대통령이고, 우리 당이니까요. 탄핵으로 역풍을 맞았던 17대 국회 때 그랬듯, 박 대통령 당선 후 중요했던 원내수석부대표 시절에도 그랬듯, 사무총장을 할 때도 그랬듯 당이 어려울 때나 좋을 때나 맡은 바 열심히 직무를 하고 함께 헤쳐

지역봉사활동

나가고 싶습니다.

| 당을 초월해서 열정적으로 의정활동을 펼치는 국회의원 5명

서청원 의원님 – 서청원 의원님은 7선 의원으로서 그동안 주요 당직을 두루 맡으며 뛰어난 정무감각을 보여주셨습니다. 지금도 사물을 보는 통찰력이나 여·야를 두루 포용하며 이끌어가는 리더십은 여전히 훌륭하십니다. 특히, 경륜도 높으시지만 의리와 신의를 끝까지 지킬 줄 아는 어진 분입니다.

최경환 의원님 – 최경환 부총리는 참 마음이 넓습니다. 사람이

윤상현

베풀 줄도 알고 마음이 넉넉하다고나 할까요. 제게 원내수석부대표를 제안하셨던 분이기도 합니다. 최 부총리 덕분에 마음을 먹고 의기투합해서 대통령의 집권 1년 차를 도울 수 있었죠.

정성호 의원님 – 제가 원내수석부대표를 했을 때 제 counterpart였습니다. 같이 항상 협상했기 때문에 누구보다 일을 열심히 한다는 것을 잘 알고 있습니다. 정성호 의원은 잔머리를 굴리는 게 없고 참 합리적인 사람입니다. 협상을 해야 할 때 원하는 것을 탁 터놓고 이야기할 수 있는 친구죠(아, 제 대학교 동기입니다). 그래서 그런지 더 스스럼없이 일에 열중하고 협상할 수 있었던 것 같네요.

이헌승 의원님 – 이헌승 의원님은 저와 20년 지기로 심성이 참 온화하고 올곧은 분입니다. 그리고 정치는 사회적인 양심을 구현하기 위해 노력해야 하는데, 제가 지금까지 지켜본 바로는 마땅히 지켜야 할 것들을 소중히 여기는 도덕적인 분이 바로 이헌승 의원님입니다. 그래서인지 참 깨끗하다는 말씀을 드리고 싶습니다.

이장우 의원님 – 새누리당 대변인을 맡고 있는 이장우 의원님은 연배는 아래지만 저와 같은 청양 출신이라는 것이 자랑스러운 분입니다. 저도 대변인을 지내봐서 알지만 뛰어난 정무감각과 근면성실한 자세, 논리를 개발하고 설득할 수 있는 능력이 없으면 결코 쉽지 않은 당직이 대변인입니다. 이장우 의원님은 대변인직을 훌륭히 수행하고 있고 현안에 대한 추진력과 뚝심도 대단한 의원님입니다.

이   상   일

- **학력**

  서울대학교 무역학과(학사)

  연세대학교 경영대학원 경영학과(석사)

  연세대학교 대학원 행정학과 박사과정 수료

- **경력**

  제19대 국회의원

  現 새누리당 원내부대표

  現 새누리당 용인을 당협위원장

  現 국회 공직자윤리위원회 부위원장

  現 국회 교육문화체육관광위원회 · 운영위원회 위원

  現 동북아역사왜곡대책특별위원회 위원

  前 새누리당 비상대책위원회 비서실장

  前 새누리당 대변인

  前 제18대 대통령선거 새누리당 중앙선거대책위원회
  대변인

  前 박근혜 대통령후보 경선 캠프 대변인

  前 제19대 총선 새누리당 중앙선거대책위원회 대변인

  前 가톨릭대학교 국제학부 · 경영학부 겸임교수

  前 중앙일보 정치부기자 · 워싱턴특파원 · 정치부장 ·
  논설위원

- **저서**

  『대변인 – 길/말/글』
  『권력지도 – 미국을 움직이는 워싱턴의 33인』

대한민국 국회
NATIONAL ASSEMBLY

| 중앙일보 기자로 활동하며

중앙일보 기자로 25년간 일하면서 청와대, 외교부, 여야 정당 등을 두루 출입했습니다. 2006년 1월부터 3년 6개월간 중앙일보 워싱턴 특파원을 지냈습니다. 이어 중앙일보 정치부장, 논설위원을 역임했습니다. 전두환 정권 때 대학과 대학원에 다니면서 형성된 저의 사회관이 기자라는 직업을 갖는 데 영향을 미쳤다고 봅니다.

12·12 군사쿠데타에 기반을 둔 5공화국 정권은 이 나라에 암흑기를 초래했습니다. 전두환 정권은 탄생 자체가 반反헌법적이었고, 정당성과 정통성이 없는 권력을 유지하기 위해 독재를 자행했습니다. 제9대 국회를 해산한 5공 정권은 대학 캠퍼스에 사복 경찰관들을 상주시켜 학생들의 일거수일투족을 감시하는 등 독재정권을 유지하기 위한 각종 폭압과 폭력을 행사했습니다. 이런 걸 목격하면서 민주주의와 언론의 자유가 얼마나 소중한지, 정치가 왜 중요한지, 역사의 발전을 위해 무슨 일을 해야 하는지 등에 대해 당시 많은 생각을 했습니다.

대학생이 바라본 파워리더 국회의원

| 정치의 시작

정치를 하게 된 건 2012년 제19대 총선일(4월 11일)을 앞두고 당시 새누리당 비상대책위원장을 맡고 있던 박근혜 대통령의 부름을 받았기 때문입니다. 새누리당에선 제게 중앙선거대책위원회 대변인을 맡아 달라고 했습니다. 저는 고민을 해 볼 테니 약간의 시간을 달라고 했습니다. 2004년 17대 총선을 앞두고 새누리당의 전신인 한나라당의 한 당직자가 정치를 해 보지 않겠냐면서 공천은 걱정하지 말라고 했을 때 즉석에서 감사하지만 사양하겠다고 한 것과는 달리 고민을 해 보겠다고 한 데엔 이유가 있었습니다.

2012년은 총선에 이어 대선까지 치러지는 해였습니다. 대통령 임기(5년)와 국회의원 임기(4년)의 차이 때문에 1992년에 이어 20년 만에 총선, 대선이 한 해에 잇따라 실시되는 해였습니다. 약 2년간 중앙일보 정치부장을 하고 나서 정치담당 논설위원으로 일하던 저는 2012년의 두 선거 결과가 대한민국의 운명을 크게 좌우할 것이라고 생각했습니다. 국민이 새누리당과 다른 정파 가운데 어느 쪽을 선택하느냐에 따라 이 나라의 미래는 달라질 것이라고 판단했습니다.

고민 끝에 새누리당에 작은 힘이라도 보태보겠다고 결심했습니다. 새누리당이 상대적으로 이 나라를 잘 이끌 수 있는 역량을 갖고 있고, 사고방식도 다른 정파보다 합리적이라고 생각했으므로 그 일원이 되어 함께 뛰겠다고 마음먹은 것입니다. 당시 새누리당의 개혁을 진두지휘하던 박근혜 비상대책위원장에 대한 마음의 부담도 작용했습니다. 2006년 1월 중앙일보 워싱턴특파원으로 발령이 난 제

이상일

게 "가지 말고 도와줄 수 있느냐?"라고 했던 당시 박근혜 한나라당 대표의 부름을 사양한 적이 있기 때문에 2012년에는 돕겠다는 생각을 하게 됐던 것입니다.

새누리당 중앙선거대책위 대변인이 된 저는 비례대표 후보 8번으로 19대 국회의원에 당선됐습니다. 이후 당 대변인, 당 대통령후보 경선의 박근혜 국민행복캠프 대변인, 당 대변인 겸 제18대 대통령선거 중앙선거대책위원회 대변인을 맡았습니다. 대선 이후에도 2013년 5월까지 당 대변인으로 일했습니다. 현재는 새누리당 원내부대표, 국회 공직자윤리위원회 부위원장, 국회 교육문화체육관광위원회와 국회 동북아역사왜곡대책특별위원회 위원으로 활동하고 있습니다.

| 대변인의 자세

대변인을 하면서 늘 살얼음판을 걷듯 조심스럽게, 또 신중하게 처신하려고 노력했습니다. 대변인은 당이나 지도부의 입장을 국민과 언론에 알리는 사람이지만 일방적으로 홍보하는 일에만 치중해서는 곤란하다고 생각했습니다. 대변인은 당의 어느 누구보다도 민심의 흐름을 예민하게 포착하고, 국민 다수의 생각을 헤아리면서 상식에 맞게, 국민 대중의 눈높이에 맞게 활동해야 대변인다운 역할을 하는 것이라고 생각합니다. 당과 국민 대중이 소통하고 교감하는 데 대변인이 중요한 고리가 돼야 합니다.

열린 마음과 공감 능력, 이성적이고 합리적인 사유체계가 대변인

새누리당 전국위원회에서 정치쇄신 실천 결의문을 낭독하는 이상일 당시 대변인

자격의 핵심 요소인 것입니다. 대변인이 다른 정당과 싸우는 데는 강성의 기질이나 근성, 독설과 정치공세 능력도 필요할 테지만 대변인의 마음가짐이 열려 있지 않고 폐쇄적이고 독선적이면, 그리고 그의 사유체계가 합리적이고 이성적이지 못하면 대변인으로서의 활동은 자칫 꼴불견이 되기 십상일 겁니다. 이 경우 대변인 때문에 당의 체면과 품격이 손상되고 국민의 신뢰도 잃게 될 것이므로 당으로선 대변인을 잘못 둔 대가를 톡톡히 치를 수도 있습니다.

| 더불어 잘 사는 세상

정치의 목적은 더불어 잘 사는 세상을 만드는 것입니다. 여와 야

이상일

가 다른 생각을 조율해가면서 국민의 삶과 민생을 챙기는 노력을 성실하게 하는 것이 올바른 정치라고 할 수 있습니다. 정치권에선 당파성과 독선에 매몰된 나머지 소모적인 충돌을 하는 경우가 많은데 이때 민생은 실종되고, 그 피해는 고스란히 국민이 보게 됩니다.

2013년 5월 오랫동안 맡았던 당 대변인직을 떠나면서 "동굴의 우상偶像이 정치권을 지배하고 있다. 자기 눈에만 보이는 것이 전부고 남은 존중하지 않는 독선적 태도가 정치권에 만연해 있다. 정치권이 동굴의 우상을 타파하지 않으면 상생·화합·탕평의 정치를 하기 어렵고, 민생을 위한 생산적인 정치가 불가능하다."라는 내용의 고별사를 썼습니다. 여당이든 야당이든 권력욕 때문에 상대방을 타도해야 할 적으로만 몰고, 그 바람에 비생산적인 정치싸움은 그치질 않는다고 판단했기 때문에 그런 글을 쓴 것입니다.

사회과학의 영역인 정치에는 정답이 하나만 있는 게 아닙니다. 사람마다 생각이 다르기 때문입니다. 따라서 접점을 찾는 게 중요합니다. 여야가 정치의 영역에서 공통분모를 찾으려고 모색하는 모습을 보이지 않는다면 정쟁이 벌어지게 되고 국민은 피곤해지며 민생은 피폐해집니다.

현장을 누비는 기자생활이 몸에 배어 있어서 그런지 몰라도 저는 큰 권력을 염두에 두는 거대 정치담론에는 관심이 없습니다. 정치 본연의 역할은 국민의 삶의 질을 향상시키고 행복을 증진시키는 데 있다는 게 제 생각입니다. 어떻게 하면 국민들이 살아가면서 겪는 작은 불편을 해소할 수 있는지, 주변의 부조리한 것들과 인본주의적이지 못한 낡은 시스템은 어떻게 개선해야 하는지 등에 저는 관심이 있습니다. 그렇게 하는 것이 생활정치이고 민생정치라고 믿습니다.

정치의 지향점을 민생에 맞추면 여야가 힘을 모을 일이 많습니다. 여야가 협력하면 국민의 불편을 덜어주는 일, 시대에 뒤떨어지고 비인간적인 시스템을 인본주의적으로 고치는 일은 얼마든지 할 수 있습니다. 이런 걸 해놓으면 어느 쪽이 정권을 잡든 민생의 올바른 시스템은 정치 바람을 타지 않고 유지될 것입니다. 권력이 바뀌면 사라지고 마는 정치색 짙은 일을 하는 것보다 권력의 부침에 상관없이 국민생활에 편리함을 주는 좋은 시스템을 만드는 것이 훨씬 보람 있는 일인 것입니다.

국민은 거창한 정치담론보다 생활의 불편이 개선되는 걸 반깁니다. 정치인들이 눈높이를 이에 맞춰 뭔가 개선하려는 노력을 기울이

100% 대한민국은 99 대 1이란 논리로 국민 편 가르기를 시도했던 민주당의 입장에 맞선 슬로건이다

이상일

는 게 민생정치입니다. 인본주의적 관점에서 생활상의 문제에 대한 해결책을 모색하려 하면 우리 삶의 질과 민생의 수준, 생활 시스템의 격은 한층 높아질 것이라고 확신합니다.

| 이상일의 의정활동

교육부, 문화체육관광부, 문화재청을 소관부처로 하는 국회 교육문화체육관광위원회 위원과 중국의 동북공정 및 일본의 역사왜곡 문제를 다루는 국회 동북아역사왜곡대책특별위원회 위원으로 활동하고 있습니다. 국회와 청와대의 문제를 논의하는 국회 운영위원회 위원으로도 일하고 있습니다.

올해 교육부를 상대로 한 국정감사에서 학생들의 신체에 나쁜 영향을 주고 학습 의욕을 떨어뜨리는 낡은 책걸상 교체 필요성을 강조하면서 "교과서(역사 교과서 국정화 논란)도 중요하지만 책걸상도 중요하다."라고 말했는데 주요 언론이 이를 민생국감의 표본으로 보도했습니다. 학부모님들과 선생님들의 격려도 많이 받았습니다. 또 부실하게 조사된 석면유해성 평가, 유명무실한 교원평가제도, 대학원생 처우 문제 등에 대해서도 지적하는 등 생활국감에 주력했습니다. 문화체육관광부 국정감사에서는 국내 음원서비스 공정거래질서 확립 필요성과 담배를 피우지 않는 관중들에게 큰 피해를 주는 야구장 흡연, 온라인사이트 유명 가수 공연티켓 암표매매 성행, 중국인 에이전트 수수료에 휘청거리는 외국인 전용 카지노업장의 문제 등을 따지는 등 역시 우리 주변의 문제를 개선하려고 노력했습니다.

작년 국정감사에서는 멀티플렉스 영화관의 허술한 안전 문제, 관광호텔 등급심사 과정의 부실과 부패, IPTV와 케이블에서 1만 원을 받고 파는 극장 동시상영 영화 등록과정의 꼼수, 경기도의 고교 교과서『더불어 사는 민주시민』안에 실린 부적절한 내용, 사찰 유물전시관의 문화재 관리 부실 등에 대해 지적하고 시정토록 했습니다.

정부는 동해를 영문으로 'East Sea'라고 표기하고 으나, 지정학적으로 한국을 잘 모르는 외국인들은 "어느 나라 동해?"라고 생각할 것이므로 표기를 'East Sea of Korea'로 하자고 제안했습니다. 서해에 대해 정부는 'Yellow Sea'로 쓰고 있는데 이걸 보고 한국의 서해임을 알 수 있는 외국인은 거의 없을 테니 'West Sea of Korea'로 바꾸는 게 옳다고 했습니다. 외국의 역사 왜곡을 시정하는 기관인 동북아역사재단이 홈페이지에 동해와 일본해의 영문 표기 병기 사례로 'Sea of Japan East Sea'라는 지도를 올려놓았는데 저는 이 지도의 표기는 말이 안 되는 만큼 'East Sea Sea of Japan'로 바꾸는 게 옳다고 지적해서 관철시켰습니다.

생활입법 노력도 경주했습니다. 2013년 말에 치러진 대학수학능력시험 세계지리 과목의 출제 오류 때문에 피해를 본 학생들을 구제하기 위한 특별법안을 발의했고, 이는 교육문화체육관광위원회 통합수정안으로 2014년 정기국회 마지막 날에 통과됐습니다. 2015년 1월 2일에는 을미년 국회의 제1호 법안으로 「취업 후 학자금상환 특별법 일부개정법률안」을 대표 발의하여 통과시켰습니다. 학자금 대

이상일

대학생 간담회

출을 받은 대학생들이 취업 후 대출금 상환 과정에서 불편을 겪고
있는 것을 해소하기 위한 법이었습니다. 스마트폰의 대중화와 함께
급증하고 있는 스미싱을 방지하기 위한 법안, 이동통신사가 스팸을
필터링할 수 있도록 하는 내용의 법안, 개인정보에 대한 보호를 강
화하는 법안도 발의하여 통과시켰습니다.

| 내 사랑 용인

2014년 5월 용인을 당협위원장을 맡고 나서 가장 먼저 한 일이 경
부고속도로 '수원IC(인터체인지)' 이름을 '수원·신갈IC'로 바꾼 것입니
다. 수원IC가 용인시 기흥구 신갈동에 위치해 있음에도 지난 46년간
'수원IC'로 불린 데 대해 2014년 8월 한국도로공사 김학송 사장에게

대학생이 바라본 파워리더 국회의원

부당성을 지적하는 서신을 보내는 등 명칭 변경 작업을 추진, 2015년 1월 1일부터 '수원·신갈IC'로 명칭이 변경되도록 했습니다.

2006년부터 2010년까지 용인에서 수차례에 걸쳐 '수원IC' 이름을 바꾸려는 시도를 해 왔지만 도로공사가 번번이 거부하는 바람에 못했던 것을 한 것입니다. 2012년 대선 때 새누리당 중앙선거대책위원회(김학송 유세총괄본부장, 이상일 대변인)에서 김 사장과 함께 일했던 인연과 'IC 이름을 바꾸면 혼란이 생긴다'는 과거 도로공사의 거부 이유를 조목조목 따진 논리적 비판이 먹힌 결과였습니다.

지역의 교육환경, 생활환경 등을 개선하는 일에도 심혈을 기울였습니다. 2015년 국비 예산에서 용인 마북천 환경개선 사업 예산을 6억 원 증액해 총 31억 원을 확보했고, 용인종합운동장과 실내체육관 시설보수에 사용될 체육진흥투표권 수익금 11억 5천만 원을 얻어냈습니다.

용인시 기흥구 보정동 주민센터 신축에 긴요하게 쓰일 행정자치부 특별교부세 5억 원과 구갈중학교 냉난방 시설교체에 필요한 교육부 특별교부금 3억 1,700만 원도 확보했습니다. 흥덕지구에 2018년 3월 개교를 목표로 초등학교 1개교 신설을 확정 지었고, 구성지구 학교부지에 행복주택이 들어서려는 것을 막고 학교부지를 지켜냈습니다. 흥덕IT밸리에 서울의과학연구소가 400억 원을 투자하도록 하는 성과도 거뒀습니다.

이 상 일

| 신사도의 요체

저는 돌아가신 아버지를 존경합니다. 제 선친은 박정희·전두환·노태우 시절 야당(신민당) 소속 국회의원(제9·10·12대)으로 활동하신 이진연 의원님이십니다. 아버지는 저에게 늘 올곧은 삶을 살면서 이웃과 공동체를 배려해야 한다고 강조하시곤 했습니다. 정의롭고 강직하면서도 마음이 열려 있는 것이 신사도의 요체라고 말씀하셨습니다.

아버지는 품격 있는 정치인이셨습니다. 제가 대학에 다니던 시절 아버지는 민주화를 위해 전두환 군사정권과 싸워야 한다고 하셨지만 돌이나 화염병을 던지는 폭력적인 방법은 옳지 않다고 하셨습니다. 민주화를 외치는 이들이 길거리 시위에서도 폭압적인 군사정권과는 다른 면모를 보여야 하고, 그렇게 해야 국민의 신뢰를 얻을 수 있다는 이유에서였습니다.

아버지는 청렴한 분이셨습니다. 아버지가 국회 건설위원회 야당 간사를 하셨을 때 같은 상임위 소속 여야 의원 다수가 서울 강남 요지의 아파트를 특혜 분양을 받아 큰 물의를 빚었지만 아버지는 그 유혹에 빠지지 않았습니다. 국회의원을 세 번 했지만 부의 소유란 측면에서 가진 것이 별로 없는 분이었습니다.

| 사람이 관계와 나누는 문

사람을 대할 때 '나의 진정성'이 중요하다고 봅니다. 나의 태도에

대학생이 바라본 파워리더 국회의원

가식이 없고, 나의 마음이 열려 있을 때 상대방과 좋은 관계를 맺는 문이 열린다고 생각합니다. 우리가 살아가면서 만나는 사람들과의 인연을 아름답게 가꾸려면 나의 태도가 중요하다는 마음가짐을 지니려고 노력하고 있습니다.

작고한 소설가 최인호 선생은 『인연』이란 책에서 인연의 아름다움, 고마움을 43편의 글로 잘 소개하고 있는데 인연을 소중하게 여기는 그의 태도도 제가 생각하는 것과 비슷합니다.

법정 스님은 인연이란 남의 마음밭에 나의 씨를 뿌리는 것이라고 이야기를 했던 것으로 기억하고 있습니다. 참으로 옳은 말씀입니다. 우리가 살면서 많은 인연을 맺게 되는데, 그 인연을 잘 가꾸느냐 못 가꾸느냐는 내 자신에게 달려있다는 생각은 법정스님의 책을 읽고 더욱 확고해졌습니다. 불교에서도 "옷깃만 스쳐도 인연"이라고 하는데 인연을 아름답게 소중히 가꾸는 것이야말로 우리가 세상을 아름답게 살아가는 일 아닐까요.

| 당을 초월해서 열정적으로 의정활동을 펼치는 국회의원 5명

서청원 의원님 — 7선의원답게 경륜이 높고 야당에 대해 배려를 많이 하는 등 정치적 포용력이 매우 뛰어난 분입니다. 인간적인 자상함도 갖추고 있어서 여야를 막론하고 후배 의원들이 존경하고 따릅니다. 한일의원연맹 한국 측 회장으로서 불편해진 양국관계를 개선하기 위해 노력을 많이 하셨고 성과도 거뒀습니다.

이 상 일

최경환 의원님 - 역시 인간미가 넘치고 포용력이 뛰어난 분입니다. 2012년 대선과정에서 다른 분 문제로 당내 논란이 벌어져 박근혜 후보가 곤란을 겪었을 때 후보 비서실장직을 버리는 자기희생 정신을 발휘해 논란을 잠재운 일이 있고, 새누리당 원내대표 시절에도 야당을 포용하면서도 얻을 건 얻는 정치력을 선보였습니다.

원유철 의원님 - 항상 온화한 모습으로 원만한 인간관계를 유지하시는 분으로서 상대방의 마음을 편하게 해주시는 묘한 매력을 가지셨습니다. 젊은 나이에 국회의원으로 네 번이나 선출되고 2015년 10월 현재 새누리당 원내대표라는 막중한 임무를 훌륭하게 수행하고 있는 것도 모두 이런 장점 때문에 가능한 일일 것입니다.

권영세 前 의원님 - 2012년 총선 때 사무총장으로서 희생과 헌신의 리더십을 보여주셨던 모습이 인상적입니다. 당시 본인의 승리보다 당의 승리를 위해 헌신했기 때문에 낙선의 쓰라림을 겪었지만 새누리당은 그의 희생 덕분에 과반의석을 얻었습니다. 대선 때도 선거대책위 전략기획실장으로 뛰어난 기획력을 발휘해 박근혜 대통령 탄생에 큰 기여를 했습니다.

유인태 의원님 - 야당에서 가장 인간미가 넘치는 의원들 중의 한 분이고 정치적 경륜도 높은 분입니다. 중진이면서도 국정감사 등 의정활동을 매우 성실하게 하시는 걸 보며 많이 배웁니다.

대학생이 바라본 파워리더 국회의원

이 완 영

- **학력**

  한국항공대 대학원 경영학 박사

- **경력**

  제19대 국회의원(경북 고령 · 성주 · 칠곡)

  제26회 행정고등고시 합격

  前 대구지방노동청장

  前 한나라당 노동수석전문위원

  前 국회환경노동위원회 위원

  前 국회예산결산특별위원회 위원

  前 새누리당 원내부대표

  국회 국토교통위원회 위원

  새누리당 노동시장선진화특별위원회 간사

  국회 복지노동포럼 공동대표

  통일을여는국회의원모임 간사

  가야문화권 지역발전을 위한 포럼 간사

- **수상**

  2012 국정감사 우수의원(NGO모니터단)

  2013 우수의정상(한국인터넷기자협회)

  국정감사 최우수상(유권자시민행동)

  대한민국 입법대상(한국입법학회)

  국정감사 친환경베스트 의원상(한국환경정보연구센터)
  (3년 연속)

  대한민국 우수국회의원대상(한국언론사협회 선정)

- **저서**

  『노사달인 이완영의 노사형통』(2012)

대한민국 국회
NATIONAL ASSEMBLY

| 이완영 의원을 소개합니다

구수한 사투리와 함박웃음이 인상적이었던 이완영 의원. 농민의 아들에서 행정고시 합격, 그리고 19대 국회의원으로 한 걸음씩 초석을 다지며 나아가고 있었다. 노동계에서 근로자들이 좋아하는 정치인이라고 하는데, 노동 분야에서의 일대기를 들으며 정말 그러하다고 생각하게끔 만든다. 이완영 의원 하면 노동이 제일 먼저 떠오를 정도로 노동자의 입장을 잘 대변해주는 국회의원임에 틀림이 없다.

| "직접 국민을 위한 법안을 만들고 싶었습니다"

공무원이셨던 선친께서는 어린 시절에 제게 국회의원이 되라는 말씀을 자주 하셨습니다. 행정고시에 합격한 뒤엔 재차 진지하게 권유해 주셨기에 국회의원의 꿈을 품은 것은 사실 오래됐죠. 그런데 노동부 서기관 시절, 정책입안 과정에서 공무원으로서의 한계를 경험하였습니다. 이때를 계기로 꼭 필요하다고 생각하는 법·제도를 만들기 위해서 국회의원이 되어야겠다고 다짐하게 되었습니다.

대학생이 바라본 파워리더 국회의원

나라와 국민을 위해 국회에 와서 좋은 법을 만들고 우리 지역구인 칠곡·성주·고령의 발전을 획기적으로 해보겠다는 꿈을 갖고 출마를 결심하게 되었습니다. 또 늘 박정희 前 대통령을 존경해 왔고 박근혜 대통령께서 당선될 때까지 혼신의 힘을 다해 왔던 사람으로서, 공천 당시 새누리당 노동전문수석으로 정치의 입문시기를 보냈던 것은 매우 좋은 경험이었다고 생각합니다.

| "국민과의 약속을 지켰을 때, 가장 보람찹니다"

가장 기억에 남는 의정활동은 고령화시대에 정년 60세법을 실현시킨 것과, 지역에 주민들의 작은 불편을 해소하는 건의사항을 받아서 그것을 이뤄냈을 때가 가장 기억에 남습니다. 대표적으로 20년 숙원사업이었던 왜관읍 경부선 철로변에 방음벽을 한 것이 보람이 있었습니다. 이러한 일들은 지역구 주민들을 위해 국회의원으로서 당연히 해야 할 일을 했다고 생각합니다.

지난 30년간 환경·노동 전문가로서 애국심과 애향심을 가지고 국가 및 지역발전에 헌신해왔습니다. 그럼에도 불구하고 아직은 더 많이 돌아보고 살펴봐야 할 곳이 많다고 느낍니다. 특히 19대 국회 하반기에 국토교통위원으로 활동하게 되면서 균형 있는 지역발전을 위해 할 일이 정말 많다는 점을 깨달았습니다.

올해도 어김없이 26개 읍·면을 직접 돌아다니며 지난 3년간의 의

이완영

성주 참외농가 일손돕기

정활동을 주민들에게 보고하는 시간을 가졌습니다. 주민들의 기대에 부응하고 국가발전에도 보탬이 되기 위해 항상 초심을 잃지 않고자 합니다. 특히 농민과 소상공인, 중소기업인의 성장에 집중함으로써 국가발전과 지역발전을 위해 노력하겠습니다.

생활의 모토인 '배·나·감·사(배우고 나누고 감사하고 사랑하는 자세)'를 실천하며 신뢰를 줄 수 있는 정치인이 되겠습니다.

대학생이 바라본 파워리더 국회의원

| 노사의 합리적인 협상가

행정부에 있다 보면, 바깥의 시각을 잘 모르고 자신들만 제대로 하는 것 같은 생각에 빠지곤 합니다. 그런데 국회의원이 되고 나서는 이러한 생각에서 벗어나 입법활동을 통해 정부를 견제해야 한다는 목표의식을 가져야 한다는 마음을 단단히 먹었습니다.

처음 국회 입성 당시, 한 명의 초선의원으로서 국회생활에 활기를 불어넣어줄 각종 모임도 구상을 하였습니다. 당시 여야 나성린, 이용섭 정책위부의장이 꾸린 '국가재정연구포럼'과 '초선의원 정책개발 모임'에 참여하여 국회의원으로서의 역량을 키우는 데 힘썼는데, 노동 분야의 전문성을 살려 여야 의원들이 청년실업, 비정규직 문제 등을 논의할 만한 모임이 있었으면 좋겠다는 생각을 하였습니다.

19대에 첫 금배지를 단 초선의원이지만, 저는 지금까지 노동 정책에 힘을 보태왔던 모두가 알아주는 비정규직 전문가입니다. 재계와 노동계에서는 '노사의 달인', '합리적인 협상가'로 불립니다. 그러다 보니 노총과 산별노조 핵심간부들을 중심으로 폭넓은 노동계 인맥을 구축하고 있습니다.

여당이지만 가장 많이 저를 반겨준 사람들도 다름 아닌 노동계 사람들이었습니다. 모두가 공감하는 노사관계로 패러다임이 변해야 한다는 사명감에 불철주야 뛰어다녔지만 그 과정이 무척 험난해 절

이완영

체절명의 위기감에 휩싸인 적도 많았습니다.

그런데 2007년 대구지방노동청장 시절, 전국 최초로 대구에서 한 해 동안 노사분규가 한 건도 일어나지 않아 '노사화합의 탑'을 세우며 노사전문가로 인정받았던 일에 대해서는 이루 말할 수 없는 뿌듯함도 느꼈습니다. 제가 '노사의 달인'으로 불리는 비결이라고 해야 할까요?

그렇게 저는 고용노동부 본부에서 배운 지식과 경험을 지방노동행정에 적용하는 데 성공하여 이와 같은 조직문화 개선에 대한 공적을 인정받아 표창을 받았습니다. 특히 방문하고픈 노동청, 도움 되는 고용센터 만들기, 인재와 기업이 몰려오는 지역 가꾸기, 열린 마음으로 노사로부터 신뢰받는 공직자상 만들기에 노력하였습니다.

그 결과, 일하는 방식을 바꿔 업무 효율화를 달성하여 노동청-지자체-장애인공단-장애인고용사업장의 입체적 협의를 통해 지역 여건과 취업자 특성에 맞는 고용서비스를 제공하는 성과를 거둘 수가 있었습니다. 또한 기업이 원하는 인재양성프로그램을 대학에서 운영하여 취업경쟁력을 강화시켰고, 근로자와 경영인이 필요한 곳에 찾아가는 노동행정을 실현시킨 것도 자랑스럽게 여기는 부분입니다.

노와 사 어느 한쪽에만 지나치게 편향되면 절대로 안 됩니다. 조정의 기법은 각자가 서로 양보할 만한 것을 빨리 짚어내는 것이지 않을까 생각합니다. 노사관계는 갈등과 대립이 있다고 무조건 외면해서는 안 되고 오히려 더 자주 만나야 하는 관계라고 생각합니다. 부처님에게 왕들이 "어떻게 하면 정치를 잘할 수 있습니까?"라고 물었더니 "삭삭논의(數數論議, 자주 만나 대화하라)"라고 답했습니다. 그 일화를 기억하면서 저 또한 사람들과 자주 만나 대화하고, 무엇을 원하는지 들으려고 노력했습니다.

노동계에서의 전문성을 살려 상임위도 환경노동위원회를 지원했습니다. 국회 일정과 지역구 방문뿐만 아니라 노사 관련 각종 토론회와 방송에 출연하면서 바쁜 날을 보내고 있지만, 제가 가장 신경 쓰는 부분은 국민을 위한 법안을 마련하는 것입니다. 의정활동 기간에 제가 만든 법안은 34개를 대표 발의했고 그중 12개 법이 탄생했습니다.

| 꿈에 그리던 '정년연장법'

국회의원으로 재직하면서 가장 자랑스럽게 생각하는 업적은 앞서 잠시 언급한 것처럼 국가적으로 큰 이슈가 되었고, 국민들에게 '정년연장의 꿈'을 실현하게 했던 「고용상 연령차별금지 및 고령자고용촉진에 관한 법률 개정안(정년연장법)」을 만들었던 것입니다.

저는 새누리당 환노위 수석전문위원으로 근무하던 시절부터 '정년연장법'을 준비해왔습니다. 총선부터 대선에 이르기까지 공약 수

립에 참여해 그것을 구체화했고, 인수위 국정과제 선정에도 힘을 보탰습니다. 그런데 재계와 노동계의 반발도 강했고, 야당 의원뿐만 아니라 여당 내부를 설득하는 일도 만만치 않았지만 저는 법안을 제출한 후에 재계와 노동계, 환노위 소속 의원들을 한 명 한 명 만나며 모두를 설득하는 데 온 힘을 기울였습니다.

그리고 마침내 2013년 4월 30일, 법안이 본회의를 통과했습니다. 노사관계 속에서 몇 십 년 동안 체득한 경험이 국회에서도 발휘된 순간이었다고 해야 할까요. 축하와 격려가 쏟아지고 각종 언론에서는 "주 5일제 도입 이후 우리 산업사에서 가장 큰 혁신"이라고 평가해주기도 했기에 의원이 된 후 가장 보람된 순간이었습니다. 이제 곧 2016년부터는 정년 60세 연장법이 현실화됩니다.

| 우리나라의 노동시장의 방향을 논하다

저는 누구보다도 노동부 본부에 근무할 때나 노동청장을 할 때나 산업현장을 직접 방문하고, 우리 기업의 구인난, 그리고 근로자들의 근로조건 개선에 대해서 계속 관심을 가져왔습니다.

개인적으로 저는 '정규직 과보호'라는 말을 좋아하지 않습니다. 비정규직 차별 문제가 '정규직 과보호' 때문이라고 보는 시각은 비정규직 차별의 책임을 정규직 노동자에게 전가하는 듯한 인상을 줄 수 있기 때문이죠.

노동특위

    비정규직 문제의 핵심은 정규직 과보호가 아니라 비정규직을 차별을 해소하는 것에 있다고 봅니다. 상시적으로 지속적인 업무에 대해서는 정규직을 고용하는 관행을 만들고, 차별을 개선할 수 있도록 비정규직에 대한 처우를 개선하는 방안이 나와야 할 것으로 생각합니다. 그렇다고 해서 고용 유연성을 포기할 수는 없기 때문에, 활력 있는 조직 운영을 위해서 안정성과 함께 조화점을 찾아나가야 한다고 보고 있습니다.

    또한 지금 중소기업은 일할 사람이 부족한데, 이를 노동환경 개선

이 완 영

칠곡보 석적읍민 경로잔치

과 근로조건 향상을 통해서 중소기업에서 일할 사람을 늘리도록 노력해야 한다고 생각합니다. 특히 청년실업의 경우에는 고학력 문제로 인해 좋은 일자리가 부족하기 때문에 젊어서 다소 충분치 못하지만 중소기업을 취업해서 경력을 쌓고 대기업으로 전환하고, 창업을 통해 새로운 길을 찾는다면 지금 실업문제는 다소 해소될 것입니다.

대학생이 바라본 파워리더 국회의원

더불어 무엇보다 중요한 것은 기업을 키우는 것이라고 봅니다. 정부 주도의 일자리 정책은 한계가 있을 수밖에 없으므로 기업을 육성하고 창업을 늘림으로써 창의적 인재를 키우는 데 보다 힘써야 한다고 생각합니다. 또 외국에 진출한 기업을 한국으로 되돌릴 수 있도록 정부의 유인책이 나와야 한다고 봅니다.

사실 일자리를 늘리고, 지키고, 올리는 변수는 '노사관계'에 있습니다. 갈등적·대립적 노사관계에서 벗어나 생산적·협력적 노사관계로 발전해야 합니다. 일부 대기업의 임금 문제는 사회 문제로 확산되기도 하는데, 노사 양측 모두 대기업 근로자의 임금만 올리는 데 주목할 것이 아니라 협력업체 제2·3·4차 밴드의 근로자들의 임금 수준도 올릴 수 있는 성숙한 노사관계로 진전되어야 한다고 봅니다.

이런 맥락에서 최근 'SK하이닉스'가 임금인상액의 일부를 협력사와 나누는 '임금인상 공유제'를 합의해 국내 최초의 상상모델을 찾았다는 점에서 이 같은 좋은 사례가 앞으로도 계속 만들어지길 바랍니다.

현재 대한민국의 뜨거운 화두는 '노동시장 개혁'입니다. 우리 노동시장은 개인의 노력만으로는 극복하기 어려운 구조적인 문제를 안고 있습니다. 노동시장 구조라는 엔진의 능력에 문제가 생긴 것이죠. 저성장 기조가 고착화되고 고용창출력이 저하되고 있습니다. 근로시간은 길고 생산성은 낮은 상황에서 일하는 사람들 간의 불공

이완영

정한 격차가 심화되는 현상은 경직적인 노동시장 제도와 관행이 낳은 결과입니다.

그래서 박근혜 정부도 노동시장 구조 개혁을 최우선 국정과제로 추진하고 있는 것입니다. 최근 대통령께서는 "지역의 젊은이들이 공부하고 성장한 내 고향에서 마음껏 역량을 발휘하며 꿈을 이뤄갈 수 있으려면 정부와 지자체가 힘을 모아 노동시장을 개혁해야만 한다. 공정하고 유연한 노동시장 개혁 없이는 창조경제도 문화융성도 크게 꽃을 피울 수 없다."라시며 노동시장 개혁을 강조한 바 있습니다.

지난 9월 13일 노사정 위원장, 고용노동부 장관, 한국노총 위원장, 경총 회장 등 노사정 대표 4명은 노동시장 구조개선을 위한 노사정 대타협을 이뤄냈습니다. 이는 1998년 IMF 극복을 위한 노사정 대타협이 나온 후 17년 만의 일입니다. 저성장 경제, 노동시장 경직과 비효율성을 극복하며, 경제 재도약을 이루기 위한 희망의 메시지가 나오게 된 것이죠. 이를 잘 이어받아 제도 개선에 관한 내용들의 상당수인 국회의 입법을 필요로 하는 부분들에 대해서는, 새누리당의 노동시장 선진화특위 간사로서 이번 정기국회 내에 노동시장 개혁을 위한 법안들이 결실을 맺을 수 있도록 야당과 잘 협의하여 추진토록 할 것입니다.

청년일자리 창출, 정규직과 비정규직, 대기업과 중소기업, 원청·하청간의 이중구조 개선, 근로자들의 사회안전망을 확충을 이

대학생이 바라본 파워리더 국회의원

뭐내어, 대한민국이 국민소득 3만 불 시대로 도약할 수 있는 기틀을 반드시 만들겠습니다.

| 우문현답(우리의 문제는 현장에 답이 있다)

저는 국회 일정이 없으면 가능한 한 지역에 내려가 현장을 살핍니다. 해를 거듭할수록 지역에서 요청하는 사업들이 계속 더해지다 보니 챙겨야 할 사안들이 많습니다.

올해도 26개 읍면을 돌면서 직접 찾아다니는 의정보고회를 했는데 이를 통해서 현장의 요구사항을 많이 수렴했습니다. 제 공약뿐아니라 군에서 요청하는 사항, 그리고 의정보고회에서 말씀 주신 사항들까지 다 포함해서 일단 단기간에 바로 추진 가능한 것들을 우선적으로 해결하고 있습니다.

또 당초 요구와 다른 방식으로 접근이 가능한 사안들은 우회방법을 찾고 국가적으로 큰 프로젝트여서 장기간에 걸친 추진과정이 필요한 사안들은 해당 부처의 협조를 구하며 물밑작업을 통해 해결해 나가고 있습니다.

그뿐만 아니라 상임위 활동에 있어서도 모두가 기피하는 수도권 매립지를 방문해 재활용문제를 직접 제기하는 등 현장성을 강조합니다. 제가 국회 일정이 없을 때 매번 현장을 찾는 이유, 즉 저의 의정활동의 소신은 한마디로 '우문현답(우리의 문제는 현장에 답이 있다)'이기 때문입니다. 국민 여러분들이 갖고 있는 애로사항을 해결하고 시원

이 완 영

하게 굵어주는 의정활동을 펼친 국회의원으로 기억되고 싶습니다.

| 신춘문예를 꿈꾸는 남자, 그의 서재

「동양평화론」

당내 통일을 여는 국회의원 모임에서 간사를 맡고 있습니다. 젊은 시절, 통일 운동가를 꿈꿨던 만큼 통일 실현에 몸을 던지는 정치인이 되겠다는 일념으로 활동하고 있습니다. 저는 정치인으로서 안중근 의사로부터 크게 감명을 받고, 영감을 얻었습니다. 많은 분들이 독립투사라고 기억하는데, 이뿐만 아니라 미래를 내다보는 사상가로서 매우 존경할 분이라고 생각합니다.

특히 안중근 의사가 중국의 뤼순감옥에서 쓴 미완의 작품「동양평화론」을 보면 한중일이 평화롭게 협력해야 하고 통화를 같이 써야 한다고 말한 부분이 있는데, 그 자체만으로도 안중근 의사가 얼마나 현실을 직시했던 사람이고 미래에 대한 혜안이 있었는지 짐작할 수 있습니다.

『100대 유물로 보는 세계사』

세계의 오래된 유물을 통해 새로운 생각을 발굴하고 싶어서 읽게 되었습니다. 또한 무엇보다도 북한에 대해 알고 싶어서 관련 책들을 읽고 전문가들을 부지런히 만나보려고 합니다.

『블루오션전략』

직장생활을 하면서 가장 감명 깊게 읽은 책입니다. 이 책이 처음 나왔을 때는 크게 주목받았는데, 지금은 그렇지 않은 것 같아 아쉽습니다. 블루오션을 발견하는 분석 툴 ERRC(제거, 감소, 증가, 창조)은 공공 분야에도 적용할 수 있습니다.

실제로 2008년 대구 지방노동청장으로 부임해 당시 노동청을 경계하듯 바라보던 기업인들의 인식을 ERRC 툴을 사용해 변화시킨 경험이 있습니다.

『노사 달인 이완영의 노사형통』

제 자신이 쓴 책이긴 하지만 이 책에 스스로 자부심을 느낍니다. 복잡다단한 문제들이 얽혀 있는 노사갈등을 중재하는 일에서 가장 중요한 것은 바로 타결점과 합의점을 찾는 것 그리고 타결이 된다는 확신과 자신감을 갖는 것의 두 가지가 중요하다고 정곡을 찌르는 이야기를 썼습니다. 또한 왜 일해야 하는지 확실히 인식해야 함을 강조하였습니다.

| 당을 초월해서 열정적으로 의정활동을 펼치는 국회의원 5명

신계륜 의원님 – 노동부 사무관 시절부터 인연을 맺어 초선일 때 멘토로서 역할을 해주신 감사한 분입니다. 어떠한 난관 가운데에서

이완영

도 포기하지 않고 대화를 통해 문제를 해결해나가는 탁월한 정치리더의 모범을 보이고 계시기에 늘 존경스럽습니다.

최경환 의원님 – 저와 같은 행정고시 공무원 출신으로서 역시 멘토를 해주셨고 나라를 위해 몸을 불사르는 정신이 인상적입니다. 지역 발전과 대한민국의 내일을 위해 밤낮을 가리지 않고 모든 힘을 쏟아붓는 모습을 보면서 국회의원으로서의 사명감이 매우 충실하다는 생각이 들었습니다.

윤상현 의원님 – 확고한 국가관과 철학이 있는 분으로서 따뜻한 마음을 지니고 남을 배려하는 모습이 매우 인상적입니다. 특히 겸손한 자세로 사람들을 편하게 해주시는 장점을 지녔기에 모두에게 존경받는 분입니다.

이군현 의원님 – 교직계 출신으로서 해박한 지식을 가지신 분입니다. 미래의 먹거리에 관심을 가지고 여러 방면에 힘쓰고 계시며 지역발전을 위해 열심히 뛰어 다니는 모습이 늘 기억에 남아 있습니다.

전순옥 의원님 – 전태일 열사의 동생으로서, 봉제산업과 섬유산업에 올인 하신 분입니다. 산업을 키워야 나라가 잘산다는 철학을 지니고 소신 있는 정치를 하십니다. 노동과 현장을 중시하시며 프로와 같은 마인드로 매사에 임하시는 분입니다.

이   우   현

• 학력 & 병역

　　용인대학교 대학원 경영 석사

　　용인대학교 학사

　　해병대 만기 제대

• 경력

　　제19대 국회의원(경기 용인갑)

　　現 국토교통위원회 위원

　　現 예산결산특별위원회 위원

　　現 새누리당 국민공천제 추진 TF팀

　　現 새누리당 대외협력위원장

　　現 국회 해병대전우회 회장

　　前 국회 운영위원회 위원

　　前 새누리당 원내부대표

　　前 새누리당 창조경제 일자리창출 특별위원회 위원

　　前 미래창조과학방송통신위원회 위원

　　前 문화체육관광방송통신위원회 위원

　　前 제4대 용인시의회 전·후반기 의장

　　前 국민생활체육회 부회장

• 수상

　　2015 대한민국을 빛낸 한국인물대상 수상

　　2015 대한민국인성교육대상 수상

　　2015 유권자대상 수상

　　2014 대한민국을 빛낸 위대한 인물 선정

 대한민국 국회
NATIONAL ASSEMBLY

| 추진력 강한 열정적인 리더, 이우현

"기본을 알고 지켜라."

어린 시절 부모님께서 항상 제게 해 주셨던 말씀입니다. 이러한 생활 철학은 제가 살아가는 데 있어 가장 큰 원동력이었습니다. 항상 정도만을 고집하셨으며 생활의 어떤 부분에서도 어긋남을 용서하지 않으셨는데 이런 교육 방침이 제가 성장하는 동안 스스로 일을 처리하고 모범적인 생활 자세를 유지할 수 있었던 밑거름이 되었습니다.

엄부자모의 평범한 가정이었으나 늘 질서가 있었고 더욱이 지역 어른들과 어린 시절부터 함께 자라온 덕에 웃어른에 대한 공경심과 예의를 철저하게 생각합니다. 이러한 배경이 밑거름이 되었기에 어려서부터 지금까지 원활한 대인관계와 신뢰는 저의 얼굴과도 같다고 할 수 있습니다.

저는 초등학교 때부터 줄곧 단체의 리더 역할을 해와서인지 일에 대한 추진력이 상당히 강한 편입니다. 주변에서도 목적의식이

대학생이 바라본 파워리더 국회의원

강하고 도전하기로 맘먹은 일에는 어떻게 저렇게 할 수 있을까 의구심을 가질 정도로 열정적이라고 이야기합니다. 특히 새로운 것을 추진하고 그 일에 취하듯 집중하는 것을 즐깁니다.

저는 8남매 중 5남으로 용인에서 태어났습니다. 유년 시절 축구선수의 꿈을 키워 나갔으나 어려운 가정형편과 축구선수로서의 한계와 갈등에 부딪쳐 꿈을 포기하게 됐습니다. 처음 겪어보는 시련에 방황도 했으나 해병대를 지원하여 국가의 소중함, 강인함, 정직, 신뢰의 중요성을 몸에 익혔습니다. 그 대가로 크지는 않지만 중소기업과 제조업, 서비스업 등 땀과 꿈이 담긴 사업체를 20년간 운영하면서 경영을 배웠습니다.

시간이 날 때마다 고향인 용인에 와서 각종 행사는 물론 봉사활동에도 노력하는 것이 계기가 되어 지인들로부터 정치(시의회)에 입문해 보다 더 큰일을 준비해 보면 좋겠다는 권유를 받았습니다. 1998년에 실시한 전국동시지방선거에 출마하여 선거구에서 지지율 60%라는 전폭적인 지역 주민들의 지지를 얻어 용인시의회 제2기 의원 중 지지율 1위로 지방자치에 입문하여 지금의 국회의원까지 되었습니다.

또한 풍부한 관광자원을 보유한 용인을 전국에서 가장 아름답고 가보고 싶은 도시 '체류형 관광지'를 만들고 싶은 소망으로 용인시의회 부의장 시절 아쉬웠던 학업을 다시 시작하기도 하였습니다.

이우현

| 수도권과 지방이 상생할 수 있는 길

국회에서 상임위원회는 국토교통위원회에 속해 있으며, 국회의 16개 상임위원회 중 31인의 위원으로 구성되어 있습니다.

국토교통위원회는 대한민국의 국토종합계획의 수립 및 조정, 국토 및 수자원의 보전·이용·개발, 도시·도로 및 주택의 건설, 해안·하천 및 간척, 육운·철도 및 항공에 관한 사무를 관장하는 상임위원회입니다. 주거와 교통 등 국민의 삶과 가장 직결된 상임위로 막중한 직책을 맡게 되어 커다란 책임감을 느끼며 특히 주택시장 정상화, 서민주거 복지, SOC 확충 등 국민들의 일상생활과 밀접한 현안이 산적해 있는 만큼 합리적인 대안이 마련될 수 있도록 최선을 다하겠습니다.

한국경제를 살리려면 과감히 수도권 규제를 풀어야 합니다. 수명을 다한 낡은 규제가 국가경제의 발목을 잡아서는 안 되며, 수도권 규제를 하고 있는 나라치고 잘된 나라가 없습니다. 국민적 부담 경감과 경제발전을 동시에 도모할 수 있는 새로운 규제틀을 마련해야 합니다. 무엇이 지역발전과 국익에 부합하는지 충분히 검토하고 수도권과 지방이 상생할 수 있는 길을 찾아 더 이상 수도권 규제정책으로 국민이 불이익을 받는 일이 없어야 합니다. 대한민국의 경쟁력은 수도권이 중심이며, 수도권 규제는 국가 전체의 이익을 따져 완화해야 합니다.

위례-성남-광주 전철연결 간담회(용인시장, 국토부관계자)

| 초심을 잃지 않는 정치인

저는 매일 아침 내 자신이 초심을 잃고 있지 않나 생각합니다. 의정활동으로 지칠 때면 내가 왜 정치를 하려 했을까 자문해봅니다. 정치인은 국민에 소리에 항상 귀 기울여야 합니다. 항상 겸손한 자세로 대한민국과 지역발전을 위해 끊임없이 고민하고 노력해야 하며 정직하고 청렴해야 국민의 신뢰를 받을 수 있다고 생각합니다.

현장에 가봐야 국민들의 뜻을 알 수 있습니다. 현장의 생생한 목소리를 듣고 국민을 위해 희생하는 사람이 좋은 정치인이라고 생각합니다. 국민의 소리를 정책에 반영할 수 있도록 배움도 게을리하지 않겠습니다. 앞으로도 국민들의 목소리를 귀담아 듣고 정책에 제대로 반영될 수 있도록 노력하여 국회의원으로서 본인이 한 말에

이 우 현

책임을 지고 약속을 꼭 지키려고 노력하겠습니다.

| 절망의 끝에서 희망을 노래하다

살아가면서 누구나 실패할 수 있습니다. 중요한 것은 이것을 어떻게 극복하고 새롭게 시작하느냐 하는 것입니다. 모든 정치인이 그러하겠지만 저 또한 선거에서 낙선한 일이 개인적으론 가장 힘들었습니다. 그 후로 힘들었던 것은 전국에서 가장 부자도시이자 잘 사는 도시인 용인이 재정위기로 부채의 도시, 부패의 도시로 낙인 찍히는 것이 받아들이기 힘들었습니다. 경전철의 잘못된 수요 예측으로 용인시가 힘들었을 때는 억장이 무너지는 심정이었습니다.

그래서 국회의원에 당선된 후 용인경전철 환승할인 시행을 위해 국토교통부 장관과 관계자를 만나 국토부의 적극적인 중재 요청을 하며 경전철 활성화를 위해 노력하였습니다. 그 결과 개통 2년 만인 지난 5월에는 누적 승객 1천만 명 시대를 열었으며 현재 하루 평균 이용객이 3만 명에 달하는 등 이용객이 꾸준히 늘고 있는 추세입니다.

또한 용인시 재정 극복을 위해 국·도비를 확보하고자 중앙부처를 뛰어 다녔습니다. 아직 재정위기를 완전히 극복한 것은 아니지만 용인시는 시민들의 고통 감수와 공직자들의 헌신으로 재정위기의 어둠을 뚫고 희망의 빛을 보았습니다. 용인시의 재도약을 위해 더욱 노력하겠습니다.

대학생이 바라본 파워리더 국회의원

| 이순신 장군의 리더십에 감명을 받다

영웅 이순신 장군에 대해 우리는 너무 많이 알고 있습니다. 특히 영화 〈명량〉을 통해 이순신 장군은 더욱 주목받고 있습니다. 사실 오래전부터 대한민국 국민이라면 누구나 다 이순신 장군을 존경하고 있지만 말입니다.

제가 이순신 장군을 존경하는 이유는 가장 절박한 순간에도 나아갈 바를 잊지 않았던 자기희생으로 백성을 이끄는 진정한 백의종군 지도자로서 이순신의 모습은 인상적입니다. 같은 상황에서 배설 장군은 12척의 배를 가지고 패배를 생각하며 퇴각하였지만 이순신 장군은 아직도 배가 12척이나 남았다고 생각하며 위기 상황에서도 리더십을 발휘하여 전투를 승리로 이끄는 장면에서 큰 감명을 받았습니다.

| 나를 이끌어주는 정치 선배, 서청원 최고위원

정치인생에 있어 훌륭하신 분들을 많이 봐왔습니다. 그중 제가 존경하는 롤모델은 서청원 최고위원님입니다. 최다인 7선 국회의원이자 원로정치인이신 서청원 최고위원님은 아직까지 대한민국 선진화와 국민경제를 최우선으로 생각하며 열정적인 의정활동을 펼치시는 모습을 보여주시기에 배우는 점이 무척 많습니다.

또한 일반생활에서의 검소한 습관과 국회의원 중 재산 꼴찌를 했을 정도로 청렴하고 정직한 정치활동은 저로 하여금 서민들과 국

이우현

민들에게 베풀 수 있게 하는 또 다른 가르침이 되었습니다.

서 최고의원님은 7선의 국회의원을 지내면서 대변인, 정책조정
실장, 정무장관, 여당 원내총무, 국회운영위원장, 사무총장, 한나
라당 대표, 친박연대 대표 등을 지낸 대한민국 최고 정치 지도자
중 한 분입니다. 정치 보복으로 인해 두 차례나 억울한 옥살이를
하셨지만 그 어려움을 이겨내시고 7선에 성공한 모습을 보며 저도
2번의 낙선으로 인해 힘들었던 시절을 견디고 국회의원으로 당선
될 수 있었다고 생각합니다.

정치 선배로서 항상 충고와 격려를 해주시는 그분의 포용력과
겸손함을 본받고 "우정은 변치 않을 때 아름답다."라고 하신 말씀
처럼 저를 이 자리까지 있게 해주신 용인시민들에게 꼭 보답할 수
있는 정치를 하겠습니다.

| 국민들의 뜻을 반영할 때 가장 뿌듯합니다

2004년 용인시의회 의장으로 재임하던 시절 성남시가 죽전~구
미동 도로를 폐쇄하자 「죽전-구미동 간 도로 개통」을 촉구하며 삭
발과 7일간의 단식 투쟁을 한 적이 있습니다. 경기도의 중재로 개
통될 것으로 보였던 도로 분쟁이 성남시의 비협조로 개통을 할 수
없게 되자 도로 연결을 촉구하기 위함이었습니다.

뒤늦게 동참하신 분들도 있었지만 사실상 저 혼자서 처음 시작
했다고 할 수 있습니다. 용인시민들의 불편함과 불합리를 지키기

지역 주민과 함께하는 '삼성나눔워킹페스티벌'(불우이웃돕기 취지)

위해 온몸으로 뛰다 보니 결국 도로 개통이 관철되었으며 지금도 그때를 떠올리면 뿌듯한 생각이 듭니다.

국회의원이 돼서도 여전히 뿌듯한 순간들이 참 많습니다. 사실상 인생 공부는 장관 등의 공직자들보다 훨씬 더 많이 하는 것 같습니다. 용인시민들, 더 나아가 국민들이 바라는 것을 국가정책에 반영하는 것만큼이나 큰 기쁨은 없습니다. 공약한 것을 이행하여 시민들이 만족할 수만 있다면 세상을 다 가진 것처럼 뿌듯한 순간이 아닐 수 없었습니다.

이렇듯 제가 뿌듯함을 느끼는 국회의원으로서 자리매김할 수 있었던 비결은 바로 경영자로서의 마인드라고 생각합니다. 저는 정치에 입문하기 전, 20년간 CEO로서 사업체를 운영하며 살았습니다. 그때의 경험을 행정에 접목시켜 보니 놀랄 만한 성과를 이루어

이우현

낼 수 있음에 너무나 놀라웠습니다. 경영과 행정은 여러모로 많이 닮아 있는 분야입니다. 분야만 다를 뿐이지 사실상 한배에서 나온 쌍둥이와도 같은 관계입니다. 어찌 보면 행정은 경영에서부터 나온 하위 개념이기도 합니다.

그런 점에서 저는 공직자들이 행정학뿐만 아니라 경영학에 대해서도 심도 있게 공부해야 한다고 생각합니다. 그래야 시야가 넓어지면서 비로소 국민을 위한 행정을 실현할 수가 있기 때문입니다.

| 사람이 곧 재산이다

많은 사람들과 만나고 이야기를 하면서 그의 장점을 배우는 것이 곧 인생 공부입니다. 10대 시절에 학교에서 배우는 공부는 그저 이론일 뿐입니다. 실제로 사람과 직접 부딪혀서 무언가를 알게 되는 것만큼 큰 자산은 없습니다. 인간은 누구나 자기만의 장점이 있기 때문에 모두가 소중한 존재입니다.

무엇보다 반드시 기억해야 할 것은, 내가 먼저 마음을 열어야 상대방도 마음을 연다는 사실입니다. 그런데 대한민국 사람들은 자신의 마음을 쉽게 내보이지 않으면서 상대방의 마음만 열고자 하는 경향이 있습니다. 그리고 경청하는 자세마저 점차 사라져가는 것 같아 안타깝습니다. 사람 대 사람의 대화에서 말하기와 듣기가 5:5로 이루어지는 것이 가장 이상적이지만, 경청하는 자세가 미덕이 되어버린 만큼 저는 3:7의 비율로 항상 상대방의 말을 조금이라도 더 많이 듣고자 노력합니다.

인간관계에서 가장 중요한 것은 진정성 있는 신뢰라 생각합니다. 신뢰는 저의 얼굴과 같습니다. 저의 수첩에는 10,000명의 명단이 있으며 축구와 해병대를 중심으로 맺어진 개인 모임만 해도 무려 100여 개가 넘습니다. 지금까지 저를 지탱하게 해준 힘은 사람들이 었습니다. 그래서 사람이 재산이라고 자신 있게 말하고 싶습니다.

| 젊은이들에게 해주고 싶은 두 가지 이야기

첫째, 정직하게 살아라.

정직하게 살라는 말은 쉽게 들리지만 실천은 어려운 말입니다. 정직하지 못하면 우리가 되고자 하는, 또 될 가능성이 있는 그런 사람이 되는 것을 방해합니다. 그것은 마치 암과 같아서 처음에는 사소한 것처럼 시작되지만, 일찍 발견되거나 근절되지 않으면 우리가 완전히 파멸될 때까지 계속 우리에게 힘을 행사합니다. 정직하지 못하면 결국엔 대가를 치르게 되고 인간관계는 깨지기 마련입니다. 그것은 곧 성공의 큰 걸림돌이 될 것입니다.

둘째, 꿈이 좌절되더라고 포기하지 말아라.

누구나 실패합니다. 한 번에 성공하는 사람은 없습니다. 처음이 좋았다고 끝까지 가는 경우는 거의 없습니다. 간절히 바랐던 꿈이 어느 순간 뜻하지도 않은 영향으로 좌절되어 버리면 세상이 무너진 것만 같이 보입니다. 그 순간부터 열정도 점점 사그라들고 목표도 없이 살아가게 되고 심한 경우는 선택하지 말아야 할 길을 걷기도

이우현

합니다.

모델 홍진경도 갑작스레 집안이 기울자 유학의 길을 포기하고 모델이 되었다고 합니다. 공부가 더 하고 싶었지만 생계를 위해 돈을 벌어야 했고 모델이 되었습니다. 꿈을 접은 희생의 길이었지만 그 길을 걷다 보니 어느덧 여기까지 왔다고 합니다. 그녀의 말처럼 생각지도 않은 길에서 새로운 기회를 얻을 수도 있습니다. 실패를 두려워 말고 끝까지 최선을 다하면 좋은 결과가 있을 것입니다.

| 정치를 하면서 이루고 싶은 꿈

참 어려운 질문입니다. 항상 제 스스로에게 묻고 또 고민도 하길 수차례입니다. 제가 오랜 세월 한눈팔지 않고 여기까지 온 것은 함께해준 용인 시민이 있었기 때문입니다. 용인을 최고의 도시로 만들어서 시민들께 받은 사랑을 보답하고 희망찬 대한민국을 우리 아들딸들에게 물려주고 싶습니다. 아직 대한민국과 용인을 위해 해야 할 일이 있기에 여기에 안주하거나 멈추지 않고 묵묵히 최선을 다해 돌이켜 봤을 때 후회 없는 시간으로 기억되길 바랍니다.

저는 지난 60여 년을 정직과 성실이라는 신념을 갖고 용인시 발전을 위해 한 발 한 발 내딛으며 이곳까지 달려 왔습니다. 그동안 회사 경영과 용인시의회 의장, 용인시 생활체육협의회 회장 등 200여 개 사회단체 일을 하면서 지역에서 봉사하며 많은 것을 보고 느꼈습니다.

대학생이 바라본 파워리더 국회의원

창조경제를 이끌고 있는 박근혜 대통령과 함께

　　마음까지 든든해지는 그 힘으로 더욱 청렴하고 강직한 마음으로 고향에 봉사할 것입니다. 앞으로도 능동적이고 적극적인 행동을 보여드릴 것입니다. 실천하는 올곧은 리더로서 많은 이들에게 사랑과 정을 베풀며 살고 싶습니다. 대한민국 사회가 원칙과 상식이 통하며 땀 흘리며 살아가는 국민이 대접받는 나라를 만드는 것이 저의 꿈입니다.

　　그 길에 용인시민 여러분들의 꿈을 담아 함께 가고 싶습니다.

| 당을 초월해서 열정적으로 의정활동을 펼치는 국회의원 5명

　　많은 분들이 계시는데 몇 분만 말씀드리게 되어 망설여집니다. 그래서 상임위 위주로 추천하고자 합니다.

이 우 현

박덕흠 의원님 – 매우 솔직하시며 격이 없고 후배를 아끼는 마음이 크신 분입니다. 매사에 겸손하여 사람들을 편안하게 대해주는 장점을 가지고 계십니다. 지역경제를 살리고자 항상 고심하시며 서민과 농민을 위한 정치를 펼치시는 모습이 존경스럽습니다.

이장우 의원님 – 같은 상임위로 활동하고 있는 분으로서 정치에 대한 안목이 넓으신 분입니다. 친근감을 주는 성품을 지니고 계셔서 선후배관계가 매우 좋으며, 남자다운 소신을 가지고 배짱 있게 밀어붙이는 박력도 가지고 있습니다.

이상일 의원님 – 전반기 상임위를 같이 했던 분으로서 소신이 있고 매우 상식적이십니다. 무엇보다 언론인이 갖춰야 할 덕목인 겸손을 몸소 실천하고 계시는 모습이 인상 깊습니다.

홍철호 의원님 – 매출 천억 원대의 기업을 일군 사업가 출신으로, 추진력을 가지고 고향에 대한 열정으로 열심히 뛰어다니고 있습니다. 무엇보다도 선후배 간의 관계가 매우 좋은 걸 보면서 처세를 잘한다는 생각이 들었습니다.

김명연 의원님 – 저와 같은 지방의원 출신으로서 매우 부지런하기에 아끼는 분입니다. 특히 새누리당에게 있어 매우 어려운 지역구인 안산에서 승리했던 대단한 이력을 가지고 있습니다.

이　　　　원　　　　욱

- 학력
  고려대 법대

- 경력
  제19대 국회의원(경기 화성을)
  국회 산업통상자원위원회
  국회 창조경제활성화특별위원회
  국회 동북아역사왜곡대책특별위원회
  새정치민주연합 화성시을 지역위원장
  사단법인「행동하는 양심」사무총장
  노무현재단 기획위원
  사회복지사 2급
  숲해설가(산림청 인증)
  前 조선왕실의궤환수위원회 실행위원
  前 독도수호국제연대 대외협력위원장

- 수상
  대한민국 우수국회의원대상 우수상
  민주당 국정감사 우수의원

- 저서
  『그래도 정치가 희망이다』(2011)
  『청소년이 바라는 지구살리기- 신재생에너지백과사전』(2013)

대한민국 국회
NATIONAL ASSEMBLY

| 이원욱 의원을 직접 만나다

그의 어머니는 바느질로 이불을 꿰매듯 한 땀 한 땀 막내아들 이원욱에게 '겸손과 사랑'이라는 가치를 전해주었습니다. 그의 아버지는 야간 경비를 설 때면 자주 막내아들을 데려가 잠을 재웠는데, 막내아들은 가끔 잠에서 깨어 아버지의 동그만 등을 바라보며, '성실'의 가치를 배웠습니다.

어느덧 대학생이 된 막내아들은 판사가 되기 위해 법대에 들어갔지만, 독재 치하의 억압된 삶을 견딜 수 없어서 친구들과 같이 거리로 나섰습니다. 거리에서 그는 '더불어'의 가치를 배웠습니다. 1년 8개월간의 옥살이를 마치고 나온 후 그가 찾아간 곳은 노동 현장이었습니다. 노동 현장에서 그는 삶은 '지속'된다는 생각을 하게 됩니다. 그리고 십여 년 정당생활에서, 정치가 가져야 할 궁극적인 목적은 '공감'이며, '공감'을 통해 알게 된 타인의 고통과 소외에 대해 깊이 천착하며, 그 삶을 바꿀 수 있는 방법에 몰두하게 됩니다.

2008년 아무도 나서지 않는 경기도 화성을 야당후보자리, 이원욱

대학생이 바라본 파워리더 국회의원

은 당당하게 그곳으로 발걸음을 옮깁니다. 어머니에게서 배운 몸에
밴 '겸손과 사랑'으로, 아버지에게서 배운 '성실'로, 친구들에게서 배
운 '더불어'의 마음으로, 노동 현장에서 배운 '삶에의 경외감'으로, 정
당에서 배운 '공감'의 능력으로, 이원욱은 화성을 지역 곳곳을 부지
런히 다닙니다. 그리고 '경기도 화성을 국회의원 이원욱'이라는 이름
을 얻게 됩니다. 세상이 그에게 가르쳐준 소중한 '가치'는 여전히 그
안에서 살아 숨 쉬고 있습니다.

"다른 정치인과는 다르네."
"신선하네."

국립생태원 어린이생태도서관

"그런 척 하는 거 아냐?"

처음 이원욱을 만나면 사람들은 이런 생각을 하지만 두세 번 만나면서 그 모든 것이 곧 이원욱 자체임을 알게 됩니다. 이원욱을 잘 알 수 있는 몇 가지 생각, 만나보고 싶으시죠?

지금 여기 있습니다.

| '성실'이 본래의 뜻을 찾았으면 합니다

더글라스 케네디의 『빅 퀘스천』이란 에세이집에서는 "인생의 덫은 스스로 놓은 것이며, 그 덫을 제거하는 것도 스스로이다."라는 말을 하고 있습니다. 자신의 현재 삶이 초라하다면 어떤 이유로 혹은 누가 그러했는지 묻지 말고, 자신을 들여다보라는 의미입니다.

정당생활까지 포함하면 무려 이십오 년 넘게 정치생활을 해 온 셈인데, 그 과정에서 느낀 것은 결국 모든 일은 나로부터 '초래'한다는 것입니다. 나로부터 모든 것이 비롯되었다는 것을 알게 되면, 마음이 편안해지게 됩니다. 주변을 바꿀 필요도 없이 내 생각과 삶의 태도를 바꾸면 되기 때문입니다.

그리고 무엇보다 이런 유연한 사고를 갖게 되는 가장 기본적 태도는 '성실'이라고 생각합니다. 성실하다는 것은 무엇일까요? "일찍 일

대학생이 바라본 파워리더 국회의원

어나는 새가 벌레를 잡는다."라는 말이 있는데 '성실성'을 그 말에 빗대어 설명하는 경우가 많지만, 저는 그 비유는 성실을 표현하기엔 적절하지 않다고 봅니다. 단순히 일찍 일어나고, 먼저 일을 시작하고, 남보다 일의 양이 많고, 가장 늦게 잠든다는 것 등으로 설명되는 시간적인 개념으로서의 성실성은 한 사람의 삶을 관통해 보여주기에는 한계가 있습니다. 시간적 개념으로서의 성실성만을 따진다면, 그 성실성으로 그 사람 자체를 판단하기 힘듭니다. 지독하게 성실했던 누군가가 타인의 삶을 지배하고, 억압하는 경우를 많이 보았기 때문입니다.

제가 태도의 으뜸으로 치는 '성실성'은 '정신적 가치'로서의 '성실'이며, 본래 뜻의 '성실'입니다. 성실의 사전적 뜻은 '정성스럽고 참됨'입니다. 시간적 개념으로는 도저히 이 본뜻이 제대로 담겨있는가를 이해할 수 없습니다. 불가해한 영역이 됩니다. '정성스럽고 참됨'의 마음이 없는 부지런함, '정성스럽고 참됨'의 마음이 없는 지속성, '정성스럽고 참됨'의 마음이 없는 약속 이행은 어떤 의미가 있을까요?

『빅 퀘스천』에서는 또 이런 문구가 있습니다. "아무리 발버둥 쳐도 절망, 낙심, 비극으로부터 결코 자유로울 수 없다는 인식이었다." 이어 작가는 통과의례라는 말로, "누구나 절망과 낙심, 비극을 통해 성장한다."라고 적어 놓고 있습니다. 정치인이 되면 많은 사람을 만나 이야기를 하게 됩니다. 지역 주민, 동료 정치인, 일반 국민, 전문가 등 여러 사람들이 다양한 이유로 속내를 털어놓습니다.

이원욱

이때 단순히 시간적 개념으로서의 성실에 의하면, 만나서 듣고 고개만 끄덕이면 될 뿐입니다. 본래의 뜻인 '성실'은 그러하지 않습니다. 마음을 여는 일이 우선이며, 나를 포함한 누구나 절망과 낙심, 비극에 빠질 수 있다는 전제를 통해 사람들을 충분히 이해하게 됩니다. '성실'이란 태도는 '공감', '이해', '관용' 등 이분화된 우리 사회를 극복할 수 있는, 꼭 필요한 가치들을 동반하게 됩니다.

| 정치인 김대중, 노무현, 정세균의 리더십은 '자신'을 우선하지 않습니다

우리 새정치민주연합은 김대중과 노무현이라는 두 분의 대통령을 낳았습니다. 두 분은 '용서'와 '참여'라는 가치를 정치에 심어, 그 누구보다도 우리 정치 지형을 풍요롭게 만들었습니다.

먼저 김대중 前 대통령의 집 대문에는 아내 이희호 여사와 그분의 이름이 같이 쓰인 문패가 걸려 있었습니다. 당시 보통의 남자들과는 달리 '여성 평등사상'이 몸에 밴 분이셨습니다. 여성 평등은 나아가 인류 평등입니다. 김대중 前 대통령은 인류 평등의 내용을 정책에 반영, 우리 사회의 시소가 '상류층'으로 기울게 하지 않도록 중산층과 서민을 위한 정책을 만들었습니다.

또 노무현 前 대통령은 여기서 한 걸음 더 나아가 중산층과 서민 등 국민의 참여정치라는 개념을 만들었습니다. 국민 모두의 목소리가 모이게 되는 정치, 국민들이 자신이 처한 위치에서 목소리를 낼 수 있는 정치, '참여'라는 개념을 통해 시민 정신의 중요성은 한층 부각됩니다.

또한 김대중 前 대통령이 지향했던 가치 중 주목할 만한 것은 '용서'입니다. 김대중 前 대통령은 서슬 퍼렇던 독재정권 치하의 사선 위에서 싸워 '민주'를 얻었습니다. 그 과정 속에서 몸과 정신을 위협받게 되고, 실제 죽음과 목도한 경우도 있었습니다.

그런 그가 대통령이 되어서 자신을 공격하고, 목숨까지 위협했던 세력에게 내놓은 카드는 '용서'였습니다. 용서는 아무나 하는 것이 아닙니다. 용서는 용서할 자격을 가진 자, 즉 자신도 그 상황에서 결코 자유롭지 않다는 책임의식을 갖고 있는 사람이 하는 것입니다. 용서라는 가치가 당장 문제를 해결하지는 못해도 결국 우리가 지향해야 할 '함께, 더불어'의 가치를 좀 더 대중화시키는 데 큰 몫을 해냈고, 앞으로도 그러할 것입니다.

노무현 前 대통령 시절에 산업자원통상부 장관을 지낸 정세균 의원은 원래의 지역구였던 진안·무주·임실을 떠나 종로를 지역구로 둔 '종로 초선' 정치인입니다. 당직자 시절, 당이 어려울 때 당 대표를 지냈으며, 지난 대선 예비후보로도 등록, 선거운동을 펼쳤습니다. 정세균 의원을 흔히 '저평가 우량주'라고 부릅니다. 기자나 전문가들에게는 최고의 평가를 받고 있으며, 주변 의원들도 최고의 정치인으로 꼽습니다.

이원욱

정세균 의원 선거 지원 중

　　단순히 능력이 좋아 그분을 저의 롤모델로 꼽는 것은 아닙니다.
결단할 때 결단할 수 있는 의지, 또 자신의 위치를 빌어 자신을 홍보
하지 않는 겸손함, 과대포장으로 정치를 포퓰리즘의 영역으로 옮겨
놓지 않는 진실 등이 정세균 의원의 모습입니다. 정치적 제스처와
화려한 문구를 통해 '자신의 정치적 업적'만을 부각시키는 여느 정치
인과는 달리, 정치는 '성과'를 내야 하며, 성과는 실천으로 국민에게
이익을 줘야 한다는 것이 정세균 의원의 생각입니다. 그의 생각에는
항상 국민이 먼저이며, 당원이 우선입니다. '선민후당', '선당후사',
그의 내면입니다. 저는 그 생각에 전적으로 동의합니다.

대학생이 바라본 파워리더 국회의원

| 역사의 파노라마를 들여다보면 '개인의 역할'이 보입니다

지금까지 읽었던 책 중에서 인상 깊었던 것을 꼽으라면 조정래 작가의 『아리랑』과 시오노 나나미의 『로마인 이야기』를 추천하고 싶습니다.

조정래 작가의 작품 중 『아리랑』은 민족 분단, 그리고 현재의 대한민국 계층 형성의 물적 토대를 잘 보여주고 있습니다. 소설 '아리랑'에서 작가는 일종의 서문 형식으로 글을 남깁니다. "역사는 과거와의 대화만이 역사가 아니다. 미래의 설계가 또한 역사다."

미래 역시 과거와 현재의 토대 위에서 만들어지며, 미래를 위해 당연히 과거에 대한 올바른 평가가 이루어져야 합니다. 우리는 그것을 '진실'이라고 부릅니다.

역사적 진실은 양면성이나 이면이 존재하지 않습니다. 보이는 대로 보아야 하며, 거기에 생각을 개입해 평가하기보다는 보이는 대로 보고 기록해야 하며 그 기록을 기초로 이후의 역사를 설계해야 합니다. 물론 역사의 한 장 속에서 울고 웃는 사람들의 삶은 이면이 존재할 수 있습니다. 그러나 이면이 존재하는 이유는, 바로 그때 그 역사가 이면을 낳을 수밖에 없는 혼돈을 품고 있기 때문입니다.

일본 작가 시오노 나나미의 『로마인 이야기』는 기원전 753년에 건국한 로마의 정치체계, 법제, 민주주의의 이념 등을 서술한 책으로 곳곳에 작가의 생각과 평이 쓰여 있습니다. 지난 이명박 정권 당시

이원욱

로마인 이야기를 들어 로마의 융성이 로마의 물길에서 비롯되었다는 것을 전제, 대한민국 물길 살리기의 일환으로「사대강 살리기」사업을 한 것으로 알고 있습니다. 하지만 이것은 그야말로 자의적 해석입니다. 로마는 분명 물길이 발달한 도시였지만 그 물길은 도시 순환에 있어 반드시 필요한 시스템이었지, 한 번에 막대한 돈을 들여 물속 흙을 갈아엎어 물길을 만드는 형식은 아니었습니다.

  '책'은 읽는 자에 따라 다르게 해석될 수도 있다는 사실을 알 수 있었습니다. 저 또한 시오노 나나미의 로마 해석에 전적으로 동의하지는 않지만 로마라는 도시를 깊이 들여다보고 로마의 건설과 발전의 동력에 대해 체계적으로 기록된 점은 높이 살 수밖에 없습니다. 특히 민주주의를 이루기 위한 법제, 정치적 동력 등의 기술은 시사점이 많았습니다. 민주주의는 한 번에 완성될 수도 없으며, 지속적으로 민주적 가치를 잃지 않기 위한 노력이 필요하다는 것을 보여주고 있었습니다. 민주주의는 유기체이기 때문입니다.

  최근 읽은 책을 덧붙어 소개하자면, 기자 출신의 영국 청년 다니엘 튜더의『익숙한 절망, 불편한 희망』이 있습니다. 다니엘 튜더는 1982년 영국의 대표적 공업도시인 맨체스터에서 태어난 청년으로, 영국의 복지정책이 자신을 키웠다고 말하고 있습니다. 영국의 복지 수혜자 다니엘 튜더의 눈에는 우리 대한민국의 복지 현실이 답답해 보입니다. 허리가 굽은 노인들이 폐지를 줍기 위해 느린 몸으로 도로를 건너는 모습을 안타까워하며, 그 노인들이 사라질 수 있도록 한국 복지가 튼튼하게 자리 잡기를 바라고 있습니다.

그 청년의 나이가 33살입니다. 우리나라의 33살을 돌아보면, 여전히 부모의 품 안에서 살고 있는 청년도 있으며, 의식주를 스스로 돌보느라 정작 사회는 바라보지 못하는 경우도 있습니다. 33살의 다니엘 튜더는 정확하게 한국의 문제를 감지하고, 해법을 제시합니다. 또 제가 몸담고 있는 새정치민주연합에 던지는 충고는 과감하며 정확합니다. 영국의 젊은 이방인에게 새정치민주연합 130여 명 국회의원의 한 사람으로 부끄러웠습니다. 저는 이 책에서 느낀 생각을 정리해 선후배 의원과 동료 의원들에게 전하기도 했습니다.

'책'은 모자란 나를 바라볼 수 있는 무기입니다. 조정래의 『아리랑』에서 역사를 바라보아야 하는 이유를 배웠으며, 시오노 나나미의 『로마인 이야기』에서는 민주주의는 유기체임을 알 수 있었습니다. 다니엘 튜더의 『익숙한 절망, 불편한 희망』은 2015년 대한민국의 가치를 전해주고, '정치인 이원욱'으로서의 정체성을 깨닫게 하는 충고였습니다.

| 이원욱 의원님, 길이 되어주세요

국회의원회관 841호, 국회의원 이원욱 의원실입니다. 841호실에서 인터뷰를 마치고 나올 때 이원욱 의원은 엘리베이터 앞까지 배웅을 나왔습니다. 자연스러운 모습이었습니다. 누구든 이 방을 찾아 이원욱 의원을 만나는 사람이 있다면 이런 배웅을 받게 될 것입니다. '아직 초선의원이기에 그러는 건 아닐까?'라면서 잠시 의심해 보았지만, 환하게 웃으며 90도 각도로 인사하는 모습에서 그가 말하는

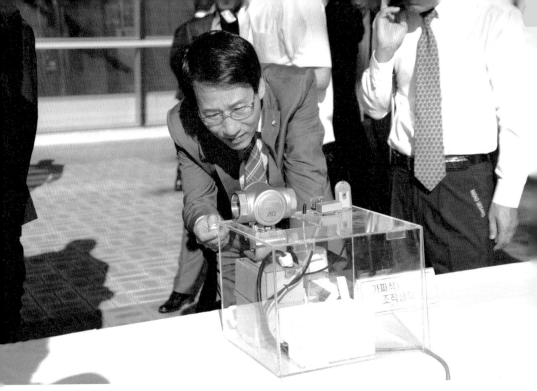

산업위 현장 시찰

'성실'을 느꼈습니다. '정성스럽고 참된' 모습이었습니다.

우리 청년들에게 가장 필요한 것은 '사람'입니다. 앞서 걸음을 걸으신 '선배'들의 삶이 지표가 되어, 저렇게 살고 싶다고 생각하고 싶습니다. 그러나 쉽게 찾을 수 없어 절망하게 됩니다. 돈과 명예만을 쫓는 선배들의 삶이 얼마나 쉽게 흔들리는지를 많이 보아왔기 때문입니다.

경기도 화성을 초선 국회의원 이원욱

성실의 가치가 몸에 밴 그의 길을 따라가 보겠습니다. 그가 먼저 만든 길 위에는 다른 이야기가 있을 것이라고 짐작해 봅니다. 정말 그러했으면 좋겠습니다.

│ 당을 초월해서 열정적으로 의정활동을 펼치는 국회의원 5명

김영주 의원님 - 매우 합리적인 의원님이십니다. 추진력이 강하고 후배들을 챙기는 따뜻한 마음도 더불어 지니고 있습니다. 워낙 생각이 젊어 김영주 의원님의 나이가 예순을 넘어선 것도 잘 모르실 겁니다. 그 어떤 청년보다도 젊은 생각으로 세상을 보고 정책을 펴는 모습이 인상적입니다.

도종환 의원님 - 비례대표로서 성공적인 의정활동을 펼치고 계십니다. 우리 정치가 간과하고 있는 것 중의 하나가 비례대표의 중요성입니다. 사회는 지역으로만 이루어진 것이 아니라 입장과 처지를 달리한 계층과 직업이 존재하고 있으며, 그 층과 업의 성장을 위해 필요한 정치를 해야 합니다. 시인으로서 도종환 의원님은 예술인 복지뿐 아니라 역사 문제 등에서도 왕성한 활동을 펼치고 계십니다.

신정훈 의원님 - 시의원에서 도의원으로, 또 시장에서 국회의원으로 자리를 옮겼지만 그가 추구하는 정치의 총체는 '지방정치의 완성'이라는 측면에서 같습니다. 지방정치의 다양한 경험을 지방분권과 지방경제 발전에 구체적으로 반영하고 있습니다.

이원욱

박병석 의원님 – 국회부의장을 지낸 정치 선배시지요. 기자 출신으로 야당의 불모지인 대전에서 오랫동안 국회의원을 하셨습니다. 대전에서 만난 어느 주민은 박병석 의원님을 "부지런하고 솔선수범하는 사람"이라고 말합니다. 대전에서 국회까지 출퇴근을 하고, 늘 시민과 함께하려는 모습 속에서 좋은 지역정치인의 모습을 발견하게 됩니다.

전하진 의원님 – 벤처기업인다운 추진력을 지니고 있습니다. 저와는 당이 다른 새누리당 소속 국회의원이지만 합리적이고 실용적인 생각을 갖고 있다고 생각합니다. 저와 같이 국회 산업통상자원위원회에서 활동하고 있는데, 제가 생각하지 못했던 정책 대안을 내오는 모습을 볼 때면, 같은 세대 정치인으로서 깜짝 놀랍니다. 배우고 싶은 면이 많은 분입니다.

이 윤 석

- 학력
  경남대 정치외교학 학사
  경남대 대학원 정치학 박사
  연세대학교 경제대학원 경제학 석사

- 경력
  제18·19대 국회의원(전남 무안·신안)
  새정치민주연합 조직본부장
  새정치민주연합 원내수석부대표
  민주당/새정치민주연합 수석대변인
  민주당 전남도당위원장
  국회 국토해양위원회 야당 간사
  국회 예산결산특위 계수조정소위원
  국회 행정안전위원회 위원
  국회 환경포럼 회장
  국회 입법정책연구회 회장
  국회 조찬기도회 총무
  제5·6·7대 전라남도의회 의원
  제7대 전라남도의회 의장

- 수상
  2015 유권자 대상
  2015 대한민국 의정대상

- 저서
  『꿈 나를 이끌다』

대한민국 국회
NATIONAL ASSEMBLY

| 기적 같은 무소속 당선

저는 현재 전라남도 무안군 신안군 재선 국회의원입니다. 제18대 국회에서는 행정안전위원회에서 활동하였으며, 제19대 국회에 들어와서 줄곧 국회 국토교통위원회에서 활동하고 있습니다. 국토교통위원회에서는 전반기 간사로 활동하였는데, 상임위원회 간사는 야당 국회의원을 대표하여 안건과 일정 등 상임위의 모든 사안에 관하여 여당 간사와 협상하는 직책입니다. 소속 정당인 새정치민주연합에서 수석대변인, 전남도당위원장, 원내수석부대표를 맡아 일했고, 현재는 중앙당 조직본부장으로 일하고 있습니다. 조직본부는 전국 지역위원회 및 당원들에 대한 관리 전반을 맡아 일하는 곳입니다.

제 고향은 전남 무안군 삼향면 용포리 이동마을입니다. 3남 2녀 중 넷째로 태어났습니다. 어려운 가정형편으로 인해 늦깎이 대학생활을 하였지만, 이후에도 연세대학교 경제대학원 정치학 석사, 백석대학교 목회학 석사, 경남대학교 정치학 박사를 거치면서 배움에 대한 열정을 채워왔습니다.

청년 시절, 국가를 위해 일하고 싶다는 마음에 오래전부터 뜻을

대학생이 바라본 파워리더 국회의원

두고 있던 정치권에 몸담게 되었습니다. 이후 권노갑 고문이라는 거목을 모시는 기회를 얻었고, 고향과 국가 발전을 위해 일하고자 지방의원에 도전해 3선을 지내면서 전남도의회 의장까지 경험하게 되었습니다. 그러나 지방의원 3선을 지내는 동안 지방의원에게 어느 정도의 한계가 있다는 것을 느껴 국회의원에 도전하게 되었습니다.

제18대 국회의원에 도전할 당시 지역구인 무안, 신안의 정치 상황은 매우 열악한 조건이었으며 민주당의 공천 가능성도 신인인 제는 그리 높지 않았습니다. 그러나 "사람이 마음으로 자기 길을 계획해도 걸음을 인도하시는 이는 여호와시라."라는 믿음으로 과감하게 무소속 출마를 선택했습니다. 지역 주민의 성원 속에서 기적같이 무소속으로 당선됐고 그날의 기억과 군민의 은혜는 지금까지도 크나큰 감동으로 남아있습니다.

| 전남의 발전을 위해 한 몸을 바치다

지금은 국토교통위원회로 변경됐지만 제19대 국회 전반기에는 국토해양위원회라는 이름으로 활동하였습니다. 국토해양위원회는 국회법 제37조 제1항에 의하여 설치된 국회의 상임위원회입니다. 주택, 교통, 항만, 해양 정책 등의 분야에서 포괄적으로 국토 전반에 대해 개발 및 보전에 관한 업무를 담당하고 국회의 정책결정기능을 실질적으로 수행하는 회의체 기관입니다. 주관 부처인 국토해양부를 비롯해 LH, 도로공사, 철도공사, 공항공사, 수자원공사 등 국토

이윤석

부문 10개, 교통 부문 11개, 해양 부문 11개 등 모두 31개 소관의 공공기관을 담당하고 있는 방대한 위원회입니다.

제19대 국회를 시작하면서 국토해양위원회를 지원했던 이유가 있습니다. 전남 도의원 재직 당시 건설경제위원회를 경험하면서 낙후된 전남 지역의 발전을 위해서는 SOC 사업과 인프라 구축이 매우 절실함을 깨달았기 때문입니다. 제18대 국회에서 초선으로 있을 때도 전남 지역과 지역구인 무안, 신안 지역에 SOC 예산을 확보하기 위해 많은 노력을 했지만, 행정안전위원회에 내리 4년간 있으면서 커다란 한계를 느꼈습니다.

그런데 다행히도 제19대 국회에 들어오면서 국토해양위원회에 참여할 기회가 생겼고, 그중에서도 간사 위원을 맡게 돼 지역 발전에 도움을 줄 수 있었다고 생각합니다. 그뿐만 아니라 전체 예산을 심사하는 예산결산특별위원회 계수조정소위원까지 맡게 되니 정책과 예산을 함께 다룰 수 있었습니다. 덕분에 광주·전남권과 지역구인 무안군과 신안군의 SOC예산을 다른 해에 비해 많이 확보하는 성과도 거둘 수 있었습니다.

일부에서는 지역 예산을 너무 많이 챙긴 것 아닌가 하는 비판도 있지만, 낙후된 전남 지역은 사실 도로, 섬 지역, 연도교, 연륙교 등 SOC 예산이 턱없이 부족합니다. 특히 섬 지역은 신경을 써서 연도교 공사를 신속히 추진해야 합니다. 예를 들어 현재 진행 중인 새천년대교의 경우, 완공까지 약 5,000억 원의 예산이 필요한 사업인데, 한 해에 500억 원씩 배정해도 10년이 넘게 걸립니다. 그런데

100~200억씩 배정을 하다 보면 너무나 오랜 기간이 소요됩니다. 하지만 국가의 균형발전 차원에서 특별히 배려를 해야 하는 지역이기 때문에 수도권이나 영남권과는 다른 잣대로 예산 배정을 하는 것이 타당하다고 생각합니다.

| 상생의 건설문화를 꿈꾸며

국토교통위원회에 있으면서 특별히 건설업이 활성화되길 희망했습니다. 건설업은 전 세계를 놀라게 하며 대한민국의 성장기를 이끌었던 산업이었습니다. 해외 진출은 우리나라의 건설기술을 세계에 알리는 계기를 만들었고, 한국전쟁 이후 폐허 가운데 가난했던 국가를 지금은 선진국과 어깨를 나란히 하는 일류국가로 도약시키는 데 큰 공헌을 했다고 생각합니다. 그러나 글로벌 침체가 장기화되고 국내 경기가 악화되면서 건설인들의 고통도 매우 커져가고 있습니다. 부동산 침체가 찾아옴에 따라 하우스 푸어를 양산하는 부작용도 커지고 있습니다.

위기의 극복은 우리 모두가 함께 신뢰를 쌓을 수 있느냐 없느냐에 따라 달라진다고 생각합니다. 투명한 건설업, 대기업과 중소기업이 상생하는 건설문화 정착, 정부의 생산적인 SOC 투자의 병행을 통해 정부·기업·민간이 함께 신뢰를 쌓아 위기를 극복해야 합니다. 그런 방향으로 건설정책이 활성화될 수 있도록 많은 노력을 기울였습니다.

또한 건설인들의 부담이 되는 과도한 규제는 풀어주되, 대기업에

이윤석

편중된 불공정 거래가 일어나지 않도록 제도 개선에 힘썼습니다. 정부와 기업이 모두 불신하는 무분별한 대규모 토목사업이 아니라, 지속가능한 생산적인 SOC 투자 예산을 확대하는 데 노력했습니다.

| 믿음직한 아들 같은 정치인이 되길

나라를 사랑하는 마음의 첫 시작은 애향심이라고 생각합니다. 지역 주민과의 소통이 없이는 좋은 정치인이 될 수 없다고 생각합니다. 선거구인 무안·신안은 김대중 대통령님을 비롯해 많은 정치적 지도자들을 배출한 지역으로 지역민들의 자긍심 그 어느 지역보다 높은 곳입니다.

그러나 한편으로는 호남 지역이 대부분 그렇듯이 민주화의 성지가 되는 동안 지역 발전의 열망은 제대로 꽃을 피우지도 못한 아픔을 고스란히 간직한 곳이기도 합니다. 그래서 무안·신안 지역 주민들은 함께 호흡하며 대소사를 고민하는 믿음직한 아들 같은 정치인을 원하고 있다는 것을 제18대 국회의원으로 당선되었을 때 확신하게 되었습니다.

그래서 제18대 국회 4년 동안 700회가 넘도록 지역구를 오갔으며, 도서 지역이 많은 지역특성상 침낭을 휴대하고 마을회관에서 숙박을 해결하면서 주민들을 만났습니다. 또한 지역에서도 인정받고, 국회에서도 인정받기 위해 항상 높은 국회 출석률을 유지하고자 최선을 다했습니다.

그 결과 중앙당에서 우수 국회의원으로 선정되었고 제18대 국회

국회를 방문한 지역구 학생들과 선생님과 함께 국회의원회관에서 담소를 나누는 이윤석 의원

의원을 대상으로 '법률소비자연맹'이 실시한 선거공약 이행률 평가에서는 이행률 84%로 '공약이행 우수의원'으로 선정되기도 했습니다. 제19대 국회에 들어와서도 김대중 대통령님의 고향이라는 자부심과 책임감으로 무안과 신안의 발전을 이루어 내겠다는 일념 하나로 열심히 일하고 있습니다.

| 감사가 지닌 놀라운 힘

세상은 참으로 감사할 일이 많습니다. 볼 수 있는 것도 감사, 듣고 걸을 수 있는 것도 감사, 생각하고 글을 쓸 수 있다는 것도 감사, 조금만 생각해 보면 세상은 온통 감사할 것으로 가득하다. 하지만 우린 감사의 마음보다 자신이 처한 여건과 환경을 탓하며 스스로의 삶

이 윤 석

을 파괴하고 있습니다. 감사할 줄 모르는 마음은 세상을 어둡게 만듭니다.

구약의 다윗은 힘들고 어려운 환경 속에서도 감사하는 마음을 잃지 않았습니다. 하지만 이와 반대로 사울은 세상의 권세와 권력을 가졌음에도 감사할 줄 모른 채 시기와 질투로 세상을 탓하다 끝내 처절한 죽음을 당하고 맙니다. 사울을 비참한 최후로 내 몬 것은 다름 아닌 자신이었습니다. 감사할 줄 모르는 삶은 교만을 만들고 교만의 끝은 파국입니다. 감사는 자기 자신은 물론이며 세상을 풍요롭게 만듭니다. 감사는 더 큰 미래를 꿈꾸게 하는 원동력이 됩니다.

저는 좌절이라는 말을 잘 사용하지 않습니다. 물론 사람이 살아가면서 어려운 순간이 없을 수는 없습니다. 제게 있어 가장 어려웠던 순간을 꼽으라고 한다면, 김대중 대통령님의 아들인 김홍업 후보와 경쟁할 때, 큰 정치인인 한화갑 대표와 경쟁할 때였습니다. 사실 제18대 국회의원 선거에서 무소속으로 출마하여 김홍업 후보와 겨룰 때는 어느 누구도 나의 승리를 예상하지 못했습니다. 그런 상황에서도 나는 긍정적인 생각을 멈추지 않았고 항상 감사하는 마음으로 임했습니다. 감사하는 마음이야 말로 위기를 극복하는 원동력이라고 생각합니다.

| 정치 인생의 멘토, 권노갑 고문님

제 정치 인생의 롤모델은 권노갑 고문님입니다. 제가 처음 권 고문님을 만난 때는 민추협 시절이었습니다. 권 고문님은 목포상고를

대학생이 바라본 파워리더 국회의원

졸업해서 국회의원 지역구가 목포인지라 무안 출신이었던 저를 고향 후배처럼 아껴 주셨습니다. 정치권에서 일하는 내 모습을 눈여겨 본 모양이었습니다. 재선 국회의원이 된 권노갑 고문님이 나를 보좌진으로 데려가면서 본격적인 인연이 시작됐습니다.

이후 나는 권노갑 고문님을 위해서 마음을 다해 일했습니다. 항상 곁에 있으면서 최선을 다해 모셨습니다. 당시 민주당은 1990년 3당 야합으로 유일한 정통 야당이 됐지만 거대 여당과 싸우기에는 힘이 부칠 정도로 약했습니다. 하지만 '3당 합당'을 기회로 민주당의 강성이 복원되고, 재야세력 등 야권의 힘이 민주당으로 합쳐지고 있었습니다. 권 고문님은 김대중 총재의 최측근으로서 야당의 실세였습니다. 제 주요 업무는 권 고문님의 잡다한 일을 처리하는 것과 지역구인 목포를 관리하는 것이었습니다.

저는 민선 5기 지방선거를 앞두고 본격적인 정치인이 되기 위해 지방의원 출마를 결심했습니다. 당시 서울이 지역구였던 의원 측에서 서울 출마를 권유했었는데, 일단 권 고문님과 상의를 했습니다. 권 고문님은 정치를 시작하려면 고향에서 하라고 충고하셨고 저는 그대로 따랐습니다.

결국 민선 5기 전라남도 도의원으로 정치에 첫발을 내딛은 후 5·6·7대 도의원에 당선되었고, 제7대 도의회 의장까지 지낼 수 있었습니다. 또한 제18대, 제19대 국회의원으로 당선되었으니 그동안 단 한 차례도 낙선한 적이 없었던 셈입니다. 권 고문님의 조언을 믿고 따랐기 때문에 이런 좋은 결과가 이어지고 있다고 생각합니다.

이윤석

곁에서 지켜본 권 고문님은 정말 넓은 포용력을 가진 사람이었습니다. 일을 함에 있어 결코 자신을 내세우지 않았습니다. 당시 그의 별명은 '용각산'이었습니다. 이 소리도 아니고 저 소리도 아니고 언제 누가 흔들어도 심경의 변화가 없다는 뜻입니다. 그만큼 사태를 침착하게 관망했으며 자신의 생각을 함부로 내색하지 않았습니다.

하지만 묵묵함 속에서도 사람에 대한 배려가 남달랐습니다. 한 번 인연을 맺은 사람은 끝까지 내치지 않았고 설령 자신을 곤경에 빠뜨린 사람을 다시 만날지라도 온화한 표정으로 손을 잡았습니다. 그것은 가식도 아니고 일부러 성인을 흉내 낸 것도 아니었습니다. 그냥 인간 권노갑의 인생이 그랬던 것입니다. 저는 정치를 시작하면서 지금까지도 그 시절을 생각하며 그분의 포용력과 겸손함, 배려심을 본받으려 노력하고 있습니다.

| 정성이 담긴 진심은 반드시 통한다

사람과의 관계에 있어 신의만큼 중요한 것은 없습니다. 사람의 마음을 얻으려면 진심이 있어야 합니다. 도의원에 당선되고 재선으로 의정활동을 하는 동안 진심을 다해서 동료 의원들과 함께했습니다. 그리고 2002년 도의원 3선을 시작하면서 지난 8년 동안의 정치를 한데 묶어 도의회 의장에 도전하기로 결심했습니다. 그때 제 나이, 만으로 꼭 마흔이었습니다.

선거라는 것은 결국 정성이 모아지는 일입니다. 지금도 그 생각에는 변함이 없습니다. 선거에는 대선배님 두 분이 함께 출마하여 총

국회 행정안전위원회 위원 재직 시 경찰특공대 시범을 지켜보는 이윤석 의원

3인이 경쟁을 펼쳤습니다. 겉으로만 평가하면 마흔 살에 불과한 평의원 출신 이윤석이 무슨 경쟁력이 있었을까 싶었지만 결코 포기하거나 좌절하고 싶지는 않았습니다.

　최선은 제가 가진 가장 큰 경쟁력이자 무기였습니다. 동료 의원들과 함께한 지난 8년간의 시간을 믿었습니다. 34살이라는 젊은 나이로 전남도의원에 처음 당선됐을 때 '겸손'을 마음 깊은 곳에 새겼고 모두를 형님으로 모신다는 생각으로 열심히 일했습니다. 그때 정치를 시작하던 초심으로 돌아가 51명 동료 의원 모두에게 찾아가거나 전화를 걸었습니다. 그리고는 최선을 다해 평의원 출신의 의장이 필요하다는 사실을 알렸습니다. 저는 정성을 다해 한 분 한 분 의원을 모시는 의장이 되겠노라 약속했습니다. 제 진심이 반드시 통할 것이라 확신했습니다.

이 윤 석

그리고 얼마 후, 정말 경천동지할 결과에 전남의 정가는 물론이며 모든 언론이 발칵 뒤집혔습니다. 투표를 위해 전남도의회 본회의장에는 51명 중 50명이 출석했고 투표에는 49명의 의원이 참여했습니다. 선거결과 총 49명 중 후보자 3명을 제외한 46명이 저를 지지했던 것입니다. 아무도 예상하지 못한 기적이었습니다. 역대 선거는 물론이며 앞으로의 선거에서도 일어날 수 없는 전무후무한 일로 평가되었습니다. 모두들 이심전심으로 '내 한 표만 이윤석에게 주자.'고 생각한 것이 기적을 만든 원동력이 된 것입니다. 진심이 통하여 의원들의 마음을 움직여서 몰표를 만들어냈던 것입니다.

선거 결과에 가장 놀란 사람은 저였습니다. 어안이 벙벙할 정도였습니다. 승리를 확신했지만 이 정도 몰표가 나올 것이라고는 정말 예상하지 못했습니다. 제 진심을 받아 준 동료 의원들이 너무나 고마웠습니다. 그래서 2002년 41세의 나이로 최연소 전라남도의회 의장이 될 수 있었습니다.

| 신안군과 무안군이 지닌 무한한 잠재력

우선, 신안군은 1004의 섬을 연결하는 다이아몬드 프로젝트와 연도교 건설이 핵심입니다. 이미 중도대교 개통 후 거의 200만 명의 관광객이 찾아오는 등 신안군은 서남해안 관광 1번지로 거듭나고 있습니다. 특히 남들이 불가능하다고 여겼던 흑산도 소형공항이 첫 삽을 뜨게 됐습니다. 기존 새천년대교, 지도-임자, 신의-하의 등 연륙교·연도교 사업도 충분한 예산 확보로 점점 가속화되고 있습니다.

국회의원 캐럴 자선음반을 제작하기 위해 녹음실에서 노래를 하는 이윤석 의원

무안군도 삼향면 왕산리에서 시작해 청계-운남-망운-현경-해제, 다시 현경 해운리까지 이어면서 231.8km의 무안해안관광도로를 축으로 하는 관광레저 도시를 만들겠다는 구상을 실행에 옮기고 있습니다. 아름다운 해안도로와 펜션 단지 등의 관광 인프라를 구축해 전국의 관광객들을 유치하고, 길목마다 친환경 농산물 판매소를 설치해 농가 소득을 높일 계획입니다.

2013년도에 전국 지자체 중 유일하게 개발촉진지구로 지정되어 무안군 발전계획 실현이 더욱 박차를 가하고 있습니다. 무안군에 14개 사업에 국비 515억 원, 지방비 184억 원, 민자 949억 원 등 총 1648억 원이 투입돼 2018년까지 연차적으로 진행되는 대규모 지역 개발 사업입니다. 무안군의 주민소득 증대와 일자리 창출 등이 지역 경제 활성화에 크게 기여할 것으로 기대하고 있습니다.

이 윤 석

| 당을 초월해서 열정적으로 의정활동을 펼치는 국회의원 5명

박지원 의원님 – 국회의원이 지녀야 할 가장 기본적인 자세인 성실함을 몸소 실천하면서 책임감 있는 정치를 펼치고 계시는 분입니다.

김무성 의원님 – 커다란 풍채와 넓은 가슴만큼이나 도량도 무척 넓으신 대장부라고 할 수 있습니다.

나경원 의원님 – 환경과 여건이 어려운 지역만 골라서 찾아다니시면서 사람들에게 밝은 모습과 넘치는 배려심을 통해 희망을 안겨주시는 모습에 존경심이 절로 일곤 합니다.

최재천 의원님 – 이분은 책을 많이 읽기로 유명한데, 매우 신사적이고 깔끔한 남자로서 자기관리에 매우 철저하신 모습을 본받고 싶습니다.

이종걸 의원님 – 국가와 민족에 대한 뜨거운 피를 지니고 열과 성을 다하시는 모습이 참으로 인상적입니다.

대학생이 바라본 파워리더 국회의원

이   정   현

- 학력
  동국대 정치외교학과 학사

- 경력
  제18·19대 국회의원(전남 순천·곡성)
  現 새누리당 최고위원
  現 국회 예산결산특별위원회 위원
  現 국회 산업통상자원위원회 위원
  現 새누리당 중소기업 소상공인특별위원회 위원장
  現 광주자동차산업밸리 추진위원
  前 대통령 비서실 홍보수석
  前 대통령 비서실 정무수석
  前 대통령직인수위원회 정무팀장
  前 2015 광주하계유니버시아드대회 조직위원회 위원
  前 2012년 여수세계박람회지원특별위원회 위원
  前 5·18 민주화운동 유네스코등재추진위원회 위원

- 수상
  제8회 통일문화대상 대상
  제6회 서울석세스대상 정치혁신대상

- 저서
  『진심이면 통합니다』

  대한민국 국회
NATIONAL ASSEMBLY

| 한 계단씩 밟아온 정치인생

  섬진강과 보성강이 사이좋게 맞닿아 흐르는 두메산골 곡성이 바로 제가 탯줄을 묻은 곳입니다. 어렸을 때부터 가슴속에 품고 살아온 큰 바위 얼굴 신숭겸 장군이 바로 우리 면 출신입니다. 하늘이 두쪽 나도 결코 변하지 않을 의리의 사나이 신 대장군은 변함없는 제 롤모델입니다.

  초등학교 3학년 때 국회의원 선거 합동유세를 보고 국회의원이 되겠다는 꿈을 품었습니다. 그리고 40여 년 만에 저는 18대 비례대표 국회의원이 되었습니다. 20여 년 동안 호남에서 새누리당으로 네 번째 도전 만에 19대 국회의원 보궐 선거에서 지역구 출신 재선 국회의원이 되었습니다.

  청와대 정무수석과 홍보수석 경험을 통해 국정 전반의 흐름 파악과 고급 정보를 접할 기회를 얻었습니다. 두 번의 집권당 최고위원, 여섯 번의 예결위원을 거치면서 제법 통도 커지고 정치의 진수를 맛볼 수 있었기 때문에 뿌듯합니다. 국회의원 비서관부터 시작해 정당 사무처 간사 병, 을, 갑, 차장, 부장 대우, 부장, 부국장 대우, 부국

대학생이 바라본 파워리더 국회의원

장, 국장 대우, 국장, 부대변인, 수석 부대변인, 대변인, 공보단장, 홍보수석 그리고 최고위원까지 한 계단 한 계단을 다 밟아 온 정치권의 경력 소유자는 전에는 거의 없었고 앞으로도 나오기 힘들 것입니다.

| 국회 상임위와 당직 수행은 서민 대변이 키포인트

국회에서 상임위는 산자위에 속해 있습니다. 예결위원은 호남 출신 새누리당 지역구 국회의원이 유일하기 때문에 18대 비례대표 때부터 시작해서 여섯 번째 맡았습니다. 당직은 최고위원을 맡고 있고 당 중소기업 소상공인 특위 위원장입니다. 중견기업, 중소기업, 소상공인들의 어려움을 해결하기 위한 다양한 실정 파악과 현장 확인 그리고 관련 제도와 법 개정에 많은 시간을 할애하고 있습니다. 국가 보훈 정책의 필요성을 늘 강조하고 있고 위상 증진을 위해 현재 차관급 처장을 장관급으로 격상시켜야 한다는 주장을 체계적이고 지속적으로 제기하고 있습니다.

또한 지역 구도 타파를 위한 각각의 개별 사안들에 대해 문제 제기를 꾸준히 하고 있습니다. 국민 통합이 국가 발전의 에너지라고 생각합니다. 무엇보다 국가 중장기 플랜을 시스템적으로 준비해야 한다는 문제 제기도 하고 있습니다. 국가적으로나 정치적으로 그 부분이 참 부족하다고 봅니다.

18대 국회에서는 문방위와 법사위원을 지냈습니다. 문방위에서

이정현

저는 문화산업에 대한 관심을 가졌었고 실제로 그쪽에 큰일을 한번 해봤으면 하는 바람입니다. 법사위는 법조인 출신이 아니면서 어쩔 수 없이 선택했는데 막상 상임위 활동할 때는 참으로 의미 있는 일들을 많이 했습니다. 전문가라고 그 분야의 일반 국민 정서를 정확히 알거나 모두를 대변하는 것이 아닙니다. 순전히 비전문가의 시각으로 보니까 더 잘 보이는 부분이 많았습니다. 마음으로 보는 것이 더 크게 보일 때가 있는 것 같습니다.

| 순천·곡성에서 현대판 경연을 꿈꾼다

정치인은 목표하는 비전을 분명하게 갖고 있어야 한다고 봅니다. 그래야 탈선하지 않습니다. 이를 위해 끊임없이 자기 단련을 하면서 또 열정적으로 일해왔습니다. 호남에서 정치 경쟁을 회복시키는 것이 꿈이었기에 여야가 함께 존재하는 호남 정치를 구현하고 싶었습니다. 대부분의 주위 사람들이 수도권 출마를 권유했지만 호남에서 새누리당으로 반드시 당선되어 30년 특정 정당 독식, 독점, 독주 구도를 깨고 싶었습니다.

순천·곡성에서 당선되면서 첫걸음을 내디뎠고 직접적인 변화를 이끌어 낼 것입니다. 이제는 호남에서 DJ 이후 새로운 리더십과 호남 발전의 비전을 제시해 추진해 나갈 것입니다. 실질적인 국민 통합, 지역 구도 타파를 위한 대변화를 꼭 실현시키고 싶습니다.

경청하는 자세가 필요하다고 생각하고 효과적인 경청 방법을 늘 시도하고 높은 사람이 아닌 가장 일반 국민과 가까운 사람이 되고자

자전거로 지역 골목을 돌아다니며 민심 탐방을 하고 있는 모습

했습니다. 점퍼를 입고 자전거를 타고 막걸리를 같이 마시고 마을회
관에서 자고 이장 댁에서 아침을 얻어먹고 매주 토요일 오후 2시면
호수공원 풀밭에 예외 없이 나타나 광장에서 일반 시민과 대화를 나
누면서 사무실 대신 '이정현 사랑방'이라고 문을 열어 놓고 듣고 듣
고 또 들었습니다. 경청이 최상의 방법이었습니다.

그리고 현대판 경연을 하겠다는 자세를 가졌습니다. 옛날 임금
들께서 하는 것만 경연이 아니라고 봅니다. 많은 전문가들의 얘기
를 끊임없이 듣고 언론인들과 수없이 자리를 같이하면서 듣고 새로
나온 책들을 가까이하면서 다독을 하고 배우고 토론을 해왔습니다.

이정현

| 옥수수대 빨아먹고 큰 사람은 초콜릿 빨아먹고 자란 사람에게
  져선 안 된다

제가 겪었던 가장 큰 좌절을 특별히 고를 수는 없습니다. 너무나
많이 혹독했고 절망적인 순간을 겪었기 때문에 순위를 매길 수 없다
는 얘기입니다. 오로지 기도가 저를 지켜줬고 가족들의 눈망울이 저
를 일으켜 세웠고 저의 꿈들이 다시 뛰게 했다고 봅니다. 솔직히 촌
놈의 오기와 자존심이 좌절을 좌절인지 모르게 넘기게 해준 원동력
이었는지 모르죠. '옥수수대 빨아 먹고 큰 사람은 초콜릿 빨아먹고
자란 사람에게 져서는 안 된다'는 오기도 한몫했습니다.

사람은 목표가 있으면 좌절하지 않습니다. 나를 위한 목표는 자신
을 좌절시키지만 대의를 품으면 결코 좌절하지 않습니다. 분해서 울
고 안 풀려서 울고 생각지도 않은 외적 요인으로 절망을 느끼는 상
황에서 혼자 울 때가 많았습니다. 어느 날, 좌절을 안고 서울 근교에
혼자 바람을 쐬러 나갔다가 우연히 앉은 자리 옆에 피어 있는 들꽃
을 봤습니다. 코를 갖다 대었더니 꽃향기가 엄청 진했습니다. 다시
보니 너무나 고운 색깔의 이름 모를 들꽃이었습니다.

"밤에 홀로 얼마나 외로웠니? 비바람 치고 번개와 뇌성이 울 때
얼마나 무서웠니? 이렇게 멋진 꽃을 피워 꽃향기를 풍겨도 누구 하
나 눈길 주지 않을 때 얼마나 서럽고 원망스러웠니? 그런데 지금 나
는 너를 특별하게 보고 있어. 내가 너를 가져가 집에 두고 보고 싶

대학생이 바라본 파워리더 국회의원

다. 다음에 돈 벌어 단독 주택 갖게 되면 집 주위에 들꽃을 많이많이 심어야지."

이렇게 말하면서 새로운 꿈을 가졌습니다. 마치 제가 들꽃 닮았다는 생각이 들어 그때부터 자신을 두고 들꽃이라고 부르게 되었습니다. '들꽃 의정보고회', '들꽃 이정현' 이렇게 쓰기를 좋아했습니다. 저는 들꽃입니다.

지역구 체육대회에서 순천시민과 끌어안고 있는 모습

이정현

한마디 덧붙이자면 제가 걸어온 전례가 드문 정치 코스를 보며 희망을 얻는 청년들이 많다고 들었습니다. 살다 보면 말도 못하게 어려운 일들이 있을 것입니다. 하지만 지금 겪고 있는 어려움만 보고 있으면 안 됩니다. '내가 목표하는 일이 정말 실현될까?' 하는 두려움, 포기할 수밖에 없는 난관은 모든 사람이 겪어왔던 단계입니다. 이 문제들이 나한테만 닥친다고 생각하면 곤란합니다. 자연스럽게 받아들여야 극복할 수 있습니다.

중요한 것은 제대로 된 목표를 세우는 것입니다. '나만 잘되어야지' 혹은 '우리 가족만 잘되어야지' 하는 목표를 세운다면 반드시 중간에 꺾이게 됩니다. 나와 우리 가족이 아닌 다른 사람, 더 많은 사람들의 가치를 높일 수 있는 목표를 설정해야 합니다. 교사라면 월급을 받는 걸로 끝나는 게 아니라 훌륭한 제자를 키워내겠다는 자세, 기업인이라면 나 혼자 돈을 많이 벌겠다는 게 아니고 더 많은 고용을 창출하겠다는 목표가 그것이지요. 그게 몸에 뱄을 때 어떤 일이 닥쳐와도 포기하지 않고, 통 큰 기획을 할 수 있어 더 많은 사람들의 지지와 성원을 받을 수 있습니다.

| 존경하는 사람? 차라리 "엄마가 좋아, 아빠가 좋아?"에 답하는 것이 쉽겠다

"이정현 의원님, 당신이 존경하는 사람은 누구입니까?"라고 묻는 사람이 많습니다. 하지만 그 질문에 답할 수 없습니다. 한 사람이 세상을 58년 동안 살아오면서 어찌 존경하는 사람이 한 명만 있었겠습

대학생이 바라본 파워리더 국회의원

니까? 본을 본 사람이 어찌 한두 명이겠습니까? "엄마가 좋아, 아빠가 좋아?"라는 질문만큼 답하기 어려운 질문입니다.

아주 어렸을 적부터 위인전집을 끼고 자랐습니다. 위인전 앞부분에 항상 실려 있는 사진을 오려 앨범에 꽂아 놓고 틈나는 대로 그분들과 대화를 나누는 것이 취미였습니다. 그러나 국회의원이 되고 정치를 오래 하면서 위인전의 주인공만 위인이 아니라는 것을 깨달았습니다. 이 세상에는 너무도 많은 평범해 보이지만 존경할 만한 분들이 많다는 것을 알게 되었습니다. 가식하지 않고 자기를 위해, 가족을 위해, 이웃을 위해, 직장을 위해, 국가를 위해 저라면 도저히 못 할 일들을 거침없이 해오신 분들을 자주 만나고 접하게 됩니다. 정말 마음으로 그분들을 존경할 때가 많습니다.

살면서 만나왔던 모두를 존경하지만 저는 아직 큰 리더가 돼 본 적이 없습니다. 솔직히 지금까지는 주로 참모였고 스텝이었습니다. 리더가 되는 것이 항상 두려웠어요. '내가 맡으면 해낼 수 있을까?' 하는 생각에 늘 겁부터 났습니다.

그러나 이제는 기도를 하고 또 최선을 다하는 나 자신을 신뢰합니다. 리더는 책임감이 생명입니다. 리더는 겸손해야 합니다. 리더는 자신이 희생할 각오를 늘 해야 합니다. 리더는 진심과 진정성을 갖고 구성원을 대해야 한다고 봅니다. 그리고 리더에 대한 평가는 사후에 남이 하는 것이라고 생각합니다.

이정현

| 나는 부족한 남편이고 아빠다

솔직히 가족에게는 늘 미안하고 부족한 남편이고 아빠이기 때문에 어떤 것도 주문을 할 염치가 없습니다. 다만 온 가족이 신앙생활만은 꼭 진정성을 갖고 해줬으면 하는 바람입니다. 건강하다는 것, 도전 정신이 강하다는 것, 착하다는 것, 신앙심이 깊다는 것들에 참고맙게 생각합니다. 자식들도 이제 스물 넘은 애들이라 무엇을 하라고 할 시기는 지났습니다. 애들에게 무슨 얘기를 해주는 것보다, 당당하게 떳떳하고 열심히 살아가는 그리고 공익을 위해 열심히 일하는 제 모습을 자식들에게 보여주고 싶습니다.

사실 부끄러운 것이 하나 있다면, 초등학교 겨우 졸업한 우리 아버지와 어머니에게 느끼는 제가 가진 무한한 존경심에 비해 저는 자식들에게 그 1/100의 존경을 받고 있을까 하는 것입니다. 하루 종일 사시사철 논밭에서 일만 하셨던 기억밖에 없는 아버지와 어머니가 이렇게 존경스러운 것은 왜일까요. 중학교 졸업하고 나서는 단 한 번도 이래라 저래라 하는 말 한번 들은 적 없었던 것은 저를 믿어주셨기 때문이라 생각합니다.

| 한 줄만 챙겨 가면 오늘은 성공한 거다

대학 때부터 교보문고에 토요일 오후에 한번 가면 서너 시간씩 신간을 훑어봅니다. 오늘 하루 '단 한 줄만 챙겨 가면 오늘은 성공한 거다.'라는 마음가짐으로 어떤 책은 목차만, 어떤 책은 서문만, 어떤

대학생이 바라본 파워리더 국회의원

책은 부분적인 독서를 하지만 어떤 책은 서서 다 읽고 또 사 오곤 합니다. 책은 최고의 유산이고, 최고의 자산이고, 최고의 스승이고, 최고의 대학입니다. 성공 비결을 묻는다면 주저 없이 말할 수 있습니다. 책 속에 답이 있다고 말이죠. 그중에서도 추천하는 책을 다음과 같이 어렵게 골라봤습니다.

『성경』은 종교를 떠나 꼭 가까이 두고 읽었으면 하고 권합니다. 저는 다독하는 편이지만 한 번 필이 꽂히면 몇 번이고 읽곤 합니다. 최근에는 『세종처럼』을 끼고 삽니다. 나까소네 전 일본 수상이 쓴 『21세기 일본의 국가전략』도 국회 도서관에서 빌려다가 제본 떠서 다시 읽고 또 읽습니다. 최근에 헌책방에서 그 책을 5,000원 주고 구입했는데 첫 장을 여니 작가인 나까소네 前 총리가 국내의 유명한 분께 친필 서명을 해준 그 책이더군요. 뜻밖에 횡재를 했다고 생각하고 절대 안 잃어버리려고 신경을 쓰고 있습니다.

| 지역민이 아니라 국회의원이 바뀌어야 한다

알다시피 저는 호남에서 처음으로 국회의원 배지를 단 새누리당 의원입니다. 저로 인해 지역민이 어떻게 달라졌냐는 질문이 나오기도 합니다. 하지만 예상과는 달리 국회의원 한 사람 때문에 지역민이 달라지는 경우는 없습니다. 오히려 국회의원이 어떻게 하느냐에 따라 당을 바라보는 평가가 달라질 수는 있습니다. 저는 국회의원이 되면 여러분의 심부름꾼이 되겠다는 유권자와의 약속을 꼭 지키겠

이정현

면민의 날 행사에서 어르신들과 함께 춤을 추고 있는 모습

다고 얘기합니다. 하지만 이 약속은 저만 하는 말도 아닙니다. 모든 국회의원이 똑같이 말합니다.

그러나 몇몇은 국회의원이 되면 고압적인 자세로 바뀌기도 합니다. 저는 이 자세가 굉장히 위험하다고 생각합니다. 심부름꾼은 심부름을 시킨 사람을 존경하고 존중해야 하며, 일을 시키는 데 부담되지 않도록 일을 해야 합니다. 그래서 일을 잘하는 것도 중요하지만 주인 앞에서 보이는 태도도 중요합니다. 저는 시민들에게 다가갈 때 부담 없이 일을 시킬 수 있도록 철저히 준비합니다.

양복을 빼입고 머리를 드라이하고 거들먹거리며 악수만 하고 나가는 게 아니라 점퍼를 걸치고 면바지를 입고 자전거를 타고 다니며

대학생이 바라본 파워리더 국회의원

여론 주도층이 아닌 일반 사람들 위주로 다가가 대화를 합니다. 그분들과 원활한 대화를 하기 위해서는 호남 사투리가 필수인데, 사투리 공부를 위해 『태백산맥』을 소리 내어 읽기도 했습니다. 이런 노력을 하다 보니 "이런 국회의원도 있어?"라는 이야기를 듣더군요. 사람들이 변하는 게 아닙니다. 유권자들은 처음부터 그런 국회의원을 원했습니다.

| 당을 초월해서 열정적으로 의정활동을 펼치는 국회의원 5명

박영선 의원님 – 법사위에서 같이 소위 활동을 하면서 지켜봤는데 무척 진정성이 엿보이셨습니다. 철저한 준비는 말할 것도 없고, 국민 입장에서 작은 예산 심의도 무척 까다로우면서도 큰 틀에서 그 부처의 조직 운영과 관련해서는 아주 대범하셨습니다. 그리고 좀 지나치다 싶을 정도로 대기업에 대한 경계를 했는데, 나름대로의 철학을 가지고 소신 있게 의견을 이야기하시는 모습이 좋아보였습니다.

박지원 의원님 – 원내대표를 하면서도 상임위 활동과 국감을 지방까지 다 참석하는 성실성을 지니셨습니다. 고집불통 같으면서도 유연성이 있었고 후배를 잘 돌보시는 분입니다. 깨알같이 수첩에다가 늘 적는 습관이 좋아보였고, 양보와 타협과 협상을 하는 것이 독특했습니다.

이정현

심상정 의원님 – 분명한 진보·소신을 갖고 특히 힘없는 사람들 편에서 철저하고 분명하고 일관되게 소신을 펼치시는 분입니다. 그러나 진보가 종북은 아니라며 과감하게 정치 생명을 걸고 부인할 것은 부인하고 진보세력 내에서도 거부할 것은 과감하게 거부하는 행태를 보이는 모습이 대단해 보였습니다. 존경하지 않을 수 없는 의정활동을 하십니다.

최경환 의원님 – 실력은 말할 것도 없고 그 열정에 혀를 내두를 정도로 존경하는 의원님입니다. 한두 해도 아니고 정치권에 있는 동안 그렇게 자기 몸을 돌보지 않고 밤낮없이 국가와 국민을 위해 일하는 사람을 본 적이 없습니다. 그러면서도 인간적인 면모가 있어 경이롭게 느껴지기까지 합니다.

김세연 의원님 – 재벌이고 어찌 보면 가장 오렌지족이기 쉬운 조건을 다 갖춘 분인데, 전혀 그런 티를 내지 않고 성실 그리고 열성과 용기를 다 갖춘 분입니다. 정치적으로 분명히 대성할 것이라는 생각이 들 정도로 인상 깊으신 의원님입니다.

이 　 주 　 영

- 학력
  경기고등학교
  서울대 법학 학사
  서울대 대학원 법학 석사
  경남대 북한대학원 정치학 석사

- 경력
  제16 · 17 · 18 · 19대 국회의원(창원시 마산합포구)
  現 국회 동북아역사왜곡대책특별위원회 위원장
  前 부산지법 부장판사
  前 경남도 정무부지사
  前 국회예결위원장
  前 국회사법개혁위원장
  前 새누리당 정책위 의장(2회) 최고위원
  前 새누리당 비상대책위원
  前 대선기획단장, 특보단장
  前 여의도연구원장
  前 해양수산부 장관

- 수상
  제18대 국회 헌정우수상

 대한민국 국회
NATIONAL ASSEMBLY

| 이주영 의원을 소개합니다

세월호 사태로 전 국민이 힘들어할 때 백발에 긴 장발로 팽목항을 지키던 의원이 있었다. 제17대 해양수산부 이주영 장관은 유가족들과 200일이 넘게 그 자리에 함께 있었다. 말보다는 현장을 지키는 뚝심은 많은 국민들에게 그를 기억하게끔 만들었다. 그는 이를 두고 '신의'라고 한다. 정치는 곧 신뢰이자 이는 사람을 대할 때도 마찬가지라고 말이다. 4선 의원이자 안팎으로 바쁜 의정활동을 하며 많은 이들의 신뢰를 받고 있는 이주영 의원을 만나보았다.

| 지역구와 외교통일위원회, 두 마리 토끼를 잡다

제16·17·18·19대 국회의원으로 지내면서 사회를 바꾸기 위해 많은 노력을 해왔어요. 국회의원의 두 가지 역할을 모두 수행하고 싶었어요. 국회의원에겐 지역구 관리의 역할도 있지만 국가 기관인 입법부의 한 구성원으로 국가 발전을 위한 의정활동도 중요해요. 이 두 가지를 병행하며 열심히 하는 모습을 지역 주민들에게 보여주는 게 목표였어요.

2015. 5. 29. 대통령 특사로 '모하마두 부하리' 나이지리아 대통령 취임식에 참석,
부하리 대통령과 인사를 나누고 있다.

제17대 해양수산부 장관 활동은 2014년 12월에 끝이 났어요. 지
금은 외교통일위원으로 활동하고 있으며, 우리 시대의 과제인 남북
평화통일과 한국의 국제위상 제고를 위해 노력하고 있습니다. 통일
기반 구축을 위해 인도적 측면에서 남북 교류는 지속적으로 필요함
을 강조하며 북한의 임산부와 유아 등의 건강과 보건을 위해 남북협
력기금이 유니세프에 지원되어야 한다고 주장하고 있습니다.

외교 분야에서는 빈곤에 허덕이는 가난한 나라들에 대한 관심도
필요한 것임을 강조하고 있어요. 이를 위해 공적 해외원조인 ODA
를 확대할 것과 아시아·아프리카 저개발 국가들과의 교류 확대할
것을 주장하여 우리 외교의 다변화를 꾀하고 있습니다. 이들 저개발

이주영

국가에 대한 지원은 원조의 형식을 빌린 투자라고 생각해야 해요. 그들은 중요한 순간에 국제사회에서 우리의 든든한 우군이 될 수 있으며 우리 기업의 해외시장 진출에도 도움이 될 것이기 때문입니다.

| 4선의 비결은 3C정신과 신의

저는 지금까지 살아온 제 삶의 태도는 3C정신으로 요약할 수 있습니다. 'Change(변화)'와 'Challenge(도전)' 그리고 제가 추가한 'Can do confidence(자신감)'입니다. 제가 고등학생 때는 도덕재무장운동 MRA가 활발하게 일어났습니다. 창시자인 프랭크 부크먼 박사가 강조한 것은 '변화와 도전'이었습니다. 그 두 가지에 제가 추가한 것이 Can do Confidence로 '자신감을 가지고 도전을 하면 꿈은 꼭 이루어진다'는 정신입니다. 법관으로 있다가 정치에 입문하고 국회의원이 되어 오늘에 오기까지 우여곡절을 많이 겪었습니다. 그때마다 변화와 도전, 할 수 있다는 정신으로 재무장해왔습니다.

4선 국회의원으로 있으면서 중요하다고 생각했던 것 역시 자기관리였습니다. 제 자신을 늘 바른 자세로 유지시키면서 살다 보니 고등학생 때 배웠던 3C정신이 생각나더군요. 이 정신은 개인 차원에서 보면 삶을 의미 있게 만들기 위해서 올바른 자세로 가다듬을 수 있는 작용을 하지만, 나라 차원에서 보면 세계 속 치열한 경쟁 속에 우리가 선진국으로 발돋움해 나갈 수 있는 정신에 큰 기여가 된답니다. 이만큼 발전해 온 것도 잘했지만 희망찬 미래를 개척하는 데 있어서도 이 정신은 큰 힘이 될 겁니다.

대학생이 바라본 파워리더 국회의원

지역구인 마산 어시장에서 주민들과 파이팅을 외치고 있는 모습

　또 한 가지 좋은 정치인이 되기 위해 마음에 새긴 덕목은 '신의(信義'입니다. 믿음은 건물의 기초와 같은 것이어서 이것이 무너지면 아무리 좋은 집을 지어도 비바람에 이내 쓰러질 것이며 오래가지 못합니다. 지금의 남북관계에 있어서도 문제가 발생하는 이유는 신뢰, 곧 믿음이 부족해서입니다. 도발로 인해 서로의 신의가 유지되기 어려워지면서 모든 게 헝클어지잖아요.

　여야 관계도 마찬가지입니다. 국회의원들이 국민들로부터 부정적인 평가를 듣는 이유 중 하나가 국회에서 싸우기 때문입니다. 끊임없이 대화를 하고 타협을 해서 정치를 발전시켜 나가야 하는데, 이 또한 여야 간의 믿음, 신의가 있어야 한다고 봅니다. 정치인과 국민들과의 신의, 상호 간의 신의가 쌓여 간다면 대립과 갈등은 사라질

이주영

것입니다. 그래서 저는 신의를 바탕에 둔 정치인이 되려고 노력하고 있습니다.

| 해양수산부장관 1개월 만에 터진 세월호 참사

저는 지난해 3월에 제17대 해양수산부장관으로 취임했습니다. 그 후 불과 1개월 만에 세월호 참사가 발생했죠. 있어서도 안 되고 일어나서도 안 되는 일이 일어난 거예요. 그 원인이 무엇이든 누구의 잘못이 크든 간에 해양수산 분야의 책임을 맡고 있던 만큼 그때의 충격은 상상을 초월하는 것이었어요. 느닷없이 일순간에 사랑하는 가족과 생기발랄한 어린 학생들을 떠나보낸 부모님들의 원망과 아픔, 그리고 나라 전체가 충격과 슬픔에 빠진 엄청난 사건의 한복판에서 저는 너무나 좌절했습니다. 해양수산부의 수장으로서 제 스스로가 가장 큰 죄인이라 생각했습니다.

진정성. 제가 무엇을 해야 할지 고민했을 때 머릿속에 새겨졌던 단어입니다. 모든 책임을 지고 우리 국민들에게 사죄하고 마음속에 있는 깊은 분노와 슬픔의 모든 감정을 제가 감수하면서 그들의 마음을 돌려놓지 않으면 안 된다고 생각했습니다. 처음에 팽목항에 갔을 땐 국민들의 분노가 굉장히 높은 시기였습니다. 저를 향해 '장관놈'이라고 불렀고 손가락질을 했습니다. 수습이 더디게 진행될 때면 유가족들이 회의실에 들어오게 되는데 참모들은 피해 있으라고 해도 그 자리를 지켰습니다. 무슨 얘기든지 직접 다 듣고 해결하는 진정

대학생이 바라본 파워리더 국회의원

성 있는 모습을 보여야 제대로 수습된다고 생각했거든요.

현장을 지키고 마음이 통하다 보니 유가족분들은 조금씩 화를 누그러뜨리며 저를 '장관님'으로 부르며 도와주시고 얘기도 하시더라고요. 한 번은 국회에 세월호 사태로 인해 문책을 당하러 서울로 올라가야 할 때가 있었어요. 그때 유가족분들이 올라가면 혼만 날 텐데 가지 말라고 말리셨었어요. 인간적으로 가까운 유대관계도 생겼던 것 같습니다.

| 꿈을 가지고 움직인 김구 선생과 같이

지금 1,000만 관객을 돌파한 영화 〈암살〉은 대한민국 임시정부의 인물들이 어떤 역경과 고통 속에서 조국 독립을 위해 활동해왔는가에 대해 얘기하고 있습니다. 유명 배우들의 명연기와 탄탄한 구성이 이 영화의 성공요인이겠지만 이 영화를 통해 일제강점기 조국의 독립을 위해 목숨까지 아깝지 않게 생각하시던 많은 위인들을 떠올리게 됩니다.

그중 한 분이 임시정부를 이끄시던 백범 김구 선생님이십니다. 김구 선생님은 나라가 어려움에 처했을 때 독립을 위해 애쓰신 독립운동가로서도 존경하지만, 그분의 삶 자체를 조명해 보면 존경하지 않을 수가 없습니다. 자아를 초월해 희생과 봉사로 조국의 독립이라는 원대한 꿈을 이루었다는 것은 범인으로서는 넘보기 어려운 것이 아닌가 생각합니다. 특히 정치의 길에 들어선 많은 분들은 오직 조국과 국민을 위해 자신을 돌보지 않고 매사에 성실하고 자제하는 삶을

이주영

사는 데 대해 깊이 새기고 본받아야 한다고 봅니다.

미래의 주역이 될 청년들에게도 역시 힘든 상황 속에도 불구하고 절대 좌절감에 휩쓸리지 말라고 조언해주고 싶습니다. 물론 청년실업률이 높아만 지고 여러 가지 안타까운 상황들이 많지만 김구 선생님이 어려웠던 시절 꿈을 잃지 않고 추진해 나갔던 것과 같이 절대 포기하지 말아야 합니다. 변화와 도전에 용기를 갖기 위해 최대한 많이 느끼고 체험해보라는 말도 해주고 싶습니다.

| 인정받는 믿음을 가지고 더욱 열심히 나아갑니다

저는 정치권에 있으면서 2007년 대선에서 이명박 후보, 2012년 대선에서 박근혜 후보를 당선시키는 데 온 힘을 다하고 '당선'이라는 좋은 결과도 얻었어요. 당시 당 안에서는 저를 향해 '이주영이 맡으면 큰 기여를 할 수 있겠군!'이라는 믿음이 있었어요. 2007년에는 정책위의장으로 이명박 대통령 후보 공약을 주도적으로 만드는 역할을 했습니다. 2012년 대선을 앞두고도 대선 기획단장을 맡아서 대선 전략과 선대위 구성에 총괄책임을 맡아 기여함으로써 그러한 노력들을 인정받았습니다.

당 내에서 받았던 인정을 국민들에게도 받기 위해 부단히 노력했습니다. 우선 부부의 날을 국가기념일로 만들었습니다. 2007년부터 시행돼 8년 정도 됐는데, 부부의 날은 5월 21일입니다. 가정에서 가장 중요한 건 부부라고 생각합니다. 부부가 화합이 잘돼야 자녀들을 품게 되고, 그 자녀들이 어른을 공경하게 되거든요. 어찌 보면 어린

이날과 어버이날보다 우선되었어야 하는 게 부부의 날이에요. 이 생각에서 출발하여 우리나라가 최초로 부부의 날을 국가기념일로 정할 수 있게 추진했습니다.

또한 제 전문 분야인 법조계에 관해서도 문제점이라 생각되는 부분을 바꿔놓았습니다. 저도 사법고시를 합격하고 연수원을 나오면서 20대부터 법관을 출발한 사람이에요. 하지만 제가 영국에서 법관 연수활동을 하면서 깨달은 사실이 있어요. 영국과 미국 같은 나라에서는 검사나 변호사나 다른 법률 영역에서 많은 경험을 쌓은 뒤에야 비로소 법관이 됩니다.

40대 후반부터 50대에 걸친 시기에 법관이 되는 시스템이 바람직하다고 생각합니다. 20대에 법관이 되면 국민들이 재판을 받을 때도 별로 신뢰를 갖지 못합니다. 인생에 대한 경험이 별로 없다고 생각하기 때문이지요. 사법개혁위원장을 하면서 이 부분을 바꿔놓았어요. 법관 임용 제도를 최소 10년 이상 경력자만 지원 가능하게 바꾼게 그 한 부분입니다.

| 미래 세대들은 시야를 넓히고자 많이 경험해보았으면

저는 청소년기에 문학 작품을 많이 읽으려고 노력했어요. 그때의 독서는 지금 정책 활동에 큰 도움이 되고 있답니다. 이번 국회에서 유라시아 이니셔티브에 관한 이야기를 나누면서도 중학교 2학년 때 밤새워 읽은 춘원 이광수 소설 〈유정〉이 생각났어요. 당시 묘사됐던

이주영

2015. 6. 12. 대구경북과학기술원(DGIST) '2015 리더십 강좌' 첫 연사로 초청받아 교직원과 학생들을 대상으로 〈Change & Life〉란 주제로 강연하는 모습.

바이칼 주변을 지나면서 '우리 조상들이 다녔던 무대구나.'라는 생각이 들었어요.

원래 대륙 국가였던 한반도가 분단으로 대륙과 단절되면서 인위적인 섬나라가 돼 버렸어요. 한국이 그동안 키워왔던 해양국가로서의 위상을 대륙 국가와 접목시키면 세계의 허브 역할을 할 수 있다는 생각이 들었습니다. 소설을 읽으며 선조들이 가졌던 대륙 국가의 정체성을 새겼고, 소설을 통해 그 정신을 이어받아 정책을 펴나가고 있습니다. 청년기의 많은 이들도 저와 같이 꿈을 꾸고 경험을 할 수 있기를 바랍니다.

청년기에 읽은 책 중 기억에 남는 책은 도스토옙스키 〈죄와 벌〉입니다. 문학 작품 속에 나오는 정서적인 무대가 인간관계에 있어서

대학생이 바라본 파워리더 국회의원

많이 생각해볼 시사점을 주는 데에 도움이 되는 것 같습니다.

저는 책 말고도 우리 20대의 청년들이 여행을 많이 다녔으면 좋겠다고 생각합니다. 법관 시절인 1990년도에 영국에 1년 정도 유학을 간 적이 있습니다. 당시 주머니 사정이 넉넉지 않았음에도 기회만 닿으면 여행을 가려고 했습니다. 잠은 고속도로 휴게소에서 자며 기차로 소련, 동구라파를 여행했습니다. 이런 도전들을 젊은 시절에 해 놓으니 타국에 대한 이해도 깊어지고 생각도 넓어지는 것 같습니다.

| 가장 중요한 태도는 '진정성'

사람과 사람 사이에 가장 중요한 것은 '진정성'이라 생각합니다. 적이나 사납고 거친 사람도 진정성 있게 다가갔을 때 동지이자 협력자가 될 수 있다고 봅니다. 중국 전국시대 초기, 위나라에 오기吳起라는 사람이 있었습니다. 이분은 손자병법과 함께 병법서로 유명한 오자병법을 남기기도 하셨는데요, 이분과 관련되어 전해 내려오는 고사가 하나 있습니다.

"오기 장군은 군사와 관련하여 내부 단결이 무엇보다 중요하다고 생각했습니다. 병사들이 목숨을 아끼지 않고 싸우게 하려면 내부 단결이 중요하다고 보았으며, 이런 단결을 위해 장수가 진정성 있게 병사들을 대해야 한다고 생각했습니다. 그래서 오기는 지도자, 즉

이주영

장군이 된 후에도 신분이 낮은 병사들과 같은 옷을 입고 식사를 함께했으며 잠도 같이 잤습니다. 행군을 할 때도 말이나 수레를 타지 않고 같이 걸었고, 자기 먹을 식량도 직접 가지고 다니는 등 병사들과 모든 것을 함께했습니다. 심지어 종기가 난 병사의 종창을 직접 입으로 빨아줄 정도였습니다. 이렇게 진정으로 병사를 대하자 그의 병사들은 몸을 사리지 않고 전쟁에 임했으며 각종 전투에서 그들은 승리했습니다."

이것이 정치 지도자라는 사람들은 한 번씩 되새겨 보아야 할 부분이라 생각합니다. 저 또한 사람을 대할 때 이 일화를 마음에 새기며 진정성 있게 대하려고 항시 노력하고 있습니다.

| 쓴소리보다 옳은 소리를 하는 의원

쓴소리, 필요할 때는 해야 됩니다. "쓴 약이 약효가 더 강하다."라는 말도 있지 않습니까. 제가 말하는 옳은 소리라는 건 쓴소리보다 조금 더 광범위한, 높은 차원의 말씀을 일컫는 거예요. 제 생각에는 쓴소리를 포함해서 우리가 늘 바른길 또는 바른 행동을 추구해 나가야 되지 않나 싶어요. 저의 평소 소신인 '정도정행'에 따라서 차원 높게 민심을 제대로 파악하고 전달해서 효과적으로 반영하는 그런 어법입니다.

제가 2012년 총선과 대선 과정에서 정책위의장, 대선기획단장으로서 박근혜 대통령과 같이 일을 하면서 소통을 많이 해 왔습니다. 그 과정에서 해야 할 말을 못 한 적이 없고, 민심을 제대로 반영해서

대학생이 바라본 파워리더 국회의원

총선과 대선을 모두 승리로 이끌었던 경험들이 있습니다. 그런 차원에서 "좀 더 효율적으로 민심을 반영하는 소리"라는 뜻으로 옳은 소리라는 표현을 했습니다.

| 국회 밖에서 국회를 바라보았기에 알 수 있는 것

저는 국회를 벗어나 행정부에서 국회를 바라본 경험이 있습니다. 그때 여야가 힘겨루기를 하느라 법안 처리가 지연되는 걸 보며 아주 답답했습니다. 막상 정책을 집행하는 입장이 되니 어지간하면 다른 문제와 엮지 말고 법안부터 처리해줬으면 하는 생각이 간절했습니다. 한 발자국 떨어진 시선에서 국회를 바라본 경험이 있기에 국회의원으로서 어떻게 하는 게 바람직한 것인지를 느낄 수 있었습니다.

예를 들어 한창 논의가 진행 중이었던 '관피아(관료+마피아)'에 대한 생각도 달라졌습니다. 공무원 가운데 우수한 사람이 많고 공기업 입장에서도 경험을 쌓은 공직자 출신에게 적합한 직책이 많습니다. 모두 도매금으로 넘겨서 공무원의 진출을 무조건 막는 것은 문제가 있다고 생각합니다.

공무원의 경험과 전문성을 활용할 수 있는 자리에는 국가 발전을 위해서도 공무원의 진출이 필요하다고 생각합니다. 게다가 관피아 논란이 불거지면서 50대에 퇴직한 공무원들이 할 일이 없어졌습니다. 국가에 중요한 인재들을 썩히는 게 아닌가 싶은 우려도 드는 게 사실입니다. 진정 시민들을 위한 더 나은 방향을 위해 끊임없이 고민하고 있습니다.

이주영

우윤근 의원님 – 지역의 일꾼으로서 민심을 듣고 바르게 실천하고자 노력하시는 분으로서 촌철살인의 말솜씨와 열정적인 자세가 돋보이는 의원님이십니다.

원혜영 의원님 – 중진의원으로서 국가와 사회에 도움이 되는 일들을 당을 초월해서 집행하시는 분으로서 여야 간 어느 한쪽에 치우치지 않고 매사를 합리적으로 바라보는 관점을 지니셨습니다.

김춘진 의원님 – 우리 국민들의 삶에 아주 밀착된 문제들을 살뜰히 챙기는 정책을 가장 열심히 추진하고 계십니다. 국민의 권익 향상과 지역발전을 위해서라면 어디로든 달려가시는 분이십니다.

백재현 의원님 – 황소처럼 우직하게 나아가면서 정말 꼭 필요한 정책활동에 참여하시는 열성적인 모습을 보여주셨습니다. 서민과 약자에 대한 따뜻한 배려심이 많은 분으로서 사람을 먼저 생각하시는 인간미 넘치는 면모를 가지고 계십니다.

정세균 의원님 – 야당 대표까지 지내신 분으로서 여야를 초월해서 늘 소탈하고 다정다감하게 의원들과 소통하시는 분입니다. 또한 뜨거운 가슴과 냉철한 사고를 겸비하셨기에 상황 변화에 능동적으로 대처해나가시는 장점을 지니셨습니다.

이   찬   열

- 학력
  수원 삼일실고 졸업 20회(現 삼일공고 기계과 1회)
  인하대학교 기계공학과 졸업
  연세대학교 경제대학원 졸업(경제학 석사)

- 경력
  제18·19대 국회의원(경기 수원갑)
  現 새정치민주연합 경기도당 위원장
  現 국회 국토교통위원회 위원
  前 국회 지방자치발전특별위원회 간사
  前 국회 안전행정위원회 간사
  前 새정치민주연합 원내 선임부대표(3회 역임)

- 수상
  2015 법률소비자연맹 국회의원 헌정대상
  2014 국정감사 NGO모니터단 국정감사 우수의원

- 저서
  『언제나 희망은 지금이다』

 대한민국 국회
NATIONAL ASSEMBLY

| 수처작주隨處作主의 마음으로 본분의 역할에 힘쓰다

1959년 경기도 화성시 우정읍 화산2리에서 3남 2녀 중 장남으로 태어나, 문만 나서면 산과 들 그리고 바다로 둘러싸인 고향에서 석천초등학교, 삼괴중학교를 다니며 행복한 유년 시절을 보냈습니다. 이후 고향을 떠나 수원에 있는 삼일실업고등학교(現 삼일공업고등학교)에 진학하였고, 졸업 후 기능직으로 만도기계(당시 현대양행)에 입사하였습니다. 취직 후에도 학업의 꿈을 놓지 않아 2년 후에 인하대학교 기계공학과에 입학하게 되었고, 주경야독의 결과 대학졸업 무렵 부서장 추천으로 시험을 거쳐 기능직의 차별을 딛고 관리직으로 전환되었습니다.

회사생활을 하는 14년의 시간 동안, 정말 원 없이 일했습니다. 하지만 장남이자 가장으로서 회사생활만으로 가족들을 책임지기에는 역부족이었습니다. 이에 자동차 부품을 생산하는 작은 사업체를 시작하였는데, 중소기업의 입장에서 억울한 '을'의 고통을 많이 겪었습니다. 거래처의 부당한 요구에 '그만하자'는 생각을 많이 했지만, 직원들과 그 가족들에 대한 책임감으로 버텼습니다. 1991년 회사를 창립한 이래 무슨 일이 있어도 월급만큼은 거르지 않고 꼬박꼬박 챙긴 것도 이런 이유 때문이었습니다.

당시 사업을 운영할 때만 해도, 중소기업으로서 겪은 각종 부당한 처사에 대해 어디 한곳 마땅히 하소연할 곳이 없었습니다. 그래서 수많은 중소기업인과 영세업자의 부당함을 누군가가 해소해줄 수 없다면 '내가 직접 나서야겠다'는 생각을 하게 되었고 그 결과 2002년, 제6대 경기도의회 의원으로 당선되었습니다. 그 이후, 중소기업인과 영세사업자를 포함한 경제적 약자를 도울 수 있는 의정활동에 매진했으며, 더불어 당시 경기도지사셨던 손학규 대표님과 함께 외자를 유치하고 일자리를 만들기 위해 힘썼습니다.

2009년 10월 28일 재보선 선거를 통해 국회에 입성한 이후, 2012년 장안구민의 선택을 받아 19대 국회의원에 재선으로 당선되어 지금까지 국회의원으로 국민을 위해 봉사하고 있습니다. 국회에 들어와 환경노동위원회, 국토해양위원회, 안전행정위원회, 국토교통위원회, 윤리특별위원회, 예산결산특별위원회, 지방자치발전특별위원회 등 다양한 상임위에서 활동하였습니다.

모든 의정활동이 다 소중하지만 그중 가장 보람차고 기억에 남는 것은 개정안 발의를 통해 '건설근로자의 안정적인 퇴직금 지급'을 법제화했다는 것이고, 또 다른 하나는 중단되었던 지역숙원사업인 '인덕원—수원 복선전철' 사업을 다시 정상궤도로 올려놓았다는 점입니다. 국회 의정활동뿐만 아니라 당원의 한 사람으로서 우리 당이 수권정당으로 나아가는 데 앞장섰고, 그 결과 원내부대표를 세 번 역임함과 더불어 '원내선임부대표'로 활동하였으며, 현재는 경기도당 위원장으로 활동하고 있습니다.

이 찬 열

국회의원으로 활동하면서 언제나 수처작주隨處作主의 마음으로 본분의 역할에 힘썼습니다. 그 결과 법률소비자연맹에서 선정한 국회 헌정대상 2회 연속 수상, 국정감사 우수의원의 영광을 안았습니다. 또한 경실련, 유권자시민행동 등 시민단체에서 선정하는 우수의원에도 선정되었습니다. 이는 모두 '이찬열'을 믿고 지지해주시는 국민들이 있기에 가능한 것이었습니다. 앞으로도 국민만을 위한 의정활동에 전념하여 국민에게 신뢰받고 사랑받는 정치가 되도록 최선을 다할 것입니다.

| 국토교통위원회를 상임위로 선택한 주된 이유

현재 제가 활동 중인 상임위원회는 국토교통위원회입니다. 국회 국토교통위원회는 국회의 16개 상임위원회 중 하나로 상임위 중 위원 수가 가장 많은 31인으로 구성되어 있습니다. 국토교통부와 25개 산하기관 이 소관기관이며, 주택·토지·건설·수자원 등의 국토 분야, 철도·도로·항공·물류 등의 교통 분야를 중심으로 정부의 정책을 감시·비판하고 대안을 제시하는 역할을 수행하는 상임위입니다.

제가 이런 국토교통위원회를 상임위로 선택한 주된 이유는, 첫째, 장기적 과제이기는 하나 우리나라의 교통정책을 바로잡고자 선택하게 되었습니다. 우리나라 철도산업의 방향이 국내시장에만 머물고 있기에 이제는 국제시장을 바라보게 해야 합니다. 우리 정부는 국내 철도시장의 경쟁을 통해 경영 개선을 하겠다는 비현실적인 정책을

인덕원~수원 복선전철 추진의원모임 조찬간담회
「인덕원~수원 복선전철」 사업추진 현황보고
일시: 2015. 7. 23.(목) 오전 07:30   장소: 국회 본청 의원식당 별실 2호

인덕원수원복선전철 추진의원모임 조찬간담회

펴고 있기에, 철도공사가 국제철도산업시장에서 경쟁력을 갖추도록
방향을 바로잡고자 하고 있습니다. 그리고 철도와 도로 등 교통인프
라는 누구나 차별받지 않고 이용할 수 있도록 해야 하며, 수익보다
는 국민의 이동권 보장을 중심으로 하도록 하는 법안을 추진하고 있
습니다.

둘째, 서울로 출근하는 수원·의왕·화성 등 경기서남부 지역 주
민을 위한 숙원사업을 원활하게 추진하기 위해서입니다. 출퇴근 시
간, 서울 사당역은 경기 서남부 주민들로 혼잡하기가 이루 말할 수
가 없습니다. 이런 불편을 해소하기 위해서 복선 전철 사업을 추진
하고 있습니다. 「인덕원-수원 복선전철」 사업은 현재 기본계획수립
중이며, 올해 안에 기본설계사업을 착수할 예정입니다. 그리고 「성
균관대역 재개발」 사업은 마침내 지난 8월 31일 기공식을 했습니다.

이 찬 열

두 사업 모두 쉽지 않은 사업이었기에 추진 단계마다 우여곡절이 없지 않았지만 주민들과의 약속을 지키기 위해 착공하는 날까지 긴장을 늦추지 않고 끝까지 해낼 것입니다.

| 인간다운 삶의 열쇠는 바로 정치다

좋은 정치란 무엇일까요? 아리스토텔레스는 "인간은 정치적 동물이다."라고 했습니다. 인간은 정치적 행위를 떠나서는 살 수 없는 존재라는 말이 아닐까 하는 생각을 했습니다. 예컨대 정치가 없어 원하는 것을 더 많이 가지려고 서로 뺏고 싸우기만 하는 모습을 상상해본다면 두려워지기까지 합니다.

좋은 정치란 인간을 인간답게 살아갈 수 있도록 하는 열쇠라고 생각합니다. 정부와 정치권이 있는 데도 불구하고 기득권 계층의 사람들이 힘없는 사회적 약자들의 몫까지 빼앗아 가게 방치한다면 정치는 나쁜 정치가 되는 것입니다. 예컨대, 만일 정부나 정치권이 기득권 세력의 이득을 위하여 사회적으로 비판을 받고 있는 '갑의 횡포'를 방치하면 그게 나쁜 정치인 것입니다.

저는 좋은 정치란 어려운 것이 아니라고 생각합니다. 국민에게 감동을 줄 수 있게 하루하루 책임 있는 정치활동을 하는 것이 그 시작이라고 생각합니다. 그런 자세로 의정활동에 임하면 작게는 개인으로 시작하여 크게는 국가의 발전을 위해 정책을 개발하고 정부를 견제·감독하여 국민이 안전하고 행복한 나라를 만들기 위해 국회의원 본연의 역할을 잊지 않게 된다고 확신하고 있습니다.

또한 저는 새정치민주연합 경기도당 위원장에 경선 없이 추대로 선출되어 위원장직을 맡고 있습니다. 경기도를 지역구로 두신 국회의원들과 단체장, 시도의원, 그리고 당원들로부터 좋게 평가받았기에 가능한 일이었다고 생각합니다. 제가 구현하는 리더십이란 구성원들에게 희망을 주는 것입니다. 정치도 국민에게 희망을 주어야 한다고 생각합니다. 제게 있어 리더십을 발휘한다는 것은 희망을 주는 것이라고 할 수 있습니다.

그리고 그 희망을 현실화하는 것 또한 리더의 역할이라고 생각합니다. 국민들께는 팍팍한 살림살이가 조금은 나아질 수 있다는 희망, 청년들에게는 취업을 할 수 있다는 희망, 학부모들에게는 좋은 환경에서 교육시킬 수 있게 될 것이라는 희망, 우리 장안구가 우리 수원시가 우리 대한민국이 지금보다 더 살기 좋아질 것이라는 희망을 줄 수 있는 리더십을 발휘하고자 열정을 다하고 있습니다.

『권력의 조건Team or rivals』

진정한 리더십에 대해 고민하면서 읽었던 감명받은 책을 한 권 추천해 보겠습니다. 『권력의 조건Team or rivals』은 2013년도 아카데미 시상식 남우주연상을 수상한 영화 「링컨」의 원작으로, 하버드 대학에서 '대통령의 통치'를 가르치고 1995년 퓰리처상 역사 부문을 수상했던 도리스 컨스 굿윈Doris Kearns Goodwin이 10년간의 저술 기간을 통해 미국 역사에서 가장 존경받는 대통령인 링컨을 '통합과 화해의 리더십'으로 재조명한 책입니다.

이 찬 열

이 책에서는 노예를 해방시키고 미국 역사상 가장 위대한 대통령으로 칭송받는 링컨의 정치력이 보수주의자로부터 극단적 급진주의자들까지 모두 아우르는 데서 나온다고 분석하고 있습니다. 이 책에따르면, 링컨은 적을 만들지도 않고, 중도주의적 정책을 한결같이펼쳤으며, 자신과 치열하게 경쟁했던 라이벌조차도 중용하면서 시급한 국가적 현안을 풀어나갔다고 합니다. 경쟁에 지친 현대인이 이책을 읽음으로써, '경쟁'의 의미에 대해 다시 생각하고, 진정한 리더십이 무엇인가에 대해 고민할 수 있는 기회를 갖길 바랍니다.

| '다음'을 생각하며 좌절을 극복하다

제 인생에서 좌절이라고 할 수 있는 것은 '인간 이찬열'로서의 좌절과, '정치인 이찬열'로서의 좌절이 있습니다.

우선 '인간 이찬열'로서의 좌절은 고등학교 진학 때입니다. 공부를더 하고 싶다는 개인적 욕심도 있었지만, 3남 2녀 중 장남으로서 가족을 책임져야 한다는 마음에 특수고등학교에 지원했습니다. 당시특수고등학교는 각 중학교에서 전교 1, 2등만 지원할 수 있는 국립학교로 전액 국비 지원되었고, 졸업 후에는 공무원이 될 수 있었습니다. 하지만 안타깝게 시험에서 낙방하였습니다. 공무원이 되어 장남의 역할을 다하겠다는 꿈이 컸던 만큼 실망도 컸지만 이에 주저앉지않았고 다른 일을 찾았습니다. 그리하여 당시 경제대국이자 기술대국인 독일의 지원을 받아 유학을 갈 수 있는 기회가 주어지는 삼일실

대학생이 바라본 파워리더 국회의원

송죽동 다문화 송편 만들기

고로 입학하게 되었습니다. 비록 유학의 기회는 좌절되었지만 중공
업시대에 산업역군이 될 기회는 잡을 수 있었습니다.

　다음으로 '정치인 이찬열'으로서의 좌절은 도의원 한 번, 국회의원
한 번씩 낙방의 고배를 마신 것입니다. 중소기업 출신으로서 부당한
갑을관계를 해소하고자 했던 도전이라 낙방의 고배가 더욱 쓰게 느
껴졌습니다. 하지만 이때에도 고등학교 입시 낙방 때와 같이 좌절하
지 않고 나에게 또 다른 기회가 올 날을 위해 내가 할 수 있는 일을
차근차근 해나갔습니다. 또한 저는 좌절해도 바로 털어내 버렸습니
다. 내일은 항상 오기 때문에 과거의 일에 매달려 있다면 발전할 수
없다고 생각했기 때문입니다.

　만약 제가 단 한 번이라도 다음을 생각지 않고 주저앉았다면, 지

이 찬 열

금의 이찬열은 없었을 것입니다. 좌절은 누구나 살아가면서 겪는 일이기 때문에 자신에게 주어진 힘든 상황에 절대로 매몰되어서는 안 됩니다. 그래서는 다음 기회가 왔을 때 그 기회를 놓치게 됩니다. 항상 '다음'을 위해 내가 할 수 있는 일을 찾고, 그 일에 최선을 다하는 것이 무엇보다 중요합니다.

| 이찬열 리더십의 거울, 손학규

2002년 경기도의원 시절 저는 경기도지사에 막 취임한 손학규 대표님을 처음 만났습니다. 그분이 도정을 이끌어 나가는 모습을 보면서 자연스레 리더십의 거울이 되었습니다. 무엇보다 대표님이 가장 값지게 이루어낸 것이 해외첨단기업 유치와 양질의 일자리 창출이었습니다. 당시 저는 경제투자위원회에 속해있었기에 그 과정을 속속히 지켜볼 수 있었습니다.

무려 지구 일곱 바퀴 반에 해당하는 거리를 돌며 114개 기업, 141억 달러의 해외첨단 기업을 유치했습니다. 이를 통해 직간접적으로 75만 개의 일자리를 창출했습니다. 영국에선 해외 투자 현장에 여왕이 직접 모습을 드러냈고, 일본HOYA 사장이 경기도에 투자를 결정하게끔 할 정도로 그분은 집요하고 열정적이었습니다.

또한 세계 1위 자동차 부품업체 델파이는 진입도로 개설문제로 용인연구소를 중국으로 옮기려고 했는데, 손 지사님은 도 자체 예산으로 길을 내서 2억 달러 투자 유치에 성공했습니다. 파주 엘지 필

대학생이 바라본 파워리더 국회의원

립스공장은 5천여 평이 넘는 대형 천막에 온풍기로 언 땅을 녹여가며 문화재를 발굴함으로써 2004년 3월 착공을 예정대로 진행시켜 2006년 LG Philips LCD 공장을 준공시켰습니다.

2002년 겨울, 천막 안에서 손 지사와 작업자들과 나눠 마신 막걸리 맛을 지금도 잊지 못합니다. 저는 그분의 이런 모습을 보면서 손학규처럼 정치를 펼쳐 보고 싶다는 생각을 했고 정치인의 의욕을 키우게 되었습니다.

| 대한민국의 미래들아, 쉽게 포기하지 말아라

우리 대한민국의 미래이자 우리나라를 견인해줄 우리 자녀들 모두에게 전해주고 하고 싶은 말은 '희망은 포기하지 않을 때 오는 것'이라는 진리입니다. 지금의 청년들은 사상 최악의 실업난을 겪고 있습니다. 청년실업률 10% 시대에 일자리를 구하지 못한 그들의 좌절감은 상상을 초월하며 스스로를 5포 내지 7포세대라고 부르고 있다고 들었습니다. 국회의원이기 전에 한 가정의 아버지로서 참으로 마음이 무겁고 안타깝게만 느껴집니다. 우리 자녀들이 마음 아파할 좌절의 순간을 상상하면 마음이 먹먹해지기만 합니다.

하지만 포기하지 말아야 합니다. 그래야 어떻게든 길이 열릴 수 있습니다. 자기의 생각을 확고히 정립하고 투철한 의지와 불굴의 끈기만 있다면 어떤 일이든 해결할 수 있을 것입니다. 여러분은 대한민국의 미래이자 희망입니다. 쉽게 포기하는 선택을 해서는 안 됩니다. 토마스 에디슨은 "인생에서 실패한 사람 중 다수는 성공을 목

이 찬 열

인덕원수원복선전철 추진의원모임 조찬간담회

전에 두고도 모른 채 포기한 이들이다."라고 말했습니다. 성공한 인생과 실패한 인생의 갈림길은 주어진 환경이 아니라 바로 우리 마음에 달려 있다는 사실을 잊지 말아야 할 것입니다. 희망을 잃고 포기하려는 순간에는 부모님을 떠올려주길 바랍니다. 존재 자체만으로 부모님에게는 행복을 줄 수 있다는 사실을 잊지 않는다면 어떤 극한

대학생이 바라본 파워리더 국회의원

상황도 이겨낼 수 있는 힘이 생길 것입니다.

또 하나, 살아올 날과 살아갈 날들을 생각하십시오. 우리는 모두 힘겨운 시간을 이겨냈던 경험을 가지고 있습니다. 그 경험을 한 번쯤은 돌이켜 봤으면 좋겠고 무엇보다도 경험하지 못한 미래를 생각했으면 좋겠습니다. 지나온 시간보다 남은 시간이 더 불행할 것이라는 비관적인 생각을 하지 않았으면 좋겠습니다. 지금 고비만 이겨내면 분명 과거의 어느 날 그랬던 것처럼 웃으며 이야기할 수 있는 그 시간이 올 것입니다. 그리고 그 미래를 생각해 힘을 내라는 말을 하고 싶습니다.

그래도 힘이 안 생기면 감히 말하건대 저를 찾아오시길 부탁드립니다. 같이 막걸리 한 잔을 해도 좋습니다. 해법은 분명히 있을 것입니다. 정치인이라는 직업이 국민들의 고민을 나눠 갖는 일입니다. 100kg의 무게를 나누고 나눠 국민들에게 1kg의 고민도 지우지 않도록 노력하는 사람, 그것이 정치인입니다. 지금은 그 일들이 가장 어렵고 커 보이지만 우리는 지금까지 살면서 더 크고 힘든 일을 겪어 왔습니다. 그때 버텼던 힘으로 왜 지금은 못 이겨내겠습니까?

이 찬 열

남인순 의원님 – 타의 추종을 불허하는 전문성을 지니신 분으로, 보건복지위원회에서 끊임없이 국민들에게 도움이 되도록 새로운 정책을 제안하시며 활약 중이십니다.

박홍근 의원님 – 교육문화체육관광위원회에서 우리 교육의 미래를 위해 책임감을 가지고 불철주야 열심히 의정활동을 펼치고 계신 분입니다.

박남춘 의원님 – 행정안전위원회 소속으로서 다량의 풍부한 행정 분야 경험을 토대로 합리적이고 현실적인 대안을 마련하고 계시는 모습이 존경스럽습니다.

이자스민 의원님 – 인권과 가정폭력, 여성권익, 다문화 가정문제에 대하여 강한 전문성과 책임감을 가지고 환경노동위원회에서 묵묵히 의정 활동을 펼치고 계십니다.

김희국 의원님 – 국토교통위원회에서 전문성을 바탕으로 늘 명쾌하고 합리적인 대안을 제시해주셔서 함께하면 기운이 솟아나는 열정적인 분입니다.

임   내   현

- **학력**

  광주서중학교 졸업

  경기고등학교 졸업

  서울대학교 법대 졸업

- **경력**

  제19대 국회의원(광주 북구을)

  現 국회 법제사법위원회 위원

  現 새정치민주연합 제1정책조정위원장

  現 국회 동북아역사왜곡대책특별위원회 간사

  現 광주전남발전정책포럼 이사장

  前 새정치민주연합 광주시당위원장

  前 국회 지방자치발전특별위원회 위원

  前 새정치민주연합 정부조직법 TF 위원

  前 새정치민주연합 부동산대책 TF 위원

  前 새정치민주연합 새로운대한민국위원회 권력독점
  분과위 위원장

  前 민주당 중앙당 법률위원장

  前 대구·광주고등검찰청 검사장/법무연수원장

- **수상**

  2015 법률소비자연맹 국회의원 헌정대상

  황조근정훈장

- **저서**

  『내가 만난 세상 내가 배운 민심』

대한민국 국회
NATIONAL ASSEMBLY

| 광주에서 제일 잘 노는 일등

많은 분들이 저를 예비고사 문과수석, 사법고시 최연소 합격을 한 모범생으로 기억해주십니다. 요즘 말로는 '엄친아'라고도 한다더군요. 그런데 사실 저는 공부만 열심히 한 학생은 아니었습니다. 초등학교 시절에는 광주 금남로에서 30리 길인 무등산에 올라 친구들과 노는 것을 즐겼고, 중3·고3 때 입시를 앞두고는 방학마다 캠핑을 하면서 여유와 낭만을 즐겼습니다. 덕분에 '노는 일등'으로 불리곤 했었습니다. 일등을 놓치지 않았던 비결을 많이 물으십니다. 저는 잠을 줄여 공부하는 것보다 더 중요한 것이 깨어있는 시간에 집중하는 것이라 생각합니다. 깨어있는 시간에는 내가 해야 할 것을 선택해 집중하는 것이 효율적이라는 걸 일찍 깨달았습니다.

저는 공부를 잘하는 것 이외의 다른 것도 열심히 하려고 노력했습니다. 모든 일을 균형 있게 하려 노력했습니다. 학창시절 국가개혁과 사회변화에 대한 뜻을 품고 매일 아침 등하교시 광주학생독립운동기념탑을 보며 국가발전에 기여하고 싶다는 다짐을 하곤 했었습니다. 학생 때 품었던 국가개혁과 사회변화의 비전에 더 많은 국민들이 참여하기 위해서는 공신력이 필요하다고 생각했습니다. 그래서 고2 때까지 컴퓨터 전문가가 되고자 이과의 길을 걸었지만, 세상을 바꿔보겠다는 거대한 포부를 갖고 문과로 바꾸게 되었습니다.

| 법조인에서 국회의원까지

저는 1952년 광주에서 태어나 광주서중, 경기고, 서울 법대를 나왔고 1974년 제16회 사법시험에 합격해 법조에 입문했습니다. 이후 광주고검장, 대구고검장, 법무연수원장 등 검찰 주요직을 거치면서 30여 년 동안 검찰발전과 영호남 화합, 노사화합 등의 사회개혁 운동을 전개해왔습니다. 2006년에는 열린우리당 법률구조위원장으로 당에 들어와 2008년 대선승리를 위해 당시 이명박 후보가 BBK의 실소유자라는 동영상을 확보해서 공개하기도 했습니다. 이후 민주당 법률위원장을 거쳐 2012년 광주 북구을 지역에서 현역 의원 및 통합진보당 광주시당위원장과 경합하는 가운데 61%를 득표하는 등 광주에서 6만 7천 표로 최다득표하여 국회의원에 당선되었습니다. 이후 현재까지 지역주민과 국민의 행복과 안전을 지키기 위해 의정활동에 더욱 힘을 쏟아 오고 있습니다.

국회에 들어와서 '무신불립'이라는 세미나에 갔던 적이 있었습니다. 당시 '백성이 믿지 않으면, 나라가 존립할 수 없다民無信不立'는 공자의 말씀을 보며 느끼는 바가 많았습니다. 국민의 믿음은 나라의 존립까지 좌우하는데 하물며 정치의 시작과 끝도 국민에게 있다는

임내현

생각을 다시금 하게 되었습니다. "국민보다 반걸음 앞서가라"는 김대중 전 대통령님의 말씀처럼 국민과 소통하고 좋은 정책과 법·제도를 국민에게 설명하며, 국민과 함께 사회를 변화시켜 나가는데 더욱 매진하겠습니다.

| 이순신 장군, 세종대왕 그리고 윌리엄 윌버포스

저는 이순신 장군과 세종대왕을 존경합니다. '뿌리 깊은 나무'라는 드라마를 통해 세종대왕의 업적이 재조명된 바 있지만, 이 두 분의 애국·애족·애민 정신에 대해서는 어린 시절부터 깊은 감명을 받았고, 그로 인해 사회개혁의 비전 또한 갖게 되었습니다. 또한 19세기 영국에서 노예제 폐지를 이끌어 낸 영국 국회의원 윌리엄 윌버포스를 보면서 정치활동의 필요성을 느꼈습니다. 사회변화운동을 확대해 국가 전체의 큰 변화로 확산시키기 위해서는 정치활동이 필요하다고 느꼈기 때문입니다. 저는 사회운동의 제도화와 영향력의 확대를 위해 정치활동을 선택하게 되었습니다.

| 성과로 보여주는 의정활동

2년간 국토위에서 그리고 그 기간 중 1년간 예결위에서 예결위원으로 활동했습니다. 특히 후반에는 예산안등조정소위 위원으로 활동하며 지난 10년간 광주시민들의 숙원사업이던 동광주~광산IC 호남고속도로 확장사업, 20년 숙원사업이던 용봉IC 진입로 개설 사업

대학생이 바라본 파워리더 국회의원

을 시작하게 만들었습니다. 또한 도시철도 2호선 건설 총사업비 1조 9,053억 중 1조 1,432억의 국비지원을 이끌어냈습니다. 또한 지난 2년간 국비 180억을 확보하여 상대적으로 낙후돼 있는 광주지역의 사회간접시설을 확충하는 성과가 있었습니다.

국토위 위원으로 활동한 2년간 철도 레일패드 사업에 문제가 심각한 것을 확인했고 국정감사와 상임위 질의를 통해 현역 중진의원의 구속을 포함해서 감사원 감사관 등 주요 관계자들의 사법처리가 현재 진행되고 있는 등 26년의 검사 경력을 국토위 의정활동에 활용하기도 했습니다.

2014년부터는 30년간의 법조경험을 토대로 법사위 위원으로 의정활동을 하고 있으며, 검사 시절 사회를 변화시키는 운동을 하겠다는 다짐을 입법부에서 실현하기 위해 온 힘을 다하고 있습니다. 구체적으로, 2014년 국정감사에서는 카카오톡 감청의 문제점, 원세훈 전 국정원장에 대한 법원 1심 판결의 부당함 등 법원과 검찰의 잘못된 판결과 기소를 지적하였고, 군 폭력 피해자/가해자 분리 문제 및 군 사망자가 국가배상금을 지급받기까지 평균 12년이 걸리는 등의 문제를 제기하여 사법부와 행정부에 대한 국민의 불만과 분노를 해소하기 위해 노력했습니다.

또한, 5·18 관련자 보상법의 본회의 통과를 위해 다방면으로 노력한 결과 개정안이 본회의를 통과하였고, 5·18 민주화운동으로

임 내 현

구속되었던 2,212명 중 보상이 누락된 611명 등이 2015년 9월 1일부터 2016년 2월 29일까지 추가로 7차 보상을 신청할 수 있게 되었습니다.

2012년에 대표발의 했던 자동차관리법, 일명 EDR법안이 본회의를 통과하여 올해 12월 19일부터 시행되게 됩니다. 이에 따라 자동차 판매 시 사고기록장치 장착여부에 대한 고지의무가 부과되며, 자동차 소유자 등이 기록내용을 요구할 경우 관련자들에게 기록정보를 의무적으로 공개하도록 되었습니다. 또한 소방관들의 소방활동 방해를 근절하기 위한 '사법경찰관리의 직무를 수행할 자와 그 직무범위에 관한 법률' 개정안과 1만 5천여 명의 교정공무원들의 복지증진을 위한 '교정공제회법안', 그리고 대포차를 근절시키기 위한 '자동차관리법' 등이 2015년 7월 24일 본회의를 통과해 국민의 안전과 행복에 조금 더 기여할 수 있었습니다.

| 낙선 후의 깨달음

2008년 광주 북구을 민주당 경선에서 떨어졌던 경험은 정계에 입문해서 가장 힘들었던 순간이었습니다. 서울법대 3학년 때 사법시험 합격 후 검찰 주요 보직을 거치며 비교적 평탄한 길을 달려왔기 때문에 당시 경선에서 떨어진 것은 큰 충격이었습니다. 하지만 그 경험을 통해 오히려 큰 배움을 얻었고 제 자신이 많이 성장했습니다. 지금 생각해보면 그것은 '실패'가 아니었습니다.

| 수많은 경험이 만들어준 탁월한 리더십

저는 검찰에서 26년간 근무하며 기관장으로서 7회, 중간관리자로서 9회 등 총 16회에 걸쳐 조직을 관리하는 리더로서 일한 경험이 있습니다. 당시 저는 리더로서 조직을 운영하며 논리적 공감과 정서적 공감을 조화롭게 유지하는 것에 주력했습니다. 먼저 논리적 공감대를 형성하기 위해서 부서별, 직급별 간담회를 통해 부서와 직급간의 논리와 목소리를 서로 이해하고 공유하기 위한 시간을 많이 가졌습니다.

임내현 의원 발언 중

임 내 현

또한 당시만 해도 중요성이 간과되고 있었던 정서적 공감대 형성을 위해 오찬과 만찬, 동호회, 체육행사 등과 함께 어린이날에 직원들의 초·중학생 자녀들의 이름을 파악해 일일이 실명을 거론한 편지를 쓰고 선물과 함께 보내기도 했습니다.

　　이와 같이 직원들과의 논리적·정서적 공감대 형성을 통해 직원들이 즐거운 마음으로 행복하게 일할 수 있도록 리더십을 발휘했고,

국회 생생텃밭 개장식

대학생이 바라본 파워리더 국회의원

이는 결과적으로 다른 기관 및 부서보다 일은 2배로 하지만 즐겁고 행복하게 할 수 있었다는 평가와 함께 훨씬 더 큰 성과 또한 도출해 낼 수 있었습니다.

| "아이들 그 모습 그대로 사랑해주기"

검사로 재직하며 한창 바쁜 시기에 가족과의 대화에 소홀했던 적이 있었습니다. 우리 세대의 아버지들이 그렇듯 바깥일에 빠져 있었습니다. 아이들과의 관계가 소원해지고, 고등학교 2학년 때까지 착실하고 학업성적이 우수했던 아들이 방황하기 시작했을 때가 참 힘들었습니다. 그 문제로 고민하는 제게 온누리교회 하용조 목사님은 "아이들 그 모습 그대로 사랑해주라"고 조언해주셨습니다. 이후 하 목사님 말씀처럼 아이들을 그냥 지켜보려 노력했고, 언젠가 아들은 제게 "내가 잘못한 것에 대해 야단치지 않고 인정해주시는 아버지가 너무나 고마웠다"고 고백하기도 했습니다.

| 인성교육, 인성학습의 필요성

부모들에게는 인성교육, 자녀들에게는 인성학습이 필요합니다. 학교에서 뿐만 아니라 사회에 나와서도 무엇보다 중요한 것이 바로 사람 됨됨이입니다. 인성교육과 인성학습의 첫 번째는 독서와 학습을 통해 지식을 쌓고 성취감을 맛보는 경험입니다. 두 번째는 감성을 계발하는 데에 게으르지 말아야 한다는 것입니다. 세 번째는 덕

임 내 현

성을 길러 안팎으로부터 존중을 받는 것이 필요합니다. 마지막으로는 이 모든 것의 바탕이 되는 체력을 기르는 것이 중요합니다.

저는 특강이나 훈시를 다닐 때마다 "여러분 행복하세요."라는 말을 꼭 합니다. 행복은 권리가 아닌 의무입니다. 외부·객관적 성공은 절반의 행복을 가져다 줄 뿐입니다. 내부·주관적 행복이 충족될 때 진정한 행복이 찾아옵니다. 결국은 행복입니다. 이 행복을 얻기 위한 출발점이 인성교육, 인성학습에 있습니다.

| "여유를 가지고 마음의 속도를 늦춰라"

제가 큰 영향을 받은 책은 바로 하버드대 샤하르 교수의 『느리게 더 느리게』라는 책입니다. 『느리게 더 느리게』는 개인적인 에피소드들을 통해 현대인들이 오늘의 행복을 묵살하고 내일의 행복을 좇아가는 모습을 보여줍니다. 저 역시 이러한 모습으로 살았다는 것을 깨닫게 되어 마음의 여유를 가지고 살아야겠다는 통찰도 얻을 수 있었습니다.

사람들은 성취하려는 욕심과 실패할 때의 두려움을 함께 가지고 있습니다. 이런 욕심과 두려움이 행복한 삶을 방해하는 요소일 것입니다. 『느리게 더 느리게』는 행복을 위해서 '여유를 가지고 마음의 속도를 늦춰라' 하고 충고합니다. 그럴 때 참다운 평화와 행복을 찾을 수 있다고 말입니다. 참다운 평화와 행복을 간절히 찾고 계

대학생이 바라본 파워리더 국회의원

신 분들께 『느리게 더 느리게』를 추천합니다.

또한, 역사상 최고의 베스트셀러로 꼽히는 성경을 읽는 것을 추천합니다. 고대 그리스 · 로마와 더불어 서양 문명의 한 축을 이루는 헤브라이즘(유대문명)의 정수가 담겨있기 때문에 성경은 신자, 비신자 여부를 떠나서 꼭 한번 읽어볼 만한 가치가 있는 특별한 의미를 지닌 책이라고 생각합니다.

| 다른 사람을 대하는 방법

저는 상대방을 볼 때 그 사람이 얼마나 진실하고 성실한지 주의 깊게 보곤 합니다. 그리고는 그 사람의 능력과 창의력에 바탕을 두고 태도와 능력이 얼마나 균형 잡혀 있는지를 보곤 합니다. 또한 저는 사람을 대할 때 긍정적인 태도를 잊지 않으려고 노력하는 편입니다. 사랑과 존경을 토대로 상대방과의 만남에 최선을 다하려고 애쓰고 있습니다. 상대방과의 만남에서는 상대의 장점은 배워서 제 것으로 만들고, 상대의 단점은 반면교사로 삼아 상대가 누구든지 배움의 끈을 놓지 않으려 합니다.

| 지역감정 해소와 동서화합에 힘쓰겠습니다.

고등학교 시절 '지역감정'의 문제를 심각하게 느꼈던 저는 지역감정을 해소하기 위해 다방면에서 적극적으로 영호남 교류 활동과 동

임 내 현

파워리더 국회의원 인터뷰

서 화합 운동을 펼쳐왔습니다. 그 과정에서 '지역감정'이라는 것이
'마음을 나누다 보면 어느새 실체 없는 허상'이 되고 만다는 것을 깨
달았습니다.

　대구고검장으로 대구에 부임했을 때 지인들이 모두 걱정을 하며
위로했습니다. 다들 호남 출신이 대구에 가서 힘들고 어려울 것이라
고 생각했나 봅니다. 하지만 직원들이 저를 따뜻하게 대해 주었고
저도 선입견을 없애기 위해 노력했습니다. 당시 대구는 유니버시아
드대회라는 큰 행사를 준비하고 있었는데 제가 성공기원 마라톤대

대학생이 바라본 파워리더 국회의원

회에 나가고 관련 행사에도 적극적으로 참여해서 당시 경북지사가 유니버시아드대회의 성공적인 개최에 고검장의 도움이 컸다는 감사의 말을 전할 정도였습니다.

또한 순천지청장으로 재직하던 1998년, 남원, 거창, 순천, 진주지청 등 지리산에 인접한 영호남 4개 지청 직원들과 지역민 1천여 명이 지리산 노고단에 엎드려 우리 땅을 껴안으면서 영호남 화합의 뜨거운 마음을 나눠 화제에 오르기도 했습니다. 이러한 영호남 화합운동을 통해 경북고 동창회의 결의로 뽑힌 '경북고 명예동문 1호'로 선정되기도 했습니다.

| 당을 초월해서 열정적으로 의정활동을 펼치는 국회의원 5명

김세연 의원님 – 동북아역사특위를 같이하면서 인연을 맺었습니다. 여야 할 것 없이 동등하게 대해주시고 특히 선배들을 보면 깍듯하기에 많은 사랑을 받고 있습니다. 무엇보다도 역사를 바로잡기 위해 솔선수범하는 모습이 인상적입니다.

이한성 의원님 – 이한성 의원님은 검찰 후배로서 잘 아는 사이인데, 검사장까지 했음에도 불구하고 매우 겸손하고 예의바른 성격을 지니고 있습니다. 또한 여야를 떠나서 매사에 합리적으로 일을 처리하는 사람입니다.

임 내 현

김성곤 의원님 – 여당과 야당을 아우르는 포용력을 지닌 분입니다. 국회의원다운 국회의원이 되고자 최선을 다하는 모습이 인상적입니다. 그리고 당리당략에 치우치지 않고 국가발전을 위해 열심히 노력하는 모습은 모두가 본받을 만합니다.

박수현 의원님 – 초선임에도 불구하고 매우 합리적인 마인드를 지닌 분입니다. 사람을 대하는 데 있어 진정성이 묻어나오며 매우 창의적이고 유능하신 분입니다.

원혜영 의원님 – 봉사정신이 투철하여 기부를 많이 하시는 분입니다. 여야를 아울러 국가발전과 개혁에 대한 의지가 아주 강함을 느낍니다.

정   병   국

- **학력**
  - 성균관대 사회학 학사
  - 연세대 행정대학원 행정학 석사
  - 성균관대 대학원 정치학 박사

- **경력**
  - 제16 · 17 · 18 · 19대 국회의원(경기 여주 · 양평 · 가평)
  - 現 외교통일위원회 위원
  - 現 국회의원 축구연맹 회장
  - 現 국회 인성교육실천포럼 상임대표
  - 現 케냐 친선협회 회장
  - 現 국회 한류연구회 공동대표
  - 現 만화를 사랑하는 국회의원 모임 공동대표
  - 現 한일의원연맹 부회장
  - 現 (사)아시아인권의원연맹 부회장
  - 前 한나라당 사무총장
  - 前 국회 문화체육관광방송통신위원회 위원장
  - 前 문화체육관광부 장관

- **수상**
  - 제26회 코리아 베스트드레서 백조상 정치인 부문
  - 서울 석세스 어워드 정치 부문

- **저서**
  - 『한 시간 더 행복할 수 있습니다』
  - 『문화 소통과 공감의 코드』

대한민국 국회
NATIONAL ASSEMBLY

| 정병국 의원을 소개합니다

 훤칠한 외모에 준비된 느낌의 정병국 의원, 그를 인터뷰했던 1시간이라는 시간이 너무 순식간에 지나간 느낌이 들었다. 사람은 누구나 스포트라이트를 받고 싶어 하고 그 길을 가길 원한다. 그러나 그는 공개적으로 비춰지지 않고 누구도 관심 갖지 않은 분야에 뛰어든다. 이 점이 그의 예리한 통찰력이지 않을까?

 그는 그 누구도 가지 않은 길에서, 끝까지 가치를 실현하기 위해 노력하는 사람이다. 지금도 새로운 곳에서 가치를 실현하기 위해 노력하는 그가 앞으로 또 어떠한 길을 열어갈지 활약상이 기대된다.

| 어릴 적부터 남달랐던, 당돌한 소년 정병국의 이야기

 소년 시절 이야기를 통해 제 소개를 시작하고자 합니다. 저는 경기도 양평 개군면에서 태어났습니다. 지금은 '믿거나 말거나' 같은 이야기지만 우리 마을은 제가 중학교 때 처음 전기가 들어올 정도로 오지였습니다.

식물 채집과 곤충 채집이 유일한 놀이였던 시골소년 정병국의 운명은 아버지처럼 '농사꾼'으로 정해져 있었습니다. 그리고 평생을 시골 농사꾼으로 살아오신 아버지도 6년 터울의 큰형 말고는 자식을 더 가르치실 생각이 없으셨죠. 하지만 저는 늘 큰 형이 전학 간 서울에서 공부하며 더 큰 사람이 되고 싶다는 꿈을 갖고 있었습니다.

그러던 초등학교 5학년 때, 교육제도가 바뀌었습니다. 서울에 있는 중학교로 진학하고자 하는 학생은 적어도 중학교 입학 1년 전에 서울로 이사를 가야만 했어요. 이 제도에 따라 서울로 이사 가는 친구들이 하나둘 생기기 시작했습니다. 어떻게든 서울로 유학 가길 원했던 저는 아버지를 조르기 시작했습니다.

그러나 아버지는 제가 너무 어리기 때문에 부모님의 품을 떠나 공부하는 것이 무리라고 생각하셨고 전학을 허락하시지 않으셨어요. 저는 결국 여름방학이 끝났는데도 등교를 거부하면서 서울 유학에 대한 고집을 꺾지 않았죠.

그러던 어느 날 한밤중에 아버지께서 저를 막 깨우시더니 "빨리 옷을 입어라." 하시는 거예요. "왜요?" 하고 여쭤보니 "서울에 가야 할 거 아니냐?"라고 하시는 거였어요. 나중에 알고 보니 그날이 서울로 전학할 수 있는 마지막 날이었죠.

당시 제가 살던 동네는 오지였기 때문에 버스는 하루에 한 번 다닐 정도였어요. 서울로 올라가기 위해서는 버스를 세 시간 반 타야 했고 기차는 새벽 네 시에 원덕역에서 타야 했습니다. 그걸 놓치면 전학을 못 가게 되는 상황이었기에 저는 4킬로미터 길을 산을 넘고 내를 건너 새벽 네 시 기차를 타고 서울 유학길에 오르게 되었습니다.

| 제 인생을 멋지게 만들어준 문화, 이젠 모두의 삶에서 원동력이 되기를 기대해봅니다

어릴 때 서울에서 처음 느낀 문화적 충격은 제가 문화부장관이 되기까지 큰 원동력이 되었고, 국민을 위해 문화로 사명을 다할 수 있게 한 큰 원점이 되었습니다. 국민들 모두가 문화와 함께 행복한 삶을 살 수 있도록 노력하는 사람이 되고 싶습니다.

세대를 뛰어넘는 문화의 힘

처음 저에게 문화는 충격의 대상이었어요. 초등학교 5학년, 제 첫 자취생활을 했어요. 여러 가지로 어려웠지만 자청을 했기에 기꺼이 자취생활을 하면서 학교를 다녔습니다.

학교를 다니면서도 기가 꺾이지 않고 나름대로 잘 적응을 했는데, 주말이 끝나고 나서 월요일에 학교를 가면 늘 기가 죽었어요. 한두 명 정도 지난 주말에 부모님과 영화관이나 음악회 다녀온 이야기를 하는데 그 이야기를 들으면 저는 늘 주눅이 들었던 거죠. 소외감과 박탈감을 느끼지 않을 수 없었어요.

그러던 저에게 잊지 못할 순간이 다가왔습니다. 중학교 2학년 때였어요. 안암동에 있는 용문중학교를 다녔는데 그 당시만 하더라도 안암동 주변은 논밭이 있을 정도로 서울의 변두리였어요. 중간고사가 끝나고 나서 단체로 연극 관람을 하게 되었습니다. 명동에 있는 국립극장으로 갔는데, 명동의 화려함, 휘황찬란함에 문화적 충격을 받았습니다.

당시 국립극장에 갔는데 시골 촌놈이 느꼈던 국립극장은 웅대한 크기와 수많은 의자가 놓인 객석의 규모에 놀라움을 감출 수 없었습니다. 그때 제가 처음 본 연극은 김동리 원작의 〈무녀도〉라는 연극이었는데, 당시 무녀 역할을 가장 인기 많았던 탤런트 중 한 사람이었던 전양자 씨가 맡았어요.

텔레비전을 보는 것도 귀했던 시절 텔레비전 화면 속 사람을 직접 본다는 것이 신선한 충격이었어요. 그 순간 이러한 문화적 생활로부

정병국

터 소외가 된다면 영원히 낙오자가 될 거라 생각하여 의도적으로 연극을 보려 했고, 그것이 취미가 되었습니다. 뭐랄까 저를 강력하게 끌어들인 이 세계에서 낙오자가 되기 싫다는 강한 느낌을 받았다고 해야 할까요. 부단히 노력하지 않으면 영원히 바깥으로 떠돌 것 같은 이 세계에서 밀려나고 싶지 않았습니다.

이후로도 시간만 나면 영화를 보고 책을 읽었습니다. 고등학교 때는 한 푼이라도 입장료가 싼 영화관을 가기 위해 의정부까지 걸어 다니기도 했습니다. 대학생 때는 프랑스 문화원에서 무슨 뜻인지도 모르는 영화를 정신없이 보기도 했어요.

그렇게 하나둘씩 문화예술을 배우고 익히다 보니, 그 세계를 즐기게 되었습니다. 즐기게 되면서 더 알고 싶고 공부를 더 하게 되었습니다. 대학을 졸업하고 정치인이 되면서 연극과 미술에도 관심을 가지게 되었는데, 정치인으로서 남다른 시각, 즉 창의적인 시각과 미래를 내다볼 수 있는 안목을 길러 준 것 역시 그렇게 오랜 시간 문화예술을 접해 왔기 때문이라고 생각합니다.

문화예술을 즐기는 것은 단지 문화예술이라는 틀 안에서만 사람을 성장시키는 것이 아니라, 정치든 사회든 어느 분야든지 창조적인 사고와 자유로운 상상력을 접목시킬 수 있는 큰 힘을 교육시켜 주는 것이라는 것을 깊이 깨달을 수 있었습니다.

| 정계의 입문

어릴 적 아버지께서는 저에게 항상 "올바르게 살아라."라는 말씀을 하셨어요. 이 점이 제가 올바른 정치를 하는 기준이 되었지요.

1978년 성균관대학교 사회학과에 입학해 저는 학생운동에 몸을 던지게 되었습니다. 저 자신만의 미래를 생각했던 삶이었다면, 학생운동에 동참하지 않았을 것 같아요. 그렇지만 잘못된 현실을 외면하고 자기 한 몸만을 생각하는 그러한 삶은 살고 싶지 않았어요. 이 땅의 민주화만큼 중요한 일은 없다고 판단했기에, '그럼에도 불구하고'라는 그 글자를 마음에 새기며 바른 길을 가려고 노력하였죠.

사실 1978년 대학에 입학한 후 1987년 현실 정치에 입문하기까지 수배를 받지 않은 기간은 거의 없다고 볼 정도로 수배를 수시로 받아왔었어요. 그러나 권력에 굴복하고 싶지 않았어요. 내가 할 일이 있으면 해야 한다는 신념으로 싸웠던 것 같아요.

「세인출판사」를 운영하며 서울 지역 대학교 총학생회에서 필요로 하는 거의 모든 인쇄물들을 공급했고, 군사독재정권과 싸우고 있는 학생들을 꾸준히 지원하였습니다. 그러다가 1987년 6월에는 다시 안기부에 의해 검거되어 고문을 받기도 했습니다. 1년 6개월의 실형을 언도받았지만, 6·29 덕분에 집행유예로 풀려날 수 있었습니다.

옥중에서 가장 많이 했던 것은 책 읽기였어요. 100일 동안 100여 권의 책을 읽었습니다. 옥중에서 맘껏 책을 읽을 수 있었기에 오히려 감사했던 시간이었다고 생각합니다.

정병국

당시 민주화추진협의회 소속 변호사들로부터 많은 도움을 받았습니다. YS와 DJ가 주도했던 곳이었지요. 그것이 인연이 되어 당시 김영삼 총재를 만났고, 1987년 김영삼 대통령 후보 캠프 전문위원으로 활동하다 그 다음 해인 1988년부터 김영삼 총재의 비서로 정계에 입문하게 되었습니다. 이후 1992년 대선에서 전략을 주도하는 역할을 담당하다 1993년 2월부터 대통령 비서관을 역임하게 되었습니다.

사회학도에서 운동권 학생으로, 그리고 당 총재 비서에서 청와대 비서관으로 이어진 저의 정치적 행보는 2000년 제16대 국회의원 선거 당선을 계기로 본격화되었습니다. 민주화를 위한 열정과 대통령을 보필하며 국가 발전에 기여해온 저의 역량을 모아 제가 태어난 고향을 위해 헌신하기로 작정한 것이지요. 그 노력을 인정받아 현재 19대까지 4선 국회의원으로 의정 활동을 이어 올 수 있었습니다.

| 한 우물을 깊고 넓게 파는 정병국

저는 현재 외교통일위원회와 국회 군 인권 개선 및 병영문화혁신 특별위원회에서 일을 하고 있습니다. 과거 문화체육관광방송통신위원회와 문화체육관광부에서 배운 문화적 리더십, 즉 다양성을 존중하는 그 마음을 근본으로 외교와 한반도 통일을 위해 노력하고 있습니다.

그리고 현재 '군 인권 개선 및 병영문화혁신 특별위원회' 위원장으로 있는데요, 사실 군의 문제가 군뿐만이 아니라 우리 사회가 안고 있는 문제임을 깨달았습니다. 단지 병영이라는 특별한 환경이 그것을 두드러지게 만든 것이지 않을까요. 그래서 병영문화 개선이 국방부만의 문제가 아닌 사회 전체의 문제이자 국가적인 문제로 인식되어 특위가 만들어진 것입니다.

이것이 지금 당장 범 부처가 힘을 모아 관심사병, 사회부적응 병사에 대한 교육훈련 치료시스템을 마련해야 한다고 생각하는 이유인데요, 이를 위해 저는 인성교육과 독서교육을 선택하였습니다.

군 복무 기간이 모든 젊은이들로 하여금 사회인으로서 갖추어야 할 인성을 함양하고 직업과 적성을 파악할 수 있는 기간으로 만들고자 합니다. 그저 시간을 때우는 것이 아니라, 한국의 젊은이라면 모두가 지원하는 필수코스라는 자긍심을 갖도록 말입니다. 저만 해도 군 생활의 경험이 사회생활에 큰 도움이 되었으니 말입니다.

여기서 새로운 발상이 가능합니다. 사회에서 해결하지 못한 문제를 군에서 해결할 수 있도록 시스템을 바꾸는 것입니다. 예를 들어 독서를 생각해보면 사회에서는 독서의 중요성을 알아도 습관화하기 어렵습니다.

하지만 군 복무기간이 독서습관을 만들어준다면 어떻겠습니까? 독서훈련을 통해 사람이 바뀌어 나오는 거죠. 이것은 국가경쟁력을 엄청나게 높이는 기회가 될 수 있습니다. 병영문화 개선을 통해 국가 개조, 사회 개조까지 이루는 것 이것이 군 인권 및 병영문화혁신 특별위원회 활동의 중점이자 목표입니다.

정병국

대한민국을 바꾸는 병영 독서 운동

이를 위해 현재는 병영독서 카페 및 책 기증 릴레이 운동을 실시 중이며, 20명이 쓰는 카페를 하나씩 만들고 있습니다. 그리고 군사 훈련과목 중 독서훈련을 넣었는데요, 현재 150개 부대에서 독서훈련을 하고 있습니다. 군대에도 점차 독서광풍이 불고 있지요. 또한 작년부터 해병대에서는 '리딩 1250운동(한 달에 두 권, 전역할 때까지 50권 책 읽기 운동)'을 하고 있습니다.

| 문화적 리더십과 함께하는 정병국

국민이 정치를 싫어하는 이유는 편을 갈라 싸우기 때문입니다. '문화적 리더십'이란 문화와 예술의 세계가 그렇듯 다름을 인정하고 개개인의 다양성을 극대화할 수 있는 리더십입니다. 싸우기보다 소

대학생이 바라본 파워리더 국회의원

통하고 조화를 이루는 리더십입니다.

또한 문화적 상상력을 통해 새로운 것을 창조해냅니다. 문화적 경험을 통해 다양한 행정 아이디어를 창출한 예는 셀 수 없이 많습니다. 문화적 리더십은 변화에 둔감한 변화를 뒤쫓는 데 급급한 리더십이 아니며 끊임없는 혁신을 기반으로 합니다. 변화를 예측할 수 있고 따라서 창조적 비전을 제시할 수 있습니다.

장관직을 퇴임하기 전까지 8개월 동안 '물 만난 고기'처럼 신명나게 대한민국과 세계를 뛰었습니다. 아홉 차례 해외를 다니며 K-팝을 확산시키고 해외문화원을 24개로 확대하고 국민의 오랜 염원이었던 외규장각 의궤를 반환받는 것을 비롯해 예술인 복지법과 군대 독서훈련과정 도입 등 목표했던 주요 정책을 이뤄냈습니다.

그리고 문화와 교육 불모지였던 양평과 가평을 대한민국과 세계인이 주목하는 교육과 문화의 부흥지로 만들었습니다. 두 번이나 실패했던 평창 동계올림픽을 김연아 선수가 발표한 「드라이브 더 드림」 프로젝트, 미국에 입양된 한국 출신 스키선수 도비 도슨과 나승연 대변인이 프리젠테이션한 「새로운 지평」을 비롯해 대통령과 유치위원들의 열정, 그리고 93%의 절대적인 지지를 보내준 국민들과 직접 찾아 응원해준 강원도민의 성원에 힘입어 유치해낼 수 있었습니다.

정병국

| 지덕체를 겸비한 남자, 정병국

좋은 정치인으로 거듭나기 위해 저는 시간을 매우 중요하게 여깁니다. 시간은 자신이 만들면 된다고 생각합니다. 그리고 무엇이 중요한지 지금 이 순간 그 시간에 어떤 부분을 하는 것이 가장 효율적인지 우선순위를 정하는 거죠.

더군다나 국회의원으로 살아남기 위해서는 엄청나게 움직여야 하는데요, 저는 바쁘면 바쁠수록 시간을 효율적으로 쓰게 되더라고요. 시간은 자신이 어떻게 쓰느냐에 따라 어떤 사람은 시간을 허비하기도 하고 어떤 사람은 많은 것을 해내는 것이 아닐까 하고 생각해봅니다.

지역 축제 현장에서 주민들과 함께

대학생이 바라본 파워리더 국회의원

| 답은 현장에 있고 정책은 국민의 삶에서 나온다

저의 지역구인 경기도 여주·양평·가평은 국회의원 선거구 중 전국에서 4번째로 넓은 지역입니다. 경기도 전체 면적의 4분의 1에 해당하며 서울 면적에 4배에 이르죠. 많은 분들이 이 넓은 지역에서 어떻게 의정활동을 하는지 궁금해하시는데, 제 대답은 간단합니다. 직접 만나는 것뿐이죠.

저는 국회의원이라면 으레 진행하는 의정보고회를 하지 않습니다. 국회의원이 주민들을 모아놓고 "제가 이런 것을 했습니다." 하는 홍보성 행사보다는 "무엇을 해야 할까요?"라고 주민들께 묻는 것이 더 중요하다고 생각하기 때문이죠. 따라서 매년 지역발전을 위한 현장간담회를 가지고 민원처리 결과를 편지로 주민들께 보고드리고 있습니다.

올해만 해도 3개 시군, 30개 읍·면별 현장간담회를 진행했고 700명이 넘는 이장 및 주민대표들을 만나 1,000건이 넘는 주민 의견 및 민원들을 접수해 처리했고, 학교를 비롯하여 지역 직능별 단체들과의 간담회를 매주 한두 건씩 진행해나가고 있습니다.

제가 이렇게 현장에 집중하는 이유는 '답은 현장에 있고 정책은 국민의 삶에서 나온다'는 신념이 있기 때문입니다. 지역발전을 위해 주민들과 머리를 맞대고 문제 해결을 위해 고민하며 실천해 나가는 것이야 말로 정치의 기쁨이라고 생각합니다.

정병국

| 당을 초월해서 열정적으로 의정활동을 펼치는 국회의원 5명

우윤근 의원님 - '개헌추진 국회의원 모임' 공동회장으로 독일을 비롯한 정치 선진국의 사례를 심도 깊게 연구하며 대한민국의 새로운 정치 모델 도입에 앞장서고 계시는 모습이 인상적입니다.

정성호 의원님 - 각종 규제로 낙후된 경기 북부 지역의 인권 변호사로 시작하여 풀뿌리 시민운동을 전개하면서 생활정치의 뿌리를 내리신 분입니다. 향후 중앙정치에서의 행보가 기대됩니다.

김춘진 의원님 - 의사의 심정으로 국가 정책의 문제를 진단하고 대안을 제시하는 정치인입니다. 19대 국회 보건복지위원장으로 국민건강 증진을 위한 다양한 정책들을 우직하게 추진하시는 모습이 돋보였습니다.

김세연 의원님 - 젊은 정치인으로 '경제민주화실천모임'을 통해 재벌의 독과점과 불공정거래 문제를 집중적으로 다루는 등 보수의 가치 확산과 변화를 이끌어내는 데 앞장서고 있는 모습이 귀감이 됩니다.

이이재 의원님 - 원내부대표에 3회 연속 임명될 정도로 당내에서도 합리적 의정활동으로 인정받는 의원으로, 특히 새누리당에서 지속가능한 발전을 위한 대·중소기업 상생, 지역균형 발전, 사회적 약자 보호를 위한 개혁적 목소리를 대변하는 차세대 정치인으로 주목받고 있습니다.

대학생이 바라본 파워리더 국회의원

정 성 호

- 학력

  대신고등학교

  서울대 법학 학사(사법시험 28회 합격/사법연수원 18기)

- 경력

  제17 · 19대 국회의원(경기 양주 · 동두천)

  現 국회 국토교통위원회 간사

  現 국회 예산결산특별위원회 위원

  現 국회 윤리특별위원회 위원

  現 한 · 러 의원외교협의회 간사장

  現 새정치민주연합 민생본부장, 당무위원

  現 새정치민주연합 양주시 · 동두천시 지역위원장

  前 군인권 및 병영문화혁신특별위원회 위원

  前 국회 기획재정위원회 위원, 조세소위 위원

  前 국회 운영위원회 간사, 법안소위 위원장

  前 민주당 수석부대변인, 원내 수석부대표

- 수상

  제15회 백봉신사상 '올해의 신사의원'

  2014년 국회의원 헌정대상

  2014 국정감사 NGO 모니터단 국정감사
  우수의원

- 저서

  『鄭성호사설』

대한민국 국회
NATIONAL ASSEMBLY

| '정의가 강물처럼 흐르는 세상'을 만들자 다짐하다

저는 강원도 양구에서 6·25 전쟁과 월남전에 참전하고 무공수훈자였던 육군 상사의 아들로 태어났습니다. 어릴 적에 부친의 근무지를 따라 경기도 연천으로 이사했고, 연천중학교 2학년 때 정든 친구들과 석별하고 서울로 유학의 길을 떠나 단대부중과 대신고를 졸업했습니다. 그리고 1981년에 연천 출신으로는 처음으로 서울 법대에 합격했습니다.

신군부의 서슬 퍼런 독재가 정점이었던 시기에 진리의 상아탑에는 경찰이 상주해 있었습니다. 언더서클 활동과 각종 교내 시위에 참가하면서 정의롭지 못한 신군부 독재에 항거했고, 강제연행과 불법감금을 직접 경험하기도 했습니다. 그 과정에서 '인권'과 '정의'에 대한 신념을 키워나가며 '정의가 강물처럼 흐르는 세상'을 만들겠다고 다짐했습니다.

1986년, 제28회 사법고시에 합격했습니다. 사법연수원 시절 현재 동료 국회의원인 문병호, 최원식 의원, 그리고 이재명 성남시장 등과 세미나모임도 하고 6월 항쟁 때에는 몰래 가두시위에 나가기도 했습니다. 그리고 군 제대 후에는 경기 북부를 관할하는 의정부지방 법원 부근에서 변호사 업무를 시작했습니다.

처음 변호사 생활을 시작했던 의정부를 비롯한 경기 북부 지역은 군사시설보호구역, 개발제한구역 등 각종 규제 탓에 대단히 낙후되어 있었습니다. 주민들이 생계를 걱정할 정도였습니다. 그래서 억울한 일이 있어도 돈이 없어 법의 도움을 받지 못하는 주민들을 위해 지역을 돌며 무료법률상담을 진행했습니다. 또한 시민운동의 불모지였던 경기 북부 지역에서 경기북부환경운동연합 창립 등 시민운동을 주도하면서 풀뿌리 민주주의를 현장에서 경험하고 실천했습니다.

1999년에는 새천년민주당 창당발기인으로 정치에 입문하여 2000년 16대 총선에 출마했습니다. 10여 년을 변호사와 시민운동가로 활동하면서, '정의로운 세상을 만들기 위해서는 정의로운 정치가 반드시 필요하다'는 것을 절실하게 느꼈기 때문이었습니다. 하지만 결코 쉽지 않은 도전이었습니다. 양주·동두천은 접경지역·미군주둔지역으로 보수적 성향이 매우 강한 데다가 지역 연고도 전혀 없는 상황이었습니다.

게다가 상대후보는 국회 법사위원장과 신한국당 원내총무를 역임한 3선의 정계거물이었습니다. 그렇기에 저는 더욱 긴장하며 청년을 중심으로 신규당원 배가운동을 벌이고, 서울특별시 면적의 3분의 2나 되는 지역을 도보로 몇 바퀴씩 돌며 바닥 민심을 챙겼습니다. 아쉽게 3,000여 표 차이로 패했지만 유권자들로부터 '지역에 새로운 활력을 불어넣을 수 있는 열정과 패기의 젊은 인물'로 평가받는 성

정성호

과를 거뒀습니다. 아울러 기대 이상의 선전으로 당에서 높은 평가를 받았고, 청년 몫의 당무위원에 보임되어 중앙정치를 익히는 기회를 갖게 되었습니다.

그 후, 2004년 17대 국회의원 선거에서 양주·동두천에 다시 도전했습니다. 그때 저는 경원선 전철의 조기 개통과 미군공여지특별법 제정을 핵심공약으로 내세웠습니다. 부족한 교통인프라를 확충하여 주민편의와 물류기반을 강화하고, 주한미군 반환기지와 주변 지역의 개발 지원을 약속했습니다. 결국 지역정치의 변화와 지역경제의 도약을 갈망하는 유권자들은 지역발전을 이끌 새로운 일꾼으로 선택해주셨습니다.

| 국민과의 약속을 지키겠다는 책임감 하나로

17대 국회는 국가보안법 등 소위 '4대 악법' 개정을 둘러싸고 여야 간에 이념적 갈등이 극심했습니다. 참여정부의 정책도 좋은 명분과 취지에도 불구하고 성과를 내는 데 한계가 있었습니다. 저는 주민과의 약속을 지키는 것이 민생정치의 출발이라는 생각으로 경원선 전철 조기 개통에 묵묵히 매달렸습니다. 건교부와 기획예산처의 담당 사무관을 찾아가 끈질기게 설득했고, 동분서주한 끝에 국비 3,500억 원을 확보하여 2006년 12월에 조기 개통시켰습니다.

또한 「미군공여지특별법」도 경기도 공무원들과 함께 직접 성안하여 미군기지 지역구 의원들과 협력하여 법안을 통과시켰습니다. 영

대학생이 바라본 파워리더 국회의원

호남 의원들을 찾아다니며 '기지촌'이라는 오명으로 출신지를 속여야 했던 동두천 시민들의 아픔을 설명하고, 미군부대에 예속된 동두천 경제의 획기적인 재생을 위해서는 국가의 지원이 절실하다고 역설했습니다. 정치를 하면서 만났던 수많은 유권자들과의 약속, 그리고 그 약속을 지켜야 한다는 책임감을 저버릴 수 없었습니다. 그리고 그 책임감은 정치를 하는 사람이라면 반드시 가져야 할 것이라 생각했기에 가능했던 일이었습니다.

이런 노력과 열정 때문인지 2008년 18대 총선을 앞두고 박재승 공천심사위원회가 실시한 현역의원 140명에 대한 의정활동 평가에서 1위를 차지했습니다. 경향신문 뉴스메이커가 실시한 17대 국회의원 299명에 대한 4년 의정평가에서도 최우수의원으로 선정되었고, 법사위와 건교위, 행안위 3개 상임위에서 모두 국감우수의원에 선정되는 쾌거를 거두었습니다.

| 초심을 되새겨 준 낙선의 경험

하지만 이 같은 노력에도 불구하고 18대 총선에서 낙선했습니다. 전국 평균보다도 낮은 투표율과 '박풍', 그리고 방심이 부른 참담한 결과였습니다. 무척이나 실망과 좌절감이 컸지만 곧 털고 일어났습니다. "선거에 패배했지 인생에 실패한 것은 아니다.", "고독의 깊이가 도약의 높이를 결정한다."라는 말을 가슴에 새기고, 지역현안에 대해 보다 폭넓고 체계적으로 공부하는 재충전의 기회로 삼았습니다.

정성호

무엇보다 저를 통해 지역의 발전과 민생경제의 회복을 이루고자 했던 시민들의 기대를 지난 총선에서의 패배로 좌절시켰다는 생각에 너무나 괴로웠습니다. 총선 패배의 책임은 그 어떤 것보다 무겁게 다가왔고, 정성호 개인의 부귀영화를 위해서가 아니라 바로 내 옆에서 팍팍하고 고단한 삶을 살고 있는 지역 주민들을 위해 다음 선거에서는 반드시 승리해야겠다고 다짐을 하게 되었습니다.

돌이켜 보면 낙선은 저에게 정치를 시작할 때의 초심을 되새기게 하는 계기를 마련해 주었습니다. 새벽 5시부터 자정까지, 거리의 환경미화원들부터 상점의 상인들까지 많은 시민들을 만났습니다. '정의로운 세상을 만들겠다'는 각오로 정치를 시작했지만, 국회의원 4년이 지나고 만난 시민들은 여전히 팍팍한 현실과 희망 없는 미래에 절망하고 있었습니다. 지역 주민들께서 주신 숙제를 아직 끝내지 못했다는 책임감, 그것이 저를 다시 일으킨 원동력이 되었던 것 같습니다.

19대 총선을 앞두고 지난 총선의 실수를 되풀이하지 않기 위해 철저히 준비했습니다. 12년 전 처음 출마했을 때보다 더욱 열심히 발로 뛰었습니다. 그 결과 양주·동두천 선거구가 생긴 이래 최다득표(60,016표)에 최다표차(10,839표)로 대승을 거뒀습니다.

19대 국회 현재, '정의가 강물처럼 흐르는 세상'을 만들고자 했던 초심을 늘 가슴속에 새기며, 열정과 성실함으로 정의로운 정치를 실천하기 위해 노력하고 있습니다. 이러한 신념을 바탕으로 국회국토

대학생이 바라본 파워리더 국회의원

교통위원회 간사 및 국회예산결산특별위원회 위원을 맡아 국토균형발전 및 민생입법의 처리, 민생예산 확보에 주력하고 있습니다. 제가 소속되어 있는 국토교통위원회는 시민의 일상과 밀접한 주거와 교통 현안을 다루는 상임위입니다. 최근 이슈가 되고 있는 집값과 부동산 문제, 대중교통, 고속도로 통행료, 사회기반시설 투자 등 국민들의 삶과 직결된 다양한 문제들에 대한 입법과 정책, 예산을 다루고 있습니다.

작년 하반기부터 국토교통위원회 야당 간사를 맡아 국토균형발전과 민생입법 처리에 주력하고 있습니다. 특히 지난 1월 서민주거복지특위를 구성해 전월세 상한제, 임대주택 공급 확대 등 서민주거 안정을 위한 후속 대책을 마련하고 있습니다. 또한 접경지역·미군 공여구역이라는 이유로 각종 규제와 개발제한에 묶여 성장이 정체된 경기 북부 지역의 활성화를 위해 접경지역 지원 특별법, 개발이익환수법 등을 통과시켰습니다.

한편 민주통합당 수석대변인, 민주당 원내 수석부대표로 활동했으며, 현재 새정치민주연합 민생본부장을 맡아 각종 민생현안 챙기기에 주력하고 있습니다.

| 하루하루 좋은 정치인이 되기 위한 다짐

제가 생각하는 정치는 다양한 이해관계에서 비롯된 갈등을 정의와 평등이라는 원칙에 입각해 조정하고, 그 결과를 입법으로 제도화하는 수단입니다. 이를 위해 막스 베버가 얘기했던 것처럼, 공익에

정성호

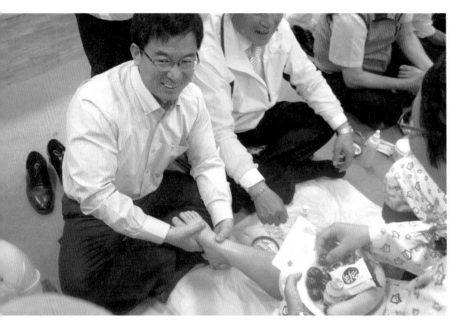
양로원에 방문하였을 때

대한 열정적인 헌신, 행위의 결과에 대한 책임감, 그리고 균형적인 판단과 같은 자질이 필요하다고 생각합니다. 기본적으로 정치인으로서 국민들의 소중한 세금을 받아 일하고 있기에 최소한 국민들에게 부끄럽지 않은 의정활동을 해야 한다고 생각합니다.

저는 이러한 자질들이 질서 있는 삶으로부터 비롯된다고 생각합니다. 매일 새벽 5시에 일어나 거울을 보면서 '정직하자! 겸손하자!'는 다짐으로 하루를 시작해 운동도 주기적으로 하고 있습니다. 매일 7종에 달하는 일간지와 각종 연구소의 보고서를 정독하며 의정활동에 필요한 지식을 쌓고 있습니다.

대학생이 바라본 파워리더 국회의원

또한 원칙을 지키는 삶을 살기 위해 노력합니다. '모든 것을 희생하더라도 이것만은 지켜야 겠다.'고 하는 것, 그것이 무엇인지 자문하고 '이것을 양보하면 더 이상 내가 아니다.'라는 마음가짐으로 살려고 노력합니다. 저에게는 정의와 평등이 바로 그 원칙입니다. 모든 사회 구성원에게 균등한 기회를 보장하는 일입니다. 가난 때문에 교육의 기회를 박탈당해서도 안 되고, 집안과 스펙이 취업의 장애물이 되어서도 안 됩니다. 국토균형발전도 마찬가지로 접근해야 합니다. 접경지역으로 국가안보를 위해 희생한 경기북부 지역주민들에게 국가가 정당한 대가와 보상을 지불하는 것, 그것이 '정의'입니다.

그리고 무엇보다도 저의 롤모델인 김대중 前 대통령께서 말씀하신 '서생적 문제의식과 상인적 현실감각'을 정치활동의 좌표로 삼고 있습니다. 정치의 본질은 양보하고 타협하고 협상하며 접점을 찾아가는 데 있습니다. 100%의 선, 100%의 정의를 가르는 일은 정치의 영역이 아닙니다. 정치인은 현실을 살펴 미래를 향한 진리를 구하는 것이지 진리만 붙들고 현실을 도외시해서는 안 된다는 것을 항상 되새기고 있습니다.

| 'All or Nothing'이 아닌 합리적 소통의 리더십으로

대학 시절 역도부 주장으로서 조직을 이끌고, 2013년 원내수석부대표로서 국정원법, 기초연금법 등 논란이 컸던 협상을 주도하며 합리적 소통의 중요성을 실감한 바 있습니다. 1983년 대학 시절, 법대

정성호

서울대 법대 졸업식

출신으로 저는 서울대 역도부장을 역임했습니다. 「현대의 가슴에 원시의 힘을」이라는 부훈에 반해 시작했었습니다. 역도부 가입 초반에는 마른 체구에다가 법대 출신에 대한 편견으로 선배 부원들의 호감을 얻지 못했습니다. 하지만 가입 후 단 한 번도 훈련에 빠지지 않은 성실성, 술자리나 회식에서도 '강인하고 흐트러지지 않는' 모습으로 동료 부원들을 챙기는 배려 때문이었는지, 저에 대한 편견은 호감으로 바뀌었고, 마침내 법대 출신에 대한 편견을 깨고 부장이 되었습니다.

역도부장으로서 소위 사고 친 부원들의 '깻값'도 물어주고 사고 수습도 대신해 주는 일이 자주 있었습니다. 한창 혈기왕성한 20대에다

대학생이 바라본 파워리더 국회의원

가 운동까지 한 친구들이라 사건사고가 많았습니다. 그때마다 저의 원칙은 "책임은 리더가, 모든 공은 부원에게!"였습니다. 대신 문제를 일으킨 부원들과는 깊은 대화를 나누며 다시는 그런 실수가 없도록 설득했습니다.

2013년에는 원내수석부대표를 맡아 기초연금법과 국정원 대선개입 국정조사 등을 관철시켰습니다. 협상과정에서 여당뿐만 아니라 같은 당 의원들의 의견을 수렴하는 과정에서 어려움이 많았습니다. 정치는 100 대 1의 'All or Nothing' 투쟁이 아니라, 51 대 49의 승부이자 협상입니다. 한 명 한 명 설득하고 차이를 좁혀가려 노력한 결과, 연금법 통과와 국정원 개혁법 합의 등의 성과를 이끌어 낼 수 있었습니다. 그 과정에서 배운 것이 있다면 리더십은 소통이 있어야 비로소 그 힘이 발휘될 수 있다는 것이었습니다.

| 우리 청년들은 아름다운 삶을 살았으면 좋겠습니다

지난 시간을 되돌아보면 젊은이들이 꼭 갖추었으면 하는 태도가 있습니다. 첫째, 경청하는 습관을 가졌으면 합니다. 저는 사람을 볼 때 겸손하게 말하고 행동하는지, 남의 의견을 경청하는지를 주의 깊게 봅니다. 자신을 낮추는 사람은 곧 상대방에 대한 기본적인 존중과 배움의 자세가 갖추어져 있다고 할 수 있습니다. 또한 경청은 소통의 기본입니다. 현대사회는 사소한 오해와 갈등이 씨앗이 된 싸움과 분쟁이 많습니다. '역지사지易地思之'라는 말처럼 항시 말하는 사람

정성호

의 입장에서 다시 한번 생각해보면 그들을 배려하게 되고 그러다 보면 갈등과 분쟁도 눈에 띄게 줄어듭니다.

둘째, 자신의 삶에 주인이 되었으면 좋겠습니다. 주인이 된다는 것은 살면서 마주하는 선택에 대한 자유를 갖되 선택에 대한 책임을 진다는 것입니다. 삶을 주도적으로 이끌어 나가는 사람만이 자신의 행복을 찾고 가꾸어 나갈 수 있습니다.

제 큰 딸은 현재 프랑스 사회과학 고등연구원에서 중세 비잔틴 역사를 공부하고 있는 유일한 아시아권 학생입니다. 돈도 안 되고, 돌아와서 취업의 폭도 좁은 고단하고 힘든 길이지만, 남들의 평판이 아닌 자신의 행복을 기준으로 진로를 선택하고 그 길에서 스스로를 성장시키기 위해 타향살이를 자처한 책임 있는 모습이 참으로 자랑스럽습니다. 우리의 미래인 학생들도 단순히 취직을 위한 진로가 아닌 자신의 행복을 기준으로 진로를 선택하였으면 좋겠습니다.

또한 언어 공부에 대한 중요성을 강조하고 싶습니다. 글로벌 시대에 진입한 지도 오랜 세월이 되었습니다. 대한민국 안에서만 살기에는 너무나도 넓은 세상이 우리 앞에 펼쳐져 있습니다. 넓은 세계로 뻗어 나가기 위해 언어공부는 필수입니다. 우리 주변에 있는 중국, 일본 등의 언어를 배우고 또 그 나라 문화를 배우고 경험하면서 세계 속에 자랑스러운 대한의 청년들로 성장했으면 좋겠습니다.

마지막으로 삶의 매 순간에 충실했으면 합니다. 김대중 前 대통령은 자서전 서두에서 "나는 최선을 다해 살았습니다. 지난날들을 펼

어린이들과 함께

쳐 보니 모두 아름답습니다. 나의 자서전은 미래 세상의 모든 주인
공들에게 보내는 마지막 인사이자 부디 행복하기를 바라는 기도이
기도 합니다."라고 하셨습니다. 인생의 마지막 순간에 지난 삶을 '아
름답다'고 회고할 수 있는 이유는 매 순간 자신이 맡은 역할과 소임
에 최선의 노력과 열정을 다했기 때문입니다.

　여러분들의 '아름다운' 삶을 응원하겠습니다.

| 당을 초월해서 열정적으로 의정활동을 펼치는 국회의원 5명

　김민기 의원님 – 국정원 대선개입 사건 당시, 국정조사에서 특유
의 성실성과 끈기로 국정원 여직원의 '셀프감금' 증거를 확보하는 등
의 성과를 내시는 걸 보면서 아주 대단하다는 생각을 했습니다.

민홍철 의원님 - 경남 지역의 유일한 새정치민주연합 의원으로서, 영남권 숙원사업 해결을 위해 노력해오신 분입니다. 군 사법제도에 대한 해박한 지식으로 국회 군 인권 개선 특위에서 군사법원·군 감찰관제 폐지 등 병영문화 개선을 위한 제도적 개혁을 위해 힘쓰고 계십니다.

최원식 의원님 - 이분은 제 사법연수원 동기입니다. 오랫동안 시민운동을 해오셨고, 변호사로서 노동자들의 권익 향상을 위해 노력해오신 분입니다. 당내에서도 전략기획위원장 등을 맡아 국정원 불법 대선개입 사건 등에 대한 전략 수립에 기여한 바 있습니다.

정병국 의원님 - 군 인권 개선 특위 위원장으로서 특위 운영의 모범사례를 보여주신 분입니다. 병영카페 증정과 군 옴부즈만 제도 도입, 예산 확보 등 국회가 가진 입법과 예산권을 통해 실질적인 성과를 도출해내시는 모습이 인상적이었습니다.

윤상현 위원님 - 원내수석부대표 활동 시 여당 원내수석으로서 각종 원내 협상의 파트너로서 일했던 분입니다. 무엇보다 의정활동에 대한 강한 의지와 열정을 가지고 계시며, 협상 시 보여준 고도의 집중력과 상대방에 대한 배려를 보면서 깊은 신뢰감이 들었습니다.

정 세 균

- 학력

  고려대 법학 학사

  페퍼다인대학교 대학원 경영학 석사

  경희대학교 경영대학원 경영학 박사

  전북대학교 대학원 정치학 명예박사

- 경력

  제15 · 16 · 17 · 18 · 19대 국회의원(서울 종로)

  고려대 총학생회장

  노사정위원회 상무위원장

  새천년민주당 정책위의장

  국회 예결위원장

  국회 운영위원장

  열린우리당 원내대표, 당의장

  산업자원부 장관

  민주당 대표

  국회 국정원개혁특위 위원장

  새정치민주연합 비상대책위원

  유능한경제정당위원회 위원장

- 수상

  대한민국 2014 의정대상

  제11회 자랑스런 전북인상

- 저서

  『99%를 위한 분수경제』

  『정치에너지 2.0』

대한민국 국회
NATIONAL ASSEMBLY

| 정세균 의원을 소개합니다

정세균, 제 이름은 세균입니다. 피식 웃음이 날 수도 있지만, 저는 제 이름에 대단히 만족합니다. 정치를 하고 있는 저에게 '세상에 世 균형을 가져온다均'라는 이름보다 좋은 이름이 있을까요? 지금 대한민국은 균형이 깨져 있습니다. 정치를 하면서 제 이름대로 세상을 만드는 것이 목표입니다.

| 먹고사는 게 늘 걱정이었다

한국전쟁이 발발한 즈음에 태어났지만, 전쟁에 대한 기억은 없습니다. 어릴 적 대부분의 기억은 배고픔을 참아 내는 고통과 지긋지긋한 지게질이었습니다. 당시 누구나 어렵게 살았지만, 제가 자란 진안 산골은 논밭을 일구며 살아가기가 마땅치 않아 어려움이 더했습니다.

어릴 때의 제 점심은 고구마 한 개였는데, 꽤 먹을 만했습니다. 캐온 고구마가 상할까 봐 방 한 편에 짚으로 칸막이를 해서 보관했어요. 산간 지방의 기온은 봄가을에도 갑자기 뚝 떨어지곤 해서, 잠자고 나면 바깥바람에 얼기 일쑤였습니다. 그리고 언 고구마를 보면

대학생이 바라본 파워리더 국회의원

정말 눈앞이 캄캄했습니다. 얼었다 녹은 고구마는 금세 썩기 때문이죠. 하는 수 없이 언 것들을 골라내서 그 자리에서 삶아 먹어야만 했습니다.

| 정치는 나에게 운명처럼 다가왔다

국민학교(지금의 초등학교) 2~3학년 무렵의 일입니다. 하루는 어머니를 따라 읍내에 나갔는데, 사람들이 한쪽 벽에 모여 웅성웅성하고 있었습니다. 무슨 일인가 싶은 호기심에 어머니 손을 끌고 사람들 사이를 비집고 들어가니 선거 벽보가 붙어 있었어요. 멋진 양복 차림에 근엄하게 미소 짓고 있는 벽보 속 노신사들이 무척 멋있게 보이더군요. 그걸 쳐다보며 갑론을박하는 몇몇 어른들은 다소 흥분돼 있었는데, 그 사이에 있으니 저 또한 들떴습니다. '저 벽에 내 얼굴이 그려진 포스터를 붙여야겠다.' 그때 처음으로 꿈이 생겼습니다.

하지만 가난한 살림살이에 정규중학교 진학을 포기하고 비정규학교인 고등공민학교를 거쳐 검정고시로 중졸 자격을 얻어야 했습니다. 고등공민학교는 왕복 40리길이나 떨어진 곳에 있었는데, 하루는 등굣길에 들판으로 소를 몰고 나가던 친구와 마주친 적이 있습니다. 집안 형편이 어려워 진학을 포기한 친구였는데, 부러움 때문이었는지 자존심이 상해서였는지 눈길을 피하는 친구의 모습을 보고 가슴이 먹먹해졌습니다. 정치인이 되어 가난해도 최소한의 공부는 할 수 있는 세상, 공평한 기회를 보장받는 세상을 만들어야겠다고 다시 한 번 다짐했습니다.

정세균

종로구 인왕산에서 주민들과 함께 등산하면서 찍은 사진

| 종합상사원에서 정치인의 길을 찾다

고등학교 3곳을 거쳐 꿈에 그리던 고려대 법대에 진학했습니다. 입학할 때만 해도 고시를 봐서 인권 변호사가 되거나 기자가 되고 싶었습니다. 그렇게 일하다 정치에 입문한다는 게 제 계획이었죠. 하지만 대학 시절 유신헌법이 제정되는 것을 보고 법관의 꿈은 스스로 버렸습니다. 긴급조치로 언론도 재갈이 물려 있어 기자 노릇마저 치욕처럼 여겨졌습니다. 그래서 대학을 졸업하고 주식회사 쌍용에 입사했어요. 정치로부터 멀어지는 게 아쉬웠지만 선택의 여지가 없었습니다. 당장 돈을 벌어야 했기 때문이었죠.

마침내 첫 봉급을 받았습니다. 처음 만져보는 큰돈이었습니다. 그런데 놀랍고 기쁘면서도 어딘지 깊은 허전함이 밀려왔어요. 어디에

대학생이 바라본 파워리더 국회의원

써야 가장 좋을지 고민되기 시작했죠. 결국엔 봉급의 상당 부분을 떼서 고향 아이들에게 장학금을 줘야겠다고 다짐했습니다. 제 학창 시절은 전부 장학금에 의존한 삶이었기에 그걸 언젠가 되돌려줘야 겠다는 마음에 의한 것이었습니다.

또한 언젠가는 정치를 하리라는 포석도 있었습니다. 고향에 계속 기여를 해서 언젠가 출마할 교두보를 마련해 두려고 했습니다. 청계천에서 책을 사 보내기도 했고, 중고 피아노를 구해 기증하기도 했지요. 미국에서 공부할 때도 꾸준히 카드를 보내 저의 존재감을 알렸습니다.

| 1995년, 출마를 결심하고 사표를 내다

1994년 출근하던 어느 날이었습니다. 라디오를 켜고 운전을 하고 있는데, 뉴스에서 통합선거법이 제정되었다고 보도하더군요. 무슨 내용인가 들어 보니 선거사범에 대한 처벌을 강화하고, 선거공영제를 도입해서 돈 안 드는 선거를 만든다는 거였어요. 순간 정신이 몽롱해져서 운전에 집중할 수가 없어 도로변에 차를 세웠습니다. '돈이 없어도 출마할 수 있다?' 의심이 가면서도 무언가 서광이 비치는 것 같았습니다. 당시엔 선거가 하도 돈이 많이 든다 해서 출마할 엄두도 못 내던 터였습니다. 몇 년 전에도 공천 제의가 있었는데, 돈 걱정에 완곡히 거절했거든요. 그런데 이제는 이런 족쇄가 풀리는 건가 싶었습니다.

이듬해인 1995년, 출마를 결심하고 사표를 냈습니다. 당시 김석

정세균

'정보기관 개혁안'을 처리하고 남재준 국정원장과 악수하는 모습

원 회장이 저를 불러 "당신이라면 회사에서 최고위직에 오를 수도 있는데, 무엇하러 정치하러 나가느냐?", "정치가 좋아 굳이 가겠다면 사장까지 하고 나가면 좋지 않겠느냐?"라고 제안했습니다. 저는 이렇게 대답했습니다. "자기 분야에서 재능이 고갈되고 난 다음에 국회로 가면 안 된다. 한창 일할 때 국회로 가는 게 맞다. 그렇지 않으면 일은 안 하고 권력만 누리게 될 것 같다." 그러자 김 회장은 잠시 고민하다가 힘닿는 데까지 돕겠다는 대답을 하더군요.

얼마 후, 저는 당선되었고, 그렇게 정치인의 길에 들어섰습니다.

| 정치인 정세균의 열정적인 의정활동

1996년 당시 김대중 대통령의 젊은 피 수혈 대상으로 고향인 전

대학생이 바라본 파워리더 국회의원

북 무주·진안·장수에 공천을 받아 당선되었습니다. 당선 뒤 '바른정치모임'을 주도하면서 정치개혁 운동을 활발하게 전개하였고, 1998년 중앙일보가 실시한 의정활동 평가에서 전체 299명 국회의원 중 1등의 영예를 누리기도 했습니다.

IMF 당시에는 김대중 대통령의 지시를 받아 「국민기초생활보장법」을 제정했습니다. 1999년 정책조정위원장으로 일하던 때였는데, 20년 가까이 지난 지금에 이르러서는 대한민국 복지의 효시라고 불리는 법안입니다. 또한 정부와 재벌을 설득해 「증권관련집단소송법」을 제정했고 2005년 원내대표 시절엔 「저출산고령사회기본법」도 만들었습니다. 10년 전만 하더라도 저출산 고령사회에 대한 문제의식이 높지 않았는데, 지금은 우리 사회가 직면한 가장 큰 문제가 되었습니다.

지역을 대표하는 국회의원으로서도 활발한 활동을 해왔습니다. 전북에서 내리 4선을 하며 농촌과 지역발전을 위한 수많은 법안을 발의하고 예산도 확보했습니다. 그중 가장 기억에 남는 건 「태권도진흥 및 태권도원 조성법」입니다. 저는 무주에 국립태권도원을 유치하였는데, 지난 8월에는 코트디부아르, 라오스 등 세계 13개국 주한대사가 찾아 태권도 행사를 즐기기도 했습니다. 무주를 태권도의 성지로 만든 것이 가장 기억에 남는 일이에요.

19대 총선을 앞두고 고향 전북을 떠나 대한민국 정치1번지 종로에 도전했습니다. 종로구민의 선택을 받아 당선된 뒤 지역발전을 위

정 세 균

해 많은 노력을 해왔습니다. 주요 입법 성과로는 소위 '종로3법'이라 이름 붙인 법안들이 대표적입니다.

우선 역사와 문화의 보고寶庫라 불리는 종로는 세계문화유산을 비롯하여 다양한 문화재가 많아 관광객들의 발길이 끊이지 않는 곳입니다. 하지만 심각한 주차난과 쓰레기, 각종 개발 제한 등 어떤 의미에선 지역발전의 짐이 되기도 합니다. 따라서 문화재 소재 지역 주민의 자긍심 고취를 위해「문화재 보호법」을 개정, 지역 주민의 문화재 입장료를 감면하였습니다. 또한 문화유산이 많아 건축 규제가 까다롭고 오래된 도심인 종로구의 특성상 불법건축물이 많습니다. 이러한 불법건축물의 양성화를 위해「특정건축물 정리에 관한 특별조치법」을 발의해 시행한 바 있습니다.

아울러 종로의 대표산업인 봉제와 주얼리 산업 지원 및 육성을 위한「도시형소공인 지원 특별법」이 있습니다. 제가 공동대표를 맡고 있는 국회의원 연구단체 한국패션산업그린포럼 주도로 제정한 이 법은 '도시형소공인'이라는 법률적 개념을 최초로 정립, 소공인 집적지구에 대한 정부 차원의 지원을 강화하는 내용의 법안입니다. 이러한 법들은 모두 종로에만 국한된 것이 아니고 전국적으로 통용이 되는 법안들입니다.

| 남북문제는 우리의 숙명

저는 현재 외교통일위원회 소속 국회의원입니다. 사전적인 의미는 외교부, 통일부 및 민주평화통일자문회의 사무처에 속하는 법률

안·예산안·결산 심사를 하는 위원회입니다. 외교통일위원회 위원으로 활동하면서 우리 국민들의 제일의 관심사 중 하나인 남북통일에 대한 직접적인 역할을 할 수 있다는 점에서 만족감이 큽니다. 오래전부터 대한민국의 경제 활로를 남북경협에서 찾아야 한다고 주장해왔습니다. 중국이나 다른 나라에게 선점을 당해서는 안 됩니다. 그래서 현 정부의 대북정책에 대해서는 쓴소리를 자주 해왔습니다. 민주정부 10년간 획기적으로 개선했던 남북관계를 짧은 시간에 후퇴시켰다는 것은 변명의 여지가 없기 때문입니다.

한-프 친선협회

정 세 균

제가 특히 깊은 애정을 가지고 바라보는 문제가 바로 '금강산 관광'입니다. 금강산 관광은 갈등과 대결을 교류와 협력의 관계로 바꾼 '상징'이었죠. 우리는 금강산 관광을 10년 동안 이어가면서 막연하기만 했던 '화해와 협력'의 가치에 대해 눈을 뜨기 시작했을 것입니다. 남북경협을 통해 실질적인 성과와 이익을 내는 방법도 배웠고요. 금강산 관광으로 대표되는 남북 간의 협력 모델은 이후 다양한 사회문화적 교류협력의 나침반이 되기도 했습니다. 지금이라도 남북경협의 활성화를 통해 남북관계 개선을 도모하고자 한다면 화해·협력·평화의 '상징성'을 다시 살려내야 합니다.

하지만 최근의 남북관계는 민주정부에 비해 너무 후퇴해 있고 전망도 밝지 않습니다. 그러나 대통령이 통일이나 남북관계 개선에 대한 의지를 강하게 밝혀준다는 점은 다행스러운 점입니다. 얼마 전, 대통령은 강원도 철원군 백마고지 역에서 열린 「경원선 남측구간 철도복원 기공식」에 참석하여 통일에 대한 의지를 보여주었죠. 이뿐 아니라 'DMZ 세계평화공원 조성'이라는 계획도 공개적으로 밝히고 있습니다. 대통령의 남북관계 개선에 대한 의지는 분명히 있다고 보입니다.

우리가 집권하던 당시 김대중 전 대통령은 하늘길을 통해, 노무현 전 대통령은 땅길을 통해 군사분계선을 넘어 남북 정상회담을 이루었습니다. 이제 남은 것은 바로 경원선 철도예요. 박근혜 대통령은 대륙으로 향하는 철길로 휴전선을 넘어 정상회담을 하셨으면 좋겠습니다.

한반도 평화와 통일의 문제는 여야가 따로 없는 것입니다. 박근혜 정권은 역대 어느 정권보다 남북관계 개선을 위한 좋은 조건을 갖추고 있습니다. 과거 민주당 정부 시절에 경험했듯이 대북정책은 국민 대다수의 지지가 없으면 온전히 성공하기 어려우므로 늘 절반의 성공에만 그쳤죠. 그렇기 때문에 보수 진영의 지지를 받는 현 정권이 화해협력 정책을 추진한다면 훨씬 넓은 국민적 지지를 받으며 성공에 다가갈 수 있습니다. 저는 정부가 남북관계의 획기적 개선을 위한 행보를 한다면 당연히 지지하고 도울 의향이 있습니다.

| 정세균의 '선당후사'

2007년 대선에서 민주당은 대패를 했고 이어진 18대 총선에서 또다시 대패를 했습니다. 실로 엄청난 당의 위기이자 야권의 대위기였죠. 저는 2008년 총선 이후 전당대회에서 당 대표로 선출되었습니다. 당시 우리 당의 지지율은 한 자릿수까지 떨어져 있었던 상황이었습니다.

당 대표로 선출된 이후 정말 많은 분들을 만났어요. 특히 반 MB의 정서가 아주 강했기 때문에 다른 야당과의 소통을 강화했습니다. 2009년 4월과 10월 두 번의 보궐선거도 치렀죠. 당시를 돌이켜보면 정말 공천에 심혈을 기울였습니다. 우리 당을 비판할 때 항상 계파문제를 이야기하지만 당시 보궐선거에 나섰던 후보들은 철저하게 당선 가능성을 가지고 공정한 공천을 해서 선출되었습니다. 그렇게 공천한 결과, 두 번 다 야당의 승리를 가져올 수 있었지요. 그리고 그 여세를 몰아 2010년 지방선거를 맞이했습니다. 당시 전국적인 야권연대를 통해 역사상 야당의 가장 큰 승리를 얻었습니다.

그러나 그것은 야권의 승리, 민주당의 승리였지 정세균의 승리는 아니었습니다. 정세균의 리더십은 이런 것입니다. 지금도 제 가장 큰 목표는 정세균의 당선이 아닌 20대 총선에서 우리 당이 다수당이 되어 정권 교체의 교두보를 만드는 것입니다. 이것이 바로 정세균의 '선당후사'입니다.

| 나의 롤모델은 '김대중 前 대통령'

제 인생의 롤모델은 김대중 前 대통령입니다. 김대중 前 대통령의 고난과 인내의 삶을 보고 배우며 어려움 앞에서 희망을 놓지 않는 힘을 얻을 수 있었거든요. 지금도 저는 "김대중 대통령이 발탁한 정세균"이라는 수식어를 들으면 뿌듯합니다.

제가 처음 정치를 시작할 때는 김대중 前 대통령을 가까이서 모셨습니다. 훌륭한 리더임은 물론 인간적인 매력도 부족함이 없었죠. 김대중 前 대통령은 위대한 업적을 이루어 내셨습니다. 그리고 우리 역사상 최초로 정권 교체를 이룩하셨습니다. 이것은 아시아 최초로 선거를 통한 정권 교체를 이루어 낸 것입니다.
    IMF 위기를 성공적으로 극복하고 남북정상회담을 통해 남북관계를 획기적으로 전환시킨 지도자였습니다. 또한 목숨을 걸고 지방자치시대를 이루어 내셨죠. 업적들을 나열한다면 끝도 없겠지만 김대중 前 대통령은 그 자체로 성공한 대통령이었다고 이야기하고 싶습니다.

김대중 대통령님은 우리에게 3가지의 유지를 남겼습니다. 철학적으로는 '행동하는 양심', 정치적으로는 '통합의 정신', 정책적으로는 '민주주의 서민경제 남북평화의 3대위기를 극복하라.' 등의 세 가지입니다. 저는 이것을 잊지 않고 정치를 하고 있고, 앞으로도 그렇게 할 것입니다.

| 듣고 듣고 또 들어야 한다

작년에 온 국민을 슬픔에 잠기게 했던 세월호 참사가 있었습니다. 시간이 지날수록 여론은 약화되었고 여당에서는 이를 악용하여 세월호 유가족들을 종북으로 몰아세우기까지 하는 악덕함을 보여주었습니다. 국민들과 유가족의 대결구도로까지 몰고 가는 작태에는 정말 분노가 치밀었어요. 새정치연합의 비상대책위원회의에서 제가 공개 발언했던 것이 있습니다.

"우리는 우리에게 손해일 수도 있지만 가야 하는 길이 있다."

저는 세월호 참사의 사고 원인 규명에 대해서 이렇게 표현했습니다. 옳고 그름을 가지고 판단을 하고 대응을 하는 것이 맞습니다. 국

정 세 균

가적 재앙을 겪었는데 그에 대한 진상 규명도 없다는 것은 말이 안 되는 것입니다.

사고 후, 많은 시간이 흘러가면서 점점 논점이 흐려지면서 힘겨운 시간이 이어졌습니다. 국민들의 여론을 등에 업을 수도 없는 상황이었죠. 기나긴 타협의 과정을 거쳐 사고 271일 만에 세월호 특별법이 통과되었습니다. 하지만 슬픔에 잠긴 사람들의 아픔을 함께 나누려고 노력했지만 그들의 뜻을 충분히 관철시키지는 못한 것 같습니다.

저는 보좌진들에게 듣는 것을 강조합니다. 소통과 타협의 과정을 거쳐 신뢰가 생기기 위해서 첫 번째로 해야 하는 것이 바로 상대방의 말을 듣는 것이에요. 정말 많은 유형의 사람들이 있습니다. 지역구 사무실에 돌을 던져 유리를 깨며 격분하던 사람도 있고, 유언비어를 듣고 와서 행패를 부리기도 합니다. 그러나 그들도 얘기를 들어주고 타협점을 찾고 오해가 풀리면 대화가 되더군요.

우리 보좌진들 참 고생 많습니다. 보좌진들도 제가 그냥 들어주라고 하는 주문을 진정성 있게 받아주고 실행해주었기 때문에 그런 결과들을 받았을 것입니다. 미안하지만 앞으로도 그렇게 해주길 부탁 드립니다.

| 당을 초월해서 열정적으로 의정활동을 펼치는 국회의원 5명

여러 사람 중에 누군가를 콕 집어 선택하는 일은 다양한 경험을 가진 저로서도 부담스런 일인 것만은 분명합니다. 국회에는 저보다

대학생이 바라본 파워리더 국회의원

더 뛰어나신 분들이 참 많지만, 개인적으로 숨어 있는 진주로 생각되는 다섯 분의 정치인을 소개드리고자 합니다.

김영우 의원님 – 우선 같은 상임위인 외교통일위원회에서 활약하는 새누리당 김영우 의원을 꼽고 싶습니다. 젊고 실력 있는 정치인이자 특유의 균형감각과 공적 마인드가 매우 뛰어난 분입니다. 무엇보다 탁월한 인격의 소유자입니다. 여당의 수석대변인을 맡고 있으면서 날선 공방이 오갈 수밖에 없는 말의 전장에서도 언제나 예의 바르고 품격 있는 언행을 유지하는, 한마디로 모범적이고 신뢰할 만한 정치인입니다.

김용태 의원님 – 새누리당의 젊은 국회의원인 김용태 의원님 또한 합리적 보수의 대표주자로 꼽힐 만한 분입니다. 18대 총선 당시, 야권 성향이 강한 서울 양천구에서 40대 초반의 나이로 당선되었고 19대 총선에 재선에 성공했습니다. 서울 한복판에서 당선될 정도면 지역 구민들의 탄탄한 지지와 신뢰를 얻고 있다고 봐야 합니다. 제가 대표를 맡고 있는 국회 생생텃밭 모임의 새누리당 간사를 맡고 계시는데, 당은 다르지만 넘치는 재치와 뛰어난 현실감각, 부지런한 의정활동 등 참 칭찬할 것이 많은 국회의원입니다.

이원욱 의원님 – 우리 당에서 꼽아보면 이원욱 의원님을 먼저 꼽고 싶습니다. 제가 아는 국회의원 중 가장 부지런한 정치인이에요. 패기 넘치고 재치도 넘치는 왕성한 활동량을 가진 국회의원이십니

정세균

다. 스스로 '정세균의 비서실장'이라고 칭하는데, 좋은 후배 정치인이 저를 그렇게 생각해준다니 정말 고마운 일입니다. 지금보다 앞으로가 더 기대되는 정치인입니다.

김영주 의원님 – 다음으로 국회 환경노동위원장을 맡고 있는 김영주 의원님을 꼽고 싶습니다. 농구선수에서 은행원을 거쳐 국회의원이 되기까지 드라마의 주인공 같은 스토리를 가진 인물로, 노사정 현안에 밝고 그 누구보다 노동계의 입장을 잘 이해하고 있는 정치인입니다. 위원장으로서 여야는 물론 첨예한 이해관계 속에서 최상의 타협점을 찾아내는 데 큰 역할을 할 것으로 기대됩니다. 촉망받는 여성정치인으로서 김영주 의원이 가진 열정과 리더십은 우리 정치 발전에 큰 밑거름이 될 것입니다.

강기정 의원님 – 마지막으로 강기정 의원님을 추천합니다. 이분을 투사의 이미지로 기억하시는 사람들이 많을 것 같은데, 강기정 의원님은 내실이 탄탄한 국회의원입니다. 얼마 전, 우리 당의 공무원연금개혁특위 간사와 정책위 의장을 맡아 합리적인 대안을 제시하고 여·야·정 협상은 물론 다양한 이해관계자 사이에 원활한 소통과 합의를 이끌어내는 등 뛰어난 실력을 유감없이 발휘한 바 있습니다. 어엿한 중진의원인 강기정 의원님은 제게 충언을 해주는 좋은 동료입니다. 앞으로 본인의 이름을 걸고 큰 정치 펼쳐나가는 모습을 기대해 봅니다.

대학생이 바라본 파워리더 국회의원

주　　　승　　　용

- 학력

  성균관대 전자공학 학사

  고려대 경영대학원 경영학 석사

  전남대 대학원 수산과학과 박사

- 경력

  제17·18·19대 국회의원(전남 여수을)

  제4·5대 전라남도의회 의원

  민선 2대 여천군수

  민선 초대 통합여수시장

  전국시장군수협의회 공동의장

  민주당 전남도당위원장

  민주통합당 초대 정책위의장

  국회 국토교통위원장

  새정치민주연합 사무총장

  국회 예산결산특별위원회 위원

  국회 산업통상자원위원회 위원

  새정치민주연합 최고위원

- 수상

  2015 법률소비자연맹 국회의원 헌정대상

  2014 국정감사 NGO모니터단 국정감사 우수의원

  2013~2014 국회사무처 선정 입법 및 정책개발 최우수의원

  2013 대한민국 우수국회의원대상 특별대상

- 저서

  『소걸음으로 천리를 가다』

  『진짜 복지 가짜 복지』

  『아름다운 남도 아름다운 사람들』

  『도전하는 삶에 미래가 있다』

대한민국 국회
NATIONAL ASSEMBLY

저는 배지 없는 국회의원입니다. 3선 의원이지만 배지가 없어요. 3개의 배지 모두 제 가슴보다 더 의미 있는 곳에 달아드렸습니다.

첫 번째 배지는 돌아가신 저희 어머니 품속에 있습니다. 저희 아버지 때부터 정치 입문은 어머니의 바람이셨습니다. 하지만 아버지는 11대 국회의원 선거에 출마하셔서 차점으로 낙선하셨습니다. 그 후 10년 만에 지병으로 돌아가셨습니다. 저는 아버지가 돌아가시고 49제도 지내지 못하고 어머니의 권유로 선거에 출마한 후 무소속으로 도의원, 군수, 시장을 거쳤습니다. 그리고 정말 열심히 애정을 가지고 여수시장을 했지만 아쉽게도 재선에는 실패했습니다.

당시 낙선했을 때는 무척 좌절했지만, 2년 후 열린우리당 입당 제의로 총선에 나가 국회의원이 될 수 있었습니다. 여수시장 낙선이라는 실패가 오히려 기회가 된 셈입니다. 바로 4월 15일이 제가 당선된 날이었습니다.

그리고 정확히 한 달 후인 5월 15일에 어머니가 돌아가셨습니다. 제가 그 전날에 국회에 의원 등록을 했습니다. 사실 어머니가 돌아가

대학생이 바라본 파워리더 국회의원

실 기미가 있거나 했던 건 아니었습니다. 심장이 평소 안 좋으셨는데 돌아가신 날 당일 아침 갑자기 쓰러져 구급차에 실려 가면서 심폐소생술을 하던 도중에 돌아가셨습니다. 아마 몇 달 전 수술하셔서 몸에 부착한 심장박동기를 너무 믿은 탓 아닌가 합니다. 마른하늘의 날벼락 같은 일이었습니다.

다음 날, 어머니를 보내드리면서 가슴에 제 첫 번째 국회의원 배지를 달아드렸습니다. 어머니께 이거 꼭 품에 가지고 가셔서 아버지께 달아드리라고, 절 국회의원으로 만들어 주셔서 감사하다고 마음속으로 작별 인사를 드렸습니다. 그리고는 어머니와 아버지가 배지를 달고 하늘에서 지켜보시니 청렴하게 정치하겠다고 다짐했습니다.

두 번째 배지는 저희 동네에 선거 때만 되면 출마하셨던 분의 품속에 있습니다. 실명을 거론하기는 어렵지만요. 선거를 치르면서 저희 아버지랑도 붙으시고 저랑도 붙으셨던 분이죠. 지금은 돌아가셨지만 아마 국회의원을 7~8번 나오셨던 것으로 기억하는데, 그분이 돌아가셨을 때 유가족들께 드렸습니다. 형님 가슴에 달아드리라고 말이죠. 출마하고 선거운동을 하고 낙마하는 이 모든 과정이 얼마나 힘들고 고된지를 누구보다도 잘 알기 때문에 그 한을 풀어드리고 싶었습니다.

마지막 배지는 저희 아내의 품속에 있습니다. 사실 선거를 여러 번 치른다는 게 본인보다 가족들이 더 고생이 큽니다. 그 고마움, 수고를 너무나 잘 알기 때문에 마지막 배지는 제 아내에게 줬습니다.

주승용

지금은 제가 당에 속해 있지만 지역구 의원, 군수, 시장까지는 무소속으로 출마하고 당선됐습니다. 우선적으로 그 비결은 감사하게도 여수 시민들입니다. 저는 여수에서 태어나지도 않았고, 초중고도 다니지 않았기 때문에 혈연, 학연, 지연이 매우 부족합니다. 그런데도 저를 이렇게 오랜 기간 믿어주신 여수 시민들이 너무 고맙습니다. 청렴하고 깨끗하게 여수 시민을 위해 일하는 것이 성원에 보답하는 유일한 길이라고 믿고 있습니다.

그 당시 호남에서 무소속으로 선거에 나가는 건 정말 힘든 여정이었습니다. 특히 요즘은 좀 나아졌지만 제가 도의원, 여천군수를 했을 시절엔 무소속으로 나와서 당선되기란 거의 불가능에 가까웠습니다. 특히 여천군수 선거에 나갔을 때는 더했죠. 당시 김대중 前 총재께서 상대후보 지원을 위해 국회의원 21명과 함께 연설을 오셨어요. 그 당시에는 토론회, SNS 이런 거 하나도 없었기 때문에 단 2번 주어진 합동유세가 유일한 기회였습니다.

그런데 아시는 분들은 알겠지만 김대중 前 총재가 연설한다 하면 역전에 사람이 정말 구름 떼처럼 몰려왔을 시절이었습니다. 참 힘들었죠. 하지만 제가 극복할 수 있었던 계기도 연설이었습니다. 첫 유세 때 제 연설을 듣고 관중 모두가 숙연해졌습니다. 제가 도의원으로 지방정치 활동을 하면서 실질적 야당 활동을 했지만 공천받지 못했던 것, 스스로 여천을 위해 노력했던 것들을 이야기했습니다. 그래서 그런지 두 번째 유세 때는 더 많은 사람들이 몰려왔습니다.

유세 덕도 봤지만, 제가 무소속으로 이렇게 큰 사랑을 받을 수 있었던 이유는 바로 현장에 있다고 생각합니다. 저는 안 다녀본 곳이 없습니다. 시장도 하나하나 누비고, 최대한 많은 사람들을 만나려고 노력했습니다. 당으로부터 공천을 받아서 되는 경우는 밑바닥을 훑진 않지만, 저처럼 아무것도 없이 시작하는 사람들은 현장에 가서 부딪쳐야 합니다.

그래서 지금 여수에 가면 90살 드신 노인분들도 절 잘 아십니다. 오래하기도 했고, 밑바닥부터 시작했으니까요. 그렇게 주민들의 고충을 듣고 해결하려고 노력했던 것들로 인해 주민들이 잘 기억해주시지 않았나 싶습니다.

| 여수 세계 박람회 개최를 위한 14년의 여정

여수 세계 박람회는 제가 여천군수 시절에 최초로 제안했습니다. 18년 전 일입니다. 사실 세계적인 행사들은 서울, 부산, 인천 등의 이런 대도시에서 개최합니다. 저희 여수는 전국 지자체 중에서 36번째 정도 되는 도시입니다. 중소도시죠. 그런데 중소도시에서 세계적 행사를 성공적으로 이뤄 낼 수 있었습니다. 약 15년 동안 4명의 대통령을 거쳐서 말입니다.

군 차원에서 건의를 하고 나서 그 후 김영삼 前 대통령께서 직접 광양 바다의 날 행사에 오셔서 박람회 후보지를 전남으로 하겠다고 선포를 하셨습니다. 그리고 나서 김대중 前 대통령께서 여수를 세계 박람회 후보지로 하는 국가계획으로 확정하셨습니다. 그런데 노무

주승용

여천군수 시절 최초로 제안하여 성공적인 개최를 이뤄낸 여수세계박람회장 앞에서

현 前 대통령 때 상해와 경쟁해서 여수가 탈락했습니다. 사실 상해는 규모로 봤을 때 여수가 대적할 수 없는 도시이긴 했습니다.

하지만 저희 여수와 노무현 前 대통령이 포기하지 않고 인정박람회로 재도전을 해서 성공을 했고 이명박 前 대통령 때 개최하게 됐습니다. 참 많은 분들의 도움이 있었기 때문에 성공적으로 개최할 수 있었습니다. 사실 이명박 前 대통령 때 여수박람회장에만 2조원, 철도·도로 같은 SOC 공사에만 10조 원이 들어갔습니다. 그 당시 4대강에 많은 자원이 동원됐다고 하는데 거기 안 간 중장비 등은 다 여수로 왔습니다. 세계 3대 국제행사를 일정에 차질 없이 끝내야 했기 때문입니다.

그렇게 제가 군수 때 시작한 여수 세계 박람회가 만 15년 만에 개

대학생이 바라본 파워리더 국회의원

최됐습니다. 사실 여수세계박람회로 인해 여수는 20년 이상 빠르게 발전했습니다. 행사 자체뿐만 아니라 철도, 호텔, 골프장 등 많은 시설들이 생겼습니다. 또 천혜의 자연환경과 맛있는 음식, 정겨운 인심이 있기에 여행하기에 아주 좋은 곳이기도 합니다.

박람회는 끝났지만 여수는 여전히 사랑받는 도시입니다. 한국철도공사 설문조사에서 제일 인기 있는 도시 1위로 뽑혔다고 합니다. 오동도, 향일암, 돌산대교 많이들 가시죠? 그런데 좋은 명소들이 많이 있어요. 해상 케이블카, 아쿠아리움, 레일바이크, 비렁길 이런 데도 다들 가보셨으면 좋겠어요. 명소도 많고 음식도 싸고 맛있잖아요. 박람회는 끝났지만 여수는 더욱더 사랑받는 도시가 될 거라고 생각합니다.

| 실패해도 감사하고, 항상 노력하는 자세를 갖자

저는 미국의 32대 대통령 프랭클린 루즈벨트를 롤모델로 삼고 있습니다. 그는 상원의원을 거치고 뉴욕 주지사를 역임하면서 쌓은 경륜과 지식을 바탕으로 경제공황에 빠진 미국을 건져냈습니다. 그가 강조했던 4가지 자유인 언론의 자유·신앙의 자유·결핍으로부터의 자유·공포로부터의 자유는 훗날 세계인권선언문의 전문에 실리기도 했습니다. 프랭클린 루즈벨트는 민주주의와 인권에 대한 신념, 혁신적이고 과단성 있는 실행력, 정파를 아우르는 소통과 통합의 능력을 두루 갖추고 있습니다. 이는 정치인에게 가장 필요한 덕목이라

주 승 용

고 생각합니다.

또 루스벨트 대통령은 미국 최초로 4선이나 한 사람이었고 장애를 가지고 있기도 했습니다. 그리고 역사상 미국에서 가장 어려운 조건에서 대통령을 해냈던 사람입니다. 재임 시절 대공황을 겪었고, 세계 2차대전을 겪었습니다. 자신이 가진 선천적인 어려움, 그리고 자신을 둘러싼 환경의 어려움을 모두 딛고 여야 상관없이 모두에게 존경받는 대통령이 된 분입니다. 실패에도 좌절하지 않고 열심히 노력하는 자세는 정치인뿐만 아니라 모두가 배울 수 있는 모습이라고 생각합니다.

| 정치인으로서 지켜야 할 중요한 덕목

정치인이 갖춰야 할 기본적인 것들은 부지런함, 건강, 정직, 청렴입니다. 부지런하고 건강해야 일도 잘할 수 있고, 정직하고 청렴해야 국민의 신뢰를 받을 수 있습니다. 정치인은 겸손한 자세로 지역의 발전을 위해 끊임없이 배우고 익히며, 깨끗하고 올바른 정치를 하는 것만이 지역민의 은혜에 보답하는 길이라고 생각합니다.

저는 도의원부터 군수, 시장을 거쳐 3선 국회의원이 된 지금까지 일관된 소신을 갖고 있습니다. 바로 "현장에 모든 문제와 답이 있다."라는 것입니다. 저는 모든 정책과 제도 역시 현장을 기준으로 만들어져야 한다고 생각합니다. 실제로 '법 따로 현실 따로'인 경우가 다수인데 언제나 답은 현장에 있었습니다.

대학생이 바라본 파워리더 국회의원

정겨움과 반가움이 가득한 시장에서

　　현장에 가봐야 주민들이 얼마나 어려운지 알 수 있습니다. 현장의 생생한 목소리를 듣고 애로 사항을 해결하는 것이 정치인의 할 일이라고 생각합니다. 앞으로도 지역의 생생한 목소리, 현장의 애로 사항이 제대로 반영될 수 있도록 노력하겠습니다.

| 보편적 복지의 기틀을 마련하다

　　18대 국회 후반기에 민주통합당 정책위 의장과 보건복지위원회 간사를 맡아 '복지는 강해야 한다'는 명제하에 약자에게만 시혜적 복지를 제공하고 절대 다수의 일반 국민들은 등한시하는 '선별적 복지'가 아니라, 대한민국 국민이라면 누구나 필요한 복지서비스를 누릴 수 있는 '보편적 복지'의 기틀을 마련했습니다.

주승용

보편적 복지정책은 지금까지의 국정 운영에서 소홀히 해왔던 복지, 교육 등 인적·사회적 자본에 대한 투자 확대를 통해 저출산·고령화, 사회양극화 문제를 극복하고 성장과 복지의 선순환을 통해 일자리를 만들고 국민 삶의 질을 제고하는 국정 운영의 대전환 정책입니다.

많은 전문가 간담회와 입법, 복지 현장 방문을 통해 국민이 가장 필요로 하는 기본적 욕구에 해당하는 영역부터 시행하기 위해 마련된 것이 바로 3+1정책(무상급식, 무상보육, 무상의료 + 반값등록금)입니다. 3+1 정책에 일자리 복지와 주거복지가 추가하여 3+3정책까지 수립하여 '보편적 복지 시대'를 열었습니다.

| 교통안전 확보와 지방재정 확충을 위해 힘쓰다

또한 국회 교통안전포럼 대표의원으로 교통사고 감소와 교통안전 증진을 위해 다양한 입법 활동과 예산 확보를 위해 노력하고 있습니다. 국회 교통안전포럼은 교통사고 없는 안전한 대한민국을 만들기 위해 정당과 이념을 초월한 112명의 국회의원이 함께하고 있는 국회의원 연구모임입니다. 현재의 교통안전시스템의 획기적인 개선이 전제되지 않는 한 '교통안전 후진국'을 벗어날 수 없다는 인식 아래 교통안전 관련 법·제도의 적극적인 제·개정과 토론회 개최, 교통사고 예방사업을 수행할 수 있는 교통안전사업 재원 확보에 적극적으로 활동하고 있습니다.

열악한 지방재정 확충 문제 해결을 위해서도 노력했습니다. 저는 도의원으로 정계에 입문한 이후 군수와 시장을 역임하며 쌓은 지방

대학생이 바라본 파워리더 국회의원

행정자치부 국정감사 당시 지방재정 확충에 대해 질의하고 있는 모습

행정 경험을 바탕으로 열악한 지방재정 확충과 지방자치 활성화를
위해 노력하고 있습니다. 지방정부가 신규 사업은 고사하고 이제는
'공무원 월급 안 주는 것' 말고는 방법이 없다는 것이 엄살이 아니라
현실이라는 것을 새삼 확인할 수 있었습니다.

현재 정부의 국고보조사업은 정부 예산 대비 지방정부가 일정 비
율 이상 맞대응 예산(매칭)을 반드시 편성하도록 하였기 때문에 지방
정부의 재정 운용의 자율성과 효율성을 떨어뜨리고 있는 주 요인이
되고 있습니다. 이것의 대안으로 국고보조사업의 유사사업은 통폐
합하고 효율성을 높이는 방향으로 사업들을 줄여나가야 하고, 정부
지원 확대와 함께 국고보조사업을 효과적으로 정비해나가도록 하겠
습니다.

주 승 용

최원식 의원님 – 서민경제의 든든한 버팀목인 협동조합 활성화에 앞장서주셨고 새정치민주연합 창당과정에서 당 전략기획위원장을 맡아 큰 역할을 해주셨습니다.

전순옥 의원님 – 새정치민주연합 소상공인특위원장으로 소상공인, 영세 자영업자, 노동자 등 사회적 약자를 위한 활발한 의정활동을 펼치고 계십니다.

김관영 의원님 – 매사 성실하시고 탁월한 능력을 발휘하며 의정활동을 하시는 분입니다. 당 수석대변인, 비서실장 등을 역임했습니다. 2014년 12월, 가업 상속 공제제도 부결을 이끌어내는 등 신념과 논리를 갖춘 실력파 초선 의원입니다.

정갑윤 의원님 – 지방자치 발전에 많은 관심과 노력을 해주셨고, 국회부의장으로서 여야 간 소통과 중재에도 적극적인 정치인입니다.

진영 의원님 – 안전행정위원장으로 여야를 아우르는 원만한 의사진행 능력을 가지고 계십니다. 겸손과 소신을 갖춘 합리적 보수의 전형인 정치인입니다.

'행복에너지'의 해피 대한민국 프로젝트!
〈모교 책 보내기 운동〉

대한민국의 뿌리, 대한민국의 미래 **청소년·청년**들에게 **책**을 보내주세요.

많은 학교의 도서관이 가난해지고 있습니다. 그만큼 많은 학생들의 마음 또한 가난해지고 있습니다. 학교 도서관에는 색이 바래고 찢어진 책들이 나뒹굽니다. 더럽고 먼지만 앉은 책을 과연 누가 읽고 싶어 할까요? 게임과 스마트폰에 중독된 초·중고생들. 입시의 문턱 앞에서 문제집에만 매달리는 고등학생들. 험난한 취업 준비에 책 읽을 시간조차 없는 대학생들. 아무런 꿈도 없이 정해진 길을 따라서만 가는 젊은이들이 과연 대한민국을 이끌 수 있을까요?

한 권의 책은 한 사람의 인생을 바꾸는 힘을 가지고 있습니다. 한 사람의 인생이 바뀌면 한 나라의 국운이 바뀝니다.

저희 행복에너지에서는 베스트셀러와 각종 기관에서 우수도서로 선정된 도서를 중심으로 〈모교 책 보내기 운동〉을 펼치고 있습니다.

독자 여러분의 자랑스러운 모교에 보내진 한 권의 책은 더 크게 성장할 대한민국의 발판이 될 것입니다.

도서출판 행복에너지를 성원해주시는 독자 여러분의 많은 관심과 참여 부탁드리겠습니다.

도서출판 **행복에너지** 임직원 일동

문의전화 0505-613-6133

국회의원에 대한 편견을 깨다

고광일(숭실대학교 언론홍보학과)

이 프로젝트를 진행하기 전, 국회의원에 대해 갖고 있던 제 생각은 다소 부정적이었습니다. 세비를 타서 펑펑 쓰고 다니며 국회에서 서로 멱살잡이하다가 선거철이 되면 갑자기 시장 바닥을 누비고 평소에 즐겨먹지도 않던 떡볶이니 어묵이니 잔치국수를 대접받고 악수나 한 번씩 나누는 사람으로 말입니다. 하지만 실제로 만났던 국회의원은 언론보도처럼 무능하고 한심하며 선거만 생각하는 이미지의 정치인들이 아니었습니다.

젊을 때는 도둑질 말고는 다 해보라는 파격적인 말을 남기신 김성주 의원님, 기본권에 입각한 개헌이라는 새 시대의 화두를 제시하신 신기남 의원님, 성실은 정신적 가치라는 발상의 전환을 보여주신 이원욱 의원님, 감사가 기적의 원동력이라는 보편적이지만 깊이 곱씹을 진리를 깨우쳐주신 이윤석 의원님, '청탁은 받지 않습니다'라는 메모를 탁자 유리에 끼워

두신 단호함의 아이콘 이정현 의원님 모두가 각자의 개성과 비전으로 똘똘 뭉친 일당백의 일꾼들이셨습니다.

그리고 의원님들의 이야기를 들어보니 아직 한창 젊은 제가 부끄러울 정도로 모두가 저마다 왕성한 의정활동을 펼치고 계셨습니다. 시간을 분 단위로 쪼개 국회와 지역구를 오가며 국가 발전과 국민 행복을 위해 참신한 정책 아이디어로 무장한 의외의 모습은 그간의 편견을 깨는 강력한 창이기도 했습니다. 또한 언뜻언뜻 보이는 유머감각과 친화력은 제가 앞으로 사람을 대할 때 가져야 할 자세가 어떤 것인지 몸소 느끼게 해주었습니다.

새정치민주연합 신기남 의원님은 인터뷰에서 "정치를 무시하는 국민은 정치로부터 보복당한다."라고 말씀하셨습니다. 맹자 또한 정치가를 칭송하기보다는 정치를 대국적으로 바라보며 해야 할 일을 충실히 수행하는 위정자를 가려내자는 이야기를 했던 바가 있습니다. 옥석을 가려내는 일은 우리가 조금 더 정치에 관심을 갖고, 적극적인 참여를 통해서만 이뤄나갈 수 있습니다. 저처럼 정치인에 대해 오해나 편견을 갖고 있는 젊은 세대가 이 책을 통해 관심을 갖고 적극적으로 참여할 수 있는 나침반이 되길 바랍니다.

더위에 약해 여름엔 유독 맥을 못 추는데 억지로라도 졸린 눈을 비비며 여의도 국회의사당으로 향했던 아침. 의원님들을 만나 열정을 나눌 수 있었던 점심. 낯선 국회의원님들의 자료를 찾으며 보냈던 저녁. 어쩌면 평소처럼 나태하게 보냈을지도 모르던 시간을 이렇게 알차게 보낼 수 있었다는 것에 매우 뿌듯합니다. 다시 한 번 이런 기회를 만들어주신 도서출판 행복에너지 권선복 대표님, 바쁜 시간을 쪼개 성심성의껏 인터뷰에 답해주신 의원님들, 그리고 함께 고생한 팀원들 모두에게 감사드립니다.

출간후기

만나보면 너무나 인간적인 국회의원

김도언(중앙대학교 국어국문학과)

영화 〈스물〉을 보다 보면 "괴물 정도가 아니라 국회의원 수준이 되겠어."라는 대사가 있습니다. 이 대사는 현재 대학생들이 국회의원을 생각하는 단면을 보여준다고 생각합니다. 정치 불신이 깊은 현재 우리나라 국민들은 정치의 핵심인 국회의원에 대한 불신도 깊습니다. 의사당에서 서로 멱살을 잡고 싸우는 모습으로 인식되는 국회의원은 국민을 위해 일을 하는 존재가 아닌 서로의 이익을 위해 다투는 존재로만 비춰집니다.

국회의사당 의원회관의 첫인상은 매우 바쁜 곳이었습니다. 분주히 움직이는 사람들에게서 보이는 표정에서 바쁘다는 느낌을 받을 수 있었습니다. 그래서 국회의원을 만나 인터뷰를 한다는 것은 매우 딱딱한 분위기일 것이라 생각했습니다. 하지만 첫 인터뷰를 끝난 후 저의 생각은 완전히 달라졌습니다. 권위주의의 상징이라고 생각했던 국회의원이 사실은 지역구민을 위해 열심히 뛰어다니는 매우 인간적인 분들임을 알게 되었습니다. 미디어에서 보이는 국회의원의 모습과는 너무나도 달랐습니다.

총 10분이 넘는 국회의원님들을 만날 수 있었습니다. 자신의 전문성을 살려 바쁘게 일을 하시는 비례대표의원, 지역구의 발전을 위해 노력하고 있는 국회의원, 자신이 참여한 위원회 활동을 통해 나라 발전을 위해 힘쓰시는 국회의원 등 다양하고 넓은 그들의 활동과 철학을 접할 수 있었습니다. 한 시간 단위로 일정을 정해 움직이는 그분들은 인터뷰가 끝난 후에 바로 자신의 일을 향해 바삐 달려가시는 모습을 볼 수 있었습니다.

그들에게 좌절은 없을 것이라 생각했습니다. 엘리트로 상징되는 국회의원에게는 좌절이란 단어가 어울리지 않았습니다. 하지만 이러한 생각은 오해에 불과하였습니다. 청년 시절 부모님에게 약 값을 대지 못해 좌절을 겪었던 의원님, 을의 입장을 대변하다가 고초를 겪게 된 의원님 등 그들에게도 모든 인간이 겪는 좌절의 모습이 있었습니다. 또한 이것을 이겨내는 방법도 역시 갖고 있었습니다. 제가 앞으로 인생을 살면서 경험하게 될 좌절의 상황에서 그분들의 이야기는 훌륭한 조언이 될 것 같습니다.

인터뷰를 끝난 후 8월의 뜨거웠던 햇빛은 어느새 가을의 선선한 바람으로 변해 있었습니다. 따가운 시선으로만 바라보던 국회의원에 대한 제 편견도 같이 사라졌습니다. 이번 인터뷰는 국회의원의 칭찬할 부분도 찾아볼 수 있게 만든 경험이었습니다. 물론 잘못한 부분에 대해서는 당연히 질책을 받아야 한다고 생각합니다. 하지만 칭찬할 부분이 있으면 박수를 보내줘야 합니다. 무조건 비난만 할 것이 아니라, 열심히 일하는 국회의원에게는 박수를 보내 줄 수 있는 우리가 되었으면 합니다.

출간후기

열정의 아이콘, 국회의원

김혜인(숭실대학교 국어국문학과/정치외교학과)

"국회의원 아는 이름 다섯 명만 말해보세요." 처음 도서출판 행복에너지 권선복 대표님을 만났을 때 나왔던 질문을 잊지 못합니다. 정치외교학과를 전공했다고 자부하던 저는 국회의원 이름을 3명 이상 말하지 못했습니다. 많은 청년들이 저와 같지 않을까요. 국회의원들을 제대로 알아보자는 취지에서 프로젝트는 시작되었습니다.

그 후로 열정적으로 의정활동을 하는 국회의원들을 찾기 위해 조사에 착수했습니다. 기사로 접할 때는 문제를 일으킨 부분만 부각되고 회의 중 싸우는 모습만 비춰지는 등 부정적인 모습이 많았는데, 의외로 각 지역구를 위해 또는 각 분야의 법안 발의를 위해 많은 부분에서 힘쓰고 계신 것을 알 수 있었습니다.

기획안을 받고 밤잠을 설치며 원고를 직접 작성하셨다던 서기호 의원님, 가장 가까이에 있는 이들로부터 인정을 받아야 한다는 동심원 법칙을 알려주신 김관영 의원님, 사회 약자들의 편에서 을지로위원회로 활동하시던 우원식 의원님, 현장의 중요성을 몇 번이고 강조해주신 실천하는 김용태 의원님, 풀뿌리 민주주의를 위해 늦을 틈이 없다던 강석호 의원님, 청년들에게 3C 정신을 물려주고 싶으시다던 이주영 의원님, 보다 큰 나라를 바라보아야 한다는 외교 전문가 심윤조 의원님, 제도 밖의 소외된 청소년들과 여성들을 위해 고민하시던 김희정 장관님 등을 만나면서 많은 것을 배웠습니다.

마지막 인터뷰를 끝내고 집에 오는 길, 국회를 바라보며 한참을 생각했습니다. 가장 먼저 들었던 마음은 안타까움이었습니다. 기자 지망생으로 여러 사안에 대해 논술을 쓰면서 정부를 비판하는 글을 부끄럽지만 많이도 써왔습니다. 제대로 알지 못했기에 패기 가득했던 글들은 대부분 감정적이었고 국회의원을 언론에서 본 것만을 토대로 비판하곤 했습니다. 하지만 제가 마주한 분들은 달랐습니다. 각자의 열정이 있었고 그 열정을 행동으로 바꿔나가고 계신 분들이 대부분이었습니다. 이 열심이 어쩌면 자극적인 뉴스들로 가려져 제대로 시민들에게 전달되지 않았음에 안타까운 마음이 가장 크게 들었습니다.

인터뷰 중 가장 마음이 동하였던 대화로 후기를 마무리 지을까 합니다. "청년들이 정치를 외면하면 정부는 힘을 잃게 되고 결국은 행정부의 뜻대로 가게 되는 비대칭적인 정치형태를 갖게 돼요. 우리들이 대학생 시절 교정에서 백지조차 나누지 못했던 그때를 분노하며 지금은 정치인이 되어 움직이는 것처럼 청년들도 그랬으면 좋겠어요. 행동하고 움직이고 맘껏 말했으면 좋겠어요." 그렇게 전 이번 인터뷰를 통해 말해야 하는 용기를 배웠고, 움직여야 하는 태도를 배웠습니다.

출간후기

우리의 진심은 통했다

문수련(동국대학교 사회학과 4학년)

'맨날 싸움질이나 하고 말이야.' 국회의원에 대해 흔히들 생각하는 모습입니다. 저 또한 다르지 않았죠. 각종 비리, 스캔들에 연루된 그들을 보며 문제가 많은 집단이라고 생각했습니다. 이 프로젝트를 만나기 전까지 말이에요. 어린 시절부터 언론인을 꿈꿔왔고 어떤 미디어보다 신문을 많이 접했습니다. 그렇기 때문에 국회의원의 모습을 접하는 통로도 신문이었고, 그곳에 비추어진 그들의 모습이 긍정적이지 않은 것은 사실이었습니다.

'우리가 아는 것이 전부일까?' 책을 만들기 위해 모였던 첫 미팅에서 들었던 의문이었습니다. 과연 신문에 비춰진 그들의 모습이 전부일까, 정확히 그들은 지역구를 위해 무슨 일을 해오고 있을까 궁금해졌습니다. 언론인이 되기 위해서는 비판적인 시각이 중요하긴 하지만, 긍정적인 면이 있음에도 부정적인 것만 보려는 시각도 옳지 않다고 생각했습니다.

'과연 국회의원들이 아무것도 아닌 대학생들을 시간 내서 만나줄까?', '이 프로젝트 망하는 거 아니야?' 등의 의문이 들긴 했지만 우린 패기 있는 대학생이기에, 그리고 우리 뒤엔 든든한 지원군 권선복 대표님이 계시기에 왠지 모를 자신감이 솟아났습니다. '결국 진심은 통한다.' 인터뷰를 마치며 든 생각이었습니다. 이 프로젝트를 향한 우리의 진심은 통했습니다. 소위 '높으신 분들'로 여겨지는 국회의원들 모두 우리의 프로젝트에 기꺼이 응해주었고, 모두 바쁜 시간을 내어 진솔한 자신의 이야기를 들려주셨습니다.

그분들의 이야기도 결국 진심에 관한 게 아닐까 생각했습니다. 그분들에게서 지역구를 향한 마음이 묻어났습니다. 저희를 향한 진심도 함께 말이죠. 지역구를 돌보고 의정활동을 하느라 밤늦게 저희를 맞아주신 윤상현 의원님, 3선 의원임에도 배지 없이 소박한 양복을 입고 계셨던 주승용 의원님, 갖은 풍파를 겪어오셨지만 아직 보궐선거로 들어온 신인이라며 겸손을 부리시던 안상수 의원님의 이야기를 들으면서 그분들의 지역구 사랑에 감동했습니다.

이 프로젝트를 하며 국회의원들에 대해 너무 비판적 잣대만 들이대온 것이 아닐까 하는 생각이 들었습니다. 언론에 비춰지지 않은 그분들의 진솔한 모습들이 이 책을 통해 잘 드러났으면 좋겠습니다. 그들의 진심과 우리의 진심이 만나 진행한 이 프로젝트는 대학 졸업을 앞둔 저에게 좋은 기억이 될 것 같습니다. 너무 좋은 언니, 오빠, 동생들, 그리고 지원과 격려를 아끼지 않으신 도서출판 행복에너지 권선복 대표님, 그리고 인터뷰 요청에 응해주신 의원님들 모두 잊지 않고 가슴에 꼭꼭 새겨두겠습니다.

출간후기

정치적 무관심의 탈피가 필요하다

박성일(중앙대학교 공공인재학부 3학년)

이번 프로젝트에 참여하면서 알게 된 의원님들의 주옥같은 인생 이야기들은 돈 주고도 살 수 없는 제 자산이 되었습니다. 제 눈에 보이는 것들이 때론 진실이 아닐 수도 있다는 것을 인정할 수밖에 없었습니다. 매일같이 쏟아지는 '국회의원 부정부패'라는 자극적인 기사들에서 볼 수 있듯이 국회의원의 부정적인 이미지는 더욱 고착화되어 가고 있고, 저 또한 다르지 않았습니다.

그러나 인터뷰를 진행하며 몇몇 국회의원의 잘못을 국회의원 전부의 잘못으로 바라보는 사고는 지양해야 함을 느낄 수 있었습니다. 지역발전과 주민을 위한 봉사 마인드가 투철하셨던 주승용 의원님, 시간 관리의 달인 김관영 의원님, 국회의원이 된 지금 고향 어르신들과 함께할 수 있기 때문에 행복하다고 말씀해주신 박덕흠 의원님, 더 좋은 세상을 위해 노력하고 계신다는 김성주 의원님, 휴가까지 반납하며 의정활동을 하고 계신 김제식 의원님, 오로지 국민만을 위한 정치를 하고 계신 우윤근 의원님 등 한 분도 빠짐없이 자신들의 역할에 대해 사명감을 가지고 의정활동에 임하고 계셨습니다. "국회의원은 늙을 시간도 없어요."라는 강석호 의원님의 답변이 신문 속의 내용들이 국회의원의 전부가 아니라는 것을 제대로 대변해주었습니다.

"국민을 위해 선출된 국회의원이 역할을 다하지 못했다면 국민의 심판대에 올라 국민들의 쓴 시선을 감당해야 하는 것이 마땅합니다. 단, 잘한 일에는 칭찬을 아끼지 말아주세요. 칭찬은 고래도 춤추게 한다잖아요?" 안상수 의원님께서 말씀해주신 것처럼 정치인에게 무조건적인 비난을 보내기보다는 긍정적인 측면도 함께 보려는 의식을 갖추는 일이 시급해 보입니다.

또한 저의 정치적 무관심에 대해 고찰해볼 수 있는 시간을 가질 수 있었습니다. 대학생들의 정치적 무관심은 심각한 사회 이슈로 떠오르기도 하였습니다. 어찌 보면 20대의 정치적 무관심이 정치발전을 가로막는 저해요소 중 가장 심각한 요소로 작용할지도 모른다는 생각이 들었습니다. 이번 프로젝트에 참가하면서 제가 정치에 관심을 갖게 된 것처럼, 이 책의 한 페이지 한 페이지가 많은 20대들의 정치적인 관심을 불러일으킬 수 있는 촉매제가 될 수 있도록 제가 느낀 국회의원들의 인간적인 모습을 잘 담아내야겠다는 부담감이 생겼습니다.

인터뷰를 하기 위해 국회의사당으로 향하던 제 모습이 낯설기만 했었는데, 어느새 마무리 작업을 하고 있는 것이 믿기지가 않습니다. 함께 고생한 형, 누나들과 이번 프로젝트에 참여할 수 있도록 기회를 제공해주신 도서출판 행복에너지 권선복 대표님께 다시 한 번 감사의 말씀을 드리고 싶습니다.

출간후기

국회의원은 어떤 일을 하는 사람들일까?

박지웅(숭실대학교 정치외교학과 4학년)

"네가 사는 지역구 국회의원이 누구냐?"라고 친구들에게 물었습니다. 정확하게 이름을 알고 있는 친구가 거의 없었습니다. 정치와 전혀 관련이 없는 공부를 하는 친구들에게 국회의원은 그저 멱살을 쥐고 싸우는 사람들에 불과했습니다. 언론은 일부 국회의원의 부정적인 모습을 극대화시키기 바쁩니다. 국회의원이 어떤 일을 하는 직업인지에 대해서는 관심이 없어 보입니다. 어쩌면 국회의원은 우리나라에서 가장 억울한 직업일지도 모르겠습니다.

이 프로젝트를 진행하면서 많은 국회의원을 만났습니다. 298명 중 선정된 의원들이었기에 하나같이 배울 점이 많았습니다. 어떻게든 주민들과 살을 비비려 노력하신 이정현 의원님, 주말 밤 10시가 넘어서도 지역사무실에서 일을 하고 계셨던 윤상현 의원님, 여성과 소수자에 대한 치열

대학생이 바라본 파워리더 국회의원

한 고민이 고스란히 보이셨던 김희정 장관님, 30분 단위로 시간을 쪼개어 빽빽하게 일하시는 김관영 의원님, 국민들에게 가장 필요한 법을 만들기 위해 끊임없이 연구하시는 임내현 의원님, 정읍에서 서울로 매일 출퇴근 하시는 유성엽 의원님, 오로지 우리나라 군인들의 인권을 위해 국방위원회에서 8년째 일하시는 안규백 의원님, 대선 후보로 거론되는 중진이지만 놀라울 정도로 겸손하시고 저보다 더 해박한 IT 지식을 가지고 계셨던 정세균 의원님까지.

저는 정치외교학을 전공하고 현실 정치에 몸을 담고 있기도 합니다. 이런 저 역시 국회의원에 대한 부정적인 이미지가 있었던 것이 사실입니다. 이번 프로젝트를 통해 국회의원이 정확히 무슨 일을 하는지, 그 일을 하기 위해 어떤 노력을 하는지, 그 결과물이 국민들에게 어떤 영향을 미치는지 확실하게 배울 수 있었습니다. 생각보다 국회의원이 하는 일은 우리의 삶과 밀접하게 연관되어 있었습니다. 국회의원이 만드는 법 하나가 수많은 사람의 삶을 더 윤택하게 만들기도 하고, 수많은 사람들에게 피해를 주기도 합니다. 우리가 정치에 관심을 가져야 하는 이유가 여기에 있습니다.

일부 몰지각한 국회의원 때문에 국회 전체 이미지가 훼손되는 일이 더 이상 없었으면 좋겠습니다. 잘못한 일에 대한 따끔한 질책이 당연한 만큼 잘한 일에 대한 격려의 박수도 당연한 것입니다. 앞으로 박수 받을 국회의원도, 박수 쳐줄 국민들도 더욱 많아졌으면 좋겠습니다. 도서출판 행복에너지 권선복 대표님과의 인연으로 파워리더 33인 책을 기획하면서 세상을 거시적으로 바라볼 수 있게 되어 거듭 감사드립니다.

인터뷰의 감동을 공유하고 싶습니다

이영은(중앙대학교 사회복지대학원)

 '권력욕심, 싸움질, 비리, 무서운 사람들' 이 프로젝트를 하기 전에 국회의원에 대해 갖고 있던 생각이었습니다. 국회의원은 나라와 국민을 위해 일하는 사람들인데, 왜 그럴까? 사명감을 갖고 항상 노고하시는 의원들은 없는 것일까? 항상 우리나라 정치현상을 접하면서 제 머릿속에 갖고 있던 의문점이었습니다. 어쩌면 저는 '이 의문을 풀고 싶다. 제대로 알고 싶다.'는 마음으로 프로젝트에 참여하게 되었습니다.

 한 의원님께서 하신 말씀이 인상적이었어요. "국회의원은 공인이기 때문에, 아프지만 비판받을 부분은 과감히 비판받는 게 마땅하죠. 국민을 위해 봉사하는 정치, 섬기는 정치를 해야 하는 사람들이니까요." 언론을 통해 알게 되는 점도 당연히 필요하지만, 늘 이와 같은 마음을 잊지 않고 24시간을 쪼개고 쪼개어 국민을 위해 일하시는 분들도 많다는 점을 이 책을 통해 독자들에게 전달하는 계기가 되었으면 좋겠습니다.

그럼 제가 인터뷰를 하면서 만나 뵈었던 의원님과의 시간들을 간략하게 기록하고자 합니다.

훤칠한 외모와 문화적 리더십으로 감동을 주신 정병국 의원님, 소신과 정의의 서기호 의원님, 병의 입장을 배울 수 있었던 박덕흠 의원님, 동심원의 법칙·고시 3관왕으로 유명하신 김관영 의원님, 우리 지역구 의원으로 을지로위원회로 활약하시는 우원식 의원님, 감동이 담긴 배지 이야기를 들려주신 주승용 의원님, 인천의 미래에 대한 자부심을 보여주신 안상수 의원님, 인터뷰가 흥미롭다며 즐겁게 응해주셨던 김성주 의원님, 마라톤 선거운동이 인상적이었던 김용태 의원님, 늦을 시간이 없다고 하시던 강석호 의원님, 의정활동 1위의 현장제일주의 보건복지위원장이신 김춘진 의원님, 편안한 분위기로 대화를 나눌 수 있도록 이끌어주셨던 정읍에서 출퇴근하시는 유성엽 의원님, 노동문제의 대가 이완영 의원님, 신념과 정의, 용기가 있는 여성리더의 모습을 느낄 수 있었던 유승희 의원님, 즐겁게 대화하듯 인터뷰에 응해주신 안규백 의원님, 열정과 정의라는 키워드가 정말 어울리시는 닮고 싶은 여성리더 김희정 여성가족부 장관님 등 모두 국민과 나라를 위한 마음과 목적이 같으셨습니다.

"순간의 실패는 인생 전체의 실패가 아니다."라는 한 의원님의 이야기는 청춘 시절 여러 가지 고민을 하고 있던 저에게 큰 용기가 되었습니다. 의원님들과의 인터뷰를 통해 배운 열정, 정의, 진정성, 사명감, 책임감, 포용력, 고생하는 청춘 시절, 독서, 목표를 향한 집념, 실패를 딛고 일어서는 용기, 시간 관리 등을 저뿐만이 아니라 이 책을 읽을 독자들과 함께 공유하고 싶습니다. 좋은 기회를 주신 도서출판 행복에너지 권선복 대표님께 진심으로 감사드립니다.

출 간 후 기

나라의 대표, 국회의원

정희철(도서출판 행복에너지 편집부 작가)

사람들은 흔히 정치인이라 하면 일단 부정적인 이미지부터 떠올립니다. 아마도 TV나 신문에서 안 좋게 비춰지는 그들의 모습이 국민들에게 정치적 무관심을 갖게끔 만든 건지도 모르겠습니다. 저 역시 어릴 적부터 보고 듣고 느꼈던 국회의원에 대한 이미지는 사실 좋지 않았습니다. 언론에서 보도하는 본회의장에서 법안 통과를 위해 치열하게 다투는 모습만을 주로 접했기 때문입니다. 오랫동안 그런 뉴스만을 접해왔으니 위정자에 대해서 색안경을 끼고 바라보는 관점이 저도 모르게 생긴 것 같습니다.

그런 고정관념을 지닌 채 파워리더 국회의원 33인과의 인터뷰를 시작했습니다. 태어나서 처음으로 국회의사당에 발을 딛고 국회의원들을 만난다고 생각하니 나름대로 설레는 마음이 들었지만 한편으로는 국정감사를 하면서 날카롭게 질문하시는 의원님들의 모습이 떠올라 두려운 마음이 들기도 했습니다. 그렇게 설렘 반 두려움 반의 마음을 가지고 국회의원님들과의 만남을 준비하였습니다.

  하지만 실제로 의원님들과 만나보니 의외로 진솔하고 소탈하신 모습에 너무나 놀랐습니다. 미디어에서 비춰졌던 엄숙하고 경직된 분들이 아닌, 저와 크게 다르지 않은 지극히 인간적인 분들이었습니다. 그분들 또한 한 명의 남편과 아내이고 한 명의 부모이며 한 명의 국민이었습니다. 학교에서 반을 대표하는 사람은 반장인 것처럼 나라를 대표하는 사람으로서 국회의원이란 직책을 맡고 있을 뿐입니다. 그렇기에 당연히 실수가 있을 수밖에 없는데, 언론에서는 이를 너무 부풀려 보도하는 것 같습니다.

  이렇게 33명의 국회의원 이야기를 듣고 나니, 국가와 국민을 위한 열정이 없이는 결코 감당할 수 없는 직책임을 느끼게 되었습니다. 흔히 우리는 국회의원이 경제적·사회적으로 모든 사람들의 선망이 될 정도로 대우를 받는다고 생각하지만, 막상 그분들의 이야기를 들어보면 부와 명예라는 가치만을 좇아 도전하기엔 너무나도 고된 직업이란 생각까지 들 정도였습니다.

  과거 군사독재 시절부터 국회의원들은 민주주의를 수호하기 위해 끊임없이 노력해왔고 지금도 그 역할을 하고 있습니다. 하지만 여건이 좋아진 지금에 와서는 도리어 정치적 무관심이 만연하고 있습니다. 잘한 일과 못한 일에 대해서 국회의원들은 공정하게 평가받지 못하고 있습니다. 이렇게 어려운 상황 속에서도 소신을 잃지 않고 의정활동을 펼치시는 그분들의 모습이 더 많은 사람에게 알려졌으면 좋겠습니다. 이 책이 만들어지기까지 불철주야 애쓰신 도서출판 행복에너지 권선복 대표님과 대학생분들께 감사의 말씀을 드립니다.

출 간 후 기

하루 5분 나를 바꾸는 긍정훈련

행복에너지

'긍정훈련' 당신의 삶을 행복으로 인도할
최고의, 최후의 '멘토'

'행복에너지 권선복 대표이사'가 전하는
행복과 긍정의 에너지, 그 삶의 이야기!

권선복

도서출판 행복에너지 대표
대통령직속 지역발전위원회
문화복지 전문위원
새마을문고 서울시 강서구 회장
한국정책학회 운영이사
영상고등학교 운영위원장
아주대학교 공공정책대학원 졸업
충남 논산 출생

국민 한 사람, 한 사람이 모여 큰 뜻을 이루고 그 뜻에 걸맞은 지혜로운 대한민국이 되기 위한 긍정의 위력을 이 책에서 보았습니다. 이 책의 출간이 부디 사회 곳곳 '긍정하는 사람들'을 이끌고 나아가 국민 전체의 앞날에 길잡이가 되어주길 기원합니다.

** **이원종** 대통령직속 지역발전위원회 위원장

'하루 5분 나를 바꾸는 긍정훈련'이라는 부제에서 알 수 있듯 이 책은 귀감이 되는 사례를 전파하여 개인에게만 머무르지 않는, 사회 전체의 시각에 입각한 '새로운 생활에의 초대'입니다. 독자 여러분께서는 긍정으로 무장되어 가는 자신을 발견할 수 있을 것입니다.

** **최 광** 국민연금공단 이사장

권선복 지음 | 15,000원